8
6
1
3
10
4
5
7
9
2
CMS

出口俄罗斯XJ1100型超低温钻修井机

出口俄罗斯XJ1100型超低温钻修井机

新疆无绷绳60t修井机

SUFA
CNNC 中核科技

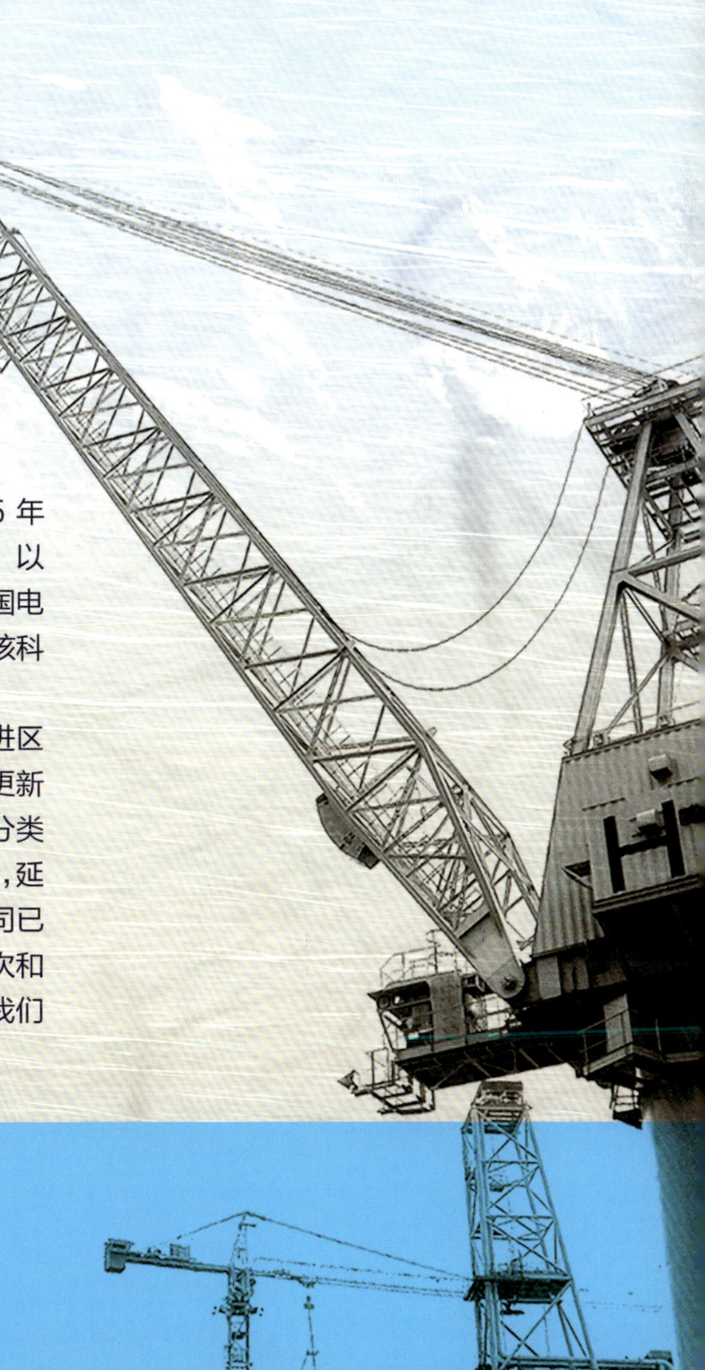

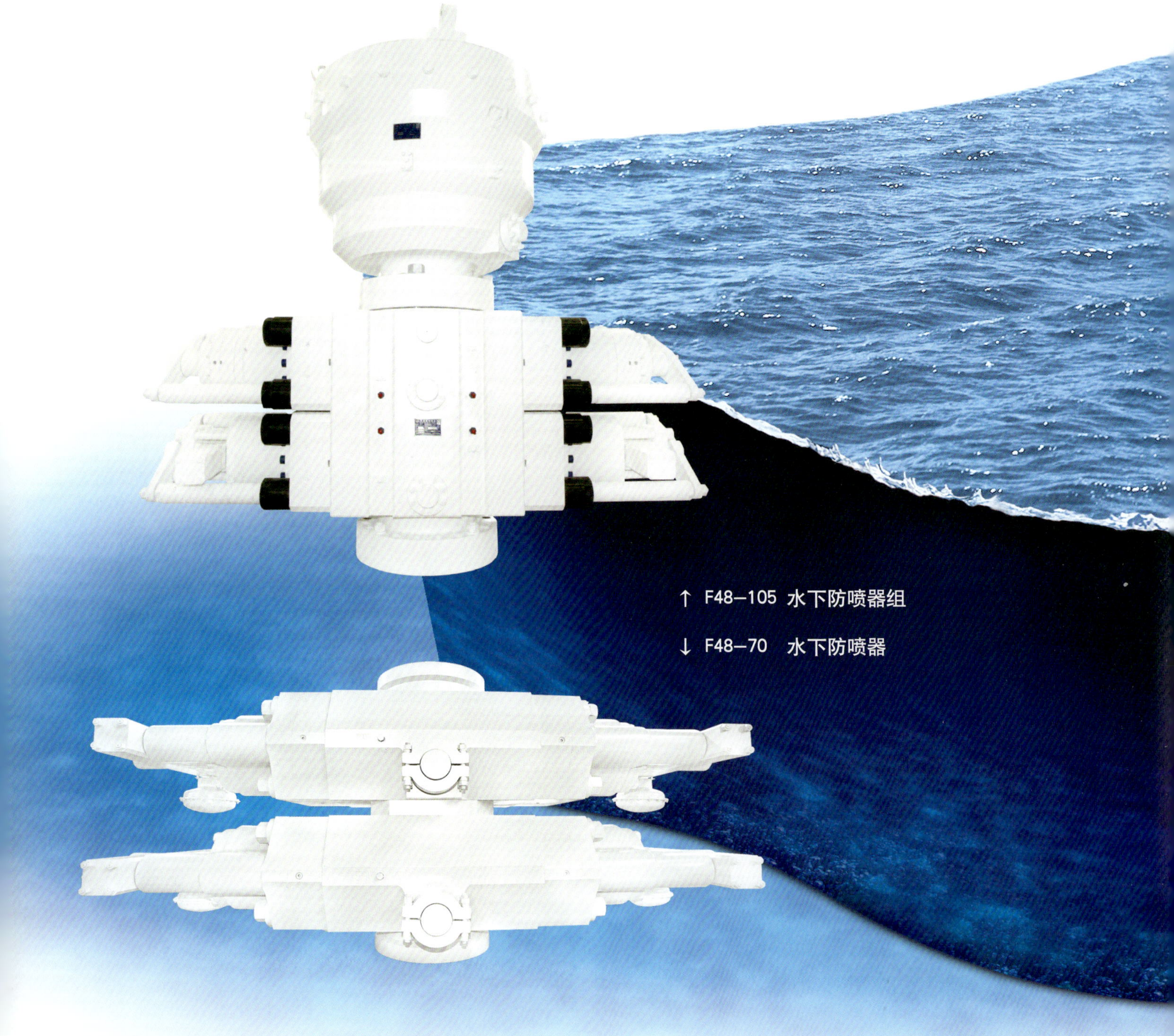

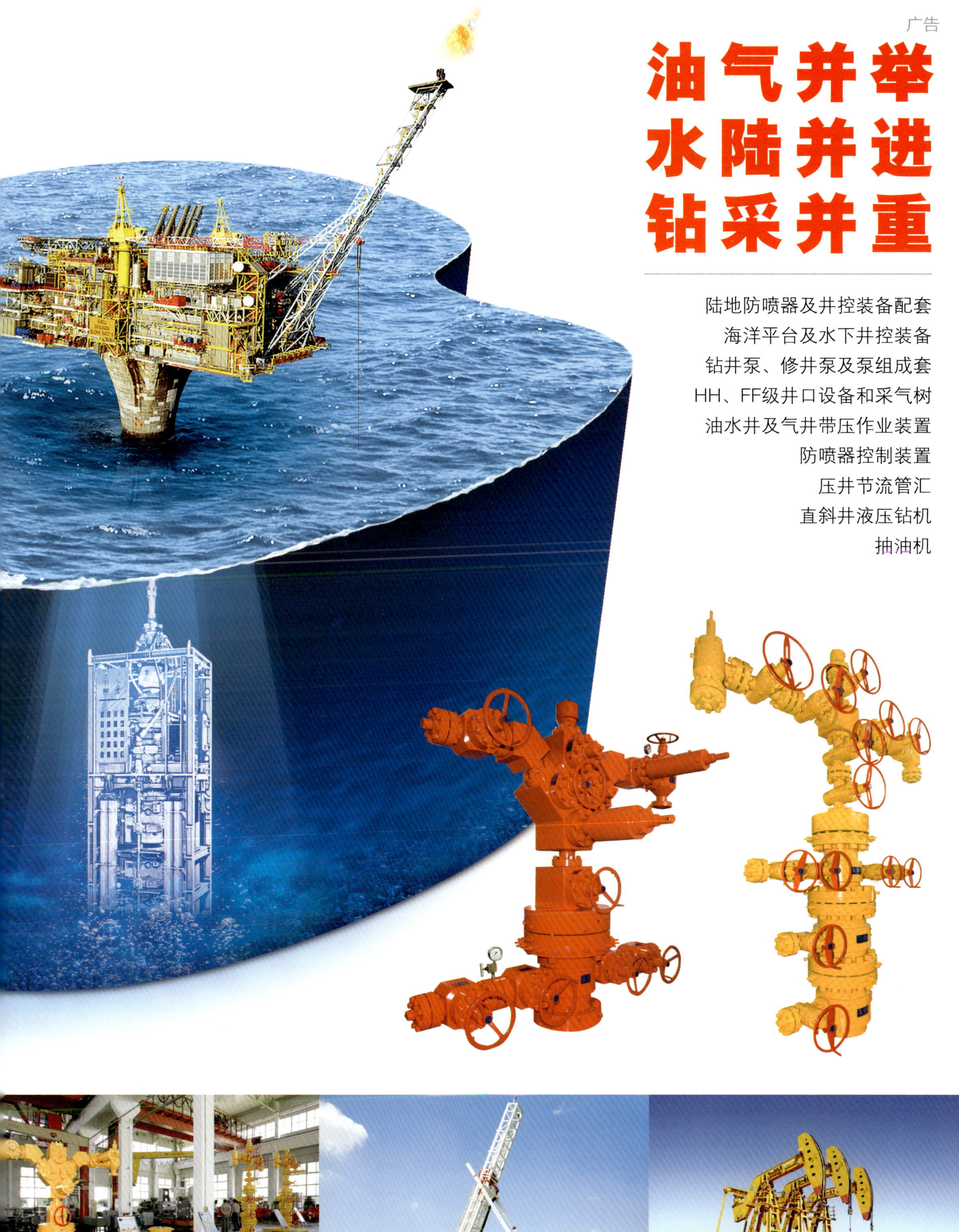
油气并举
水陆并进
钻采并重
陆地防喷器及井控装备配套
海洋平台及水下井控装备
钻井泵、修井泵及泵组成套
HH、FF级井口设备和采气树
油水井及气井带压作业装置
防喷器控制装置
压井节流管汇
直斜井液压钻机
抽油机

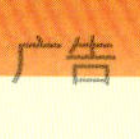
广告

董事长、党委书记
万 德 平

总 经 理
唐　红

高峰石油机械
Gaofeng Petroleum Machinery
2011年度贵州省名牌产品
高峰牌震击器

2011年度贵州省名牌产品
高峰牌减震器

兰州兰石集团有限公司（简称兰石集团）始建于1953年，是由国家“一五”期间156个重点项目中的兰州石油机械厂和兰州炼油化工设备厂合并而成，至今已走过61年的辉煌历程。61年来,兰石集团秉承装备中国的光荣使命，从率先在国内生产出石油钻机到自主开发15 000m钻深钻机，从率先在国内生产出加氢反应器到制造四合一连续重整反应器，从在甘肃省率先炼出钢水到全面采用树脂砂工艺铸造，从率先在国内制造出板式换热器到自主开发出60多种换热器系列产品，从自主研发制造快锻压机到研发制造出世界先进水平的3万t多缸薄板成型液压机，兰石集团走出了一条自主研发创新实现高端装备国产化的路子，累计填补中国石化工业百余项技术空白，创造上百项纪录。被誉为“甘肃工业基石”“中国石化机械摇篮和脊梁”“装备中国功勋企业”。

兰石集团主业现已涵盖装备制造、房地产和现代服务业。装备产品涉及能源装备、军工、航空航天、通用机械、农用装备等领域。拥有兰州、青岛、新疆3个装备研发、设计、制造基地和1个高端能源装备工程研究院，2个国家技术中心，3个省级技术中心，8个企业技术中心等研发设计机构。兰石集团响应国家能源生产和消费革命的总体要求，致力于以高端装备技术支撑石油、煤炭等传统能源清洁高效利用，着力开发页岩油气、可燃冰、核能、太阳能、生物质能与地热能等新兴能源的新技术、新装备，为国家建立能源多元互补供应体系提供技术装备支撑，保障国家能源战略安全。

兰州兰石集团有限公司

LANZHOU LS GROUP.CO.,LTD.

直径(DN1800)螺纹锁紧环式
高压换热器
四合一连续重整反应器
（美国UOP技术）
板焊式加氢反应器（单台重量达837t）
40~50马力四轮拖拉机
80~110马力四轮拖拉机
绿色能源运输车
兰石兰驼
新能源电瓶车
新能源环保清扫车
移动钻井车辆
海洋工程钻井模块
5000m石油钻机
7000m电驱动石油钻机
6MN径锻机组
核岛设备——冷热交换器
重型全液压四辊卷板机

机工传媒
China Machine Media

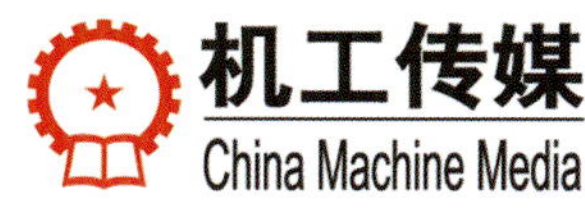

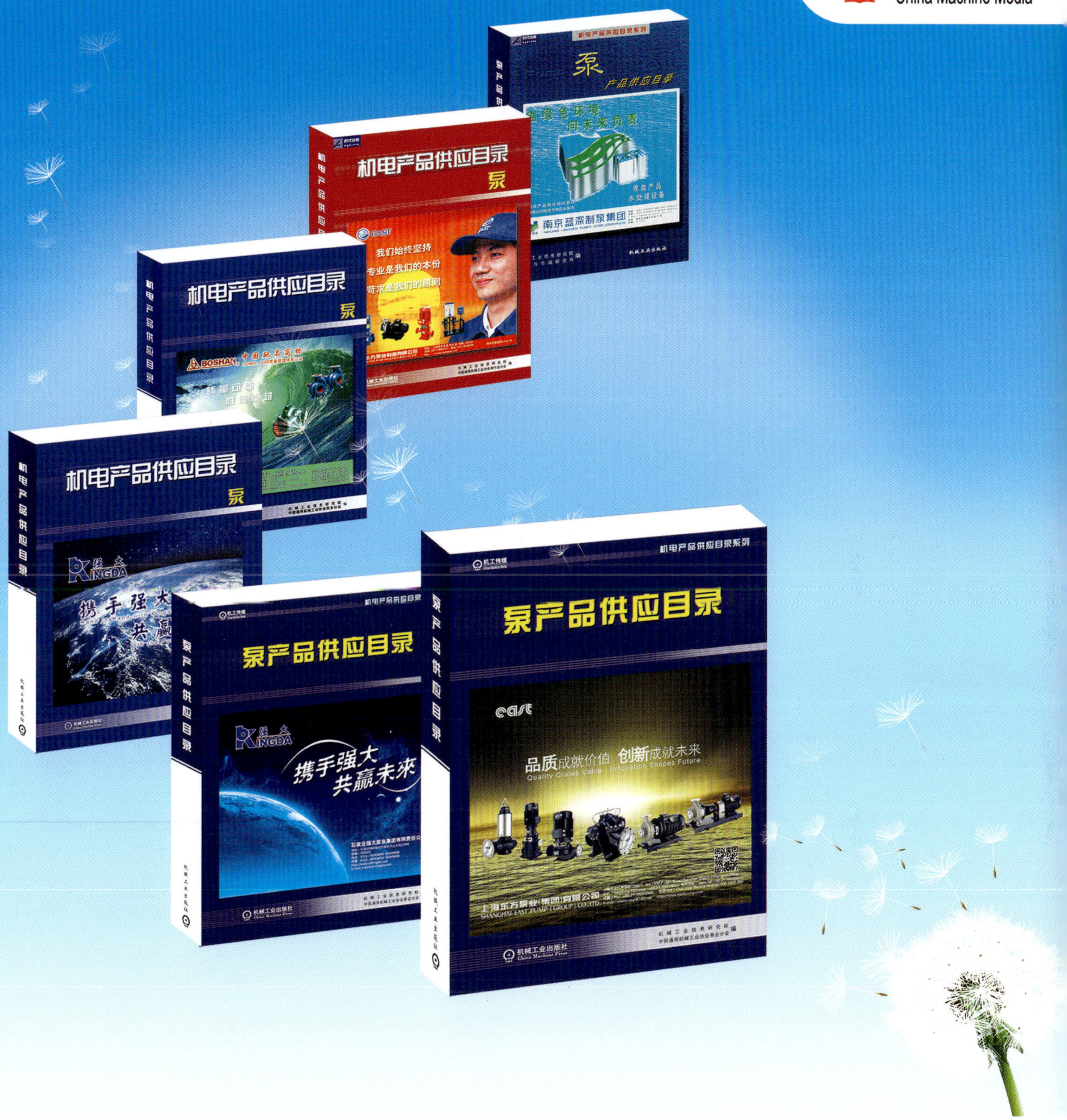

《泵产品供应目录》是由中国通用机械工业协会泵业分会和机械工业信息研究院共同编纂，机械工业出版社出版。旨在方便用户选型订货，帮助企业提升国内外知名度和市场竞争力的权威性信息工具书。该书自2000年以来，已连续出版了5版，收录了国内300余家泵产品生产企业的20 000多条产品信息，并包含了1 000多家泵生产企业名录，全面、系统、及时、准确地反映了泵行业的新产品和技术动向以及泵行业的发展情况。得到了行业专家、生产企业和读者的一致好评。

联系电话：010-88379811

传　　真：010-68997966

中国机械工业年鉴系列

中国石油石化设备工业年鉴

2015

中国机械工业年鉴编辑委员会
中国石油和石油化工设备工业协会 编

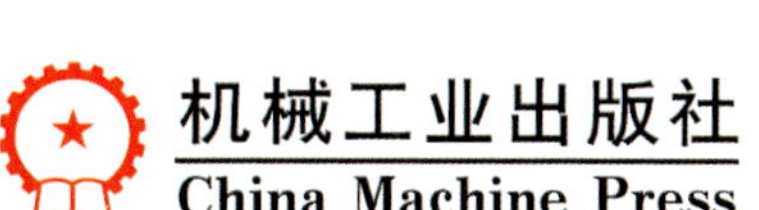

《中国石油石化设备工业年鉴》2015年刊设置综述、专文、企业概况、统计资料、标准与认证、产品与项目、政策法规、大事记和附录9个栏目，集中反映了2014年和2015年上半年我国石油和石油化工设备行业的经济运行状况、市场和地区发展现状，系统地公布了石油和石油化工设备行业的各项经济指标和进出口统计数据，以及相关政策法规和行业大事记。

《中国石油石化设备工业年鉴》2015年刊主要发行对象为政府决策机构、与石油化工装备相关的产业决策者、石油化工行业企业决策者和从事市场分析、规划的中高层管理人员及国内外投资机构、贸易公司、银行、证券、咨询服务部门和科研单位的工程项目管理人员等。

图书在版编目（CIP）数据

中国石油石化设备工业年鉴.2015/中国机械工业年鉴编辑委员会，中国石油和石油化工设备工业协会编.—北京：机械工业出版社，2016.3

（中国机械工业年鉴系列）

ISBN 978-7-111-53120-3

Ⅰ.①中… Ⅱ.①中… ②中… Ⅲ.①石油化学工业—化工设备—经济发展—中国—2015—年鉴 Ⅳ.①F426.22-54

中国版本图书馆CIP数据核字（2016）第039460号

机械工业出版社（北京市百万庄大街22号　邮政编码 100037）

责任编辑：任智惠

北京宝昌彩色印刷有限公司印制

2016年3月第1版第1次印刷

210mm×285mm · 16.5印张 · 24插页 · 450千字

定价：320.00元

凡购买此书，如有缺页、倒页、脱页，由本社发行部调换

购书热线电话（010）68326643、88379536、88379825、88379824

http://www.cmpbook.com　http://weibo.com/cmp1952

中国机械工业年鉴系列

作为『工业发展报告』

记录企业成长的每一阶段

中国机械工业年鉴

编辑委员会

中国石油石化设备工业年鉴

精鉴石油石化设备工业
服务能源供给

中国石油石化设备工业年鉴
执行编辑委员会

中国石油石化设备工业年鉴

精鉴石油石化设备工业

服务能源供给

中国石油石化设备工业年鉴
编辑出版工作人员

总　编　辑　郭　锐
主　　　编　李卫玲
副　主　编　刘世博　曹　军
执 行 主 编　任智惠
编　　　辑　魏素芳　陈美萍　韩　硕
地　　　址　北京市西城区百万庄大街 22 号（邮编 100037）
编　辑　部　电话（010）68997962　传真（010）68997966
发　行　部　电话（010）68326643、88379536、88379825、88379824
传真（010）88379825
E-mail:cmiy@vip.163.com
http: // www.cmiy.com　　www.mepfair.com

中国石油石化设备工业年鉴

精鉴石油石化设备工业
服务能源供给

中国石油石化设备工业年鉴
特约顾问单位特约顾问

特约顾问单位（排名不分先后）	特约顾问
中国石油集团渤海石油装备制造有限公司	赵　国
宝鸡石油机械有限责任公司	郭孟齐
南阳二机石油装备（集团）有限公司	杨汉立
中石化石油工程机械有限公司第四机械厂	王庆群
四川宏华石油设备有限公司	张　弭
大连金州重型机器集团有限公司	王治勇
贵州高峰石油机械股份有限公司	唐　红
江汉石油钻头股份有限公司	谷玉洪
中国通用机械工程有限公司	马长春
郑州万达重工股份有限公司	何　清
广州东塑石油钻采专用设备有限公司	何　游
宁波合力机泵有限公司	陈明海
上海神开石油化工装备股份有限公司	寇玉亭
四川惊雷科技股份有限公司	王典灿
河北华北石油荣盛机械制造有限公司	顾和元
通化石油化工机械制造有限责任公司	韩一泉
任丘市博科机电新技术有限公司	邹　刚
河南信宇石油机械制造股份有限公司	杜振宇
海城市石油机械制造有限公司	王政权
温州一宇密封材料有限公司	方德银
温州市华海密封件有限公司	张　勇
江苏特达能源装备（集团）有限公司	吴征胜
江苏如通石油机械股份有限公司	曹彩红
兰州兰石集团有限公司	张金明
内蒙古一机集团大地石油机械有限责任公司	潘俊淇
机械工业第六设计研究院有限公司	黄国甫
中核苏阀科技实业股份有限公司	吴　辉

前　言

《中国石油石化设备工业年鉴》2015年刊记载了2014—2015年上半年我国石油和石油化工设备行业的发展概况，客观展现了行业骨干企业的新面貌，分析预测了我国石油和石油化工设备行业的发展趋势，提出了具有较强针对性的建议。年鉴的出版，不仅为业内企业总结经验、推动工作提供了有益的借鉴，而且为广大读者全面了解我国石油和石油化工设备行业的发展情况、进一步加强合作交流提供了全面和有价值的资料，也为政府部门关注和指导石油和石油化工设备行业的科学发展，提供了重要信息和参考依据。

2014—2015年，在国家“稳增长、调结构、促改革”的宏观调控政策的引导下，行业的发展速度趋缓；据统计2014年行业规模以上企业1 885家，同比增长6.32%；资产总额为5 754.89亿元，同比增长11.16%，增幅下降5.65个百分点。2014年行业主要经济效益指标中，主营业收入为5 578.92亿元，同比增长8.35%，增幅下降4.78个百分点；利润总额为 360.31亿元，同比增长10.33%，增幅提高4.1个百分点。

2014—2015年，在全球经济一体化的影响下国外市场需求低迷。2014年全行业完成出口交货值780.68亿元，同比增长23.61%，增幅提高了17.84个百分点。行业企业在市场倒逼的形势下，加快了改革创新的发展步伐，向产品创新要效益，淘汰低附加值产品，研制高技术含量 、高附加值产品；创新经营理念延伸产业链，由制造型企业向制造服务型企业转型。全行业转型升级稳步推进，投资结构继续优化，市场供需基本稳定。

2015年，国际原油价格跌宕起伏，行业企业需要适应由此带来的市场低迷新常态，积极实施创新发展战略，为实现我国从石油石化设备制造大国到制造强国的转变而努力！

中国石油和石油化工设备工业协会常务副理事长：林钢

索引

精鉴石油石化设备工业
服务能源供给

广告索引

专题索引

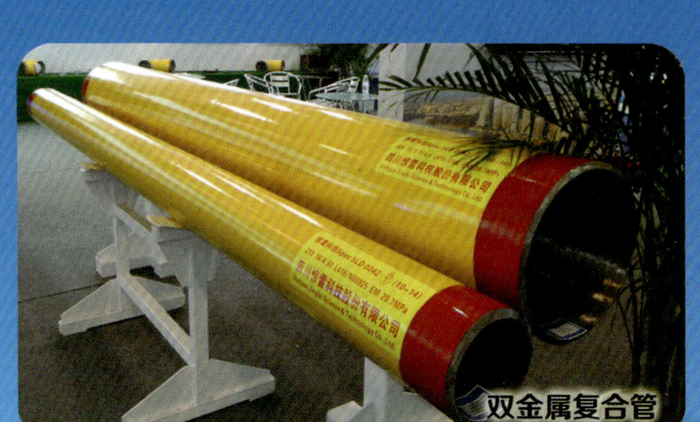
双金属复合管

复合管管件

12m长金属复合厚板

三维内肋管

煤化工用破渣机

专业创新志存高远
卓越诚信是为商道

四川惊雷科技股份有限公司地处有“万里长江第一城”美誉的四川省宜宾市，是我国率先实现将爆炸焊接工艺应用于金属复合材料工业化生产的企业，也是目前国内生产能力和产量较大的金属复合材料科研、生产企业，市场占有率居国内同行业前列。公司是“国家高新技术企业”“国家认定企业技术中心”“四川省重大技术装备企业”“四川省知识产权优势培育企业”。公司“惊雷”商标为国内知名商标、四川省著名商标。公司系中国石油和石化工程研究会“石化金属复合材料、复合管和管件及压力容器技术中心。”

公司主要产品及生产规模：

1.年产金属复合材料9万t。公司是行业标准NB/T47002—2009《压力容器用爆炸焊接复合板》的主要起草单位之一，金属复合材料长度达到13m，宽度达到4m，厚度可以达到200mm，可用于石油、石油化工、煤化工、造船、盐化工等。产品畅销全国各省市自治区，并出口欧洲、美洲及亚洲的多个国家和地区。

2.年产双金属冶金复合直缝钢管及管件6万t。公司是我国率先取得双金属冶金复合管生产许可的厂家，生产的双金属冶金复合管最小直径为168mm，最大直径可达1 420mm ，主要适用于天然气集输管道、石油输送管道以及煤化工管道等。目前，正在研制用于海洋石油、天然气输送的双金属和多金属冶金复合管道，已通过美国API认证，获得其会标使用权。

3.压力容器制造和安装3万t/a以上。公司具有生产 、二、三类压力容器的制造资质和一、二类压力容器的设计资质，拥有美国ASM钢印证书，还拥有生产直径可达10m的容器封头生产线两条。公司生产的各类压力容器和封头遍及全国各地，并出口老挝、土库曼斯坦等国家。

4.年产三维肋管50万m。三维肋管是公司拥有发明专利且获得第三十九届布鲁塞尔发明金奖的产品，主要适用于制作各类高效换热器，其换热效率是光管的5~6倍，是一种节能效果很好的换热元件。

公司将始终遵循“诚信天下，做好、做快、做强、做大”的发展方针，和各新老客户共谋发展，为实现民族复兴的中国梦再创辉煌。

280mmx4m卷板机

1 000t压鼓机(封头设备)

公司制作的设备

复合管生产车间

洁净车间

公司办公室：0831-7823949　自贡办事处：0813-2408213　重庆办事处：023-68410698
北京办事处：010-64944711　上海办事处：021-65876401　西北办事处：0991-6621583

郑州万达重工股份有限公司

郑州万达重工股份有限公司（原郑州万达管件制造有限公司）是一家专业致力于高端超耐蚀钢制工业管道的研发、制造、销售、储运为一体的国家高新技术企业，公司现有员工328人，其中博士7人，硕士8人，大专以上的科技人员120人，拥有国家质检部门核发的压力管道元件特种设备制造A级许可资质和自营进出口资质，年生产“益工”牌优质钢制中频感应热弯弯管、钢制弯头、三通、异径管、法兰等工业管件（材质包括碳钢、合金钢、不锈钢、复合材料等）突破1万t，产品被广泛应用于天然气输送及深加工、成品油输送、煤层气输送等各类长输管道工程、石油炼化、油气田开发建设、化学工业、核电等行业的高等级管道工程建设领域。公司已于2015年7月在新三板挂牌上市（股票号：832936），成为郑州航空港经济综合实验区率先上市企业。

公司自1999年创建以来，始终秉持“敬业、诚信、创新、发展”的企业精神，牢牢把握国家能源建设战略机遇，大力培育企业核心竞争力，坚持实施差异化发展战略和高端客户战略，始终面向国内、国际两个市场，不断巩固和加强与中石油、中石化、中海油及国际市场中的高端用户的合作关系；积极而自觉地承担建设“美丽中国”的企业社会责任，致力于新材料、新工艺、新产品的研发制造和市场推广，凭借专业的装备、过

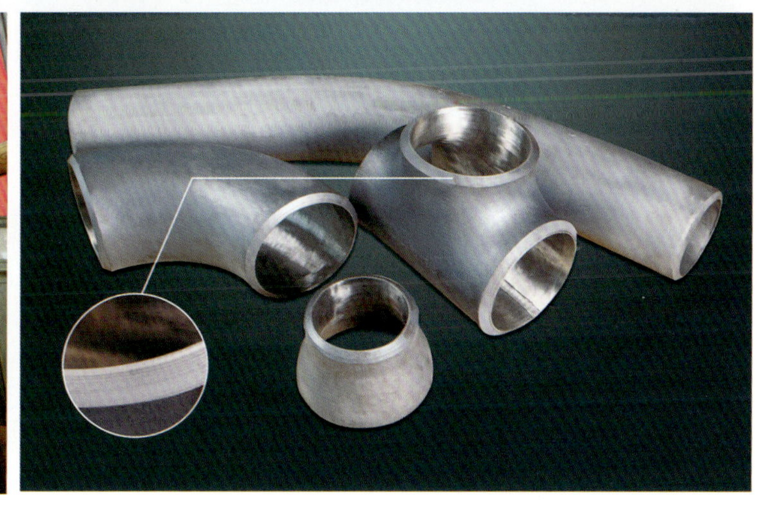

硬的技术、优质的产品，完善的服务赢得了广大客户的认可和信赖。先后顺利通过“ISO9001 质量管理体系认证”“ISO14001 环境管理体系认证”“GB/T28001 职业健康安全管理体系认证”“压力管道元件 TS认证”美国石油学会“API”认证、英国“劳氏船级社”“俄罗斯市场准入证”“安全辐射许可证”“安全生产标准化三级企业”“中石油定商定价甲级供应商”“中核集团合格供应商”“联合国供应商资格证”“河南省计量合格认证”“郑州市质检机构认证”等资质认证，荣获了“国家高新技术企业”“中国信用共建重信用企业”“河南省信用建设示范单位”“河南省十佳科技型发展力企业”“河南省质量诚信AAA级工业企业”“河南省诚信经营示范单位”“河南省创新示范企业”“河南省守合同重信用企业”“河南省知识产权管理试点企业”“中国石油和石油化工行业名牌产品”“中国燃气行业推荐产品”“河南省名牌产品”“河南省著名商标”“河南省技术创新示范企业”“河南省工业品牌培育试点企业”“河南省质量兴企科技型具有投资价值企业”等上百项国家、省、市荣誉。此外，公司相关技术产品已申报50余项专利，是省行业龙头企业，业绩稳居国内行业前列”。

CSSOPE 2016

卓越采购

倾力打造“世界一流的能源装备制造服务品牌老店”
——中石化石油机械股份有限公司第四机械厂

科技推动企业发展 诚信赢得天下用户
——四川惊雷科技股份有限公司

倾力打造“世界一流的能源

——中石化石油机械股份有限公司第四机械厂

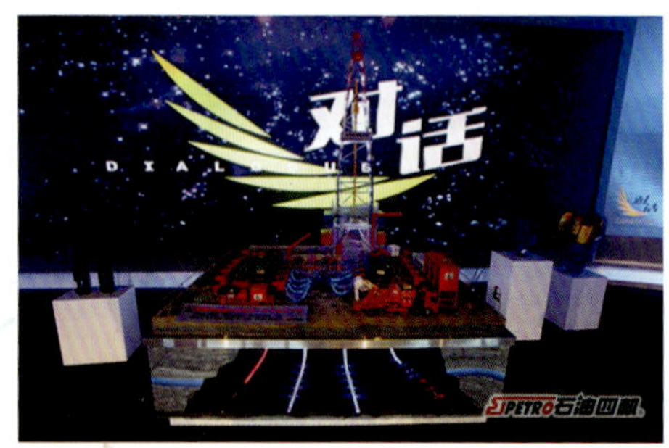

四机厂页岩气装备模型亮相央视演播大厅

2014年，中石化石油机械股份有限公司第四机械厂（简称四机厂）以“推进变革，提质增效”为基调，以改革创新为动力，深入开展“从严管理年”“四治四提”和“三不一创”活动，不断深化精益管理，扎实推进技术创新，精心优化生产运行，着力提升产品质量，全面推动转型发展，有力满足市场需求，努力强化安全环保，全力保障和改善民生，两个文明建设成绩喜人。院士工作站、省级研究生工作站、省级高技能人才工作站先后在企业挂牌。四机厂连续三次获评为行业“AAA级信用企业”，荣获“湖北省长江质量奖提名奖”，被认定为湖北省“守合同重信用”企业、“安全生产红旗单位”，被列入“全国文明单位”公示名单。四机厂党委再次被集团公司党组评为“先进基层党组织”。

1. 市场开拓稳中有进

四机厂推行领导挂点承包制，完善配件、劳务营销与货款回收考核激励机制，与延长油田、渤海钻探、三叶虫等公司广泛开展战略合作，为涪陵页岩气开发提供井工厂钻机、大型压裂设备、连续油管作业装置，具备了页岩气勘探开发设备一体化解决能力。探索营销创新，开展合作维修，扩大融资销售。持续开发国外代理，在7个国家派遣驻外代表，在5个国家建立售后服务中心，营销渠道快速拓宽。成套钻修设备走进壳牌集团。强化售后服务“一把手”职责，完善营销服务网络，探索焦石坝会战营销服务模式，技术服务全面升级，用户评价持续提升。车装钻修设备成为雪弗龙印尼公司指定品牌。美国Hamilton公司主动提出与四机厂厂建立战略合作伙伴关系。

2. 科研开发稳步推进

四机厂承办了“中国页岩气高效开发装备技术院士论坛”，在业界产生重要影响。中国工程院院士、武汉大学校长李晓红专家团队进驻该院士专家工作站。与油田、高校院所，以及美国、德国、加拿大等国家的企业开展10多项技术合作，持续引进外智外脑，增强了科研力量。开展压裂设备大功率、耐腐蚀、集成控制和多介质高效混配等关键技术，以及钻修设备自动化、智能化技术研究，3000型压裂车在现场施工应用中创造多项国内纪录，步进式移运装置使钻机搬迁时间由5天缩短为3小时。在国内最大规模井工厂同步交叉压裂施工中，四机厂近60台（套）产品参与作业，创造了在单平台应用设备数量最多、装机功率最大、连续作业时间最长、整体网络控制数量最多等纪录。“海洋油气压裂作业系统研制”“160t油气不压井作业装备研制及转化”分别获工信部、湖北省科技厅立项。

3. 产品质量、效率、效益稳中向好

四机厂开展“三不一创”活动，解决多项产品及过程质量问题；推行“双归零”工作法，完成了2个案例编制；实施“质量禁令”，开展质量巡展、外观质量提升活动，推进总装工序前移和无焊接装配，产品内外在质量进一步提高，优化部件设计选型，

装备制造服务品牌老店”

减少功能冗余和超标配置，满足用户低成本作业需求；强化计划管理、生产技术准备，完善策略排产、均衡排产，推行总装物料配送，订单及时完成率大幅提升。优化ERP系统运行，启用协同办公系统，购置关键加工设备，信息、装备系统为生产提供了有力保障。严格内控管理，加强法律风险防控，开展经济活动分析，完善业务流程，提高了企业运营水平。

4. 管理变革、从严管理稳中有序

四机厂落实从严管理，推进安全标准化建设，修订了20项厂级应急预案。实施清洁生产，东厂区污水处理站建设被列入中石化集团公司“碧水蓝天”治理项目。

四机厂深入推行精益管理，坚持召开精益月报会、制作精益分享月刊，建立精益微信平台，开展“精益管理大家谈”评比及“精益PK赛”系列活动，精益推行进程不断加速，改善水平逐渐提高。两条改善提案获2014年TWI峰会最高奖。

5. 和谐建设稳中有为

四机厂投入资金1 600多万元，完善小区新建经济适用房的配套设施，建设西厂区门前停车场，新建摩托车棚、自行车棚，建成东西厂区综合服务房，升级改造门禁、安防系统，治理厂区用电、防雷安全隐患，实施绿化工程，工作、生活条件进一步改善，厂区、社区整体面貌又有改观。坚持开展“送温暖”活动，累计慰问和救济困难职工家庭282户，发放慰问、救助资金147.5万元。

持续开展“和谐平安四机”创建活动，加强信访维稳工作一体化管理，做好重大事项、重大政策出台前的信访稳定风险评估、思想疏导，推进矛盾纠纷排查化解常态化，全年处理信访问题129件，排查信访隐患42项；完善厂及社区治安防控体系，与社区警务室共同开展治安整治专项行动，社区治安状况良好，居民安全感、满意度进一步提高。石油机械产业集群连续7年入选“湖北省重点成长型产业集群”。

科技推动企业发展 诚信赢得天下用户

——四川惊雷科技股份有限公司

四川惊雷科技股份有限公司（简称惊雷公司）是国家高新技术企业、国家级企业技术中心和四川省重大技术装备重点企业。公司注册资金1.2亿元，下辖四川惊雷压力容器制造有限责任公司（简称容器公司）、四川宜北装备制造有限公司、四川惊雷农林科技有限公司、四川陆洋油气装备研发设计有限公司（简称陆洋公司）、四川南西油气设备有限公司和四川惊雷化工工程有限公司等全资或控股企业。

公司是我国首家实现将爆炸焊接工艺应用于金属复合材料工业化生产的企业，目前，生产能力和销售量均为国内之首。产品广泛应用于石油、化工、轻工、水利、电力、环保等诸多行业，用户遍布全国29个省、直辖市、自治区以及欧洲、美洲和亚洲的一些国家和地区，三峡工程、西气东输工程等国家重点工程项目都大量使用过公司的产品。公司先后通过了国内和英国劳氏SIO 9001质量管理体系认证，拥有美国ASM钢印证书。自1995年起，“惊雷牌”金属复合材料和压力容器已连续19年蝉联“四川名牌”称号，“惊雷牌”商标已被评定为“中国驰名商标”。

公司经营理念

公司按照“诚信天下，做好、做快、做强、做大”的发展方针持续不断地进行科技研发，连续多年加大科技资金投入，以新产品占领市场，以周到的售后服务赢得客户的信赖。

公司主营业务

（1）年产金属复合材料9万t。惊雷公司是行业标准NB/T 47002—2009《压力容器用爆炸焊接复合板》的主要起草单位之一。公司生产的金属复合材料长度达到13m，宽度达到4m，厚度可以达到200mm，可用于石油、石油化工、煤化工、造船、盐化工等。产品畅销全国各省、直辖市、自治区，并出口欧洲、美洲及亚洲多个国家和地区。爆炸焊接金属复合材料是以奥氏体不锈钢、铁素体不锈钢、双相不锈钢、马氏体不锈钢及各种有色金属（钛和钛合金、镍和镍合金、蒙乃尔、哈氏合金、铜和铜合金、铝和铝合金、因克尼尔、因克洛依合金等）为复层材料，以碳素钢、低合金钢、压力容器钢、锅炉钢及各种特殊材料为基材，采用爆炸焊接工艺生产的复合板。

（2）年产双金属冶金复合直缝钢管及管件6万t。公司是我国第一家取得双金属冶金复合管生产许可的厂家。公司生产的双金属冶金复合管最小直径为168mm，最大直径可达1 420mm，最大长度12m，主要适用于天然气集输管道、石油输送管道以及煤化工管道等。

加入煤化工工业联盟

目前，公司正在研制用于海洋石油、天然气输送的双金属和多金属冶金复合管道。双金属冶金复合直缝钢管已通过美国API认证，获得其会标使用权。在生产双金属复合管的过程中，成功采用公司的发明专利技术内直缝焊接技术焊接复合管的内外层。此方法生产的复合管具有耐腐蚀性能优良的复层和高强度的结构钢管体，复合管的总体强度、塑性、冲击韧性、弯曲角等力学性能不低于结构钢的性能指标，复层的化学组成和组成状态可保证原始物理化学性能，综合性能指标符合X65和X70级酸性钢管指标要求。与日前国内已有的碳钢管道和贴胀式双金属管道相比，该产品的质量大幅提升，资金投入也大幅下降，填补了我国该类产品空白。管道的内直缝焊接技术属公司自有知识产权，并获得国家发明专利授权。

(3) 压力容器制造和安装3万t/a以上。公司具有生产一、二、三类压力容器的制造资质和一、二、类压力容器的设计资质，拥有美国ASM钢印证书，拥有直径可达10m的容器封头生产线两条。公司全资子公司四川惊雷压力容器制造有限责任公司生产的各类压力容器和封头销往全国各地，并出口老挝、土库曼斯坦等国家。目前，公司已形成年产6套大型真空制盐装置的生产能力，产品销售到四川、湖北、湖南、云南、江西、河南、重庆、安徽、江苏、山东、广东、甘肃、陕西、天津、内蒙古等省、直辖市、自治区。2014年，公司生产的1套盐硝联产装置成功进入东南亚市场，销售收入已达到125 673万元。公司已成为国内著名的大型真空制盐装备制造基地。

出口土库曼斯坦的闪蒸罐

(4) 年产三维肋管50万m。三维肋管是公司拥有发明专利且获得第39届布鲁塞尔世界博览会国际发明金奖的产品，主要适用于各类高效换热器，其换热效率是光管的5～6倍，是一种极具节能效果的换热元件。三维肋管是一种新型的管内(外)侧强化传热元件，是对表面有针状、鳞状肋片的各种强化换热管件的总称，其热力性能优于目前已广泛用于各类换热器的螺纹管、二维内肋及波纹管等，国内外都已开始将其应用于工业生产。三维肋管加工范围：内肋管内径6～100mm，外肋管外径8～90mm，肋宽0.5～3mm，肋高0.5～5mm，肋厚 0.2mm，肋顺排时轴向肋间距1～5mm，肋叉排时 轴向肋间距2～8mm，肋螺旋排时轴向肋间距3～12mm。四川惊雷科技股份有限公司王典灿董事长与重庆建工学院廖光亚教授合作，取得了该项技术的发明专利，并获得第39届布鲁塞尔世界博览会国际发明金奖。惊雷公司从20世纪90年代起就进行这种产品的批量生产，并与西安交大国家重点热工实验室合作，不断研发创新，积累了丰富的经验，技术水平居于国内前列。

科技推动企业发展

公司狠抓技术创新，增强了企业的实力和竞争力。充分发挥国家级企业技术中心的作用，在自身发展中，充分体现了科学技术是第一生产力，是推动公司持续、快速发展，经济效益稳步增长的驱动器。

公司利用在爆炸焊接金属复合材料行业的优势扩大产业链，形成产业链式发展，根据市场情况分期建设4条金属复合直缝钢管生产线和配套建设1条管件生产线。利用金属复合材料进行深加工，生产国内及东南亚等地区国家所需的节能环保型五效真空制盐核心装置。该装置生产线建成后，每年需要使用3万t金属复合材料，使金属复合材料的产业链得到延伸。真空制盐核心装置还可用于海水淡化，在积极开拓海水淡化装置市场的基础上，这项工程的经济和社会效益还可提高。另外，公司开发和生产的三维肋管取得了国际发明金奖和国家发明专利，被誉为最好的换热元件。用三维肋管制成的高效换热装置的换热效果，已经在工业窑炉、特别是火力发电企业的节能减排中起到了非常重大的作用，受到重庆市电力部门的青睐，将在全重庆市推广。下一步，公司还将在四川省和全国其他地区逐步推广该产品，加速扩大其市场占有率，不断获取新的市场份额。

2013—2014年大事件

2013年1月，公司年产9万t金属复合材料技改项目通过验收。受四川省经济和信息化委员会及财政厅的委托，市经信委组织有关专家，对公司实施的年产9万t金属复合材料技改项目进行了验收。验收组对白花山上生态屏障建设以及新厂区生产现场进行了实地察看，对公司提供的验收文件进行了认真查阅，对有关财务资料、资金到位及使用情况进行了审查。验收组认为：公司准备的验收资料完整，所提供的材料真实可靠，项目专项资金使用符合相关规定，同意通过公司年产9万t金属复合材料技改项目专项资金验收。

顺利通过ASME换证审查

2013年4月，惊雷公司全资子公司容器公司顺利通过ASME换证审查。美国机械工程师协会（ASME）总部特派的换证联检组一行数人对容器公司进行了ASME"U"授权证书的换证审查。经过联检组成员对容器公司ASME规范产品的质量手册、程序文件、设计、材料、焊接、质控、探伤、计量等所有文件和实际制造过程的严格审核、查看和提问，容器公司顺利通过审查，获得相应的证书和钢印，这充分表明容器公司的技术业务能力及质量管理能力满足了ASME规范要求。

2013年7月，由惊雷公司与西南石油大学共同组建的四川陆洋油气装备研发设计有限公司成立大会在惊雷公司新区办公楼三楼会议室隆重举行。惊雷公司董事长、陆洋公司董事长王典灿，西南石油大学副校长、陆洋公司副董事长刘清友等企校领导，以及陆洋公司的董事会、监事会、经营层三套班子成员出席了成立大会，惊雷公司相关部门负责人参加了会议。陆洋公司的成立顺应了当前经济转型升级加快的大形势与惊雷公司未来发展战略方向，是适应时代发展与市场的需要，是高校的人力、科研资源与企业紧密结合的一种有益尝试。陆洋公司将共享企校双方资源，进一步落实产学研合作，共同研发出国家油气采输领域急需的各项应用装备。下一步将逐步落实陆洋公司的各项任务，依托双方的优势，在现有基础上结合我国油气装备的发展需求，力争多产出高水平的研发成果。并通过科技成果的转化助推企业的长效发展，也为祖国加"油"，为民族争"气"，为国家发展及地方经济做出贡献。

校企合作成果

2013年7月，惊雷公司被四川省人民政府授予"四川省优秀民营企业"。为树立典型，激发干劲，鼓励全民创业，四川省人民政府表彰了四川惊雷科技股份有限公司等100家四川省优秀民营企业。民营经济是社会主义市场经济的重要组成部分，是四川省经济发展的重要支撑。近年来，四川省各级各部门认真贯彻中央"两个毫不动摇"的方针，鼓励、支持和引导民营经济健康发展。全省广大民营企业家克难奋进、艰苦创业、开拓创新，为推动全省经济社会发展做出了突出贡献，涌现出一大批优秀民营企业。希望受到表彰的企业珍惜荣誉，再接再厉，再创佳绩。全省广大民营企业要向受表彰的企业学习，抢抓发展机遇，建立完善现代企业制度，大力转变经济发展方式，增强自主创新能力，不断发展壮大。

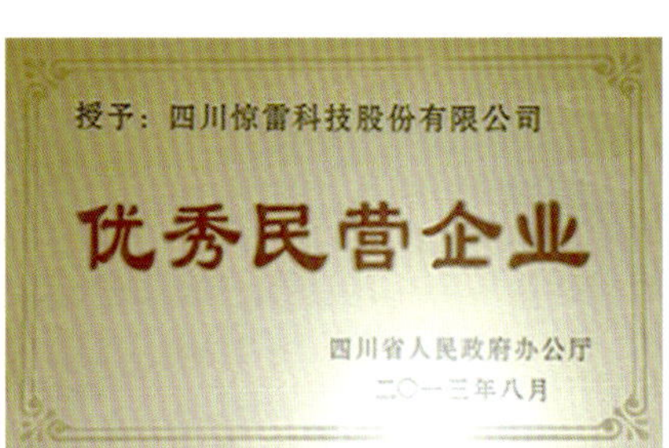

荣获优秀民营企业

蒸发室

2013年10月，公司顺利通过API会标授权认证，美国石油协会（API）评审专家贾保平一行3人对公司进行了为期4天的APIQ1和API5LT的现场审核。经过API总部一个多月的复审，于11月24日正式批准公司取得API会标资质。API资质的取得，标志着公司生产的双金属复合管产品已经达到国际先进水平，为公司顺利开拓国际市场打下了坚实的基础。今后，公司在石油、天然气采输设备的研发设计、生产检验等过程中，将会严格按照国际标准执行，使公司产品质量更上一层楼。API是世界著名的行业协会组织，在美国国内及世界都享有很高的声望，它是美国商业部和美国贸易委员会承认的石油机械认证机构。它在石油、天然气化工和采油机械技术等方面所制定的API标准被许多国家采用。具有API认证标志的产品质量可靠，具有先进水平和不可动摇的权威地位。

创新产品取得API认证

2014年3月，公司与西南石油大学联合组织召开双金属复合管技术与应用交流会，来自石油、石化系统相关单位的负责人和企校双方的科技专家、教授、技术骨干在会上各抒己见、集思广益。大家对双金属复合管的发展前景、技术储备、市场需求与开发以及一些亟待解决的问题进行了充分的研讨和交流，分享了各自在研发、生产过程中的最新成果。会议取得了丰硕成果，对双金属复合管在油气装备领域的实际开发和应用起到了积极的推动作用。惊雷公司近年开发成功的双金属复合管是一项填补国内空白的新产品，它具有极强的耐腐蚀能力，是国内页岩气和高含硫天然气采输以及海洋油气田工程急需的产品。它可替代价格昂贵的纯镍基合金管，价格只相当于纯镍基合金管的三分之二，而质量却优于纯镍基合金管。目前，该项目处于产业化阶段，最终形成流水生产线，将达到年产3万t的产能。该项目已被列为国家重点产业振兴项目及四川省战略性新兴产业重点项目。针对此项目的特点，惊雷公司与西南石油大学进行了一系列的“产学研用”合作，依托双方的优势，在现有基础上结合市场需求开发出更多高水平的研发成果，并通过科技成果的转化推动我国重大技术装备产业的发展。

大型待运设备

2014年4月，公司顺利通过省经信委对“页岩气和高含硫天然气采输双金属复合直缝钢管产业化第一期工程”的项目验收。该项目在实施过程中攻克了小口径长管内直缝焊接技术难题，发明了小口径内直缝焊接机并申请了发明专利，2013年4月3日获得发明专利授权证书，充分显示了公司在高新技术方面的创新能力。同时，该项目也是公司向发展建设以多金属复合材料为主线的特色产业园区迈出的重要一步，项目的产业化必将直接拉动公司爆炸焊接多金属复合材料的进一步发展，同时为公司快速开发我国陆、海油气采输管道市场奠定了坚实的基础。该项目的竣工投产不仅将为企业带来新的利润增长点，也将有力推动自贡市战略性新兴产业的不断发展壮大。

公司大型项目顺利通过专家组验收

2014年12月，“全国石化金属复合材料、复合管及管件和压力容器技术中心”及“全国海洋油气工程装备产业技术创新联盟常务理事单位” 授牌仪式在公司隆重举行。惊雷公司通过20多年的艰苦努力，开拓创新，已经成为爆炸焊接金属复合材料行业的一面旗帜，并在产业链的延伸及研发高端装备产品上取得了巨大成效。这次授牌是业内对惊雷公司在油气装备制造领域做出积极贡献的一个认可，对企业也是鞭策和鼓舞。公司多年来不仅与国内石油、石化系统合作频繁，产品获得了业内的广泛认可，为我国石油石化产业做出了巨大贡献，并且远销海外，在与国外同类产品的竞争中占得优势，为国人争得了荣誉。公司将充分利用技术中心这个平台，一是进一步扩大专业视野，把走向世界作为惊雷公司可持续发展的战略目标；二是要跟踪世界石化行业及装备发展的新形势，持续不断地提升自主创新能力；三是进一步提高惊雷公司在全球行业内的知名度，充分发挥创新和发展潜力，为石油、石化行业的发展做出新的贡献。

四川省副省长视察

结语

2015 年，石油石化装备制造企业大力推进结构调整、技术创新和节能减排，依托自主创新开发新产品，取得了积极进展。一批核心技术取得了突破，高技术含量、高附加值产品产量增速加快，高端产品对全行业利润贡献率稳步提高，传统产业转型升级成效明显。

大企业凭借现有实力，表现出强劲的创新动力，下大力量进行符合产业发展需要的产品研发和生产，在市场上站稳了脚跟；规模较小的企业同样积极进行自主创新，走专业化发展道路，大力开发新产品，以配套的角色参与大型装备制造，也取得了不俗的成绩。

作为行业企业成长的“鉴”证者，《中国石油石化设备工业年鉴》连续推出“访谈”栏目，从不同视角，持续关注行业企业和企业家的成长历程，总结成功案例，分享成功经验，充分发挥其示范引领作用，以期待石油石化装备制造业取得更大的发展。

综合索引

石化年鉴微信

精鉴石油石化设备工业
服务能源供给

中国机械工业年鉴系列

《中国机械工业年鉴》

《中国电器工业年鉴》

《中国工程机械工业年鉴》

《中国机床工具工业年鉴》

《中国通用机械工业年鉴》

《中国机械通用零部件工业年鉴》

《中国模具工业年鉴》

《中国液压气动密封工业年鉴》

《中国重型机械工业年鉴》

《中国农业机械工业年鉴》

《中国石油石化设备工业年鉴》

《中国塑料机械工业年鉴》

《中国齿轮工业年鉴》

《中国磨料磨具工业年鉴》

《中国热处理行业年鉴》

《中国机电产品市场年鉴》

编辑说明

一、《中国机械工业年鉴》是由中国机械工业联合会主管、机械工业信息研究院主办、机械工业出版社出版的大型资料性、工具性年刊，创刊于 1984 年。

二、根据行业需要，1998 年中国机械工业年鉴编辑委员会开始出版分行业年鉴，逐步形成了中国机械工业年鉴系列。该系列现已出版了《中国电器工业年鉴》《中国工程机械工业年鉴》《中国机床工具工业年鉴》《中国通用机械工业年鉴》《中国机械通用零部件工业年鉴》《中国模具工业年鉴》《中国液压气动密封工业年鉴》《中国重型机械工业年鉴》《中国农业机械工业年鉴》《中国石油石化设备工业年鉴》《中国塑料机械工业年鉴》《中国齿轮工业年鉴》《中国磨料磨具工业年鉴》《中国热处理行业年鉴》和《中国机电产品市场年鉴》。

三、《中国石油石化设备工业年鉴》作为该年鉴系列之一，2007 年创刊，每年出版，2015 年为第 9 期。该年鉴集中反映了石油石化装备制造业的发展情况，全面系统地提供了石油石化设备行业各分行业的主要经济技术指标以及地区和市场发展状况。

四、2015 版《中国石油石化设备工业年鉴》的内容由综述、专文、企业概况、统计资料、标准与认证、产品与项目、政策法规、大事记和附录 9 个栏目构成，统计数据由中国石油和石油化工设备工业协会提供，数据截至 2014 年 12 月。

五、本年鉴在编撰过程中得到了中国石油和石油化工设备工业协会及所属分会、相关行业协会、研究院所和企业的大力支持和帮助，在此深表谢意。

七、由于水平有限，难免出现错误及疏漏，敬请批评指正。

中国机械工业年鉴编辑部

2016 年 2 月

目　录

综　述

专　文

企业概况

统计资料

标准与认证

产品与项目

政策法规

大事记

附　录

Contents

Comprehensive Survey

Article

General Situation of the Enterprises

Statistics Data

Standard & Certification

Products and Projects

Products and Regulations

Important Events

Appendix

中国石油石化设备工业年鉴 2015

综述

记录2014年我国石油和石油化工设备行业以及石油和化工行业的经济运行状况，分析2014年我国石化通用机械进出口情况，介绍2015年上半年我国石油和石油化工设备行业的经济运行情况

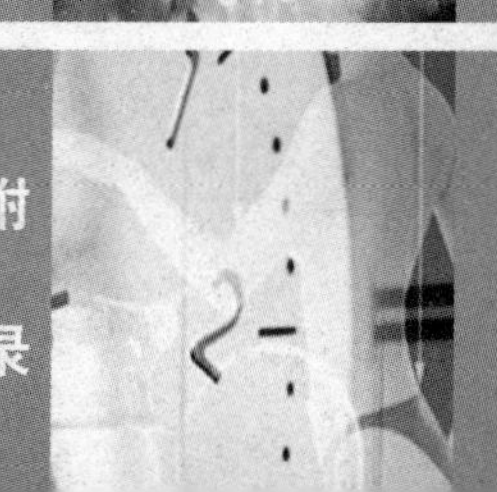

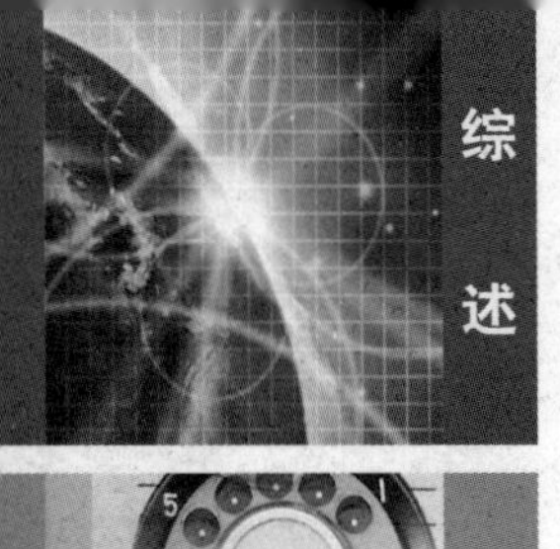

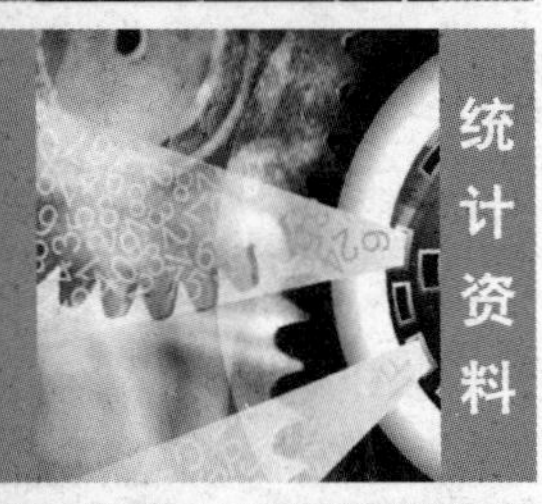

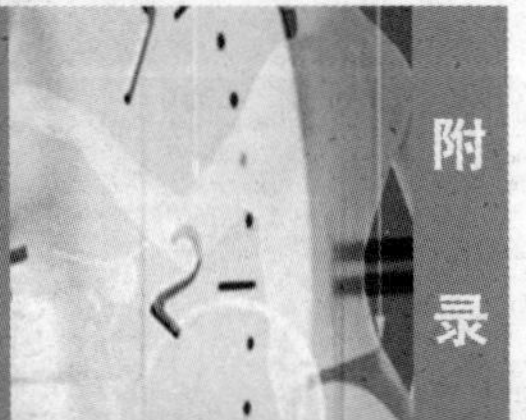

综述

2014年我国石油和石油化工设备行业经济运行情况

2014年我国石油和石油化工设备（简称石油石化设备）行业经济运行的特点表现为：上半年进出口交货值呈较高速增长态势，出口额同比增长27.44%，增速比上年提高了2个百分点。2014年全行业主营业务收入和利润总额等主要济效益指标呈持续下行企稳的态势，同比增长低于上年同期；行业亏损面和亏损额同比增长大幅上升，企业亏损情况严重。分析数据表明，2014年上半年国际油气市场虽然有所回暖，但国内市场需求不足的局面仍在延续，企业面临结构调整和转型升级的艰巨任务。

一、2014年我国油气行业的经济运行情况

1. 石油、天然气的产量保持稳定增长

国土资源部2015年1月5日公布的数据显示，2014年我国石油产量2.1亿t，净增长138万t，同比增长0.7%，连续5年保持在2亿t以上。2014年我国天然气产量1 329亿m^3，净增长132亿m^3，同比增长10.07%。2014年全国油气当量3.3亿t，净增长1 193万t，同比增长3.7%。

在全国天然气产量中，常规天然气产量1 280亿m^3，净增长114亿m^3，同比增长9.8%，连续4年保持1 000亿m^3以上；煤层气产量36亿m^3，同比增长23.3%；页岩气产量13亿m^3，同比增长550%。

2. 我国主力油田产量保持稳定增长

2014年，大庆、胜利、渤海、长庆、延长、新疆、辽河七大油田产量均超过1 000万t。其中，大庆油田石油产量连续12年保持4 000万t以上，胜利油田连续14年保持2 700万t以上，长庆油田油气当量快速攀上5 568万t的新高峰。渤海海域、长庆油田、新疆油田、辽河油田原油产量分别达到2 611万t、2 505万t、1 180万t、1 122万t，保持稳中有升的态势。

3. 我国石油、天然气对外依存度加大

中国石油经济技术研究院2015年1月28日发布的《2014年国内外油气行业发展报告》显示，2014年，我国石油对外依存度接近60%，天然气对外依存度上升至32.2%。与此同时，我国能源消费增速大幅放缓，能源消费总量估计达38.5亿t标准煤，比上年增加1亿t标准煤，增长2.7%，增速逐年放缓。

报告显示：2014年我国新能源及可再生能源继续快速增长，能源消费结构得到明显改善。其中，煤炭消费占一次能源消费的比重同比下降2.1个百分点，为63.9%；天然气消费所占比重上升0.5个百分点，为6.3%；石油消费所占比重基本保持不变，仍为18.5%；非化石能源消费比重则上升1.5个百分点，为11.3%。

4. 国内石油、天然气消费延续低速增长态势

2014年，石油表观消费量为5.18亿t，剔除库存增量，实际石油消费增速约为2.8%，与2013年基本持平。全年净进口石油3.08亿t，石油对外依存度达到59.5%，同比上升1.1个百分点。

2014年，天然气表观消费量为1 830亿m^3，同比增长8.9%，增速为近10年低点。天然气进口量为590亿m^3，同比增长11.5%，对外依存度上升至32.2%。

截至2014年年底，我国已建成国家战略石油储备基地6个，储备能力1.41亿桶，已建成商业石油储备基地25个，储备能力3.07亿桶。

二、2014年我国石油石化设备行业经济运行情况

2014年，我国石油石化设备行业发展面临经济下行压力，全行业经济运行在总体上呈低

速增长的新常态。主要表现为：主营业务收入增速跌到一位数，创近十年来的新低；利润总额增速回升到两位数，优于 2013 年；进出口总额、出口额和贸易顺差均由 2013 年的负增长转为正增长。

1．规模以上企业增长情况及其分布

截至 2014 年年底，我国石油石化设备行业规模以上企业（年主营业务收入 2 000 万元以上）1 885 家，同比增长 6.32%，增速略低于 2013 年。其中，海洋工程设备制造企业数量占比最低（仅 2.86%），但增幅高达 17.39%。2014 年按分行业统计的规模以上企业分布情况见图 1。2014 年按企业规模统计的规模以上企业分布情况见图 2。2014 年按企业经济类型统计的规模以上企业分布情况见图 3。

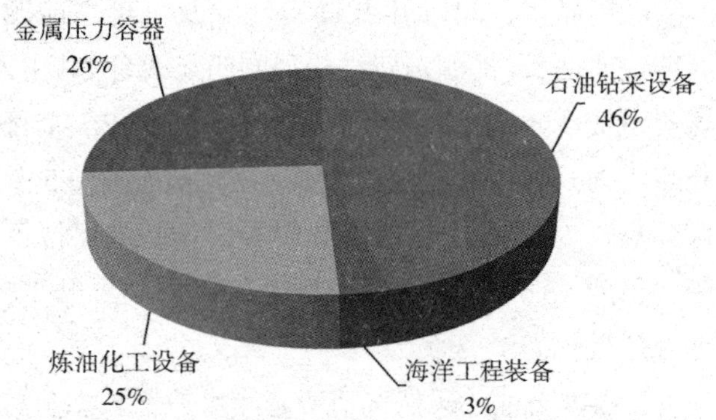

图 1　2014 年按分行业统计的规模以上企业分布情况

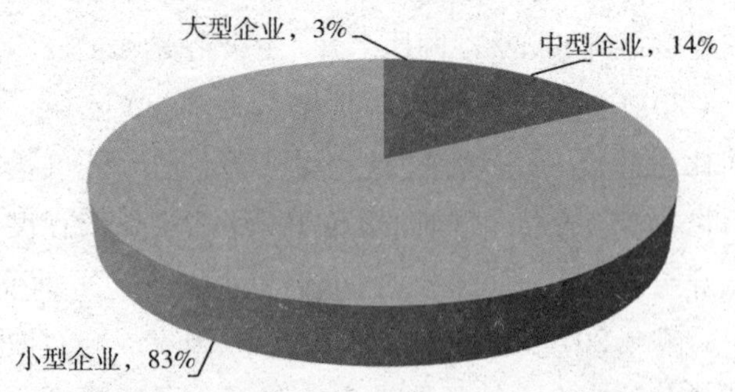

图 2　2014 年按企业规模统计的规模以上企业分布情况

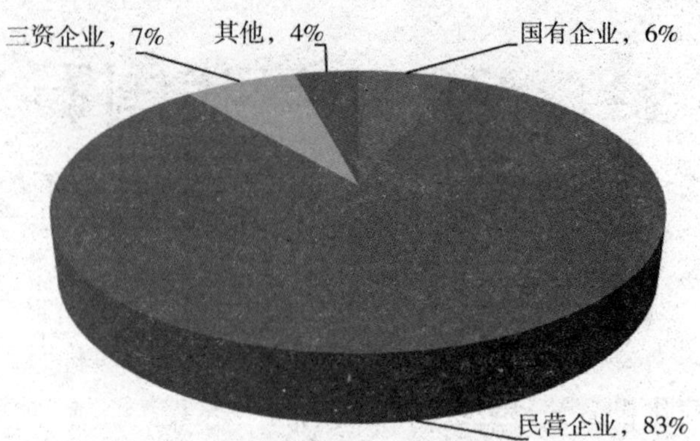

图 3　2014 年按企业经济类型统计的规模以上企业分布情况

2．主营业务收入和利润总额完成情况

2014 年，我国石油石化设备行业主营业务收入完成 5 578.92 亿元，同比增长 8.35%；利润总额完成 360.31 亿元，同比增长 10.33%。与 2013 年相比，主营业务收入增速下降了 4.78 个百分点，利润总额增速提高了 4.09 个百分点。

（1）按分行业分析。2014 年，海洋工程设备主营业务收入和利润总额同比增速均大于其他分行业，尤其利润总额同比增长高达 46.09%。金属压力容器制造业表现不佳，其主营业务收入同比增长 2.23%，利润总额同比下降 5.48%。

（2）按企业规模分析。2014 年，小型企业主营业务收入和利润总额同比增长都达到两位数，总体上好于大、中型企业。大型企业利润总额比 2013 年也有所提升，由 2013 年的同比下降 7.29%，改变为同比增长 11.58%。

（3）按企业经济类型分析。2014 年，三资企业表现最好，主营业务收入和利润总额同比分别增长 14.99% 和 33.51%；国有企业主营业务收入和利润总额同比增长向两个不同方向变化，主营业务收入增幅下滑了 3.37 个百分点，但利润总额增幅提高了 62.62 个百分点，由 2013 年同比下降 41.44% 反弹为同比增长 21.18%，

2014 年我国石油石化设备行业主要经济效益统计数据见表 1。

表 1 2014 年我国石油石化设备行业主要经济效益统计数据

企业分类	资产总额		主营业务收入		主营业务成本		利润总额	
	金额（亿元）	同比增长（%）	金额（亿元）	同比增长（%）	金额（亿元）	同比增长（%）	金额（亿元）	同比增长（%）
全行业	5 754.89	11.26	5 578.92	8.35	4 754.25	9.07	360.31	10.33
按小行业								
石油钻采设备	2 916.81	12.81	3 100.08	7.86	2 652.70	8.65	229.62	12.94
海洋工程设备	1 121.97	10.19	725.69	13.49	612.70	12.58	30.13	46.09
炼油化工设备	934.15	11.79	932.33	12.00	784.87	13.68	56.49	0.86
金属压力容器	781.95	6.66	820.82	2.23	703.97	3.12	44.07	-5.48
按企业规模								
大型企业	2 513.55	8.41	1 741.59	2.39	1 491.40	2.63	102.90	11.58
中型企业	1 499.78	9.36	1 484.17	9.44	1 245.82	10.05	99.10	7.26
小型企业	1 741.56	17.47	2 353.16	12.50	2 017.03	13.73	158.31	11.51
按企业经济类型								
国有企业	2 254.11	6.30	1 294.47	0.63	1 128.67	1.00	37.08	21.18
民营企业	2 550.85	16.81	3 390.65	9.79	2 873.56	10.67	249.99	5.21
三资企业	747.20	8.68	700.48	14.99	577.98	14.94	68.40	33.51
其　他	202.73	12.17	193.33	17.14	174.05	22.50	4.84	-32.26

3．2014 年主营业务收入和利润总额前 5 名省市指标比较

（1）2014 年，主营业务收入前 5 名省市为山东省、江苏省、辽宁省、天津市和四川省。前 5 名省市主营业务收入合计占全国主营业务收入总和的比例接近 70%，前 2 名合计占全国总和的比例超过 40%。2014 年石油石化设备行业主营业务收入前 5 名省市分析对比见表 2。

表 2 2014 年石油石化设备行业主营业务收入前 5 名省市分析对比

项　目	前 5 名省市					前 5 名之和	全国总和
	山东省	江苏省	辽宁省	天津市	四川省		
主营业务收入（亿元）	1 213.29	1 108.52	662.17	528.44	397.15	3 869.57	5 578.92
同比增长（%）	14.12	15.65	4.51	-13.25	13.37	—	8.35
占全国比例（%）	21.75	19.87	11.87	9.47	7.12	69.36	100.00

（2）2014 年利润总额前 5 名省份为山东省、江苏省、四川省、河南省和辽宁省。与主营业务收入前 5 名相比，前 2 名省份没有变化，同为山东省和江苏省；主营业务收入的第 3 名辽宁省退居利润总额第 5 名，主营业务收入的第 4 名天津市被挤出利润总额前 5 名。前 5 名省份利润合计占全国利润总和的比例超过 70%，其中前 2 名利润合计占全国利润总和的比例近 50%。2014 年石油石化设备行业利润总额前 5 名省份分析对比见表 3。

表 3 2014 年石油石化设备行业利润总额前 5 名省份分析对比

项　目	前 5 名省份					前 5 名之和	全国总和
	山东省	江苏省	四川省	河南省	辽宁省		
利润总额（亿元）	103.16	74.84	44.03	19.33	19.29	260.65	360.31
同比增长（%）	9.91	23.52	2.12	12.64	-30.12	—	10.33
占全国比例（%）	28.63	20.77	12.22	5.36	5.35	72.34	100.00

4. 行业亏损状况加剧

截至2014年12月，全行业亏损企业为226家，同比增长30.64%，亏损面为11.99%。全行业亏损额为27.47亿元，同比增长17.29%，比利润总额的同比增长高出近7个百分点。2014年行业亏损企业和亏损额分布情况见表4。

表4　2014年行业亏损企业和亏损额分布情况

行业分类	规模以上企业		亏损面			亏损额	
	数量（家）	占比（%）	亏损企业（家）	占总数比例（%）	同比增长（%）	金额（亿元）	同比增长（%）
石油钻采设备	868	46.05	84	9.68	42.37	12.47	-12.15
海洋工程设备	54	2.86	6	11.11	-14.29	4.56	117.77
炼油化工设备	480	25.46	57	11.88	21.28	5.15	23.86
金属压力容器	483	25.62	79	16.36	31.67	5.29	93.86
合　计	1 885	100.00	226	11.99	30.64	27.47	17.29

三、2014年我国石油石化设备主要大类产品进出口情况分析

根据海关总署提供的数据，2014年我国石油石化设备主要产品（56项）进出口总额为260.44亿美元，同比增长2.11%，增幅同比提高了5.08个百分点。其中，进口额为69.34亿美元，同比下降0.77%；出口额为191.10亿美元，同比增长3.20%。进口额和出口额增长趋势与2013年正好相反，即进口由正变负，出口由负变正，由此也导致贸易顺差进一步扩大。2014年进出口贸易顺差达到121.76亿美元，同比增长5.61%。

2014年出口金额超3亿美元的单项产品有22项，出口金额超5亿美元的单项产品有13项。

2014年石油石化设备主要大类产品进出口数据见表5。2014年石油石化设备出口金额超3亿美元的单项产品见表6。

表5　2014年石油石化设备主要大类产品进出口数据

行业种类	进出口总额		进口额		出口额		贸易顺差	
	金额（亿美元）	同比增长（%）	金额（亿美元）	同比增长（%）	金额（亿美元）	同比增长（%）	金额（亿美元）	同比增长（%）
石油钻采设备	54.91	7.46	13.32	11.37	41.59	6.26	28.27	4.01
炼油化工设备	98.49	6.90	44.15	-1.67	54.35	15.08	10.2	337.77
金属压力容器	61.5	11.68	9.57	3.80	51.93	13.26	42.36	15.64
海洋油气工程	45.53	-19.77	2.3	-39.47	43.23	-18.36	40.93	-16.72
合　计	260.44	2.11	69.34	-0.77	191.10	3.20	121.76	5.61

表6　2014年石油石化设备出口金额超3亿美元的单项产品

产品编号	产品名称	数量单位	数量	出口金额（万美元）	贸易顺差（万美元）
73071100	无可锻性铸铁管子附件	kg	288 912 514	57 560.38	56 152.47
73071900	可锻性铸铁及铸钢管子附件	kg	268 899 340	62 682.03	58 449.00
73072100	不锈钢制法兰	kg	68 193 639	38 542.77	32 819.95
73072900	不锈钢制其他管子附件	kg	30 715 024	37 124.84	16 980.76
73079100	其他钢铁制法兰	kg	423 343 208	65 614.43	58 708.50
73079200	其他钢铁制螺纹肘管、弯管及管套	kg	101 197 159	30 868.30	22 915.94

（续）

产品编号	产 品 名 称	数量单位	数 量	出口金额（万美元）	贸易顺差（万美元）
73079300	其他钢铁制对焊件	kg	185 169 219	30 001.60	25 209.47
73079900	未列名钢铁制管子附件	kg	272 849 774	100 972.88	74 894.95
73110090	装压缩气体或液化气体的非零售包装钢铁	kg	244 865 587	54 551.32	47 745.11
84136090	其他回转式排液泵	台(套)	23 577 249	62 611.47	52 507.32
84138100	未列名液体泵	台(套)	26 507 999	38 855.60	7 022.83
84139100	液体泵零件	kg	257 683 259	164 173.94	98 074.92
84195000	热交换装置	台(套)	1 185 020	71 453.26	-10 095.82
84198990	未列名利用温度变化处理材料的机器、装置	台(套)	4 874 037	70 552.91	-22 130.17
84304111	自推进石油及天然气钻机，钻探深度≥ 6 000m	台(套)	40	36 071.59	32 602.12
84304119	未列名自推进的石油及天然气钻机	台(套)	378	46 336.60	46 336.60
84314310	石油或天然气钻机的零件	kg	329 328 654	180 892.44	108 661.74
84743100	混凝土或砂浆混合机器	台(套)	856 320	32 490.74	30 399.60
89012011	载重量不超过 10 万 t 的成品油船	台(套)	87	60 314.53	60 265.93
89012022	载重量超过 15 万 t，不超过 30 万 t 的成品油船	台(套)	7	40 734.38	40 734.38
89012023	载重量超过 30 万 t 的成品油船	台(套)	12	115 497.40	115 497.40
89052000	浮动或潜水式钻探或生产平台	台(套)	92	202 805.73	179 905.73

四、行业结构调整、转型升级、产业基地建设和科技创新等方面的发展情况

1．兰石集团树起转型升级标杆，荣膺“装备中国创新企业榜样奖”

2014 年是兰石集团实现转型升级很不平凡的一年。国内最大的高端能源装备产业基地——兰石新区正式投产。兰石新区新增大型高端设备 3 000 余台（套），数显数控化率达 80% 以上，实现了信息化和工业化的深度融合。新园区的投产，表明兰石集团在推进老工业改造升级和技术进步方面取得重大突破。

同时，兰石集团整合优势资源，积极推动兰石重型装备股份有限公司于 2014 年 10 月 9 日登陆沪市主板，登陆之时创下了 24 个连续涨停的 A 股记录，被誉为“第一妖股”，标志着兰石集团加速向实体经济加资本运营管理转型取得重大突破。

另外，快速发展的兰石集团除了打造兰州新区的装备制造基地外，还在青岛建立了装备制造基地，在新疆建立了煤化工生产基地，拓展更为广阔的发展空间。

青岛兰石重型机械设备有限公司位于青岛市的黄岛开发区，一期工程投资 3.5 亿元，占地面积 11.4 万 m^2（171 亩），于 2014 年 4 月正式运营，单台设备制造能力可达 1 200t，为国内同行业之最；产品最大直径达 7m，板焊反应器的最大壁厚达 250mm，年生产能力超过 1 万 t。无论“对内”还是“对外”，青岛兰石基地均具有极好的“地利”优势。

面对新常态、新机遇、新形势，兰石集团走出了一条自主研发创新、实现高端能源装备国产化的路子，为国企改革发展、转型升级树立了标杆。

2014 年 11 月 22 日，在北京举行的“2014 装备中国创新企业年会暨装备中国创新先锋榜颁奖典礼”上，兰石集团获得“装备中国创新企业榜样奖”，这也是 2014 年度中国机电工业唯一获此殊荣的企业。

2．内蒙古一机集团大地石油机械公司转型升级见成效

2014 年，内蒙古一机集团大地石油机械公司

（以下简称“一机大地”）秦皇岛分公司抽油杆生产线和包头抽油杆生产线搬迁改造项目相继竣工投产。

2014 年 7 月 6 日，一机大地秦皇岛分公司抽油杆生产线胜利竣工投产。该生产线采用先进的精益理念设计布局，是国内自动化程度最高、技术领先的抽油杆自动生产线。实现了从抽油杆原材料检验、生产制造及出厂检测的流水线生产，既提高了产品专业化生产能力，也为生产优质的合格产品奠定了良好的基础。

该生产线的竣工投产，是一机大地公司利用秦皇岛市的地域和资源优势，打造高端外贸基地，不断提升市场竞争力，推进企业可持续发展的战略举措。

2014 年 10 月 8 日，一机大地包头抽油杆生产线搬迁改造项目竣工，全面投产使用。该搬迁改造项目旨在运用精益生产理念，通过流程再造，形成连续作业的生产线，使整个生产线工艺布局合理、物流通畅，人力资源和设备资源得到充分利用，降低人力成本。搬迁改造后的新生产线增加了一些特种杆产品，达到年产 60 万支抽油杆的产能。搬迁改造提高了产品核心竞争能力和经济效益水平，确保公司稳步可持续发展。

3．海洋工程设备制造稳步发展，“海洋石油981”荣膺国家科技进步奖特等奖

为加大我国南海油气资源开发力度，满足国内油气市场需求，确保国家能源安全，中国海洋石油总公司（简称中海油）于 2006 年 10 月正式启动“海洋石油 981”号 3 000m 深水半潜式钻井平台项目。2011 年 5 月 23 日在上海正式命名交付，2012 年 5 月 9 日在我国南海海域成功开钻，2014 年 5 月开始在海南岛以南 150km 的南海北部深水区开钻，并成功发现了陵水 17-2 大型气田。

陵水 17-2 气田测试日产天然气约 160 万 m^3，储量预计 1 760 亿 m^3，并创造了国内自营油气田最大钻探水深 1 547m 的纪录。该气田作业时效平均为 93.47%，比本区前期作业时效提高了 22%，建井周期平均为 40.21 天，比本区前期建井同期减少了 37%。陵水 17-2 气田测试成功创下三项第一：中海油深水自营勘探获得了第一个高产大气田；“海洋石油 981”深水钻井平台第一次深水测试获得圆满成功；自主研发的深水模块化测试装置第一次成功运用。

“海洋石油 981”填补了我国在深水钻井特大型装备项目上的空白，它是中国海洋石油工业发展史上的一个重要里程碑，实现了跨越式发展，标志着我国深水油气资源的勘探开发能力和大型海洋工程装备建造水平跨入世界先进行列。

2014 年 1 月 9 日，在北京人民大会堂举行的“2014 年度国家科学技术奖励大会”上，“海洋石油 981”钻井平台获 2014 年国家科技进步奖特等奖。

4．涪陵国家级页岩气示范区产能实现 20 亿 m^3

2014 年，中石化江汉油田涪陵页岩气田完成试气井 75 口，累计开钻 136 口井，完钻 102 口井，试气投产 75 口井，日产页岩气 400 万 m^3；完建 11 座地面集气站、49km 集气干线，建成年输气 50 亿 m^3 的集输工程。这标志着该气田提前完成全年试气 74 口井、新建产能 20 亿 m^3 的任务目标，为中石化在涪陵页岩气田 2015 年建成产能 50 亿 m^3、2017 年建成产能百亿立方米页岩气田奠定了坚实基础。

2012 年 11 月 28 日，中石化在重庆涪陵焦石坝钻探焦页 1HF 井，放喷测试获得 20.3 万 m^3/d 的高产工业气流，实现了国内页岩气勘探开发的重大突破；2013 年 9 月，国家能源局批复设立涪陵国家级页岩气示范区；2014 年 3 月，中石化宣布涪陵页岩气田提前进入商业开发，明确了 2014 年新建产能 20 亿 m^3、2015 年建成产能 50 亿 m^3 的任务目标；2014 年 7 月，国土资源部评审认定，涪陵页岩气田储层厚度大、丰度高、分布稳定、埋深适中，是典型的优质海相页岩气田，新增探明地质储量 1 067.5 亿 m^3。

涪陵页岩气田以国家级页岩气示范区建设为平台，初步建立了一套符合涪陵页岩气田地层特点、适应性良好的水平井优快钻井、长水平段压

裂试气、试采开发配套等具有自主知识产权的页岩气开发配套技术系列。为加快页岩气装备国产化步伐，以中石化石油工程机械公司为代表，研发并现场应用了3000型压裂车、“井工厂”钻井装备、大型储层改造装备、国产桥塞等众多精良装备，有效地推动了页岩气田经济高效开发。目前，该页岩气田钻井工程单井平均完井周期73天，比2013年缩短22天；压裂试气平均周期28天，比2013年缩短12天。焦页30号平台实施国内页岩气开发首次“井工厂”钻井施工，较设计工期提前99天完井，平均完井周期50天；焦页42号平台实施国内页岩气开发最大规模同步压裂施工，创造了国内页岩气开发7项施工纪录，提高效率50%以上。

5．加快产业基地建设，濮阳、牡丹江等石油装备制造基地建立

近年来，中国石油和石油化工设备工业协会（简称中石协）为了凝聚政、产、学、研、用各方的力量，进一步促进行业基地的建立和发展，经相关地方政府的邀请，中石协在对区域性行业产业集群进行考察调研的基础上，通过引导、培育、规划、咨询和协商，与地方政府一起共同建设了一批各具特色的石油装备产业制造基地。

在东营、建湖、盘锦、广汉等5个石油装备制造基地相继建立后，中石协又把目标投向了黑龙江牡丹江和河南濮阳。河南濮阳是中石化中原油田所在地，伴随着中原油田的蓬勃发展，濮阳市华龙区的石油装备制造业得到了快速发展，形成了目前石油装备制造企业百余家、年总产值超过120亿元、年出口额超过1亿美元的，具有钻井、完井、采油、集输等较为完整的石油设备产业链的，有一定规模、水平和特色的石油装备制造聚集地。

为了进一步推进濮阳石油装备制造业的健康发展和转型升级，做大做强濮阳石油装备制造产业，中石协应邀组织专家对濮阳石油装备制造产业进行了实地考察和评估，于2014年9月4日向河南省濮阳市华龙区人民政府授予“中国·濮阳石油装备制造基地”称号，并正式授牌。

6．山东胜利石油装备产业技术研究院成立

2014年3月2日，山东胜利石油装备产业技术研究院（简称产研院）在山东科瑞控股集团有限公司成立。

产研院由山东科瑞与中国石油大学（华东）机电工程学院、山东大学、山东省机械设计研究院、国家石油装备产品质量监督检验中心联合建设，旨在“为共性技术研发、成果转化和产业引领提供统筹、支撑、服务，增强自主创新能力、实现战略性产业技术研发和市场驱动型产业技术研发的有机结合”。产研院将以“共建、共享、协作、服务”为发展理念，为石油装备产业提供科技信息服务；制定行业标准，并组织实施和监督标准在全国的推广；整合和组织产、学、研、用等各方面资源，联合研发，转化成果；还将建设省级培训中心，培养全方面的石油人，吸纳全球石油装备研究的精英，为企业提供技术支撑，致力于打造技术创新服务型企业。

五、2014年行业经济运行中存在的主要问题

1. 行业经济增长乏力

2014年，全行业主营业务收入增速跌破两位数，仅为8.35%，创十年新低。

2．国有企业经济效益低下，远远低于民营企业和三资企业

国有企业2014年利润总额同比增速有了大幅回升，达到21%，这主要是由于2013年的基数低所致，表明比上年有了很大进步，但国有企业的经济效益仍然远远低于民营企业和三资企业。国有企业资产总额是民营企业的88%，但主营业务收入和利润总额仅是民营企业的38%和不足15%。另一方面，经统计，国有企业总资产贡献率和净资产贡献率分别为4.59%和5.02%，远远低于民营企业的16.92%和21.62%，也远远低于三资企业的13.56%和21.84%。

3．国内市场依然低迷不振，经济效益持续下滑

从经济运行数据看，国际市场有所好转，但

国内市场受中石油和中石化投资规模大幅度压缩的影响，依然低迷不振，也存在由于低端产品产能过剩而导致低价竞争的现象，从而导致经济效益持续下滑。

4．不同分行业间结构性分化加剧

从主营业务收入和利润总额同比增速看，海洋工程设备制造业具有走强趋势，而金属压力容器制造业增速下滑幅度加大。这与市场需求的分化有关。

5．亏损面和亏损额高居不下，严重影响行业健康发展

2014年，全行业亏损面同比增长30.64%，亏损额同比增长17.29%，远远大于利润总额增速，严重影响了行业的发展。

〔撰稿人：中国石油和石油化工设备工业协会何正〕

2015年1—6月我国石油和石油化工设备行业经济运行情况

一、行业经济效益情况分析

1．行业主要经济指标完成情况

2015年1—6月，石油和石油化工设备（简称石油石化设备）行业主营业务收入和利润总额分别完成2 584.43亿元和140.47亿元。主营业务收入同比增长为0.54%，增幅环比下降0.71个百分点，同比下降10.82个百分点；利润总额同比下降5.07%，增幅环比下降近1.1个百分点，同比下降23.93个百分点。

总体上看，全行业1—6月经济运行情况仍不见好转，稳增长压力进一步加大。

从结构上看，石油钻采设备制造业好于其他小行业；小型企业好于大中型企业，大型企业利润总额同比下降18.67%，表现最差；民营企业和三资企业远远好于国有企业，国有企业利润总额同比下降73.75%，严重拖累整个行业。2015年1—6月石油石化设备行业主要经济效益指标见表1。

表1　2015年1—6月石油石化设备行业主要经济效益指标

	资产总额		主营业务收入		主营业务成本		利润总额	
	金额（亿元）	同比增长（%）	金额（亿元）	同比增长（%）	金额（亿元）	同比增长（%）	金额（亿元）	同比增长（%）
全行业	5 826.33	6.52	2 584.43	0.54	2 246.31	1.43	140.47	−5.07
按小行业								
石油钻采设备	2 851.77	5.45	1 433.04	0.30	1 246.57	1.01	92.43	−0.05
海洋工程设备	1 234.52	9.33	359.69	0.18	315.44	2.43	13.07	−22.61
炼油化工设备	954.49	6.02	419.34	1.24	360.23	2.10	17.77	−16.37
金属压力容器	785.55	6.77	372.36	0.85	324.07	1.33	17.20	−0.92
按企业规模								
大型企业	2 546.64	2.56	804.84	−6.54	707.51	−4.87	40.17	−18.67
中型企业	1 441.45	4.23	669.77	−0.31	571.59	−0.26	39.34	−1.61
小型企业	1 838.25	14.63	1 109.82	6.90	967.22	7.72	60.97	4.04

（续）

	资产总额		主营业务收入		主营业务成本		利润总额	
	金额（亿元）	同比增长（%）	金额（亿元）	同比增长（%）	金额（亿元）	同比增长（%）	金额（亿元）	同比增长（%）
按企业经济类型								
国有企业	2 368.97	6.61	516.94	-15.45	467.39	-13.20	4.39	-73.75
民营企业	2 540.67	8.10	1 629.72	4.99	1 404.60	5.59	108.45	3.82
三资企业	715.35	1.52	350.08	7.86	294.89	8.56	26.78	4.77
其　他	201.35	4.62	87.70	5.61	79.43	6.74	0.86	-30.80

注：由于四舍五入，表中数据分项之和与总和略有出入。

2．主营业务收入和利润总额前 5 名省市指标比较

2015 年 1—6 月，主营业务收入前 5 名省市总体情况与 1—5 月相同，前 5 名省市仍然为江苏省、山东省、辽宁省、四川省和天津市。前 5 名省市主营业务收入之和占全国总和的比例超过 70%，前两名之和占全国总和的比例超过 40%。2015 年 1—6 月石油石化设备行业主营业务收入前 5 名省市指标对比见表 2。

表 2　2015 年 1—6 月石油石化设备行业主营业务收入前 5 名省市指标对比

项　目	前 5 名省市					前 5 名之和	全国总和
	江苏省	山东省	辽宁省	四川省	天津市		
主营业务收入（亿元）	570.47	552.47	271.97	234.97	233.91	1 863.79	2 584.43
同比增长（%）	7.48	3.06	-15.88	14.64	-9.80		0.51
占全国比例（%）	22.07	21.38	10.52	9.09	9.05	72.12	100.00

2015 年 1—6 月利润总额前 5 名省市为山东省、江苏省、四川省、河南省和天津市，1—5 月的第 5 名吉林省被天津市取代。前 5 名省市利润总额之和占全国总和的比例超过 80%，前 2 名利润总额之和占全国的比例超过 50%。2015 年 1—6 月石油石化设备行业利润总额前 5 名省市指标对比见表 3。

表 3　2015 年 1—6 月石油石化设备行业利润总额前 5 名省市指标对比

项目	前 5 名省市					前 5 名之和	全国总和
	山东省	江苏省	四川省	河南省	天津市		
利润总额（亿元）	46.22	33.23	20.70	7.60	4.92	112.67	140.47
同比增长（%）	0.88	6.30	9.70	-9.15	-22.71		-5.07
占全国比例（%）	32.90	23.66	14.74	5.41	3.50	80.21	100.00

3. 行业亏损面和亏损额

2015 年 1—6 月，全行业亏损企业为 441 家，同比增长 27.09%。全行业累计亏损额为 24.68 亿元，同比增长 44.14%，亏损局面进一步加剧。2015 年 1—6 月石油石化设备行业亏损企业和亏损额分布情况见表 4。

表 4　2015 年 1—6 月石油石化设备行业亏损企业和亏损额分布情况

行业分类	规模以上企业		亏损面			亏损额	
	数量（家）	占全行业比例（%）	亏损企业数（家）	占本行业比例（%）	同比增长（%）	金额（亿元）	同比增长（%）
石油钻采设备	902	46.11	202	22.39	25.47	9.28	-1.34
海洋工程设备	59	3.02	11	18.64	37.50	4.69	861.89
炼油化工设备	489	25.00	97	19.84	22.78	6.44	65.68
金属压力容器	506	25.87	131	25.89	32.32	4.27	27.76
合　计	1 956	100.00	441	22.55	27.09	24.68	44.14

二、出口交货值完成情况

1．出口交货值同比下降幅度加大

2015 年 1—6 月，石油石化设备行业完成出口交货值 351.66 亿元，同比下降 10.53%，环比 1—5 月下降了近 5%。

从不同的企业分类看，仅三资企业出口交货值保持正增长，且同比增长达到两位数，为 14.21%。金属压力容器（按分行业）和国有企业（按企业经济类型）出口交货值则大幅下降，同比分别下降 26.56% 和 29.00%。

2015 年 1—6 月石油石化设备行业出口交货值完成情况见表 5。

表 5　2015 年 1—6 月石油石化设备行业出口交货值完成情况

行业 / 企业分类	企业数量（家）	出口交货值（亿元）	占比（%）	同比增长（%）	增幅（百分点）
合　计	1 956	351.66	100.00	-10.53	-39.02
按小行业分列					
石油钻采设备	902	162.63	46.24	-1.94	-26.61
海洋工程设备	59	159.10	45.24	-16.06	-49.23
炼油化工设备	489	13.55	3.85	-11.60	-27.76
金属压力容器	506	16.39	4.66	-26.56	-55.39
按企业规模分列					
大型企业	51	230.67	65.59	-14.27	-52.12
中型企业	259	85.65	24.36	-1.52	-10.30
小型企业	1 646	35.34	10.05	-4.52	-33.87
按企业经济类型分列					
国有企业	115	117.58	33.44	-29.00	-44.60
民营企业	1 623	80.65	22.94	-12.07	-17.15
三资企业	132	148.01	42.09	14.21	-52.16
其　他	86	5.42	1.54	-11.44	-231.15

注：由于四舍五入，表中数据分项之和与总和略有出入。

2. 出口交货值前 5 名省市数据统计

2015 年 1—6 月，石油石化设备出口交货值前 5 名省市依次为江苏省、辽宁省、四川省、山东省和上海市，与 1—5 月相同。

从前 5 名省市出口交货值之和占全国总和的比例看，超过 86% 的出口交货值集中在前 5 省市，70% 集中在前 3 省市。

2015 年 1—6 月石油石化设备出口交货值前 5 名省市指标对比见表 6。

表 6　2015 年 1—6 月石油石化设备出口交货值前 5 名省市指标对比

项　目	前 5 省市					前 5 名之和	全国总和
	江苏省	辽宁省	四川省	山东省	上海市		
出口交货值（亿元）	124.57	79.6	50.17	25.63	23.95	303.92	351.66
同比增长（%）	-3.37	-21.04	9.46	-16.63	5.66		-10.53
占全国比例（%）	35.42	22.64	14.27	7.29	6.81	86.42	100.00

从分行业看，与 1—5 月相比，石油钻采设备前 5 名出口交货值排名保持不变，其他分行业前 2 名保持不变，3 ～ 5 名有所变化。

从前 5 名出口交货值之和占全国总和的比例看，所有分行业前五名占比均超过 83%，其中海洋工程设备前 5 名占比超过 99%。

2015 年 1—6 月石油石化设备分行业出口交货值前 5 名省市指标对比见表 7。

表 7　2015 年 1—6 月石油石化设备分行业出口交货值前 5 名省市指标对比

	前 5 名省市					前 5 名之和	全国总和
石油钻采设备行业							
省市名称	四川省	江苏省	山东省	上海市	天津市		
出口交货值（亿元）	49.66	40.42	23.72	16.45	6.93	137.18	162.63
同比增长（%）	9.86	8.74	-17.27	14.61	-18.87		-1.94
占全国比例（%）	30.54	24.85	14.59	10.11	4.26	84.35	100.00
海洋工程设备行业							
省市名称	辽宁省	江苏省	湖北省	广东省	安徽省		
出口交货值（亿元）	78.76	76.54	0.96	0.95	0.94	158.15	159.1
同比增长（%）	-20.96	-8.92	-44.71	1 963.81	-29.66		-16.06
占全国比例（%）	49.50	48.11	0.60	0.60	0.59	99.40	100.00
炼油化工设备行业							
省市名称	江苏省	浙江省	广东省	河北省	山东省		
出口交货值（亿元）	4.95	2.81	1.69	1.13	0.67	11.25	13.55
同比增长（%）	12.46	-18.71	-33.6	4.14	-13.26		-11.6
占全国比例（%）	36.53	20.74	12.47	8.34	4.94	83.03	100.00
金属压力容器行业							
省市名称	上海市	江苏省	浙江省	山东省	河北省		
出口交货值（亿元）	6.94	2.66	2.03	1.13	0.98	13.74	16.39
同比增长（%）	-4.99	-19.57	-18.27	-13.13	-14.43		-26.56
占全国比例（%）	42.34	16.23	12.39	6.89	5.98	83.83	100.00

三、石油钻井设备产量情况

根据国家统计局公布的统计数据，2015 年 1—6 月，我国 15 个省市的 121 家企业生产的石油钻井设备总产量为 128 191 台（套）（包括零部件），同比增长 8.36%，环比增长 5.75%。

在 15 个省市中，排在前 5 名的省份分别为河南省、江苏省、四川省、陕西省和辽宁省。

〔供稿单位：中国石油和石油化工设备工业协会〕

2014 年石油和化工行业经济运行回顾与 2015 年展望

2014 年，石油和化工行业克服了经济下行压力，基本实现了经济运行稳中有进的总体目标。2014 年行业经济运行总体平稳；结构调整继续深化，非公经济和私营经济在经济总量中的比重继续增加；出口有进步；节能降耗和管理水平有了大幅提高。但是，当前石油与化工行业经济下行压力增大，行业总体效益呈现恶化趋势，投资动力不足，石化行业创新能力较弱。

一、2014 年石油和化工行业经济运行情况

2014 年，石油和化工行业规模以上企业 29 134 家。行业主营业务收入 14.06 万亿元，同比增长 5.4%，占全国规模工业主营业务收入的 12.8%；利润总额 7 911.1 亿元，同比下降 8.1%，占全国规模工业利润总额的 12.2%；上缴税金 9 849.5 亿元，同比增长 8.6%，占全国规模工业税金总额的 20.3%；完成固定资产投资额 2.33 万亿元，同比增长 10.7%，占全国工业投资总额的 11.4 %；进出口贸易总额 6 754.8 亿美元，增长 3.8%，占全国进出口贸易总额的 15.7%；逆差 2 819.8 亿美元，同比下降 2.8%；资产总额 11.49 万亿元，同比增长 8.0%。2014 年，全国石油天然气总产量 3.21 亿 t 油当量，同比增长 2.7%；主要化学品总产量同比增长约 6.3%。2014 年石油和化工行业主要经济指标占全国的比重见表 1。2014 年石油和化工行业主要经济指标增长情况见表 2。

表 1　2014 年石油和化工行业主要经济指标占全国的比重

项　目	全　国		石油和化工行业		占全国比重（%）
	2014 年	同比增长（%）	2014 年	同比增长（%）	
主营业务收入（亿元）	1 094 600	7.0	140 600	5.4	12.8
投资额（亿元）	204 500	12.9	23 300	10.7	11.4
进出口总额（亿美元）	43 000	3.4	6 755	3.8	15.7
其中：出　口	23 400	6.1	1 968	9.1	8.4
进　口	19 600	0.4	4 787	1.8	24.4
利润总额（亿元）	64 715	3.3	7 911	-8.1	12.2

表 2　2014 年石油和化工行业主要经济指标增长情况

项　目	1—3 月	1—6 月	1—9 月	1—12 月
工业增加值同比增长（%）	8.6	8.4	8.4	8.3
主营业务收入（亿元）	31 936.8	67 864.8	103 374.5	140 600 .0
同比增长（%）	6.6	8.0	7.7	5.4
利润总额（亿元）	1 969.4	4 190.3	5 947.2	7 911.1
同比增长（%）	2.1	6.4	-1.8	-8.1
投资额（亿元）	3 127.8	9 545.3	16 165.4	23 291.1
同比增长（%）	18.6	11.5	11.2	10.7

（续）

项　目	1—3 月	1—6 月	1—9 月	1—12 月
进出口总额（亿美元）	1 671.6	3 389.9	5 133.0	6 754.8
同比增长（%）	6.2	7.5	6.2	3.8

1. 石油天然气开采业

2014 年，石油天然气开采业规模以上企业 288 家，累计工业增加值同比增长 2.2%；主营业务收入 1.36 万亿元，同比下降 0.3%；利润总额 3 217.8 亿元，同比下降 12.4%；上缴税金 2 678.5 亿元，同比增长 15.5%；资产总计 2.32 万亿元，同比增长 6.7%；完成固定资产投资额 4 023.0 亿元，同比增长 5.7%。

全年原油产量 2.10 亿 t，同比增长 0.6%；天然气产量 1 234.1 亿 m^3，同比增长为 6.9%。

2014 年石油天然气开采业主要经济指标增长情况见表 3。

表 3　2014 年石油天然气开采业主要经济指标增长情况

项　目	1—3 月	1—6 月	1—9 月	1—12 月
工业增加值同比增长(%)	0.4	1.1	1.7	2.2
主营业务收入（亿元）	3 213.8	6 687.9	10 113.8	13 583.7
同比增长（%）	-0.4	2.6	3.0	-0.3
利润额（亿元）	995.0	2 007.3	2 672.7	3 217.8
同比增长（%）	-6.2	-2.6	-10.7	-12.4
投资总额（亿元）	339.0	1 250.0	2 140.9	4 023.0
同比增长（%）	18.7	18.5	12.0	5.7

2. 石油加工业

2014 年，原油加工业规模以上企业 1 368 家，累计工业增加值同比增长 5.7%；主营业务收入 3.50 万亿元，同比增长 0.7%；利润总额 122.1 亿元，同比下降 69.1%；上缴税金 4 276.7 亿元，同比增长 4.3%；资产总计 1.62 万亿元，同比增长 1.0%；完成固定资产投资额 2 472.3 亿元，同比增长 15.7%。

全年原油加工量 5.03 亿 t，同比增长 5.3%；成品油产量（汽油、煤油、柴油合计）3.17 亿 t，同比增长 7.1%，其中柴油产量 1.76 亿 t，同比增长 2.4%。

2014 年石油加工业主要经济指标增长情况见表 4。

表 4　2014 年石油加工业主要经济指标增长情况

项　目	1—3 月	1—6 月	1—9 月	1—12 月
增加值同比增长（%）	4.3	5.0	5.4	5.7
主营业务收入（亿元）	8 445.5	17 606.4	26 533.3	35 034.5
同比增长（%）	0.0	4.3	4.2	0.7
利润总额（亿元）	99.0	205.9	285.0	122.1
同比增长（%）	29.9	205	21.0	-69.1
投资额（亿元）	343.6	1 062.2	1 819.6	2 472.3
同比增长（%）	25.4	11.4	18.3	15.7

3. 化学工业

2014 年，化工行业规模以上企业 25 981 家，累计工业增加值同比增长 10.4%；主营业务收入 8.76 万亿元，同比增长 8.2%；利润总额 4 272.0 亿元，同比增长 0.1%；上缴税金 2 740.5 亿元，同比增长 8.9%；完成固定资产投资额 1.56 万亿元，同比增长 10.5%；资产总计 7.14 万亿元，同比增长 10.0%；进出口贸易总额 3 485.9 亿美元，同比增长 5.2%，其中出口额 1 621.0 亿美元，同比增长 11.1%。

2014 年，全国乙烯产量 1 704.4 万 t，同比增长 7.6%；甲醇产量 3 740.7 万 t，同比增长 26.2%；硫酸产量 8 846.3 万 t，同比增长 6.8%；烧碱产量 3 180.2 万 t，同比增长 7.7%；化学试剂产量 1 716.1 万 t，同比增长 5.0%；合成树脂产量 6 950.7 万 t，同比增长 10.3%；轮胎外胎产量 11.14 亿条，同比增长 6.3%；化肥产量（折纯）6 933.7 万 t，同比下降 0.7%。

2014年化学工业主要经济指标增长情况见表5。

表5 2014年化学工业主要经济指标增长情况

项 目	1—3月	1—6月	1—9月	1—12月
工业增加值同比增长（%）	12.0	11.1	10.8	10.4
主营业务收入（亿元）	19 358.9	41 553.1	63 725.6	87 633.2
同比增长（%）	10.7	10.4	9.9	8.2
利润总额（亿元）	821.3	1 855.4	2 804.4	4 272.0
同比增长（%）	9.8	8.9	5.4	0.1
投资额（亿元）	2 298.6	6 736.3	11 255.6	15 550.7
同比增长（%）	17.4	10.4	9.0	10.5
出口总额(亿美元)	359.0	770.2	1 209.5	1 621.0
同比增长（%）	10.8	12.9	12.3	11.1

4. 专用设备制造业

2014年，专用设备制造业规模以上企业1 497家，实现主营业务收入4 311.3亿元，同比增长7.7%；利润总额299.3亿元，同比增长8.7%；上缴税金153.9亿元，同比增长15.0%；资产总计4 102.5亿元，同比增长12.0%；完成固定资产投资额1 245.1亿元，同比增长21.7%。

全年生产石油钻井设备24.4万台（套），同比下降5.0%；炼化专用设备241.3万t，同比增长4.0%。

2014年专用设备制造业主要经济指标增长情况见表6。

表6 2014年专用设备制造业主要经济指标增长情况

项 目	1—3月	1—6月	1—9月	1—12月
主营收入(亿元)	918.6	2 017.4	3 001.8	4 311.3
同比增长(%)	16.1	11.8	9.0	7.7
利润总额(亿元)	54.1	121.7	185.0	299.3
同比增长（%）	20.9	14.4	9.8	8.7
投资额（亿元）	146.5	496.8	949.4	1 245.1
同比增长（%）	21.1	11.1	23.8	21.7

5. 区域行业经济

2014年，东部11省、市主营业务收入9.24万亿元，同比增长5.3%，占全国行业主营业务收入的比重为65.8%；中部8省主营业务收入2.51万亿元，同比增长5.6%，占比17.8%；西部12省、市、自治区主营业务收入2.30万亿元，同比增长5.4%，占比16.4%。区域间主营业务收入增速大体同步，占比保持基本稳定。

2014年，东部地区实现利润总额4 742.2亿元，同比下降4.5%，占全国行业利润总额的59.9%；中部地区利润总额1 504.3亿元，同比下降3.8%，占比19.0%；西部利润总额1 664.6亿元，同比下降20.0%，占比21.1%。总的看，区域效益下降，但走势分化。中、东部地区利润降幅较小，西部地区利润降幅较大，东、西部地区效益差距有扩大趋势。

2014年各区域主营业务收入增长情况见表7。

表7 2014年各区域主营业务收入增长情况

区 域	1—3月	1—6月	1—9月	1—12月
东部地区（亿元）	20 988.9	44 919.5	68 403.9	92 445.7
同比增长（%）	6.5	7.6	7.5	5.3
中部地区（亿元）	5 689.7	11 812.7	18 192.3	25 119.3
同比增长（%）	7.8	9.0	8.6	5.6
西部地区（亿元）	5 258.1	11 132.6	16 774.3	22 997.6
同比增长（%）	6.1	8.4	7.4	5.4

2014年，东部地区投资1.11万亿元，同比增长13.1%，占全国行业投资总额的50.3%；中部地区投资5 374.7亿元，同比增长为7.6%，占比24.2%；西部地区投资5 643.6亿元，同比增长5.9%，占比25.5%。2014年各区域投资增长情况表见表8。

表8 2014年各区域投资增长情况

区 域	1—3月	1—6月	1—9月	1—12月
东部地区（亿元）	1 841.1	5 070.0	8 125.1	11 149.7
同比增长（%）	23.1	20.1	14.5	13.1
中部地区（亿元）	665.2	2 218.9	3 758.8	5 374.7
同比增长（%）	14.1	8.1	5.8	7.6
西部地区（亿元）	610.2	2 203.2	4 139.3	5 643.6
同比增长（%）	9.1	−3.5	6.3	5.9

二、2014年行业经济运行的主要特点

1. 经济运行总体平稳

2014年，行业工业增加值增长走势表明行业经济运行总体平稳。数据显示，一季度全行业增加值同比增长8.6%，上半年和前三季度同比增长均为8.4%，全年同比增长8.3%。从三大板块看，化学工业缓中趋稳，石油加工业和油气开采业稳中趋快。从行业重点监测的78种（类）产品看，

有62种（类）产品产量保持增长，约占重点监测品种总数的80.0%。总体看，行业经济运行处在平稳合理区间。

2. 结构调整继续深化

一是专用化学品、涂（颜）料等精细化学品等在经济增长中贡献率上升。2014年专用化学品对化学工业收入增长的贡献率最高，达到36.3%，同比大幅提高13.2个百分点；涂（颜）料制造贡献率为8.5%，增幅同比提高2.8个百分点。从利润看，涂（颜）料制造和专用化学品同比增长分别达到14.6%和11.7%，显著高于行业平均水平，利润增量也主要来自专用化学品和涂（颜）料制造业。

二是非公经济在经济总量中的比重继续增加。2014年，非公有控股经济主营业务收入同比增长9.7%，占石油和化工行业收入总额的60.2%，增幅同比提高4个百分点；公有控股经济主营业务收入同比下降0.6%，占比为39.8%。

三是消费结构出现新变化。天然气和汽油消费保持较快增长，柴油消费持续低迷。2014年，国内天然气表观消费量约1 806亿m^3，同比增长9.0%，占石油天然气表观消费总当量的23.9%，增幅同比提高1.2个百分点。成品油消费中，汽油表观消费量10 534.8万t，同比增长达到12.6%，增幅同比提高4.8个百分点，占成品油消费量的比例约为34.9%，增幅同比提高2.2个百分点；柴油表观消费量17 282.9万t，同比增长为1.9%，占比57.3%，创历史新低，增幅同比回落2.1个百分点。

化学工业中，有机化学原料、合成树脂等消费热度不减。数据显示，2014年有机化学原料表观消费量同比增长14.3%，增幅同比提高7.5个百分点；合成树脂表观消费量同比增长10.5%，增幅同比提高1.5个百分点。其中，甲醇表观消费量同比增长21%，ABS同比增长15%。不过，无机化学原料增长相对缓慢，同比增长7.1%，增幅同比提高仅约0.8个百分点。合成纤维单（聚合）体持续遇冷，表观消费量同比下降1.5%，是连续第二年出现下降。总体而言，市场消费特别是化工产品消费，正向差异化、个性化、品质化方向发展。

3. 出口有进步

2014年，尽管贸易摩擦多发，出口形势严峻，但石油和化工行业出口实现了年初9%的既定增长目标。海关数据显示，石油和化工行业出口总额1 967.5亿美元，同比增长9.1%，增幅同比提高5.2个百分点，占全国出口总额的8.4%。

橡胶制品、化肥出口增长较快。全年橡胶制品出口总额523.1亿美元，同比增长9.2%，与上年持平，占全行业出口总额的26.6%，继续保持行业第一出口大户地位。化肥出口呈现高速增长态势，出口总量达2 959.4万t（实物量），同比增长52.4%，增幅同比提高45个百分点；出口金额同比增长42.0%。合成树脂出口呈现较快增长势头，出口量和出口金额分别同比增长22.6%和16.5%，增幅同比提高11.6个和7.5个百分点，在出口总额中的占比上升了0.3个百分点，显示出口结构出现优化。

油气进口继续保持较高增长。从进口看，油气进口依然居主导地位，占进口贸易总额的近53%。全年进口原油3.08亿t，同比增长9.3%；进口天然气598.1亿m^3，同比增长12.6%。

4. 节能降耗有进展

单位能耗下降。2014年石油和化工行业总能耗约5.28亿t标煤，同比增长5.2%，增幅同比下降1个百分点。全行业万元收入耗标煤约375kg，同比下降0.1%。其中，化学工业万元收入耗标煤约412kg，同比下降2.7%。

重点产品综合能耗总体下降。2014年前三季度，我国原油加工量综合能耗67.0kg标煤/t，同比增长3.7%；乙烯综合能耗816.6kg标煤/t，同比下降2.2%；烧碱综合能耗373.0 kg标煤/t，同比下降3.2%；纯碱综合能耗316.7 kg标煤/t，同比下降0.2%；电石综合能耗991.6 kg标煤/t，同比下降4.4%；黄磷综合能耗3 047.9 kg标煤/t，同比下降5.5%；合成氨综合能耗1 348.7 kg标煤/t，同比持平。

5. 管理水平有提高

2014年，面对成本持续上升的巨大压力，企业狠抓管理，取得明显成效。据统计，石油和化工行业管理费用同比仅增长 3.1%，增幅同比下降 9.2 个百分点。其中，石油天然气开采业同比下降 3.4%，炼油业同比下降 3.8%，化学工业同比增长 6.8%，增幅同比分别下降 11.3 个、16.3 个和 6.7 个百分点。数据还显示，全行业存货资金周转天数为 13.2 天，同比提高 0.8 天，库存周转加快，资金利用率提高。

三、2014 年行业经济运行存在的主要问题

1. 下行压力增大

2014 年经济运行走势表明，行业经济运行下行压力在不断增大。从主营业务收入看，一季度同比增长 6.6%，二季度同比增长 9.3%，三季度同比增长 7.0%，而四季度则同比下降 0.6%。从利润看，一季度同比增长 2.1%，二季度同比增长为 10.5%，三季度则同比下降 17.1%，四季度降幅扩大，同比下降达到 23.1%。三季度以来行业经济下行趋势有所加快，经济放缓处于探底之中。

从价格看，2014 年石油和化工行业生产者累计出厂价格指数连续第三年下降，同比下降达 2.6%。其中，石油天然气开采业同比下降 3.0%，炼油业同比下降 3.5%，化学工业同比下降 2.3%。特别是第四季度价格下挫加剧，油气开采业生产者累计出厂价格指数平均跌幅近 12%，创金融危机以来最大跌幅。受此影响，基础原材料价格快速下挫，同比下降逾 5%。中国石油和化学工业联合会重点监测的 188 种产品，价格同比下降的有 144 种，占比达 76.6%。从需求看，行业总体消费增速趋缓。2014 年石油天然气表观消费量同比增长 4.8%，增幅同比下降 0.7 个百分点；化学品总量同比增长 5.9%，增幅同比下降 0.4 个百分点。

2. 经济效益下滑

2014 年，行业总体效益呈现恶化趋势，利润同比下降逾 8%。分析原因，一是成本持续增长。石油和化工行业每 100 元主营业务收入成本 84.40 元，同比增长 0.84 元。其中，化工行业每 100 元主营业务收入成本达 87.58 元，同比增长 0.54 元，高于全国规模工业主营业务收入成本 1.94 元。2014 年，化学工业和炼油业财务费用同比分别增长 20.8% 和 25.6%，增幅高于同期全国规模工业财务费用平均增幅 9.6 个和 14.4 个百分点，融资成本居高不下。二是化工行业库存较高。数据显示，化工行业产成品资金同比增长 12.8%，增幅同比提高近 5 个百分点。三是盈利能力脆弱。2014 年，炼油业主营业务收入利润率仅为 0.35%，化学工业主营业务收入利润率也只有 4.87%，分别比全国规模工业平均主营业务收入利润率低 5.56 个和 1.04 个百分点。

3. 投资动力不足

2014 年，石油和化工行业固定资产投资同比增长 10.7%，低于同期全国工业投资增幅 2.2 个百分点，创下历史新低。投资仍是当前拉动行业增长的主要动力之一，但缺少明确的投资方向，投资不足有可能对未来行业经济运行产生长远影响。

油气开采业投资增幅最低。三大板块中，化学工业投资同比增长 10.5%，增幅同比下降 4.1 个百分点；石油加工业投资同比增长 15.7%，增幅同比下降 12 个百分点；石油天然气开采业投资同比增长 5.7%，同比下降 28 个百分点。

基础化学原料、合成材料制造等投资大幅减少。2014 年，基础化学原料制造投资同比增长 11.5%，增幅同比下降 7.2 个百分点；合成材料同比增长 8.6%，增幅同比下降 9.6 个百分点。专用化学品投资较上年有所加大，同比增长 9.8%，也属历史较低水平。

4. 创新能力较弱

目前，一方面我国石化行业大部分大宗品种的产能利用率不高，另一方面石化市场总体存在较大缺口。海关数据显示，2014 年，我国进口有机化学品达 4 100 万 t，同比增长 5.1%；进口合成树脂超过 3 200 万 t，同比增长 2.9%。其中，进口对二甲苯（PX）达到 997.3 万 t，同比增长 10.2%；进口芳烃混合物 502.3 万 t，同比增长 25.3%；进口聚乙烯 911 万 t，同比增长 3.3%。造成这种局面的原因主要是我国石化产业创新能力不足。一方面，在低值化、同质化的中低端市场，供给严重过剩、竞争激烈；另一方面，在个性化、差异化的高端市场，又不能满足需求，只能进口。

四、2015 年展望

2015 年是全面深化改革的关键之年，也是全面完成“十二五”规划的收官之年。做好 2015 年的经济运行工作，意义十分重大。

（一）2015 年行业经济运行的重点工作

2014年经济运行的主要矛盾是市场需求不足、经济下行压力持续。2015 年行业经济运行仍面临着持续的下行压力，面临着十分繁重的运行任务，既要全面深化改革，又要全面完成“十二五”规划的收官工作，还要全力推进行业增长方式的转变。2015 年行业经济运行工作的指导思想是：努力开拓市场需求，大力优化供给结构，突出抓好五项重点工作，形成五大配套合力，全力推进行业经济运行走上稳定和上升通道，全面实现稳中求进、提质增效的总体目标。

1. 努力开拓市场，实现行业经济运行稳增长目标

市场是维系经济平稳运行的最重要保障。随着总需求增长放缓，差异化、个性化消费方式渐成主流，开拓和创新市场必将成为稳增长的关键任务。

一要全力开发新产品，开拓需求新市场。中国 13 亿人口的大市场是行业发展的巨大优势，开拓市场需求，培育更多新的需求，是行业必须要下功夫抓好的一项重要任务。抓住 2015 年国家宏观经济政策推动的农业现代化、新型城镇化、新型工业化、信息化发展的一批创新升级工程项目，努力满足新能源、新材料、节能环保、高端装备制造、新能源汽车等战略性新兴产业发展的新需求，在工程塑料、氟硅材料、功能性膜材料、聚氨酯材料、热塑性弹性体、特种橡胶、新型涂料、电子化学品等高端化、差异化市场的培育上，做好增量这篇大文章。用新的市场、新的需求，加快推进行业转型升级。

二要优化供给结构，巩固传统市场。基础化学原料、农用化学品、橡胶制品、成品油等传统市场需求尽管增速放缓，但存量很大，仍然是石油和化工行业经济平稳运行的重要基础。对于传统产业，要加快结构调整，做好结构调整的加减乘除法，既要取得化解产能过剩矛盾的突破性进展，又要发现和培育新的经济增长点。要在提升产品质量、增加产品功能、完善用户服务、打造优势品牌等方面下更大功夫，努力巩固和提升传统产业的竞争优势。

三要加快发展生产性服务业，不断延伸产业价值链。生产性服务业是行业发展中的一条“短腿”。大力加快生产性服务业的发展，是行业结构调整中的一大有利空间。要下大功夫把生产性服务业作为一个新的增长点进行培育。大力推动群众性的技术创新、管理创新和经营模式创新。加快信息化和工业化的融合发展，要加快培育一批集电子交易、仓储码头、物流配送于一体的大型化、专业化服务企业，推动行业生产性服务业迈上新台阶。

2. 全面实施创新驱动战略，着力提升行业自主创新能力

当前，石油和化工行业发展面临着三个全局性矛盾：一是产能过剩矛盾十分突出；二是产业结构同质化现象十分严重；三是战略性新兴产业、产业链高端产业发展还十分薄弱。而这三个全局性矛盾的根源又都是创新能力不足这一共性矛盾。大力实施创新驱动战略，全面提升行业自主创新能力是全行业实现转型升级的关键。在 2015 年经济运行工作中，在创新发展方面要重点抓好以下三方面工作：

一是在全行业培育一批典型的技术创新示范企业。企业是创新的主体，行业创新能力的提升集中体现在企业创新能力的提升上。多年来，行业内有一批企业在技术创新上抢占了行业技术的制高点，在全球市场上取得了竞争优势。如神华集团的 MTO、MTP 技术以及煤制油技术，烟台万华的 MDI 技术，青岛橡胶谷的异戊橡胶技术，浙江龙盛集团的合成染料技术、河南多氟多集团的六氟磷酸锂技术等。我们将在进一步调查研究的

基础上，按重点产品行业树立一批典型的技术创新示范企业，在全行业广泛宣传推广他们的先进经验，充分发挥典型示范作用，努力加快提升企业的创新能力。

二是加快建设一批行业关键技术创新平台。行业有一批技术能力很强的科研院所、大专院校，也有不少基础技术研究成果。为了更好地发挥科研院所的作用，按照行业科技发展规划的要求，组建了“褐煤分级转化清洁燃料”等13家行业工程中心，“混炼工程”等15家行业重点实验室，“磷石膏综合利用”等11家行业工程实验室。通过创新平台建设，将科研院所、大专院校、龙头企业的科研力量有效组织起来，突破了一些行业发展急需的关键技术，取得了显著的成效。对于这些产学研一体的行业技术研发平台，将进一步按照行业技术战略规划，按照向石油和化工强国跨越的目标，继续加大投入，加大协调力度，加快推进“重点实验室”“工程实验室”“工程研究中心”建设，建设一批更高质量、更高水平的产业技术创新战略联盟，建立长期稳定的产学研合作项目，努力为突破行业发展关键技术、实现行业转型升级提供更多、更有力的技术支持。

三是进一步发挥行业科技奖励基金的激励引导作用。为了在提升行业创新能力上有实实在在的激励手段，在会员企业的积极倡导下，在国资委的大力支持下，经过了两年的努力，2013年中国石油和化学工业联合会在民政部登记建立了“石化科技奖励专项基金”。目前，基金规模1亿元，每年可拿出500万元左右的资金奖励优秀科技创新成果、创新个人和青年创新突出贡献者。2014年，正式启用了这一奖励基金，在人民大会堂举行了隆重的颁奖大会，在全行业引起了很大的反响。2015年，在总结经验的基础上，将进一步增加奖励基金的规模，完善评选规则，扩大评选范围，遴选出更多有产业化基础、竞争力强、发展前景好的科技创新成果进行奖励，充分发挥奖励基金的激励引导作用，为行业加快转型升级提供有力支撑。

3. 大力强化节能减排工作，努力开创行业循环经济、绿色低碳发展的新局面

2012年6月，石油和化工行业在工业领域率先建立了“能效领跑者”发布制度，开展了10个高耗能产品的能效领跑者发布活动，得到社会方方面面的高度评价。2014年，又发布了合成氨、甲醇、炼油及乙烯等16个产品能效领跑者名单和能耗指标。“能效领跑者”活动受到国家有关部门高度重视，2014年12月国务院七部委联合发出通知，决定2015年在整个工业领域实施“能效领跑者”制度。

近年来，行业节能减排工作取得了明显成效，行业发展也取得了显著的经济效益。行业节能减排工作取得成绩的同时，仍然面临着严峻的形势。对照行业“十二五”规划主要发展目标，差距最大的是节能减排指标，如万元增加值能耗，规划目标是下降15%，而到2014年年底指标仅下降了7.5%，氨氮、二氧化硫的排放指标不降反升。2015年是“十二五”最后一年，完成节能减排指标的决心不能变，工作力度不能减，技术标准不能低，力争在完成重点工作指标上取得突破性进展。

一是进一步推进和完善行业“能效领跑者”制度。总结经验、提高水平、创新方式，继续增加发布行业“能效领跑者”名单，扩大产品发布范围和指标发布数量。以“能效领跑者”平台为载体和依托，建立激励“能效领跑者”的长效机制，全面提高全行业节能降耗水平。

二是打好重点耗能产品节能攻坚战。对重点耗能产品，特别是影响完成“十二五”行业节能指标的高耗能产品，要列出清单，开展专题研究，制定专项整改措施，限期推动节能工作上台阶，在节能降耗水平上取得突破性进展。

三是在重点减排领域取得突破。继续做好汞污染防治、大气污染防治、磷石膏治理等重点领域安全环保工作。针对有机废水、含盐废水、资源废气等环保热点、难点问题，开展交流研讨、环保诊断和技术推广，进一步推进全行业清洁生产和循环发展。

四是大力推进责任关怀。要进一步加大对责任关怀宣传的力度，进一步提高企业对责任关怀

与SHE安全管理体系的认识，集中力量开展责任关怀与绿色石油化工的宣传活动，引导企业深入实施责任关怀，培养一批责任关怀的企业典型，加快“化工清洁生产和绿色园区”建设，把绿色发展的形象牢牢树立在广大群众和社会之中。要认真组织中国国际石油化工大会，发布《中国石油和化学工业绿色发展宣言》，推动责任关怀工作在国内取得重大进展，使行业绿色发展理念得到广泛深入宣传。

4. 强化企业管理，大力提升行业经济效益

加强企业管理是行业发展的永恒主题。企业要通过管理提升活动苦练“内功”，向管理要效益，以管理促发展。

一是切实加强成本管理。在低价位运行环境中，成本管理是企业提升盈利能力的关键环节。要切实引导企业进一步树立系统成本管理的理念，狠抓降本增效。以降低系统成本为目标，全方位开展对标挖潜活动，增强企业盈利能力。

二是进一步强化资金管理。企业要在资金管理上下大功夫，尽快扭转当前资金、成本管理被动的局面。在生产经营全过程实行精益化管理，加强针对性和灵活性；大力优化融资结构，降低融资成本，加速资金周转，防范资金风险；积极推进大宗原材料的集中采购和合理库存，形成企业集团的协同优势，积极推进销售协同，提高资金使用效率。

三是努力提高全要素生产率。全要素生产率是未来我国经济可持续增长的最主要来源，要从技术进步、组织创新、专业化和生产效率等全方位来提高企业全要素生产率。石油和化工企业要进一步加大人力资本与技术研发投入，积极开展技术改造，促进劳动力要素合理流动，提高劳动生产率，进一步激活行业的增长潜力。

5. 加强行业预测预警信息平台建设，大力提升行业经济运行管理水平

一是加强油气行业和化工行业两个数据中心建设。2015年，我们要从人力、财力上加大投入，构建行业数据库，整合行业数据资源，建设数据中心网站，开发多样化信息服务产品，促进行业数据共享，打造高水平的行业预警预测信息平台。编制发布月度、季度、年度行业经济运行分析报告，积极发挥信息预测、预警和引导作用，为政府宏观调控和企业经营决策提供支撑与服务。

二是进一步完善行业经济运行直报系统。加强与国家有关部门、专业协会、地方行业协会以及重点企业之间的联系与合作，密切关注行政审批权下放、税收、汇率、重点产品价格等影响经济运行的热点问题，关注国内市场需求的动向与变化，加强调查研究，提高信息与统计工作的准确性、时效性和鲜活性，及时向政府有关部门反映行业企业诉求，协调完善相关产业政策，助推行业重大改革，为行业营造良好的政策环境。

三是努力提高监测分析能力和水平。在跟踪经济运行现状的同时，围绕行业、市场、区域等内容，着重加强对行业发展趋势性问题的研究和判断。进一步创新分析预测方法，增加一批反映行业趋势变化的经济运行指标。完善经济运行预测模型，提高运行工作的针对性和有效性。加强对重大产业政策的调整和国内外市场变化的跟踪研判，及时收集汇总政策资料，重点做好政策解读和市场预测，研究分析国内外经济形势变化对行业发展的影响，及时为政府和企业提出一些有价值、有质量、有指导意义的分析报告和政策建议。

（二）2015年主要经济指标预测

尽管2015年我国石油和化工行业仍面临较大的下行压力，但随着各项“稳增长、调结构、促改革”政策措施的实施，经过全行业广大干部职工的共同努力，我们完全有能力抓住机遇、克服困难，开创新常态下行业经济运行提质增效的新局面。预计，2015年全年行业将保持平稳运行，经济效益将实现与营业收入同步增长。

初步预测，2015年石油和化学工业主营业务收入约15.1万亿元，同比增长约7%；利润总额约8 700亿元，同比增长约6%。其中，化学工业主营业务收入约9.5万亿元，同比增长约8%；利润总额约4 700亿元，同比增长约7%。预计2015年全行业出口总额约2 100亿美元，同比增长8%。

〔撰稿人：中国石油和化学工业联合会赵志平〕

2014 年石化通用机械行业进出口情况与 2015 年展望

一、2014 年 1—11 月石化通用机械行业进出口情况

据海关统计，2014 年 1—11 月，石化通用机械行业进出口总额893.48 亿美元，同比增长5.09%。其中，进口额 282.6 亿美元，同比增长 1.11%；出口额 610.89 亿美元，同比增长 7.04%；进出口顺差 328.29 亿美元（按中国机械工业联合会统计范围，下同）。

1. 石油化工设备、石油钻采设备零件进口增长，气体分离设备进口高速增长

2014 年 1—11 月，全行业 10 种主要产品中，除气体压缩机进口下降外，其他 9 种设备进口全面增长。石油化工设备进口额 11.75 亿美元，同比增长 0.63%；石油钻采设备零件进口额 6.71 亿美元，同比增长 34.26%；气体分离设备进口额 1.31 亿美元，同比增长 59.79%；真空泵进口额 4.7 亿美元，同比增长 5.17%；制冷空调机械进口额 2.82 亿美元，同比增长 28.1%。增长的还有：工业用除尘器同比增长 0.11%，塑料机械同比增长 10.71%，液体泵同比增长 4.59%，制冷设备用压缩机同比增长 2.18%。

气体压缩机进口额 16.06 亿美元，同比下降 11.07%。

10 种产品中进口额最多的是液体泵（29.62 亿美元），其次是塑料机械（18.75 亿美元），再次是气体压缩机、石油化工设备、制冷设备用压缩机、工业用除尘器等。

2. 石油化工设备、石油钻采设备零件出口继续增长，工业用除尘器出口高速增长

2014 年 1—11 月，全行业 10 种主要产品中，除气体分离设备出口下降外，其他 9 种设备出口全面增长。石油化工设备出口额 24.36 亿美元，同比增长 8.5%；石油钻采设备零件出口额 18.07 亿美元，同比增长 3.64%；工业用除尘器出口额 8.85 亿美元，同比增长 50.24%；液体泵出口额 40.76 亿美元，同比增长 14.35%；真空泵出口额 1.74 亿美元，同比增长 10.63%；气体压缩机出口额 25.55 亿美元，同比增长 19.97%。其他出口增长的还有：制冷空调机械同比增长 10.96%，塑料机械同比增长 7.23%，制冷设备用压缩机同比增长 5.32%。

气体分离设备出口额 2.08 亿美元，同比下降 6.41%。

10 种产品中出口额最多的是制冷空调机械（53.25 亿美元），其次是液体泵（40.76 亿美元），再次是制冷设备用压缩机（29.92 亿美元），再后是气体压缩机、石油化工设备、石油钻采设备零件等。

总体看，全行业出口形势继续好转，尤其是工业用除尘器和气体压缩机出口增速加快；同时，气体分离设备和石油钻采设备零件进口势头也十分强劲。

二、2015 年石化通用机械行业进出口展望

国际货币基金组织预测 2015 年全球经济增长 3.8%。2014 年 12 月 10—11 日，在土耳其召开的二十国集团财政和央行负责人会议上，国际货币基金组织第一副总裁利普顿认为，2015 年全球经济继续面临下行压力，突出表现在发达国家经济增长态势分化上。他说，美国经济表现出比较强的复苏势头，但是欧洲经济和日本经济陷入非常困难的境地，欧元区的低增长与高失业严重阻碍经济复苏，日本经济已经连续两个季度负增长，进入了衰退。

据参加会议的专家认为，新兴市场国家和发展中经济体中，中国经济保持了稳定，而俄罗斯、巴西等新兴经济体则面临挑战。如何应对这种特殊挑战，需要新兴经济体采取正确的宏观经济对策。同时，乌克兰地缘政治危机对欧洲经济和世界经济造成冲击。西方国家对俄罗斯的制裁和俄

罗斯的反制裁，导致俄罗斯经济陷入困难，资本出现外流，卢布大幅贬值。在这种情况下，俄罗斯经济2015年很可能出现负增长。在大宗商品价格方面，石油价格下跌总的来说有利于石油消费国。但另一方面，在通货紧缩压力下，低油价对物价进一步下跌起到了推波助澜作用。

2014年12月11日结束的中央经济工作会议指出，世界经济仍处在国际金融危机后的深度调整期，2015年世界经济增速可能会略有回升，但总体复苏疲弱态势难有明显改观，国际金融市场波动加大，国际大宗商品价格波动，地缘政治等非经济因素影响加大。要趋利避害、顺势而为，防范各类风险。

我国对外贸易发展面临的外部环境总体上虽有所好转，但形势依然严峻，制约外贸增长的阻力仍然很大。

我国石化通用机械行业部分产品比较优势依然存在，新的竞争优势逐步形成，特别是通过调整结构、转型升级及政府的政策支持，企业抵御风险、拓展市场和创新发展能力明显增强。随着我国政府发布支持外贸稳定增长的一系列政策措施，我国企业的国际竞争力将有所提高。但是，国内经济企稳的基础还不稳固，部分产品产能过剩较为突出，企业生产经营仍然面临较多困难。同时，由于人民币汇率升值预期和我国劳动力成本上升，以及资金、环保等投入要素价格上涨等因素，造成出口成本增加，为进一步扩大出口带来众多困难。

根据上述情况分析，预计2015年石化通用机械行业进出口将延续2014年下半年的发展态势，进出口继续增长而且要好于2014年。但要从以下几个方面做好工作：

第一，仍需要继续努力在调整结构、转型升级方面取得较大进展。特别是2014年以来进口额大的产品，如大型空气分离设备、石油化工设备、石油钻采设备零件、液体泵、塑料机械、气体压缩机、制冷设备用压缩机等，从中选择有可能研制发展的品种加以突破，取得成果。

第二，与周边和沿线国家共建“一带一路”，促进双边贸易发展。除东盟丨国外，还要向中亚、中东、非洲和欧洲延伸和发展。

第三，积极“走出去”。大力发展销售网点，扩大市场份额。有条件的企业应出去投资办厂、合资合作或建立研发中心，拓宽合作领域，创新合作方式，扎扎实实地开展国际化经营。

〔撰稿人：中国机械工业联合会专家委员会 郑国伟〕

2015年上半年我国石化通用机械行业进出口分析

一、2015年上半年进出口情况与特点

据海关统计，石化通用机械行业2015年上半年进出口总额488.86亿美元，同比增长0.76%。其中，进口额137.16亿美元，同比下降8.32%；出口额351.7亿美元，同比增长4.81%；进出口顺差214.54亿美元。

1. 多数产品进口下降，石油钻采设备零件进口高速增长

2015年以来，受国内市场需求下降影响，进口增速逐月有所下降。

2015年上半年，全行业10种主要产品中，7种产品进口额同比下降，3种产品进口额同比增长。进口额下降的产品中：石油化工设备进口额5.87亿美元，同比下降8.77%；液体泵进口额14.17亿美元，同比下降9.58%；气体压缩机进口额5.85亿美元，同比下降31.01%。此外还有：制冷设备用压缩机同比下降9.89%，气体分离设备同比下降89.18%，工业用除尘器同比下降8.58%，塑料机械同比下降21.74%。

进口额同比增长的产品是：石油钻采设备零

件进口额5.45亿美元，同比增长69.97%；真空泵进口额2.76亿美元，同比增长0.56%；制冷空调机械进口额1.52亿美元，同比增长1.54%。

10种产品中进口额最多的是液体泵，为14.17亿美元；其次是塑料机械，为8.08亿美元；再次是石油化工设备，为5.87亿美元。

2. 多数产品出口同比增长，石油化工设备出口增长较快

2015年以来，由于国际市场需求疲软，出口增速逐月下降，增速由一季度的两位数降到二季度的一位数。

2015年上半年，全行业10种主要产品中，7种产品出口额同比增长，3种产品出口额同比下降。出口额增长的产品中：石油化工设备出口额13.7亿美元，同比增长16.73%;气体分离设备出口额3.52亿美元，同比增长579.21%；工业用除尘器出口额5.11亿美元，同比增长21.38%；塑料机械出口额9.33亿美元，同比增长5.58%。此外还有：真空泵同比增长7.12%,气体压缩机同比增长2.32%,制冷空调机械同比增长1.51%。

出口额同比下降的产品是：石油钻采设备零件出口额7.48亿美元，同比下降21.6%；液体泵同比下降3.38%；制冷用压缩机同比下降2.64%。

10种产品中出口额最多的是制冷空调机械（28.79亿美元），其次是液体泵（20.8亿美元），再次是制冷设备用压缩机（17.69亿美元）。

总体看：全行业出口形势不容乐观；进口连续下降，但石油钻采设备零件进口势头仍十分强劲。

二、需要关注的问题

国际货币基金组织2015年4月发布的《全球经济展望》报告预测2015年全球经济增长3.5%。报告指出，2015年发达经济体的前景比上年有所改善。由于一些大型新兴市场经济体和石油出口国的增长前景减弱，预计新兴市场和发展中经济体的增长将放缓。

从国际市场需求分析，尽管国际市场需求增长放缓，但我国部分石化通用机械产品比较优势依然存在，填补了一些国家的缺口，同时新的竞争优势逐步形成，企业抵御风险、拓展市场和创新发展的能力继续增强。我国政府发布了支持外贸稳定增长的一系列政策措施，我国企业的国际竞争力有所提高。但是，部分产品产能严重过剩，开发创新能力不足，企业生产经营仍然面临较多困难。同时，由于人民币汇率不断波动和我国劳动力成本上升，以及资金、环保等投入要素价格上涨等因素，造成出口成本增加，给进一步扩大出口带来众多困难。

当前行业需要关注以下问题：

第一，继续努力在调整结构、转型升级方面取得较大进展。特别要重视对近几年进口额大的产品的研制开发，如部分石油化工设备，特别是石油钻采设备的零部件等，实现创新驱动，积极发展品种，创立品牌，不断提高产品质量，降低成本。

第二，重视国际市场需求情况的调查和营销工作。对发展中国家要努力推销我国具有优势的一般通用机械，尤其是各种泵、气体压缩机、制冷空调机械、工业用各类除尘器等。对欧美市场急缺的一些产品，包括一些他们不生产又有需求的中小型产品、零部件等，积极开展营销推广工作，不断提高我国产品的国际竞争力。

第三，用好国家有关促进进出口的各项政策措施。2015年7月22日，国务院办公厅发布的《关于促进进出口稳定增长的若干意见》指出：要坚决清理和规范进出口环节收费；保持人民币汇率在合理均衡水平上基本稳定，扩大人民币汇率双向浮动区间，要求人民银行、外汇管理局帮助企业规避汇率风险，减少汇兑损失；加大出口保险信用支持力度；进一步落实出口退税企业分类管理办法，加快出口退税进度，确保及时足额退税；切实改善融资服务，推动中国装备企业“走出去”。有关企业要熟悉并用好这些政策，发展进出口贸易。

第四，积极参加“一带一路”建设。与周边和沿线国家发展双边贸易，推动出口，尤其是在国内外市场具有较强优势的部分石化通用机械，应下大力气对外扩展和转移部分生产能力，实行国际化经营。

〔撰稿人：中国机械工业联合会专家委员会郑国伟〕

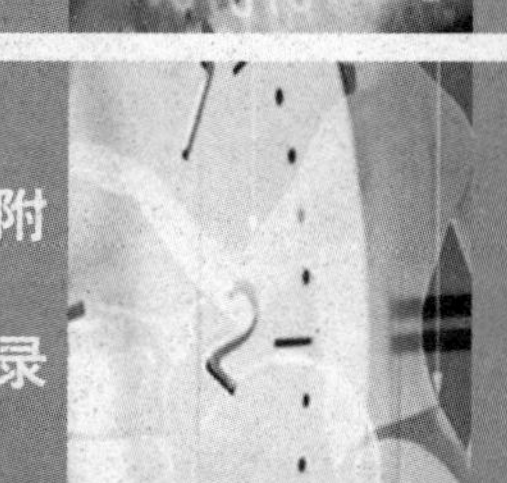

专文

概介绍我国石油装备制造业面临的形势、机遇与挑战，钻完井技术与装备最新进展，以及我国非国有石油装备与工程技术服务企业现状与竞争力分析等

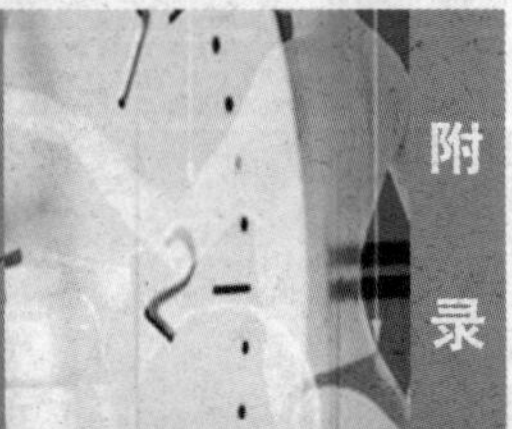

专文

我国石油装备制造业面临的形势、机遇与挑战

经过 60 余年几代人的共同努力，我国已发展成为继美国之后的又一石油装备制造大国，国产石油装备不仅满足了国内石油工业发展的需要，还出口到海外。特别是进入 21 世纪，我国石油装备进入快速发展阶段。我国石油钻机发展历程见表 1。

表 1　我国石油钻机发展历程

年份	石油钻机发展历程
1878	台湾苗栗引进美国蒸汽驱动顿钻钻机
1907	延长油田引进日本蒸汽驱动顿钻钻机
1909	独山子引进俄国顿钻钻机
1940	开始引进德国、美国的转盘钻机
1953	引进苏联 5д 、бу-40 等钻机
1957	太原矿山机器厂仿制成功 бу-40 钻机
1959	兰州石油机械厂仿制成功 5д 钻机，命名为 130-1 钻机
1966	兰州石油机械厂研制锥齿轮万向轴并车 4 000m 钻机
1970	兰州石油机械厂生产锥齿轮万向轴并车 3 200m 钻机（130-2 钻机）；引进罗马尼亚 F320（6 000m）钻机
1974	在北京召开钻机座谈会，确定生产胶带并车的大庆 -I 型钻机
1975	以兰州石油机械厂为主机厂生产 20 台大庆 I 型钻机
1979	颁布 GB1806《钻机型式与基本参数》国家标准
1980	ZJ45J 钻机通过鉴定
1985	ZJ45 钻机通过鉴定
1987	ZJ60D 钻机通过鉴定
1989	ZJ45D 丛式井钻机通过鉴定
1996	ZJ60D 沙漠电驱动钻机通过鉴定
1997	ZJ20K 钻机出口加拿大
1998	宝鸡石油机械厂成功研制 50D 钻机
1999	GW-1000 型大模块钻机通过验收；南阳二机石油装备（集团）有限公司 3 000m 车装钻机面世
2002	四川宏华石油设备有限公司 ZJ40DBS 钻机通过鉴定；四川宏华石油设备有限公司 5 台 ZJ70D 钻机出口乌兹别克斯坦
2003	四川宏华石油设备有限公司向乌兹别克斯坦出口 10 台 ZJ50DBS 钻机
2004	南阳二机石油装备（集团）有限公司 3 000m 车装钻机出口俄罗斯
2005	四川宏华石油设备有限公司向美国 NABORS 钻井公司出口交流变频电驱动钻机；宝鸡石油机械有限责任公司多次向美国出口 50D 钻机；宝鸡石油机械有限责任公司 9 000m 钻机通过鉴定
2006	中石油石油工程机械有限公司第四机械厂开始出口 BE 钻机
2007	宝鸡石油机械有限责任公司 12 000m 钻机通过鉴定；宝鸡石油机械厂向美国 NABORS 等公司出口 70DBS 钻机；四川宏华石油设备有限公司 9 000m 钻机出口印尼
2010	四川宏华石油设备有限公司行星减速 9 000m 钻机出口俄罗斯；宝鸡石油机械有限责任公司出口阿联酋大轮胎拖挂式 5 000m 钻机

我国石油装备制造业销售收入由 2003 年的不足 100 亿元上升至 2014 年的 3 100 亿元，呈快速发展态势。2003—2014 年我国钻采装备销售收入见图 1。

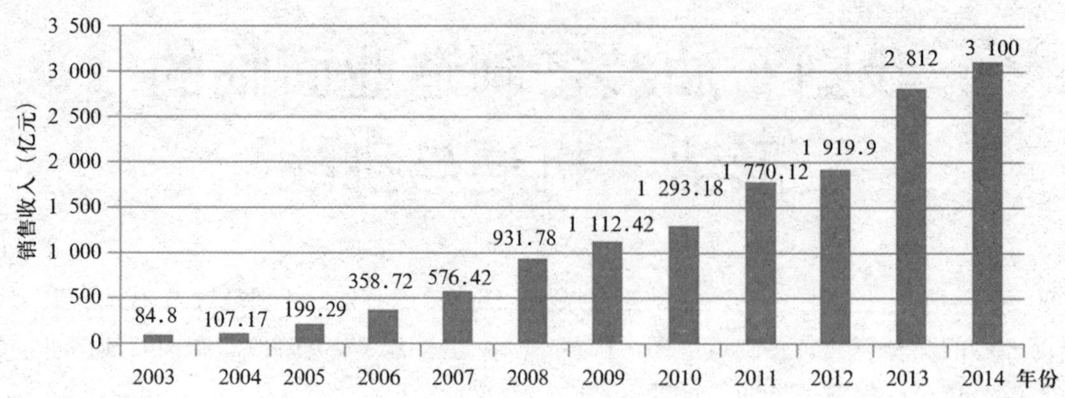

图 1　2003—2014 年我国钻采装备销售收入

进入 21 世纪，除原石油部、机械部所属的石油装备制造企业之外，在黑龙江、辽宁、山东、河南、江苏等地纷纷建立了一定规模的石油装备产业集群，并出现了四川宏华石油设备有限公司（简称四川宏华）、烟台杰瑞石油装备技术有限公司（简称烟台杰瑞）、山东科瑞石油装备有限公司（简称山东科瑞）等知名石油装备制造企业。

世界对石油需求的不断增加使油价持续走高，从而使石油勘探开发投资、钻井数量及钻机动用量增长，带动了石油装备快速发展。我国石油装备快速发展的原因：一是由于出口拉动，二是由于成套作业设备"扎堆更新"。以钻修机为例，从 2000 年至今，中国石油天然气集团有限公司（简称中石油）几乎已将在用钻机全部更新。2007—2012 年我国石油装备出口情况见表 2。2005—2012 年我国钻机更新情况见表 3。

表 2　2007—2012 年我国石油装备出口情况

年份	2007	2008	2009	2010	2011	2012
出口额（亿美元）	82.25	156.19	111.97	121.97	171.93	195.00

注：数据来源于中国石油和石油化工设备工业协会。

表 3　2005—2012 年我国钻机更新情况

年份	2005	2006	2007	2008	2009	2010	2011	2012	合计
更新钻机数量（台）	340	688	840	953	699	583	782	752	5 637

一、我国石油装备制造业面临的形势

1. 国际经济增速放缓

受金融危机遗留问题、乌克兰危机等地缘政治冲突和埃博拉疫情等影响，2014 年全球经济增速缓慢，增速约 2.6%。据世界银行、联合国、国际货币基金组织最新公布的数据：预计 2016 年和 2017 年世界经济将分别增长 3.3% 和 3.2%。

从世界经济发展趋势来看，发达国家经济复苏艰难曲折，新兴市场国家经济增速放缓。国际能源署《世界能源展望 2014》发布的最新世界 GDP 预测数据表明：

（1）2012—2020 年，世界 GDP 年均复合增长率提高至 3.7%，非经合组织国家经济增长势头不变，转型期经济体增长趋缓。经合组织发达国家经济增速基本维持不变，欧亚国家及俄罗斯经济复苏较快，但考虑地缘政治因素，部分经济体增长预期存在一定下行风险。

（2）2020—2030 年，以美国为代表的经合组织国家年均复合增长率预测为 2.0% 左右，受欧盟和日本增长缓慢拖累，仍远低于世界 GDP 年均复合增长率 3.6%。

（3）2020—2040 年，印度增速将超过中国，中国经济增速将明显下降。未来中东、非洲及拉美国家经济增速与亚洲国家差距缩小，非经合组织国家整体经济前景预期良好。

综合预测，2015—2020 年世界经济增速在 3.6% 左右，低于金融危机前 5% 的水平。

2. 国内经济发展步入新常态

（1）我国经济正处于经济增长换挡期、结构调整阵痛期和前期刺激政策消化期，经济增速稳中有降。2014 年我国 GDP 首超 60 万亿元，同比增长 7.4%，增速滑落至 1990 年以来新低。

（2）未来五年，我国经济将从“高速增长”转向“中高速增长”，预计 2015—2017 年国内 GDP 增速将回落到 7% 左右，今后一段时期，我国经济下行趋势将延续，经济筑底周期长短将取决于新经济建设步伐快慢。

3. 全球石油勘探开发投资趋势

根据国际能源署《世界能源展望 2014》预测，2014—2040 年全球油气业务共需要投资 28.5 万亿美元，年均约 1.1 万亿美元。其中，原油领域总投资约 17.3 万亿美元，天然气领域总投资约 11.2 万亿美元，上游投资约占总投资的 78.4%。

从区域上看，上游投资将集中在资源丰富、单位开发成本低的地区，如美国、非洲、巴西及中东一些国家，但资源国地缘政治形势、能源政策、投资环境等将增加投资的不确定性。从结构上看，上游投资将向天然气、非常规油气和深海油气勘探开发倾斜。其中，美洲将是非常规油气发展最快的地区，中东、中亚、俄罗斯将是常规油气最重要的生产和供应地区。

二、我国石油装备制造业的机遇

1. 2020 年之前能源供需增长依然强劲

2015 年 3 月 25 日中国社会科学院发布的《世界能源展望（2014—2015）》显示：未来五年我国能源需求平均增长 3.79%，而能源供应平均增长速度为 2.72%，即 2020 年我国能源需求将达到 48.18 亿 t 标煤（2014 年为 38.78 亿 t 标煤），能源供应达到 40.79 亿 t 标煤（2014 年为 34.71 亿 t 标煤）。

2. 快速发展的油气工业为石油装备制造业创造了极好的发展机遇

我国能源生产领域的革命是致力于将以煤为主的传统格局转向能源多元供给模式，首当其冲的就是加快油气工业的发展步伐。2013 年中国及全球能源构成情况见表 4。

表 4 2013 年中国及全球能源构成占比

（%）

国家 \ 能源种类	煤	油	气	核电	水电	可再生能源
中国	67.5	17.8	5.1	0.9	7.2	1.5
全球	30.0	32.9	23.7	4.4	6.7	2.3

我国的煤炭燃烧量大，致使我国成为全世界雾霾影响范围最大、最严重的国家，也是温室气体排放最多的国家。而天然气具有资源丰富、价格适中和排放明显低于煤炭及更符合环保要求的优点，是现阶段减少燃煤的最现实选择。目前天然气在我国能源结构中占比太低，因此，发展天然气是保证能源安全、改善空气质量的必然选择。

目前，我国石油对外依存度达到 59.5%，天然气也达到 32.2%，能源安全面临前所未有的挑战。但能源安全问题与由于燃煤在能源结构中占比过大所引起的环境问题相比，环境问题性质更为严重，解决起来更迫切。

2014 年 11 月 4 日国际环保机构自然资源保护协会发布的《2012 年煤炭真实成本》研究报告指出，由于煤炭在我国能源结构中比例过大，致使我国 74 个主要城市 $PM_{2.5}$ 全年平均值为 72μg/m^3，约为世界卫生组织 (WHO) 制定的空气质量标准过渡期指标 35μg/m^3 的两倍，而发达国家 $PM_{2.5}$ 实际值仅为 10 ～ 20μg/m^3。例如：英国 2013 年煤炭在一次能源中占比仅为 13%，而我国为 67.5%；天然气占比高达 33%，而我国仅为 5.1%。该报告还指出，煤炭及相关行业对空气中主要污染物 $PM_{2.5}$ 浓度的贡献率达 50% ～ 60%。贾承造院士也指出：发展天然气是石油工业发展低碳经济的最佳切入点。

我国常规天然气发展潜力很大，非常规油气资源也有很大发展空间。资料表明：从盆地规模大小、发育地质年代、主要地层厚度及构造破坏程度来看，我国与美国大致相同，这意味着我国有着同美国一样的天然气资源条件。中美天然气工业发展情况对比见表 5。

表 5　中美天然气工业发展情况对比

国别	市场启动期	市场发展期	市场成熟期	2009 年单井产量（m^3/d）
中国	2004 年	2004—2020 年	2020 年以后	30 000
美国	20 世纪 30 年代	20 世纪 70 年代	20 世纪 70 年代至今	2 956

按照预测，2010—2030 年年均探明天然气地质储量 5 000 亿 m^3。未来 20 年天然气年均产量增长 100 亿 m^3，至 2020 年产量达到 2 000 亿 m^3，2030 年产量有望达到 3 000 亿 m^3。中美历年天然气产量统计见图 2。中美历年天然气消费量统计见图 3。中石油和美国历年天然气生产井数见图 4。中石油和美国历年天然气单井日产量见图 5。

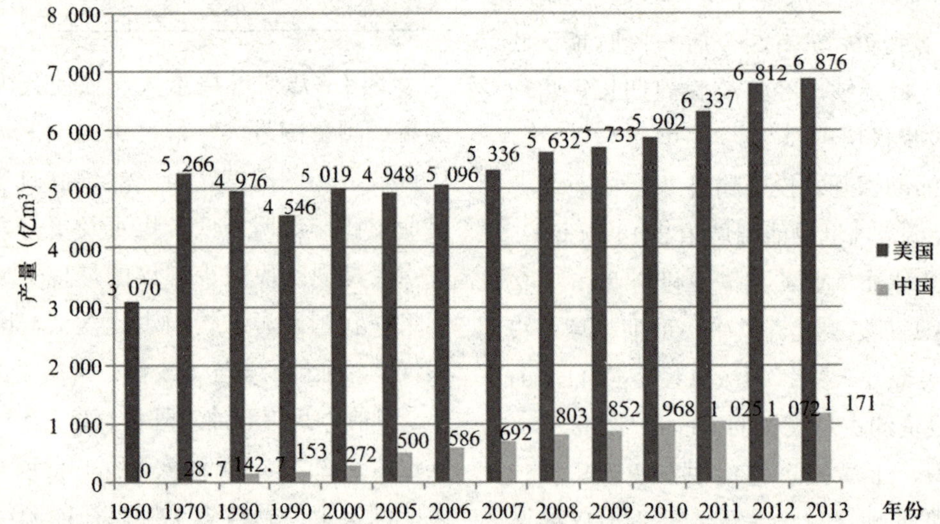

图 2　中美历年天然气产量统计

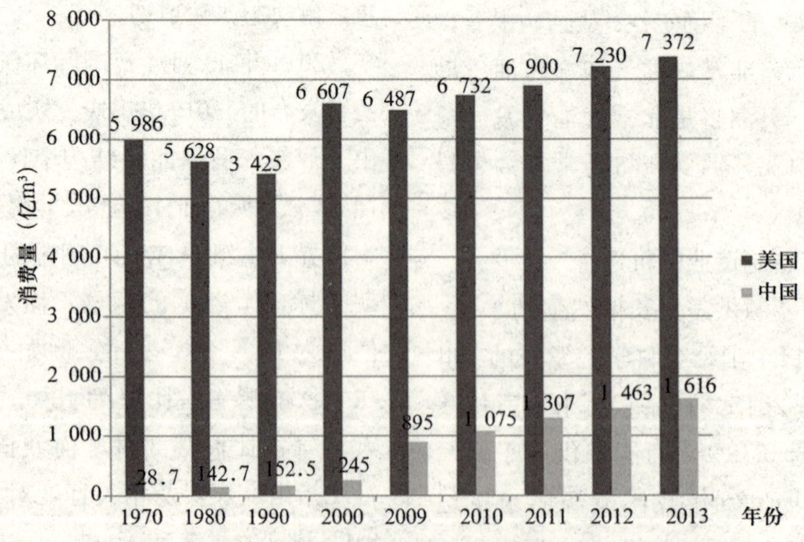

图 3　中美历年天然气消费量统计

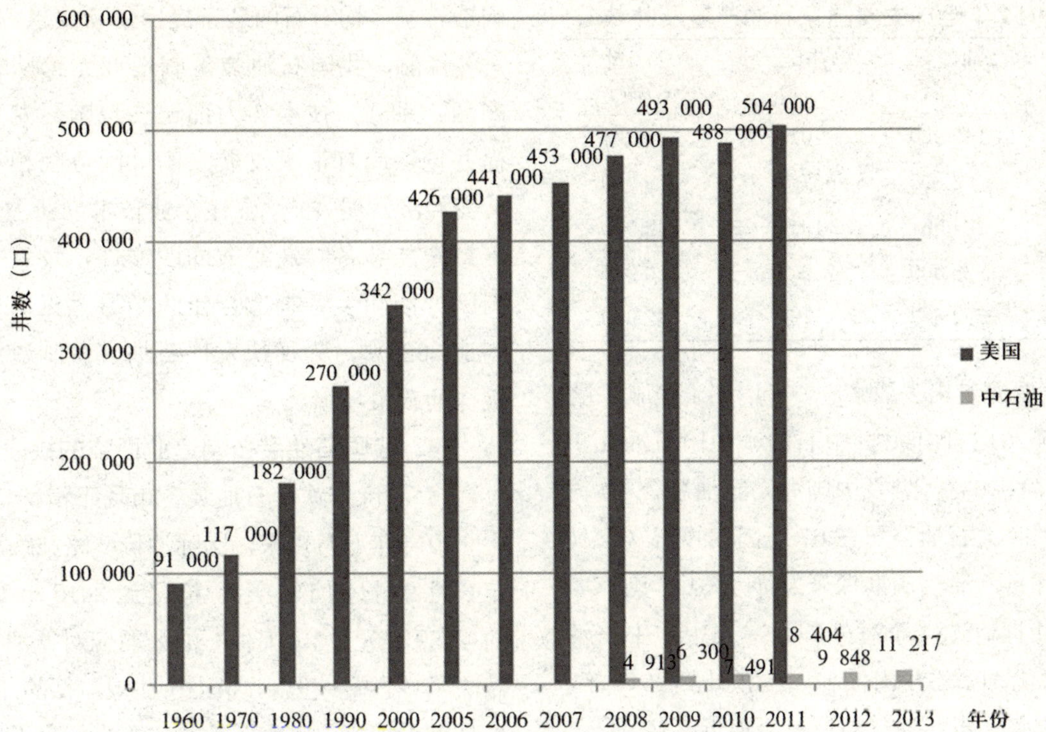

图 4　中石油和美国历年天然气生产井数

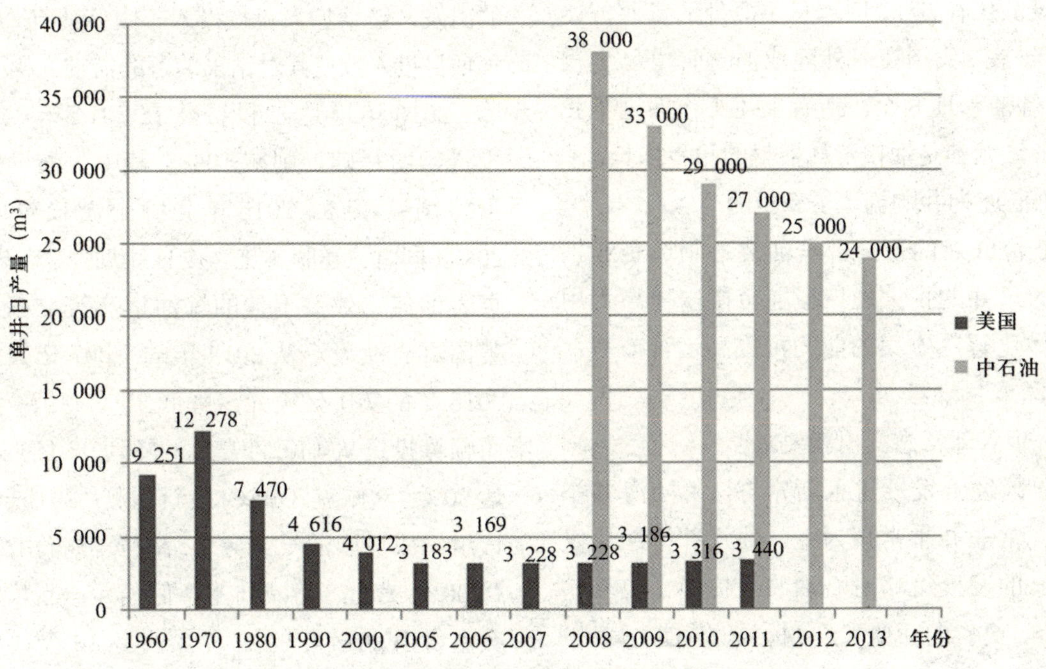

图 5　中石油和美国历年天然气单井日产量

通过中美天然气有关统计数据比较可以看出：目前我国天然气生产井大多是高品位气藏，单井产量高，井数少。一旦我国天然气井的工作量上去后，我国天然气产量还有大幅攀升的空间。

3．多井低产的现状增大了工程服务量

2015 年，我国油井数量将增加到 40 万口，多井低产的现状增大了油井的工程服务量。2014 年全球主要国家石油产量及井数见表 6。

表 6　2014 年全球主要国家石油产量及井数

国别	油井数（口）	单井日产量（t）	总产量（万 t）
全球	1 140 920	10.97	381 335
沙特	2 895	557.70	49 240
俄罗斯	124 581	13.80	42 900
中国	328 000	2.10	20 925
美国	552 683	1.38	42 900

4. 油气资源走出去战略进一步增加工程服务量

截止到 2012 年年底，中石油、中国石油化工集团公司（简称中石化）及中国海洋石油总公司（简称中海油）三大石油公司在 67 个国家投资（含技术服务项目），油气田勘探开发涉及 31 个国家。三大公司共拥有 134 个海外项目，其中：中石油 86 个，中石化 31 个，中海油 17 个。预计到 2015 年，仅中石油的海外作业油气当量就会逼近 2 亿 t。

据不完全统计，我国有 756 支石油技术服务与工程建设队伍在 67 个国家从事海外油气业务。到 2012 年年底，我国在海外建成油气管道总里程 9 616km，炼油基地 8 个。所有上述工作促进了我国石油装备，尤其是油田消耗器材的稳步增长。

5. 油价低迷为并购创造了新机遇

面对油价低迷的形势，石油装备制造企业抱团取暖，通过并购扩大地域覆盖范围，提高为用户提供一体化解决方案的能力，提高运营效率，降低总成本。

6. 经济步入新常态提出新要求

随着我国经济发展进入新常态，“陆海并举以陆为主，常非并举常规为主，油气并举加快发展天然气”的发展策略对石油装备提出了更高、更大、更难、更省的新要求，“提效、节能、减排”的发展理念也对石油装备提出新要求。

7. “一带一路”为石油装备发展创造了新机遇

“一带一路”是根据新的国际政治经济形势和国内经济新常态提出的一项极具创新性和前瞻性的国际战略助推器，是外向型战略，为我国石油装备制造业的国际化发展创造了新机遇。

另外，互联网经济、工业 4.0 和我国从制造向智造转变等均对石油装备提出了新要求。

目前，我国石油装备制造业无论从行业规模产品、系列、技术实力都无法与国际龙头企业相提并论，尚有很大发展空间。国务院相继出台了转变经济发展方式、强化企业技术创新主体地位、支持智能装备制造等方面的文件，及《关于推进国际产能和装备制造合作的指导意见》和《中国制造 2025》，为加快发展石油装备制造业提供了极佳的政策环境。

三、我国石油装备制造业面临的挑战

1．油价下跌，石油装备市场下滑

2014 年 6 月以来，国际油价一路狂跌，从 2014 年 6 月 20 日的 115 美元/桶降至 2015 年 1 月 13 日的 49.59 美元/桶。国外石油公司应对低油价的通常做法：一是减少投入，中止一些效益低的油气项目；二是缩小规模，出售低效益的不良资产及裁员；三是通过联合提高抗风险能力；四是从提效降本的目的出发，继续加大科技投入。国外油气公司缩减油气项目投入致使其对钻采装备的需求大幅下滑。

2015 年道达尔投资将在 2014 年 260 亿欧元投资额的基础上削减 10%，其中上游勘探开发支出将削减 30%。2015 年壳牌上游投资降幅接近 20%。同时，壳牌实施“瘦身计划”，剥离煤层气、页岩油气、效益不佳的炼油资产等非核心资产。美国页岩油投资从 2014 年的 1 297 亿美元，降至 2015 年的 781 亿美元，降低 40%。俄罗斯卢克公司预算投资从 140 亿美元下降到 98 亿美元，降幅达 30%。欧佩克 (OPEC) 最新预测：2015—2018 年，该组织成员国油气业务上游投资额将由 2014 年的 1 200 亿美元，缩减到 400 亿美元；新增油气项目数量将由 2014 年的 45 个减少到 18 个。

中国三大石油公司都开始进行战略调整，压缩投资，下调指标，减少工作量。2014 年中石油资本支出下降 8.5%，2015 年将比 2014 年再缩减 9.67%。中石化将削减 2015 年资本支出，计划同比下降 12%。中海油 2015 年的资本支出计划比 2014 年下降了 26% ～ 35%。

2015 年，我国页岩气产量目标从 65 亿 m^3 调整为 45 亿 m^3，缩减 31%。 中石化、中海油对勘探开发深水项目都进行了调整。中石油、中石化、中海油三大石油公司内部均严格控制业务外包。

2．出口形势严峻

全球经济复苏缓慢、需求减少，发达国家贸易保护主义抬头，导致我国石油装备出口面临的形势更加严峻。英国、美国等发达国家重振装备制造业给我国石油装备国际化发展增加了新阻力。

3．需求不足，产能过剩

从 2000 年至今，中石油钻机更新已接近 100%，钻机更新呈现饱和态势，钻机需求量大大降低。目前，我国钻修机年产能达 1 000 台，钻井泵年产能大于 3 000 台，油井管年产能 1 000 万 t。三一重工、徐工集团、太重集团等企业进入石油装备制造业进一步加剧了产能过剩。

4．低碳经济对传统钻采装备提出挑战

发展低碳经济，走绿色创新的环保之路及科学发展的高效之路，从根本上推动能源消费革命，这是勾绘未来我国能源发展更美蓝图的希望所在，也是实现中华民族伟大复兴这一“中国梦”的必由之路。

由于产业结构和技术差异等原因，我国终端能源利用率仅为 32%，低于世界平均水平 10 个百分点。 为此，我国曾提出了“十二五”期间能耗降低 16% 的目标。据报道，中石化于 2015 年 6 月 26 日宣布，中石化已启动“能效倍增”计划，到 2025 年实现能效提高 100%。

（1）提高能效，实现 GDP 增加，能源消耗减少。这在某些发达国家已经成为现实。例如：丹麦已实现 GDP 增加能源消耗不增加；美国 2014 年三季度 GDP 增加，而能源消耗却下降。

（2）提高作业效率，减少作业队伍。美国 2014 年钻井任务量增加了 5%，钻井队却减少了 3%。

（3）提高能效使传统钻采装备面临挑战。 从提高能效方面看，抽油系统的发展趋势为：从常规机杆泵、各种平衡方式的抽油机、超滑差电动机的应用，到采用智能平衡型抽油机、地面驱动螺杆泵、井下潜油离心泵，再到开发出井下直线电动机潜油往复泵、井下潜油螺杆泵 、带井下油水分离的潜油电泵系统。

常规机杆泵抽油系统和井下潜油往复泵对比表明：整套井下潜油往复泵重量为 1t, 比同样性能的常规机杆泵抽油系统节约钢材近 30t，每日节电 40% ～ 50%，年减排二氧化碳 54t。因此，由于作业效率提高，在完成相同工作量前提下，作业设备数量会有所下降。

有关数据显示：2014 年美国本土钻井投资额及钻井总进尺均比 2013 年增加 5%，但在用钻机数量却减少了 2.6%（在用钻机数由 1 762 台降到 1 717 台）。由此可见，与钻机生产同步发展的产品，将受到一定冲击。

牙轮钻头将逐步被 PDC 钻头所取代。全球 PDC 钻头钻井进尺占钻井总进尺的比例逐年提高。中石油 2014 年 PDC 钻头钻井进尺已占钻井总进尺的 86%。

减量化对现有产品提出了挑战。四川宏华机电融合设计的三缸泵在减量方面取得显著效果，其与传统泵的重量空间对比如下：在功率同为 1 600hp（1hp=0.745kW，下同）时，传统泵重量为 37 000kg, 而轻便泵重量仅为 24 500kg。

四、发展石油装备制造业的几点建议

1. 加深对发展石油装备制造业的认识

中石油在《关于加快石油装备制造业发展的意见》中就指出：“石油装备制造业是油气产业链不可缺少的重要环节，是中石油油气主业发展的重要保障，是中石油核心竞争力的重要组成部分。

国外成熟经验是遵从社会专业分工的原则，油公司、油田服务公司和装备制造公司三部分相互独立并互相协作，保证了油气工业的快速发展。油田服务企业的工作目标：提供覆盖物探、测井直至完井与生产的整个油田产业链的一体化服务。石油装备企业的工作目标：为油气田全面解决方案提供设备与工具支持。

2. 认真向全球石油装备制造业巨头学习

（1）国内外石油装备制造公司比较 。国内外各种类型石油装备制造公司比较见表 7。

表 7　国内外各种类型石油装备制造公司比较

项　目	中石油集团内部装备制造厂	国外石油装备制造企业		油田专业服务公司内部制造厂
		NOV 公司	海德利	
上级单位	中石油集团	—	GE 公司	油田专业服务公司
功能定位	为中石油集团的全品种解决方案提供技术及装备保障	提供无限制解决方案	提供特色产品	更多的是与油田专业服务公司的技术相结合，提供井下装备
销售对象	—	面向全球用户	面向全球用户	只对油田专业服务公司销售，对外销售已经过时产品
结算	—	统一结算	—	内部结算
品牌	正由各自品牌向统一品牌迈进	统一品牌	统一品牌	以油田专业服务公司的品牌出现
发展方向	以服务中石油集团为第一要务	以服务全球为己任	以服务全球为己任	以服务油田专业服务公司为第一要务
目标	为中石油集团油气勘探开发业务提供保障，提效降本	在为全球油气发展提供设备工具支持的前提下，获取最大效益	在为全球油气发展提供设备工具支持的前提下，获取最大效益	为油田专业服务公司获得最大效益提供设备工具支持

（2）国外先进公司的做法。以美国 NOV 公司为例：其专注于核心竞争力提高，在全球配置了 160 余个研发中心，不断追求技术和产品的创新，始终充当行业排头兵角色；借助信息化手段实现资源配置全球化；为用户提供一体化解决方案，极大地降低了用户的成本；兼并是实现一体化的主要手段。

3. 加快国际化进程

我国石油装备制造业应在保证国内需求的前提下，利用后发优势、价格优势，继续拓展国际市场。

4. 石油装备制造企业必须坚持多品种生产

（1）从为油气田提供全面解决方案及设备工具支持的目标出发，我国石油装备制造企业必须坚持多品种生产。下面以全球石油装备业巨头美国 NOV 公司为例，说明石油装备制造企业坚持多品种生产的必要性。

美国 NOV 公司是世界石油天然气工业领域的领导者，在过去的 140 多年里，一直专注于提供最高质量的油田设备及服务。NOV 公司是所有钻采设备、集成系统、井下工具及供应链解决方案的提供商。从一个备件到一套完整钻井系统，从一个普通的阀门到一套集成的供应链程序，NOV 公司都能够提供各种无限制的用户解决方案。为更好地服务于未来客户的需求，NOV 公司通过不断地开发和获取新的技术和服务，努力在世界范围内成为各类产品及服务的出色的提供者。NOV 公司的产品覆盖领域见表 8。

表 8　NOV 公司的产品覆盖领域

NOV 公司的子公司	产品覆盖领域
Mission	往复泵液力端部件、备件、离心泵
Ross Hill Controls	电驱动控制系统
PEP	往复泵液力端部件、备件
Dreco	油田用各种用途钻机、连续油管作业机、井架底座、车装钻机、井下工具
Specialty Tools	精密机械修理，工具、备件供应
Hitec	电控系统、自动控制司钻房、连续油管自动控制系统、动力锚道
IRI	陆地钻机、特殊用途钻机、近海钻井与修井钻机、自走式钻机、拖挂式钻机、连续油管作业机、钻机部件、井下工具、钢丝绳压力控制系统、特种钢材供应

（续）

NOV 公司的子公司	产品覆盖领域
Wheatly	各种功率的多缸柱塞泵、各种采油设备
Bayloy	电磁涡流刹车
M.H(Canada)	海洋钻机模块、顶驱、补偿器张紧器、排管系统、防喷器移运装置、连续油管与钢绳作业设备
Tech Power	电驱动控制系统
Hydralift	近海钻井设备、隔水管、张紧系统、防喷器与井口移运系统、起重机、管排系统、升降补偿装置、系泊与转塔支撑系统、修井设备、绳缆操作系统、远洋船舶用各种起重机
Varco	交流变频绞车、电子司钻、顶驱、排管系统、动力卡瓦、动力吊卡、动力锚道、马丁代克钻井仪表、Rigtech 全套固控设备、Shaffer 防喷器、BJ 大钩、井口工具、机械化井口工具
Rolligon	酸化压裂设备、钻井供应船、数据采集系统、连续油管支持系统
Grant Prideco	油井管、高端油井管

（2）多品种生产是石油装备制造业持续稳定发展的需要。钻采装备市场需求与总井数呈正相关性。其中：抽油设备市场稳定性最好，作业设备市场稳定性差，尤以钻井设备为最；耗材市场稳定性最好，成套设备较差，单一生产成套钻机的市场稳定性差。因此，从市场稳定性出发，应该十分重视发展油气开发装备，成套设备、部件、备件、工具、仪器要协调发展，并重视消耗器材的生产。

（3）通过兼并、联合、重组等手段实现多品种生产。以美国 NOV 公司为例，其通过兼并实现了多品种生产。1892—1952 年美国 NOV 公司共兼并 10 个企业；1952—1992 年美国 NOV 公司再兼并 10 个企业；1996—2007 年美国 NOV 公司共兼并 39 个企业。兼并资金量中钻井设备占 20%。NOV 公司兼并策略为：兼并具有特色的公司保持全球领先地位，兼并小钻机公司减少竞争对手；兼并资金的 61% 用于兼并油田耗材项目，以维持公司稳定收入。NOV 公司 2007 年 98 亿美元的收入中，钻井板块为 36 亿美元，占 37%。

国内石油装备上市公司纷纷兼并消耗件生产企业。比如：上海神开石油化工装备股份有限公司上市后，兼并了江西飞龙钻头厂；烟台杰瑞上市后，控股德州联合石油机械厂，该厂主打产品为螺杆钻具；兰州海默科技股份有限公司为适应页岩气发展的需要，先后兼并了生产压裂部件和零件的兰州城临石油钻采设备有限公司和上海清河石油机械厂。

5. 大力拓宽服务领域

（1）快速发展天然气装备。天然气作为更清洁的化石能源进入了发展的黄金时代，而大力开发利用天然气就必须加快输气管道建设和储气库建设。天然气装备必须满足耐高压、耐高温及耐腐蚀的要求。全球及中国、美国储气库建设情况见表 9。

表 9　全球及中国、美国储气库建设情况

	全球	美国	中国
储气库（座）	693	234	11
工作气量（亿 m^3）	3 588.0	1 200.0	25.6
占年消费量比例（%）	11.3	17.0	1.7

注：全球数据中不包括俄罗斯 450 亿 m^3 的战略储备气量。

（2）大力发展海洋石油装备。海洋装备市场尚有较大发展空间。由于海洋钻井费用是陆地钻井费用的 6 ～ 10 倍，因此海洋装备产品附加值高。海洋装备质量可靠性要求高，进入门槛高。另外，由于增加了水下器具等内容，技术难度大。

（3）努力开发非常规油气资源专用装备。开发页岩气要求极大地提高作业效率，降低钻完井成本。四川宏华提出了页岩气工厂化压裂整体解决方案，其中的 6 000hp 压裂泵和柔性水罐为全球之最。

6. 创新驱动，实现石油装备从做大向做强的转变

（1）不断学习国外技术，提升我国装备制造业的整体水平。

（2）通过引进和合资生产可以实现跨越式发展，进而进入高端领域。20 世纪 80 年代，石油部利用技贸结合方式，引进技术近 50 项，建成 35 条生产线，使我国石油装备制造水平接近国外水平，能够为油气工业上中游发展提供全面解决方案。其中，中国石油渤海装备公司与喀麦隆公司合资生产大尺寸焊接球阀，大庆油田装备制造集团与 WOM 公司合资生产高端井口。

（3）解决差异带来的问题是学习、消化、再创新的重要途径。例如：基础条件差异催生了离心涡轮变矩器在石油钻机上的应用；生产条件差异催生了带环形背钳的顶部驱动装置，环形背钳使顶部驱动装置结构大大简化。

7. 狠抓产品质量可靠性，提升石油装备制造业核心竞争力

质量可靠性是石油装备制造业核心竞争力之本，我国石油装备制造业从做大向做强的方向转变，必须迈过质量可靠性这道坎，必须下大力气完善软硬件建设。我国装备制造业与世界强国还存在明显差距：

（1）每年欧洲和北美发布的产品质量安全事故中，有一半来自我国。

（2）定型成套钻机必须在厂内总装。

（3）美国生产的低转动惯量绞车，在国内现有条件下还无法生产。

（4）美国帕克加公司生产的井下工具可由机器人完成装配，而我国目前还无法实现。

8. 石油装备制造业应重点发展低碳环保产品

我国石油装备制造业应以发展低碳产品为己任，即应在产品设计、制造、安装、使用到报废处理的整个生命周期中实现物耗低、能效高、节能减排，并引导消费，实现节能减排从末端向源头的转变。

9. 石油装备制造业从制造、销售向制造、销售、服务方向转变

据报道，日本装备制造业销售收入中，服务收入已经接近 70%。目前，石油装备制造业开展服务的主要内容如下：

（1）抓好培训，保证设备功能发挥和通过正确使用延长设备寿命。摒弃重主机、轻备件的倾向，向用户提供部件和备件，为主机厂持续稳定发展提供支持。搞好设备的维护保养、修理直至运营，使工程技术队伍轻装上阵。进一步开展再制造，将资源充分利用。在质量不低于新产品的情况下，再制造产品成本仅为新产品的 50%，节能达 60% 以上，节约材料达 70% 以上。预计全国再制造产品的产值达 1 500 亿元。

（2）在特殊地区直接开展工程技术服务。四川宏华目前已有 20 个钻井队在伊拉克、哈萨克斯坦和国内从事钻井业务，并向压裂连续管钻井、修井作业拓展。烟台杰瑞工程服务遍布压裂、制氮、连续油管作业、径向水平井钻井等领域。山东科瑞服务领域包括钻井压裂与制氮机等。胜利高原石油装备公司工作服务领域包括连续抽油杆、连续管钻井、分段压裂、油气钻井及油气生产等业务。

〔撰稿人：中国石油勘探研究院马家骥〕

钻完井技术与装备新进展

工程技术与装备的快速发展有力地支撑了油气勘探开发业务，已经发展成为寻找油气藏、高效开发油气田最有效的手段，对增储上产和提高采收率发挥了重要作用，推动了世界能源格局的改变。随着油气资源品质劣质化、油气目标复杂化等问题的不断加深，尤其是随着勘探开发逐步面向深层、深水、致密油气、页岩油气等非常规资源，以及地下储库建设、地热能源开发、水合物开发等，工程技术与装备，尤其是钻井技术与装备面临着新的挑战与发展机遇。

一、油气钻完井工程技术市场分析

1．2013 年油气勘探开发情况

（1）水平井工作量不断增加。由于致密油、页岩气等非常规资源的规模开发，水平井工作量已经超越直井，并不断增加。以美国为例：2013 年美国新钻水平井数量 16 700 口，比例从 2005 年的不到 5% 增加到 35%；2013 年美国水平井钻机动用数量约占钻机总动用量的 64%；2013 年美国水平井钻井进尺占总进尺的 55.65%，直井进尺仅占 33%。

（2）更加关注致密油的开发。油气行业继续保持前几年的发展态势，北美、挪威、中东等地区更加关注原油的开发，减少了天然气钻井数量，页岩油气开发持续火热。北美页岩油气开发重心已经从页岩气转移到页岩油和致密油的开发上。

（3）深水油气逐渐成为油气勘探开发的关键领域。海洋工程技术服务市场收入规模约占油田服务市场总量的 1/3。高端技术快速进入市场。例如，新型钻井船的钻深能力已达 12 192m，水下设备的用量增加，自动化能力不断提升。

2．2013 年钻井市场发展概况

2013 年工程技术服务市场持续走强，具体表现如下：

（1）2013 年工程技术服务市场收入达 3 920 亿美元，2014 年则达到 4 508.83 亿美元。

（2）2013 年工程技术市场收入排在前四位的业务依次是：海洋钻井业务，为 545 亿美元；海洋制造服务，为 374 亿美元；水力压裂业务，为 345 亿美元；陆地钻井业务，为 295 亿美元。

（3）定向井、钻头、钻完井液及随钻测井技术（LWD）等主要钻井技术服务市场持续火爆。

3．近年油气资源的特点

近年来油气资源品质持续变差，体现如下：

（1）深部地层油气占比增大。剩余油气资源的 40% 以上分布在 5 000m 以下的深部地层。近年来新发现的 11 个大型油气田，深层油气田占 8 个，塔里木库车山前、四川安岳、渤海湾深层油气田平均井深超过 6 000m，克深气田接近 7 000m。

（2）低渗油气藏多。在探明储量中，低渗、特低渗透油气藏占比达 70%；在待探明资源中，低渗、特低渗透资源占比达 80%。

（3）海洋油气储量大。全国海洋石油资源量 246 亿 t，天然气资源量 15.79 万亿 m^3。

（4）非常规油气储量大。页岩气、致密气、煤层气等非常规资源量超过 100 万亿 m^3。

二、钻完井技术与装备面临的挑战

1．深井、超深井钻井面临的挑战

深井、超深井钻井面临的挑战有：深度增加导致钻机低效和钻具磨损；深部高研磨性地层破岩效率低、钻进慢；高温高压对管柱、井下工具、仪器、材料的损坏严重；高压地层给井控安全带来挑战；传统的随钻测量系统的信道受到制约；深层井壁失稳问题突出，超深层岩石赋存状态遵循规律不同于常规地层，高效破岩与井壁稳定理论有待深化；井身结构需要进一步拓展等。

2．海洋钻井面临的挑战

海洋钻井面临如下挑战：水深、浅层水、气流带、风浪流及海底低温、天然气水合物、高温高压等；深水井控难度大、破裂压力低；钻井船、水下防喷器、机器人、隔水导管等装备与技术储备不足；滩浅海大位移水平井位移延伸能力不够；海水基钻井液、固井液不成熟；北极超低温、多浮冰等。

3．非常规油气钻井面临的挑战

非常规油气钻井面临的挑战包括：工厂化作业配套技术与装备相对欠缺；旋转导向系统尚不成熟，不能满足长水平段快速钻井要求；破岩效率低、钻井周期长、成本高；大功率压裂设备和高效压裂技术不成熟；井眼稳定问题突出；井筒完整性存在隐患；流体回收处理技术与装备不完善。

我国钻井高端装备和产品长期依赖进口，部分关键产品和技术引进困难，高精尖的工具和仪器被国外几家大服务公司高度垄断。非常规油气勘探开发整体效益水平明显低于国外公司。在工程服务中，我国企业主要处于常规技术服务领域，深层、复杂地质、复杂结构的井还需要高价引入国外先进技术与装备。在已有的海外工程技术服务中，我国企业依托低端服务盈利的局面仍未得到根本转变，高端市场占有率低。

归根结底，我国钻完井核心工具、技术的原始创新与集成创新能力低，不能引领技术发展，无法形成国际竞争优势。

三、钻完井技术与装备新进展

1．钻机及配套设备

新型钻机的特点是自动化、模块化，更加灵活高效。例如：Huisman的双作业箱式钻机通过双联井架设计并结合两套提升系统，实现了主、辅双井口作业方式；Sparta的便携式模块化钻机可沿任意X轴或Y轴安装井架大门，安全高效、移运性好，在北美页岩气区块实现规模推广；Seabed Rig AS的海底钻机实现了全自动钻进，采用完整密封舱设计，通过与钻井船连接的“脐带”提供动力和循环液以及实现有效控制；Xtreme的连续管修井机最大作业井深7 167.5m，是目前世界上作业井深最深的连续管陆地作业机。

为提升深层、超深层油气钻探能力，中石油成功研制了8 000m/9 000m/12 000m钻机，使我国成为继美国之后第二个拥有万米级交流变频钻探装备的国家；配套形成9 000kN顶部驱动钻井装置和6 000hp（1hp=0.745kW，下同）绞车及盘式刹车生产能力，2 200hp钻井泵及高压管汇系统能在34MPa高压工作条件下无故障运行300h以上，满足深井、超深井高压喷射钻井要求。这些提升了我国高端装备设计、研发、制造能力，使我国成为全球最大的钻机制造国家和第二大顶部驱动钻井装置制造商。

中石油的8 000m钻机一问世即受到市场的欢迎，它解决了塔里木山前超深井采用7 000m钻机承载能力不足而采用9 000m钻机使用成本高的矛盾，填补了国内空白。目前，已生产制造21台8 000m钻机并在塔里木地区投入应用。

中石油解决了4单根立柱超深井钻机的设计制造难题，形成钻机结构及配套技术、超高井架和提升系统的制造及安全操作技术规范等技术创新。第一台9 000m 4单根立柱超深井钻机在塔里木油田大北305井执行了钻井任务。4单根立柱超深井钻机对减少井下事故发生率和钻井提速提效意义重大，在我国塔里木等地区深井、超深井钻井中具有广阔的应用前景。

2．随钻测量和控制技术

20世纪90年代，国际上开始了旋转导向钻井系统的研究。旋转导向钻井系统是指转盘旋转钻进过程中随钻完成导向功能，具有摩阻小、钻速高、实效高、井眼清洁、轨迹光滑、延伸能力强等优点。

国外旋转导向钻井系统典型产品技术性能如下：

1）斯伦贝谢公司生产的混合型旋转导向系统（Power Drive Archer）。该系统可连续提供高造斜率（16.7°/30m），可在任何一点开窗侧钻，所有外部件都旋转。

2）贝克休斯公司生产的曲线高造斜率旋转导向系统（AutoTrak Curve）。该系统可一次钻进垂直段、曲线段和水平段，最高造斜率为15°/30m。

3）PathFinder公司研制的i-PZIG是首款具有近钻头井斜、伽马射线成像功能的定向工具，定向离钻头仅几英尺远，进一步提高了数据传输速度。

4）威德福公司研制的MotarySteerable在泥浆马达上配置弯接头和具有三维定向控制功能的MWD元件，成本低，兼具旋转导向系统的功能，造斜率为（0°～3°）/30m。

垂直钻井技术早在1984年以前就由德国采矿研究院和什威恩电子液压技术公司联合研制成功，并在煤系地层钻探中进行了成功试用。垂直钻井技术由钻具组合向自动垂直钻井系统发展，该系统可以解放钻压、提高钻速。经过20多年的不断发展，已形成多种形式的自动垂直钻井系统。自动垂直钻井系统的分类如下：

1）按工作方式分为旋转纠斜型和滑动纠斜型。

2）按工具外套是否旋转分为静止外套式和旋转外套式。

3）按纠斜方式分为钻头推靠式和钻头指向式。

4）按系统结构分为机械式、机液一体化式和机电液一体化式。

目前，国外在用的垂直钻井技术有斯伦贝谢公司的Power-V、贝克休斯公司的Verti-Trak、哈里伯顿公司的V-Pilot及德国智能钻井公司的ZBE。国内在用的垂直钻井技术有中石油钻井工程技术研究院（简称钻井院）的CGVDS、西部钻探公司的自动垂直钻井系统、胜利油田钻井工艺研究院的机械式垂直钻井工具及渤海钻探工程院的BH-VDT。

随钻测量与控制技术发展趋势如下：

（1）随钻测量（LWD/MWD）技术发展趋势。测量装置距离钻头越来越近，具有高可靠性、高安全性，测量精度越来越高，模块化与系列化（即装即用）程度越来越高，数据处理与解释评价技术日趋成熟，具有更高探测深度和方位分辨能力，数据传输速率越来越高、传输密度越来越大。

（2）导向与控制技术发展趋势。控制精度越来越高，可靠性越来越高，工具耐磨性不断增强。

3．钻井提速工具

（1）牙轮钻头新技术

1）牙齿新技术。牙齿新技术包括蜂窝状金刚石复合材料牙齿技术、二次烧结硬质合金牙齿技术和金刚石加强牙齿技术。

2）轴承新技术。①滚滑轴承技术。滚滑轴承采用了滚动、滑动两种摩擦副相复合的结构，在保持滑动轴承高承载能力同时，显著提高了轴承适应高转速能力。滚滑轴承是江汉石油钻头股份有限公司（简称江钻股份）的专利技术，是目前世界上最有特色的钻头轴承技术之一。就高转速条件下的工作能力而言，滚滑轴承是世界上最出色的钻头轴承技术。江钻股份的SMD系列钻头就采用了这种轴承新技术，该系列钻头转速高达400r/min，在位于俄罗斯等国家的海外油田配合涡轮钻具钻进，取得了令人瞩目的成绩。②轴承密封技术。轴承密封技术有SEM II单金属密封技术和HAR橡胶密封技术。SEM II进行了金属表面特殊强化处理，摩擦系数减小；改进了密封结构的几何形状，金属摩擦面加宽，明显提高了密封能力。Hughes公司的HAR（High Aspect Ratio）橡胶密封技术的主要优点在于其形状特殊的密封圈能实现较高的压缩比，因而能更有效地补偿密封面的磨损，为轴承提供更稳定的密封性能。

3）牙轮防脱落技术。

（2）PDC钻头新技术。新一代PDC齿的突出特点：一是抗热磨损能力明显增强；二是金刚石层的表面抗研磨性能明显优于金刚石层的本体，所以这种齿的自锐性能有了显著进步。

1）孕镶金刚石钻头。孕镶金刚石钻头是用于极端难钻地层的钻头品种，其结构特点为：微切削刃为金刚石粉，基本制造单元为孕镶块，切削结构有西瓜皮型、菠萝头型和轨道型。

2）基于孕镶结构的混镶金刚石钻头。混镶金刚石钻头的特点是优势互补，钻头性能改善。混镶金刚石钻头的结构有 PDC 与孕镶混合、TSP 与孕镶混合及多元混镶。

3）牙轮 -PDC 混合钻头。特点：具有金刚石钻头硬度高及牙轮钻头抗压强度高等优点。钻头的轴向振动小，方向控制性好，钻速高，寿命长，适用于硬质夹层，尤其适合钻软硬交互地层和含有一定砾石的地层。该钻头在美国、加拿大、沙特、中国等国家都已应用，大幅度提高了机械钻速。

4）轮式/复合式钻头。Smith 公司的 Stinger PDC 钻头将 PDC 中心的常规复合片更换成锥形金刚石镶齿（CDE ），使钻头保持居中状态，增加钻头稳定性，同时提高了钻头中心区域的破岩能力；Smith 公司的 ONYX 360 钻头具有可 360° 自旋转的 PDC 复合片，靠牙齿的旋转实现均匀研磨和受热，起到了冷却牙齿作用，提升了切削部件的耐久性；贝克公司 Talon™3D 钻头通过采用 StaySharp™ 切削齿、缩短保径等技术改善了钻头的水力效率、导向控制能力和可靠性，延长了钻头运行寿命；Ulterra 公司的 CounterForce 型 PDC 钻头采用独特的切削齿结构来降低钻头的扭矩和振动，以增加稳定性、提高机械钻速，PDC 复合片通过全角度脱钴，切削齿的抗研磨性和热稳定性得到全面提升，延长了钻头寿命，提高了机械钻速，提高了长水平段的钻进能力；Smith 公司的 Spear 钢体 PDC 钻头专用于页岩气井钻井，通过改善外形和增强水力能量提高岩屑运移能力和机械钻速，在美国下井 6 000 余次，机械钻速提高 22% 以上；微取心钻头能够在钻井过程中实时获取直径 10mm、高 30mm 的微型岩心，且能提高机械钻速和岩屑质量，适用于深部坚硬地层和高温高压井，现场应用提速 40% ～ 80%；哈里伯顿公司新型 Energy Balance 钻头利用最佳位置和导向牙轮、动态平衡切割结构及 ANTI-TRACKING 反轨道设计方法，使钻头处于近平衡状态，大幅提高轴承寿命，降低不必要的起下钻风险。

（3）扭力冲击器。为解决 PDC 钻头的黏滑问题，延长钻头的使用寿命，提高钻速，美国 Ulterra 公司和哈里伯顿公司均推出了扭力冲击器。Ulterra 公司的 TorkBuster 扭冲工具利用高速钻井液涡轮带动钟体旋转，敲击钻头连接短节，将扭转冲击能量传递给钻头；哈里伯顿公司的扭冲工具利用钻井液带动叶轮旋转，控制旋转阀体导通流量，冲击两个封闭区域内的冲击块，对 PDC 钻头产生扭转冲击。

（4）涡轮钻具配合孕镶钻头。该技术优势如下：稳定性好，井下连续工作时间可达 850h；可进行超高温钻井，温度可达 260℃；具有光滑的井眼质量；由天然金刚石砂、人造金刚石颗粒、碳化钨粉末以及黏合剂浇注而成，因而具有极高的抗研磨性和耐久度。该技术特别适合于具有挑战性的火成岩、花岗岩、致密胶结砂岩、含砾石地层以及软硬交错、冲击性强的地层。

4．连续管技术与装备

连续油管在修井、测井、钻井、完井、储层改造及油气集输等方面表现出很好的优势，在国外已经得到了非常广泛的应用。20 世纪 90 年代，中石油钻井院就开始关注连续管技术。2007 年完成国内首台连续管作业机自主研制。目前，中石油钻井院根据我国生产开发的实际需求研制开发了 11 种型号的连续管作业机，可以满足我国道路施工及钻井的需要，能够满足陆上和浅海油气开发的需求。其中：基于大管径、深度连续管的需要，与世界知名底盘生产厂家联合开发了框架式结构的底盘，尤其是车装下沉式改造（下沉形式、下沉高度等）属国内首创，已广为国内同类厂家借鉴；现场施工以注入头动作为主，注入头与滚筒协同控制技术先进，具备自动送钻反馈系统及超低速送进功能。

国产大管径连续管设备投入市场以来，高端复杂工艺应用明显增加，促进了低渗透和非常规资源的开发效率。据不完全统计，2012 年国内设备动用达 4 560 井次以上，2013 年达 6 500 井次以上，单台设备年动用超过 50 井次。作业类型增多，气举、洗井、冲砂、解堵等简单作业的比例，由2010年以前的接近100%降低到74%，但传统应用还需要进一步扩大、提高。高端作业增加，连续管压裂、钻磨等复杂作业的需求和应用增长迅速。连续管年作业量增加，连续管设备利用率提高，单车年作业量增加（最高166井次，平均约50井次）。

5．膨胀管系列技术

我国于2001年开始进行膨胀管技术的研究，2003年实际应用膨胀管进行套管补贴，2005年膨胀螺纹现场试验取得成功。目前，规模推广应用套管补贴技术550多口井，成功实现了长段膨胀管补贴应用（超过100m），以及在斜井、高温井上成功应用，膨胀管管柱尺寸已系列化（5½in、7in、9⅝in，1in=25.4mm）。

（1）膨胀尾管悬挂器。膨胀式尾管悬挂器技术特点：环空金属密封，密封压力高，不受温度影响；悬挂力大，悬挂器通径大；在下放和固井时可以实现旋转，可在0°～90°井斜中任意位置座封，不受井斜位置限制。现场可操控性强，下钻过程可上提、下放、旋转和循环，保证尾管串顺利下放到底。

膨胀尾管悬挂器（ELH）在哈萨克斯坦成功应用，工艺成功率达到100%，有效封隔了水层。2001年，世界第一套ELH成功座挂。到2008年7月，哈里伯顿公司的ELH商业化应用1 019套。2010年9月，中石油钻井院的第一套ELH在哈萨克成功座挂。2011年6月，中石油钻井院的ELH应用24套。

（2）裸眼系统。该系统的堵漏技术特点：可封堵复杂地层、降低钻井风险，不改变井身结构，原钻头可重新下入及连续下入。

（3）波纹管技术。波纹管是由波谷、波峰及过渡曲线组成截面形状的钢管，与圆截面钢管相比，在等周长的条件下，其截面最大尺寸小于入井井径。利用这一特性，可顺利入井，到达预定井段，通过液压和机械的方法胀管，使其截面形状变为直径较大的圆形，紧贴在井壁上，达到形成人工井壁的目的。

波纹管技术主要用于应急解决钻井过程中出现的井下复杂情况，包括：封隔复杂井段，处理井漏、井涌、水侵或坍塌等复杂情况，保证复杂地区钻井施工的顺利进行；用来在先期完井后封隔油层，防止水泥浆的污染，保护产层。

四、钻完井技术发展新动向

1．钻完井代表性技术

（1）钻机及配套装备。美国Lee C-Moore公司生产的新型双偏移井架钻机；BOSS多用途快速移动钻机；T500XD Telemast页岩气钻机；Predator液压可移动式钻机；Pace-X walking快速移动钻机；APEX-XK 1500快速移动钻机。

（2）钻头及提速工具。Ulterra钻头：钢体PDC钻头，具有独特的切割齿结构。Smith钻头：Stinger PDC钻头（CDE锥形金刚石镶齿）、ONYX 360 PDC钻头。Varel钻头：Voyager PDC钻头、Imax系列孕镶钻头。NOV钻头：SpeedDrill钻头、Seeker S系列钻头。

（3）随钻测控。贝克休斯公司的SureTrak导向尾管钻井、小井眼高造斜旋转导向系统；斯伦贝谢公司的小井眼高速DigiScope随钻测量系统、IWC井下套管定向工具、Scientific Drilling新泥浆脉冲无线随钻测量系统（MWD）；斯伦贝谢公司的SonicScope大井眼多极声波随钻服务。

2．钻完井工程技术发展方向

国外钻完井技术的创新特点是高投入、广储备、引领方向、长期坚持、持续完善。技术发展方向是：

（1）高效服务勘探开发，用工程技术手段提高单井产量，提高采收率，提高发现率，降低吨油成本。

（2）提高技术竞争能力，掌握核心利器，降低作业服务成本。

（3）逐步实现科学化、自动化、智能化、“工厂化”。

（4）钻机向自动化、智能化、轻量化、低噪声方向发展，运移性更好；新材料的开发与应用使钻杆轻型化，套管连续化；钻头及破岩技术有望取得重大突破；井型研究取得新突破，显著提高单井产量和最终采收率；单一直径井和微井眼井实现工业化应用；实时、高速、大容量数据传输技术日趋成熟；井下智能钻井系统得到工业化应用；实现钻井地下和地面的全闭环控制，向数字化钻井迈进；钻井作业更加安全环保。

目前，油气生产面临的挑战已与过去大不相同，作业区域延伸到了更加复杂和严酷的环境中，例如深水、极地、老油田及非常规领域。面对新的挑战，“简单技术已经走到了尽头”，需要发展多学科综合一体化技术才能解决日益复杂的油气开发需求。纳米技术、机器人技术、智能钻完井技术、智能化学流体和添加剂等，在深水、非常规、高温高压环境的钻井和生产作业中发挥着越来越重要的作用。

〔撰稿人：中国石油集团钻井工程技术研究院汪海阁〕

中国十大非国有石油装备与工程技术服务企业现状与竞争力分析

一、基本概况

近 10 年来，我国经济快速发展带动油气需求和生产快速增长，石油装备制造与贸易、工程技术服务、生产科研服务业务呈高速发展态势。我国石油装备及工程服务企业的资产规模达到 2 500 亿元左右（不包括直接从事油气勘探活动的企业），市场规模占全球规模的 10% 左右。在国有石油装备制造、工程技术和生产科研服务公司快速发展的同时，非国有石油装备制造、工程技术科研服务公司的发展也异常迅猛。据不完全统计，目前，在我国从事油气相关的石油装备制造和工程技术科研服务的非国有企业有 10 000 家左右（数据来自有关公司的研究结果），其中年收入超过 3 000 万元的有 1 000 多家，超过 1 亿元的有 170 多家（数据不是权威机构提供），已成为一支日益发展壮大且不容忽视的重要力量。

近 5 年来，我国的非国有石油装备制造和工程技术科研服务公司紧紧抓住国内外油气业务高速发展的有利机遇，通过引进吸收再创新和自主研发，迅速提升产品技术水平，培养专业技术人才，构建产业链和打造品牌形象，已经涌现出一批国内知名、国际有一定影响力的公司。根据 2013 年营业收入，前 10 位的公司分别是山东科瑞控股集团有限公司（简称科瑞）、宏华集团有限公司（简称宏华）、烟台杰瑞石油服务集团股份有限公司（简称杰瑞）、胜利油气管道控股有限公司（简称胜利管道）、安东石油技术（集团）有限公司（简称安东）、海隆石油工业集团有限公司（简称海隆）、华油能源集团有限公司（简称华油）、山东墨龙石油机械股份公司（简称墨龙）、斯伦贝谢（中国）公司、贝克休斯（中国）公司（简称贝克休斯中国）。这些公司每年的总营业收入都已超过 20 亿元，且多数公司的海外业务已取得不菲的业绩，其中最大的两家分别是山东的科瑞公司和四川的宏华公司，已成为国内油气行业非国有公司的佼佼者和领军企业。

二、十大公司现状分析

1. 山东科瑞控股集团有限公司

科瑞主要从事石油钻机等系列产品的开发、设计与制造，是一家集高端石油装备研发制造、油田一体化工程技术服务、油田综合解决方案提供与油田 EPC 工程总承包三位一体的综合性国际化民营企业集团。目前，科瑞是我国大型非国有的石油装备制造与工程技术服务企业。

2004 年，山东科瑞石油装备有限公司注册成立，标志着“科瑞”品牌的正式诞生。2004 年 8 月，科瑞第一家海外分公司——哈萨克斯坦分公司注册成立，正式拉开了科瑞进军全球的帷幕。2007年，山东科瑞控股集团有限公司注册成立，标志着科瑞正式进入集团化运作。

2013年，科瑞年度总营业收入达110亿元。多年来，科瑞一直秉持"产品高端化、市场全球化、人才国际化、管理现代化"的公司发展战略，致力于将公司打造成世界顶级的高端石油装备研发制造商、油田一体化技术服务商、油田EPC总承包商，从而不断为世界能源事业做出自己的贡献。

2．斯伦贝谢（中国）公司

斯伦贝谢（中国）公司业务涵盖勘探、开发、生产等上游产业链的所有环节，并在蛇口、塘沽、克拉玛依、库尔勒、成都、大庆、定边、靖边建立了工程作业服务基地。

2005年，斯伦贝谢（中国）制造与全球采购中心在上海成立。从此，"中国制造"在斯伦贝谢公司的服务链中占据了重要的一环。在这里生产的完井设备、钻井设备及射孔枪等产品被用于斯伦贝谢公司全球各地的作业中。

2013年，斯伦贝谢（中国）公司年度总产值为16.8亿美元（含合资企业中与斯伦贝谢股权比例相匹配的产值部分），2014年达到近20亿美元。

3．宏华集团有限公司

宏华是主要从事石油钻机、海洋工程及石油勘探开发装备的研究、设计、制造、总装成套的大型设备制造及钻井工程服务企业，是我国最大的石油钻机成套出口民营企业和全球最大的陆地石油钻机制造商之一。宏华集团总部位于四川省成都市，陆地和海洋装备制造基地分别位于四川省广汉市和江苏省启东市，并在海外设有十余个子公司（办事处），以及四个部件及维修服务中心。

宏华集团注册于开曼群岛，主要附属公司为四川宏华石油设备有限公司。2001年，宏华在我国推出首台40DBS型数控电动变频钻机，标志着宏华品牌的正式诞生。2005年，宏华研制的我国首台ZJ40DBST电动变频数控拖装钻机在美国一炮打响。2008年3月7日，宏华集团在香港主板市场挂牌上市。2012—2013年宏华集团有限公司经营状况见表1。

表1　2012—2013年宏华集团有限公司经营状况

年份	营业收入（亿元）	装备制造收入（亿元）	工程技术服务（亿元）	国内营业收入（亿元）	国外营业收入（亿元）	净利润（亿元）
2013	80.47	76.39	4.08	18.26	62.21	5.75
2012	50.68	48.96	1.72	10.32	40.36	5.42

4．烟台杰瑞石油服务集团股份有限公司

杰瑞是集油气田钻采设备、油井服务设备、完井设备、天然气输送设备、天然气液化设备的研发制造，油田工程技术服务及油气工程设计总包于一体的"国际化综合性"上市民营企业集团。总部设立在山东省烟台市，并投资建设了占地面积42.7万m^2（约640亩）的两个工业园区，在国内油田设有多个服务基地，在美国休斯敦设有研发中心、营销中心和制造中心，在中国香港、加拿大、阿联酋、哈萨克斯坦、印尼等地设有全资子公司，并在南美、俄罗斯、澳大利亚、非洲等地设有营销与服务机构。杰瑞现有19个成员公司（不包括为其配套服务的公司），总注册资本9.8亿元，员工总数4 321余人，外籍员工60余人。

公司成立至今，在技术研发、产能规模、全球市场开发和品牌建设等方面取得了快速发展。杰瑞自主研发制造的压裂成套设备、系列固井设备、连续油管作业设备、液氮泵送设备、智能排管系统等产品已遍布全球30多个国家和地区，是众多国内外知名石油公司、石油服务公司的合格供应商和战略合作伙伴。2012—2013年烟台杰瑞石油服务集团股份有限公司经营状况见表2。

表 2　2012—2013 年烟台杰瑞石油服务集团股份有限公司经营状况

年份	营业收入（亿元）	装备制造收入（亿元）	工程技术服务（亿元）	贸易额（亿元）	国内营业收入（亿元）	国外营业收入（亿元）	净利润（亿元）
2013	36.86	32.71	3.94	0.21	29.90	6.96	9.88
2012	23.75	21.56	2.10	0.09	16.96	6.79	6.45

5. 胜利油气管道控股有限公司

胜利管道是我国最大的民营石油及天然气管道制造商之一，是中石油、中国石油化工集团公司（中石化）的螺旋缝埋弧焊管的主要生产企业，主要经营地点在山东省淄博市、德州市和日照市。公司专注于用于运送原油、成品油及天然气产品的 SSAW 焊管的设计、制造、防腐加工和服务。2010—2013 年胜利油气管道控股有限公司经营状况见表 3。

表 3　2010—2013 胜利油气管道控股有限公司经营状况

年份	营业收入（亿元）	装备制造收入（亿元）	贸易额（亿元）	国内营业收入（亿元）	国外营业收入（亿元）	净利润（亿元）
2013	25.57	8.56	17.01	22.83	2.74	0.12
2012	19.21	15.22	3.99	13.07	6.14	0.56
2011	18.22	18.22	—	13.39	4.83	0.92
2010	11.27	11.27	—	11.27	—	0.89

6. 安东石油技术（集团）有限公司

安东是一家在香港联交所主板上市的专业油田技术服务民营企业。业务涵盖钻井技术、完井技术、井下作业技术、钻具服务及管材制造四大业务集群。公司形成了以方案设计及技术集成为主导的，包含设计、井下工具、作业化学材料、服务设备的配套服务能力。

该公司业务已经遍及国内各产油区和部分国外地区，建立了遍布全国的市场营销网络，在国内主要产油区建立了现场服务基地，形成了快速响应客户需求并快捷提供技术服务的能力。公司在中东和中亚等境外地区建有办事处和服务基地，初步形成了国际营销网络。2010—2013 年安东石油技术（集团）有限公司经营状况见表 4。

表 4　2010—2013 年安东石油技术（集团）有限公司经营状况

年份	营业收入（亿元）	装备制造收入（亿元）	工程技术服务（亿元）	国内营业收入（亿元）	国外营业收入（亿元）	净利润（亿元）
2013	25.34	3.15	22.19	19.58	5.76	4.03
2012	20.05	2.57	17.48	15.56	4.49	3.18
2011	12.59	1.71	10.88	9.72	2.87	0.92
2010	9.51	1.84	7.67	7.91	1.60	1.26

7. 海隆石油工业集团有限公司

海隆是一家专业从事石油天然气相关产业的大型实体投资集团。旗下多家专业生产企业主要集中在以上海、江苏为中心的长三角地区，同时在天津、山东、山西、陕西、东北等地建立了产品生产基地。海隆集团海外业务涉及美洲、中东、俄罗斯、北非及欧洲部分地区，承担其石油投资、石油相关产品的生产和制造、国内外贸易及合作业务。公司的经营范围涉及油田技术服务、石油钻具、石油管材、轧钢、石油机械设备、化工新材料、国际贸易等多个领域。2010—2013 年海隆石油工业集团有限公司经营状况见表 5。

表 5　2010—2013 年海隆石油工业集团有限公司经营状况

年份	营业收入（亿元）	装备制造收入（亿元）	工程技术服务（亿元）	国内营业收入（亿元）	国外营业收入（亿元）	净利润（亿元）
2013	24.53	15.8	8.73	12.2	12.33	3.45
2012	22.64	16.47	6.17	12.73	9.91	3.45
2011	18.21	13.98	4.23	9.95	8.26	3.02
2010	13.57	10.85	2.72	7.79	5.78	1.78

8．华油能源集团有限公司

华油是一家集方案设计、现场施工、工具制造为一体的综合性油田工程技术服务民营企业，服务领域涵盖钻井服务、完井服务、油藏服务、增产服务、修井服务等几大板块。该公司国内主要业务在塔里木盆地。公司总部设在北京，分别在天津、新疆、哈萨克斯坦、土库曼斯坦、印度尼西亚、伊拉克、加拿大及新加坡设立分支机构和制造研发中心，并在当地建成若干现代化作业基地。截至 2011 年 7 月，公司职工总人数 1 800 多人。主要服务市场覆盖国内各主要油气田以及以哈萨克斯坦为中心的中亚市场、东南亚市场和中东市场。2010—2013 年华油能源集团有限公司经营状况见表 6。

表 6　2010—2013 年华油能源集团有限公司经营状况

年份	营业收入（亿元）	工程技术服务（亿元）	国内营业收入（亿元）	国外营业收入（亿元）	净利润（亿元）
2013	24.03	24.03	10.37	13.66	3.00
2012	18.21	18.21	7.91	10.30	2.48
2011	13.22	13.22	4.35	8.87	1.82
2010	10.50	10.50	4.42	6.08	1.20

9．山东墨龙石油机械股份公司

山东墨龙是一家专业从事石油机械设计研究、加工制造、销售服务和出口贸易的上市公司，产品主要有油管、套管、石油专用无缝管、抽油杆、抽油泵、抽油机、潜油电泵、注液泵及各种井下工具等，是我国四大石油集团公司的合资供应商，是中石油一类产品四大优秀供应商之一。山东墨龙较早通过了 ISO9001 国际质量体系认证，2009 年又通过了 ISO14001 和 OHSAS18001 管理体系认证，主导产品获准使用美国石油学会 API 会标。所产设备及配件销往欧洲、美洲、中东等世界主产油区，深受海内外客商的好评。

该公司营业收入总体呈持续、稳步、快速增长态势。公司业务收入主要来自于主营业务收入，盈利能力较强。2010—2013 年山东墨龙石油机械股份有限公司经营状况见表 7。

表 7　2010—2013 年山东墨龙石油机械股份公司经营状况

年份	营业收入（亿元）	国内营业收入（亿元）	国外营业收入（亿元）	净利润（亿元）
2013	22.24	15.00	7.24	-1.78
2012	29.10	17.60	11.50	1.40
2011	26.80	16.50	10.30	1.69
2010	26.53	16.99	9.54	2.77

10．贝克休斯（中国）公司

贝克休斯（中国）公司的宗旨是提高石油工业作业效率，提高油气藏的最终采收率。主要从事以下几个方面服务：油田总包服务；钻井、地层评价和钻井液系统；完井、生产、压裂及生产管柱系统；生产流程及化学药剂服务。

三、十大公司共同点分析

1．从贸易开始或从一项特长起步

上述十大公司及其他非国有的石油装备制造及服务企业，均是从某一项石油特长起步，比如先是石油装备和材料贸易，有了少量积累后，开始进入工程技术服务，然后在此基础上专攻某一项技术，当原始积累资本达到一定程度时，开始全方位提供工程和装备制造服务，跨入国际石油工程服务和装备领域，继而做大做强，做精做细，并占有一席之地。

它们共同的特点是先从贸易开始积累第一桶金，再承包工程进一步积累扩大资本，有了一定的经济实力和工程实践，在此基础上引进吸收再创新，研究发展具有自身特点的专有技术、特色技术，并形成相对技术“垄断”和独特性，这是非国有石油装备与工程技术服务企业的发展路径，即“贸易、工程技术服务、研发特色技术、装备制造和新材料开发”，从某种程度上讲是“大环境造就了非国有石油企业”。

2．面临多元化发展的困局

我国非国有石油装备与工程技术服务企业通常具有多元化发展趋势。多元化并不是一条最优化的发展道路，世界上有影响的大公司，之所以长久不衰，其根本发展战略就是把业务集中在具有盈利能力的核心业务和专业方向，即所谓的“归核化”战略，凭借此战略形成的核心业务，能够称雄某一领域，做强做大。

多元化战略可以更多地占领市场和开拓新市场，也可以避免单一经营的风险。但毕竟不是最佳发展之路，业务太多、太杂、太乱，势必分散有限的人力物力，影响核心业务的形成和开发，使企业陷入多头作战的被动境地，也不利于企业长远发展。

3．走国际化发展道路

我国非国有石油装备与工程技术服务企业走国际化发展道路是经济全球化的必然要求，也是非国有石油企业发展到一定阶段的必然选择。目前，可以说我国大部分有实力的非国有石油企业基本上都“走出去”了。

经济全球化促进了商品和生产要素在全世界范围内自由流动，使世界各国经济联系日益密切，促进了各国企业之间的合作，同时也加剧了竞争。随着我国改革开放的不断深入，越来越多的我国非国有石油装备与工程技术服务企业融入全球经济一体化进程，开展跨国投资、生产、销售、服务等国际经济活动。

4．创始人均具有强烈的创业意识

我国十大非国有石油公司，其创始人均具有强烈的开拓和创业意识，对市场有着细致的观察和思考，对油气勘探开发业务熟悉，有较好的人脉关系。如山东科瑞的董事长杨宪先生，从 2001 年开始，先后创办了山东恒业石油新技术应用有限公司、山东科瑞石油装备有限公司、科瑞·北京国际公司、山东科瑞机械制造有限公司、山东科瑞国际油气工程公司等，在国内外共设立了 9 家分公司、子公司，并先后设立了 20 余个境外销售办事处。

四、十大公司竞争力分析

1．公司主要领导人

我国十大非国有石油企业的主要领导人，多数从底端干起，多出自生产一线，且多数有石油行业的背景，具有丰富的管理实践经验和实际能力，又有与时俱进、不断突破创新的强烈意识。

我国十大非国有石油企业的主要领导人在三个方面有共同点：一是意志力。意志力是企业家必备的条件，没有意志力很难想象事业会成功。十大非国有石油企业掌门人，均具有超人超强的意志力，这是一般人做不到的。要想使企业在激烈的市场竞争中获取竞争优势，寻求生存和发展的空间，企业领导人超乎常人的意志力就是制胜的法宝。二是超前的觉悟。觉悟问题往往被人们忽视，但觉悟问题是一个人走向成功的关键。光有觉悟还不够，必须要有超前的觉悟。同样的一件事，有超前觉悟的人，往往有敏锐的洞察力，或者说是嗅觉力，能分辨出事物的大体发展趋势和走向，能抓住机会或者机遇。三是独特个性。凡事有自己的主见，没有过多患得患失，选中方向，坚定不移。

2．拥有先进的核心技术

这些非国有石油装备与工程技术服务企业，不论是工程技术服务企业，还是装备制造企业，都有自己的技术特点和技术特色，均有自己的一技之长，归结到一点就是“专”，专到别人无法或不好替代，形成自己的独特的市场竞争力。

山东科瑞在钻井、修井作业、连续油管技术与服务、压裂技术与服务、注氮技术与服务、稠油开采技术等方面具有极为丰富的经验，在提升采收率、老旧油田改造、疑难油田开发等方面掌握世界领先技术，同时在页岩气、煤层气等非常规油气开发领域拥有杰出能力。

国内首台万米钻机由四川宏华集团与吉林大学合作研制。该钻机组装后大约有 20 层楼高、自重 1 000t，设计钻井深度 10 000m。该钻机具有高度智能化、自动化的特点，采用了目前世界上最先进的操作系统和主要部件，与传统钻机相比，可节约超过 1/3 的操作人员。该钻机的研制成功，标志着民企成功进入石油装备制造的先进行列，标志着我国在地球物理深部探测能力方面取得重大进展，也标志着我国地球物理深部探测“入地”计划取得阶段性的重大进展。该钻机首选在黑龙江大庆油田实施科学钻探，对于认识和解剖松辽盆地深层油气资源有着十分重大的意义。

近年来，山东墨龙注重科技创新和科技研发，共获得 9 项专利，14 种产品列入山东省省级技术创新项目。2009 年 12 月，受山东省科技厅委托，山东墨龙组建了“山东省石油专用管工程技术研究中心”。2010 年，获国家人力资源和社会保障部批准，设立博士后科研工作站，成为“全国同行业首家博士后科研工作站”。凭借雄厚的科研实力，公司技术中心被认定为山东省省级企业技术中心。山东墨龙将产品质量作为重中之重，每年投入大量资金，建立和健全了各项检验、监测手段，从多方面确保了产品的质量。

山东墨龙的主导产品获准使用美国石油学会 API 会标，为公司顺利进入国内外油田市场取得了通行证。所产油套管、阀门、泥浆泵缸套、不锈钢精密铸件、石油“三抽”设备及配件畅销欧洲、美洲、中东等地的世界主产油区，深受海内外客商的好评。

3．体制、机制比较灵活

我国非国有石油装备与工程技术服务公司，其体制、机制虽有国有石油公司的某些痕迹和特点，但因其均是在改革开放以后建立和创建的，故有着我国特色市场经济的特征。

虽然，各个非国有石油装备与工程技术服务公司的体制不完全一样，但“体制单一、组织简约、工作高效”是其共同特点，从某种程度上讲，这是所有大的国有公司无法比拟的，包括国际石油公司。其体制的核心设计理念是“组织以事为中心”“管理以人为中心”，机构因业务变化而随时变化，机构增舍完全取决于业务发展的需要。这也正是非国有石油装备与工程技术服务公司体制的先进之处。

非国有石油装备与工程技术服务公司的机制在“以事为中心”的前提下，总体上是非常灵活的。公司薪酬原则是“按劳取酬、按贡献取酬、按公司业绩成长大小取酬”，也就是说与业绩大小挂钩，其先进性体现在“按劳取酬”上，其特点就是“灵活”。所以，公司不遗余力地鼓励和调动员工的积极性、创造性，只要做出贡献就有相应的回报。

非国有石油装备与工程技术服务公司的决策方式总体上与众不同，即所谓“小公司决策方式”，是这类公司的一大特征。“小公司决策方式”也就是决策过程短，没有国有大公司那样许许多多的固定程序。决策过程短就可提高效率，抓住机会，认准了的就干，绝不拖延。决策人集中，不用更多地去征求意见，人事环节大大精简。不过这种决策方式也有风险，因为此类公司一般也有好大喜功的一面，会有决策失误的时候。但是，即使决策错了，掉头也快，基本能很快弥补决策失误带来的损失。

4．国内与国外业务优势互补

目前，石油行业不论是上游（勘探开发）、中游（油气集输），还是下游（炼油化工、油气销售），非国有石油公司的力量已经不可小视。在上述业务的工程技术服务领域，特别是建设施工、装备制造、油气销售等领域，发展趋势是“国退民进”，国有公司由于各种原因，如成本问题、管理问题、技术问题等，逐渐退出低端市场、部分中端市场及一些高端市场。从某种程度上讲，这对非国有石油公司是利好。

为了寻求发展，有实力的非国有石油公司大概从1999年开始走出国门，其向海外扩展大致有两种情况：

一是把产品直接出售到海外。例如：宏华公司以灵活多样的经营策略、低廉的价格和优质的服务，把很大一部分钻机销售到北美地区；惠博普公司把脱水装置销售到中亚、中东地区。

二是跟随国有大公司进军海外。目前，国有大公司在世界哪里有项目，就会有我国非国有石油装备与工程技术服务公司及时跟进，这在某种程度上也是国有公司与非国有公司各取所需，是相得益彰的好事。非国有石油公司，服务灵活，效率高，讲诚信，可满足国有石油公司的需求。

目前，我国前十位的非国有石油公司，或者说稍有实力和一技之长的公司，基本都走出去了。它们走出去的特点是“一头在内，一头在外”，这样做的好处极大。“一头在内”，即根在中国，市场在中国，人脉在中国，因为中国毕竟是全世界最大的市场；“一头在外”，即技术在外，部分市场在外，先进的理念和管理在外。就是说“内”接市场，“外”接技术，有利于业务发展，是很好的经营策略。

5．善于捕捉机会

善于捕捉机会，既是生产力，更是竞争力。善于捕捉机会者为俊杰，非国有石油公司的领导具备捕捉机会的天赋，这是他们在严酷的创业环境练就出来的能力。在商业运作的过程中，公司决策人员，特别是公司领导，必须充分把握随时出现的各种机会。

在石油市场同质化日益明显的今天，企业间的竞争日益激烈，各种商机往往稍纵即逝。公司必须对商机保持高度的敏感性，快速地对其做出正确的反应，否则就会在竞争中失去先机。这就要求公司领导和决策人员能够及时收集并分析研究影响商业环境的因素，形成有关的信息和资料，从中发现商业机会并能够恰到好处地处置商业机会，不断地创造好的公司业绩。

6．尊重人才

核心员工管理已成为当今企业人力资源管理的焦点。核心员工是核心能力的人才载体，掌握了关键资源，是企业利润的源泉。对企业而言，有效地吸引、激励、留住核心员工，就可将其核心能力高效率地转化为生产力；反之，一旦核心员工流失，给企业造成的损失则难以估量。核心员工能够帮助企业实现公司战略目标，保持并提高公司的竞争优势，或能够直接帮助主管领导提高业务管理能力、经营能力和抵御企业管理风险能力。

7．企业文化富有特色

企业文化是一个公司发展的软实力。我国大多数非国有石油公司都比较重视企业文化建设，随着公司不断发展壮大，企业文化也在不断转变，真正发挥了作用。

五、非国有石油装备与工程技术服务企业发展趋势分析

油气需求快速发展、国家政策支持、国有企业改革等，为非国有石油装备与工程技术服务企业的快速发展提供了难得的机遇。

1．研发获取核心技术是企业制胜的法宝

拥有核心技术是油田技术服务公司和装备公

司生存和发展的基础，核心技术日益成为油服公司和装备公司的核心竞争力。为了适应和促进全球油气工业的发展，企业必须不断进行技术创新，解决油气工业产业链上的技术问题和工程难题，才能在竞争中立于不败之地。许多国际油服公司不断通过核心技术形成技术壁垒，以求获得行业垄断性地位，赚取高额利润。

目前来看，国际油服公司的研发投入总体上呈逐年上升趋势。各公司通过建立高效的研发管理体系、与高校和政府的科研协作、在全球建立研究中心、技术专利保护等方法加快技术研发和积累，强化技术优势。

以美国斯伦贝谢公司为例，该公司一直都坚持对技术的投资。从20世纪70年代至今，不管油价如何起伏，该公司在技术上的投资一直呈稳定增长。斯伦贝谢公司每年投入研发的资金比所有其他油服公司的投入总和还要多。斯伦贝谢公司采用的是多元的研究方式，公司分别在英国剑桥、美国康涅狄格州和挪威斯塔万格设有战略研究机构，主要从事未来10～50年内石油技术的前瞻性研究。同时，斯伦贝谢公司在全球设有11个技术研发中心(包括在北京的地学研究中心BGC)，专门从事能源行业内10年内的产品和技术研发。除了以上自主研发机构外，公司还广泛地与世界著名的40多家科研院所和石油公司保持着密切的合作关系。

我国非国有石油装备与工程技术服务公司要在我国乃至世界激烈的竞争环境中立于不败之地或者说获取一席之地，就必须走技术创新的路子，必须要有自己的核心技术，必须要有自己的研发团队。

2．走合作一体化道路是发展捷径

随着油气勘探及生产投资的变化，油服行业既囿于其自身周期性的“困境”，也受到全球经济周期性的“困扰”。1997年发生亚洲金融危机，2008年爆发全球金融危机，每次危机油服行业都呈现出一定程度的下滑，之后经过一段时间的恢复整理，油服行业又继续走向繁荣，进入高速发展期。

一体化是指企业通过研发、兼并、收购，使业务涵盖石油技术服务的各个环节，充分利用自身在已有产品上的生产、技术和市场等方面的优势，不断扩大业务经营的深度和广度，扩大经营规模，提高收入水平和利润水平。

一体化趋势产生于20世纪60至70年代，当时国际几大石油装备及服务巨头通过兼并重组等手段走向一体化，与石油公司结成“战略联盟”，为其提供一体化综合服务。进入21世纪以来，由于原油价格的提高，国际上大的油气工程技术服务公司已经通过并购、重组等方式纷纷实现了由专业化向综合一体化的成功转型。

在这种形势下，我国非国有石油装备与工程技术服务企业也逐渐向产业研发、制造、服务一体化方向发展。2012年，安东与美国斯伦贝谢公司合资成立了同舟一体化油田技术有限公司，2013年，该公司又积极扩充团队，加速其一体化进程。2013年6月3日，安东又与美国斯伦贝谢公司达成了互相供销框架协议。这样做能够相互补缺，相得益彰，共同发展，缩短研发新技术的周期，合理使用科技研发的投资，共同开发有限的市场，共赢共惠。

另外，安东还与美国斯伦贝谢公司旗下的M-ISWACO公司合作，打开了塔里木油田高端市场，延长了油田技术服务产业链，加快了企业的一体化进程。杰瑞则投资5亿元建立了集工程技术服务与油田开发为一体的油气工程技术服务基地。一体化使这些公司提升了竞争优势和抵抗风险的能力，从而降低了原油价格大幅波动对其的影响，并增加了企业的国际竞争力。

3．坚持“归核化”经营策略

我国大多数非国有石油装备与工程技术服务公司选择了多元化的发展模式，业务链长且分散，形不成合力，往往是核心业务受到挤压，失去了较多的赚钱机会。这些公司一定要明白“多元化是陷阱”，不应是企业追求的“香饽饽”，尤其是具备一定实力的公司，一定要把业务集中到自己能盈利的核心业务上来，即“归核化”。

所谓“归核化”，是把企业的核心技术、市场、顾客和产品放到经营管理的核心位置上；把公司的业务归拢到最具有竞争力的优势业务上；把经营的重点放在核心业务价值链中优势最大的环节上，强调核心能力的培育、维护和发展，最终形成自己的优势竞争力。

“归核化”战略，就是集中资源打造核心业务，提升企业核心竞争能力。“归核化”不是“归一化”，也不等于“单一化”，更不等于简单的专业化，而是向核心业务集中资源，形成核心业务主导下的业务间紧密关联的发展态势和发展空间。

中石油集团近期大规模的专业化重组，就是中国式归核化的典型案例。其基本内涵是：以油气业务为核心，拥有合理的相关业务结构和较为完善的业务链，上下游一体化运作，国内外业务统筹协调，石油公司与工程技术服务公司等整体协作，打造具有国际竞争力的跨国经营企业集团。

4．国际化经营

任何一个国家的油气资源市场都是有限的，国内油田服务及装备企业如果不进行国际化经营，不参与国际市场的竞争，不仅增长速度会放缓，甚至原有的市场份额也很可能被国际油服公司不断蚕食。目前，国际石油天然气资源分布非常广泛，全世界待开发的油气资源主要集中在中东、非洲、南美洲、中亚等地区，这些地区的国家由于自身的技术能力薄弱，对外来油服企业依赖性强。

据不完全统计，我国非国有油服企业已有20多家开始进入国际市场。2002年，华油公司率先进入海外市场，中亚就是华油公司的立足之地。2007年，安东石油公司开始开拓海外市场，取得了不菲的业绩。2008年，中曼集团开始在海外市场设立驻外机构，扩张油服业务，也取得了较好的效果。

实际上，我国走向海外的非国有油服公司远不止20多家，据最新的资料，我国可能有接近上百家非国有油服企业走向了海外。

5．结成战略联盟共同发展

世界经济一体化、区域经济集团化、国际分工的深化、科学技术的迅猛发展构成了企业战略联盟的宏观背景。在当今竞争激烈的国际环境中，越来越多的企业认识到，单靠自身的力量是不够的，而与其他企业联盟不失为一种降低风险和成本、提高企业总体竞争力的有效手段。

随着国家石油行业市场准入的不断开放，我国民营油气企业也正在开展大规模的联合行动。2004年12月11日，全国100多家民营企业成立了全国工商联石油业商会。2005年6月29日，我国首家民营石油联合企业长联石油控股有限公司成立。在国际国内大型石油公司面前，单个民营石油企业集团的力量微不足道，企业联盟是非国有石油服务企业发展的必然趋势。

六、几点建议

1．培育中国式的“斯伦贝谢”

美国斯伦贝谢公司是全球最大的综合性油田技术服务公司，掌握着全球油气行业大量的先进技术、高端人才，盈利能力首屈一指，是世界油气技术发展的引领者，具有巨大的影响力。可以说，在全球任何一个油气田，都有斯伦贝谢的身影。

我国应该在非国有油服企业中，选出一批优秀重点企业予以支持和培育，打造中国式的“斯伦贝谢”，这对于带动我国油服行业整体发展具有重大意义。

2．抢占油气行业科技制高点

石油行业是高技术行业，油气勘探开发所用的技术几乎都是世界最新科技成果的集成。先进技术的集成应用，不仅提高了油田勘探开发的成功率，而且能帮助找到原来认识不到的油气（如页岩气），还能使原来不能开发的油气得以经济有效开发并大幅度降低开发成本。谁掌握了石油行业的先进技术，谁就掌握了油气行业发展的“金钥匙”。

我国非国有油服企业是石油行业的一支重要力量，是我国和国际石油行业发展的重要支撑。然而，我国油服企业总体技术力量薄弱，掌握的高技术更是寥寥无几，当企业发展到一定规模后，高新技术短缺越来越成为其进一步发展的瓶颈。因此，我国油服企业必须把有限的科研投入用到刀刃上，努力抢占某一领域或某一技术的科技制高点，为企业持续发展和赢利奠定基础。

3．做强主业，走精细化发展之路

《财富》杂志统计，在世界500强中，单项产品销量占总销售量95%的公司有140家，主导产品销量占总销售量70%～95%的公司有194家，相关产品销量占总销售量70%的公司有146家。这说明公司的主营业务是公司营业收入和利润的主要来源，也是公司发展壮大的基石，主营业务是公司的重中之重。企业发展一帆风顺的时候，主营业务往往被淡化或重视不够，一旦企业发展遇到瓶颈或全球经济大环境变差的时候，主营业务在公司的分量就会凸显。做大做强主营业务，其实就是归核化，即集中优势资源打造核心业务，提升企业核心竞争能力。

我国多数非国有油服企业都有较明确的主营业务，并且主营业务规模都在较快发展，但与国际先进油服企业相比，多是大而不强。因此，我国非国有油服企业应该集中有限的资源，在较短的时间内做大做强主营业务，提高企业的核心竞争力，然后再适度多元化发展。

4．适度并购有技术前景的小公司

我国非国有油服企业经过多年发展的积累，具备了较强的技术和资金实力。在企业发展战略上要适度并购有发展潜力的公司，尤其是在海外拓展时。通过适度并购，我国非国有油服企业可以扩大在全球的业务覆盖范围，提高企业国际化水平，更好地优化配置资源，提升企业实力和效益。

〔撰稿人：中国石油天然气股份有限公司胡文瑞〕

我国深水油气田开发模式的探讨

世界海洋油气的储量占全球总资源量的34%，目前探明率约为38%，其中，深水油气和超深水油气约占海洋油气总资源量的30%。我国深水油气资源非常丰富，主要分布在南海。我国南海海域面积约350万km^2，其中，深水海域面积153.7万km^2。据预测，仅南海的西南部，其待探明的原油资源量约有86.31亿t，而天然气总地质储量则约为16万亿m^3，整个南海油气资源量约占我国油气资源总量的三分之一。因此，从全球及我国来看，深水油气田的开发均势在必行。

我国南海深水油气田的开发比较晚，1996年才开始与外方合作进入深水(一般界定300m水深为深水起点)领域进行开发。直至目前，已拥有一个油田（水深310m处的流花11-1油田）和两个气田（水深1 500m的荔湾3-1气田和新发现的平均作业水深1 500m的陵水17-2大型气田）。

流花油田位于珠江口盆地，其LH11-1、16-2油田距香港240km，水深330～400m，是2010年与外方合作发现的，已探明储量LH16-2为1 825.97万m^3、LH11-1为16 635.94万m^3、三井区为5 987.04万m^3。荔湾气田也位于珠江口盆地，水深1 480m，其LW3-1-1气田距香港320km，已于2014年投产，年产量100亿m^3。荔湾气田天然气资源量超过1 000亿m^3，是我国目前海上最大的气田。陵水气田是2014年“海洋石油981”半潜式钻井平台在南海北部深水区陵水发现的，其陵水17-2构造位于南海琼东南盆地深水区的陵水凹陷，距海南岛150km，平均作业水深1 500m，其陵水 17-2-1 井经测试，日产天然气 158.2 万 m^3，相当于 9 400 桶油当量，属于高产油气流，据测算，陵水 17-2 为大型气田，创我国海域自营深水气井测试日产量最高纪录。

我国已投入开发的流花油田和荔湾气田还需要进一步发展，新发现的陵水气田也需要准备投入开发，此外，今后还会有更多的深水油气田需要开发。这些深水油气田的开发究竟应该选用哪些核心装备？怎样将这些装备组成合理的模式来实现开发的任务？都迫切需要研究。因此，合理制订深水油气田的开发模式，已提到重要议事日程。

一、深水油气田开发用的主要生产设施

深水油气设施是指深水油气田投入开发后生产合格油、气所需要的设施。

1. 水面上生产平台

水面上生产平台是指设在水面上完成生产合格油、气作业的固定式、浮式平台或船。国内外现用水面生产平台的类型见图 1。

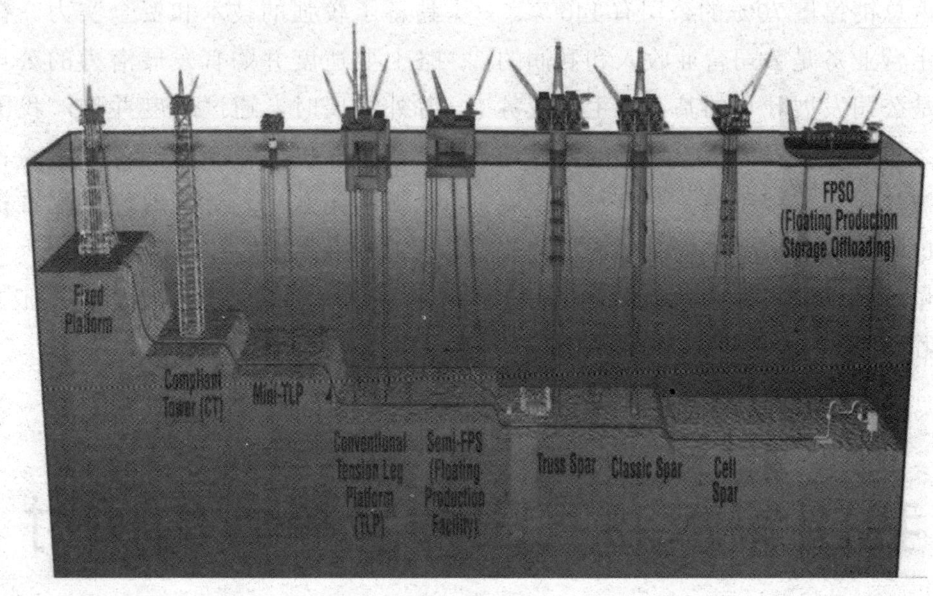

图 1　国内外现用水面生产平台的类型

（1）固定式平台。图 1 最左边的水面平台通常为多条大腿与两层甲板的钢质导管架结构形式。图 1 左边第二个为顺应塔（Compliant Tower）型（柔性）固定式深水平台，它的下部为有钢桩插入海底的导管架结构，作为固定底座；上部为普通的钢质导管架，因而可顺应风浪，使平台具有一定柔性。这种平台的最大工作水深可达 600m，其钻井能力、生产能力均可与导管架式固定平台相当，但其总造价只是导管架平台的 3/4，经济效益高。固定式深井平台的最大面积可达 10 730m^2，一个平台上可钻井 60 口以上，原油处理能力已达到每日 14 万～28 万 m^3，工作水深可至 412m。

（2）张力腿平台（TLP）。图 1 左起第 3、4、5 均为张力腿平台（TLP），它是用于深水的一种垂直系泊的浮式顺应平台。TLP 的平台上体相当于半潜式平台，靠浮箱半潜于水中，用由钢管制成的张力筋腱组成的张力腿（具有柔性）垂直系泊于海底桩基上，另有侧向系泊索辅助，平台上体甲板上装有钻井、完井和修井作业装备（有的不具备钻井、修井功能）以及全套油气分离、脱水等生产处理设备，但是该平台不能储油，只能通过海底输油管道送出处理后的原油或与 FPSO 联合运油。TLP 的工作水深为 300～1 800m，最深可达 2 000m。自 1984 年第一座张力腿平台（TLP）投产以来，目前全球已有 20 多座投产。

（3）独柱式平台（Spar）。图 1 的左起第 6、7、8 均为独柱式平台，它是 20 世纪 80 年代以后出现的，目前全球已有 10 多座。图 1 左起第 7 个是立柱为圆筒的传统的 Spar，平台上体由一根独立的浮式圆筒状立柱来支撑，浮式圆筒中央通过

生产立管，其周围则分别设有压载舱及储油舱，另有分段式系泊索自立柱中段将立柱系泊于海底吸力式基础上，平台上体由钻井甲板、原油处理生产甲板及井口甲板组成。因为该平台有储油舱，故而可以储油，一般是通过海底管道将处理后的合格原油及天然气送出；第二代Spar的主体中段为开放式桁架结构（见图1左起第6个），从而节省钢材，但缺少了储油舱；第三代Spar采用由若干个小型的长度不一的中空圆柱体组合而成的蜂巢（cell）型主体结构（见图1左起第8个），从而使主体更小、更轻，大大降低造价及安装费用。Spar的工作水深可达1 000～1 600m，以Nansen Spar为例，平台上有9口干式井口及采油树和3口卫星井湿式井口及采油树，可日产原油4万桶、日产天然气566万m^3。

（4）浮式生产储油卸油装置（FPSO）。FPSO通常是借助转塔结构，应用其系泊系统，停泊于海面上，因其系泊系统与转塔结构以转盘相连，故可顺应风、浪、流作360°的自由转动。转塔结构上部有转盘与FPSO连接，下部通过其系泊系统固定于海底，顶部有旋转接头，可将油气井输送来的油气通过转塔中央的生产立管，转送到FPSO上。FPSO及其转塔结构见图2。FPSO能适应20～2 000m水深工作，储油能力可达到200万桶，生产能力可达7万桶。FPSO的应用已有30多年，至2005年全球已拥有FPSO123艘，我国不仅已有十几艘自己建造的FPSO投产，而且积累了丰富的设计、建造、海上施工及作业经验。

图2　FPSO及其转塔结构

（5）半潜式多功能平台。近年来，出现了一种除进行生产之外，还能够进行钻井、完井、修井及储油的多功能半潜式平台。挪威SEVAN MARINE公司研制开发，并于2009年6月建成投产了工作水深3 000m的全球第一艘圆筒型超深水半潜式多功能平台（见图3）。世界上首座最先进的圆筒型半潜式超深水多功能平台，已于2012年在我国中远公司江苏南通的启东基地建成，交付给巴西使用于深海，因为它是为巴西建造的，故以英文命名为“SEVAN DRILLER”。“SEVAN DRILLER”半潜式深水多功能平台见图4。“SEVAN DRILLER”是我国自主设计建造的最新的第六代半潜式多功能平台，高135m，直径84m，其技术性能先进，工作水深约3 050m，最大钻井深度可达12 000m，可变载荷为15 000t，存储能力为15万t原油。该平台可抗恶劣海况，并可在-20℃的低温下作业。它代表了当今世界浮式多功能平台的顶级水平。

图3　圆筒型半潜式超深水多功能平台

图 4 “SEVAN DRILLER”半潜式深水多功能平台

2．气田用浮式设施

（1）浮式液化天然气船（FLNG）。FLNG（Floating Liquefied Natural Gas System）是能够在海上进行天然气液化的浮动设施，与相同规模的岸上液化天然气工厂相比，投资可减少 20%，建设工期可减少 25%，且天然气在液化过程中，体积骤缩 600 倍，从而有利于储存。采用 FLNG 后，可不必再应用海底管道输送天然气到陆地上的传统输送方式，而是用 LNG 运输船运送，从而大大降低成本，提高经济效益。FLNG 属于多功能浮式平台，除生产 LNG 之外，还设有始终处在常压和 -162℃左右的低温条件下的 LNG 储罐，可以将储罐中的 LNG 卸载到 LNG 运输船上运走。FLNG 多功能平台见图 5。FLNG 及其 LNG 运输船见图 6。

世界上第一个也是唯一一个 FLNG 平台由皇家荷兰壳牌公司投资 30 亿美元建造，拟于 2016 年用于距澳大利亚 200km 的海上深水油气田。

图 5 FLNG 多功能平台

图 6 FLNG 及其 LNG 运输船

（2）FCNG 设施。FCNG（Floating Compressed Natural Gas）是装载储存于容器内的被压缩的天然气的运输船。它通常是将天然气压缩到十几到二十几兆帕压力，在常温或低温（如 -29℃等）下，储存在船上的容器内，然后，直接将天然气运走。美国研发的全球首艘 V800 型 VOTRANS 已投产。该船天然气设计装载量为 1 982 万～ 2 265 万 m^3，单次航程可达 1 552km。这种具有立式长柱型容器的 CNG 运输船，其容器由 24 个 36m 长的立式长柱型气罐组成一组，全船共有 100 组，可以装载天然气 2 000 万 m^3。美国研发的 V800 型 CNG 运输船见图 7。

图 7 美国研发的 V800 型 CNG 运输船

FCNG 比 LNG 船运输和管道运输天然气都经济。例如，相同运输量且同为 1 500km 的输送距离时，FCNG 的总体运输费用 (考虑投资、成本和操作费用) 仅为 LNG 船运输费用的 40% ～ 50%，而且 CNG 运输船可以由普通运输船改装而成，经济效益显著。

（3）水下生产系统。水下生产系统是在水下进行油气生产的设施，它包括：水下采油树、从各井集油气的管汇、连接管汇与采油树的跨接管、连接管汇与下一个管汇的输油气生产管线及其接头、由液压管线、电缆、化学药剂管线等组成的脐带管、海底油气增压的泵及压气机、海底海水处理与回注设备、海底油气水分离装置以及海底控制模块等。它既可用于深水油田，也可用于深水气田，它的生产作业项目灵活多样，可以只是在水下采油、集油送至水面，也可集油后在水下进行油气水分离处理，或将水与油气分离开在水下进行注水，或将气与油水在水下分离开。此外，它还可以直接将汇集的油气水混输或油、气、水单相输送到水面上的浮式平台或固定平台。水下生产系统组成见图8。

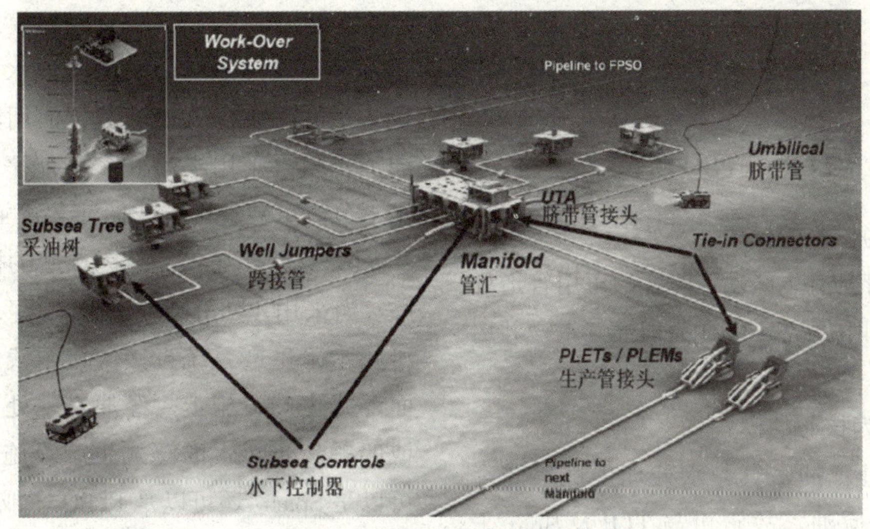

图8 水下生产系统组成

二、国内外现有深水油气田的开发模式

油气田开发模式指的是油气田投产开发时，为了实现开采、生产、储存及运输等任务，根据采用生产设施的不同类型，选用的主要装备的组合链的模式。因此，依照上面介绍的主要生产设施，可以划分成以下一些开发模式：

1. 以TLP为核心的模式

当选用TLP为核心生产设施时，依据TLP本身所具有的功能的不同，国外及我国南海流花油田，共有下列三种开发模式：

（1）TLP + 外输管道模式。当TLP具备钻井、修井及生产等全部功能时，即可用管道外输油气。TLP + 外输管道模式见图9。

（2）TLP + FPU + 外输管道模式。当TLP不具备油气水处理的生产功能时，则需要增加浮式生产平台 (Floating Production Unit)，进行油气水处理，然后用管道外输。TLP + FPU + 外输管道模式见图10。

（3）TLP + FPSO模式。 当TLP不具备生产功能，且拟采用油轮运出FPSO上处理后的原油，而不用管道外输时，则可采用TLP系泊FPSO，由FPSO处理原油。TLP + FPSO模式见图11。

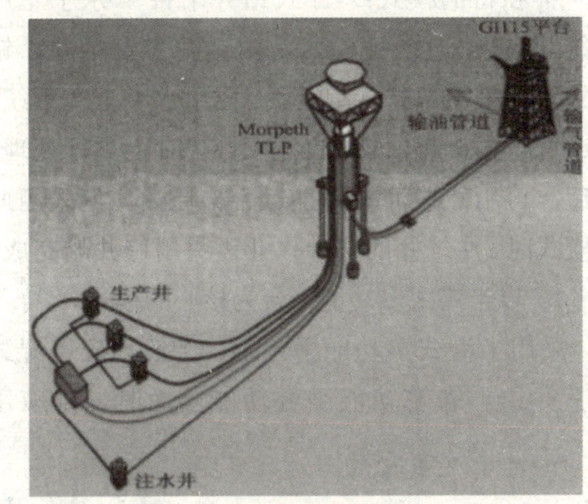

图9 TLP + 外输管道模式

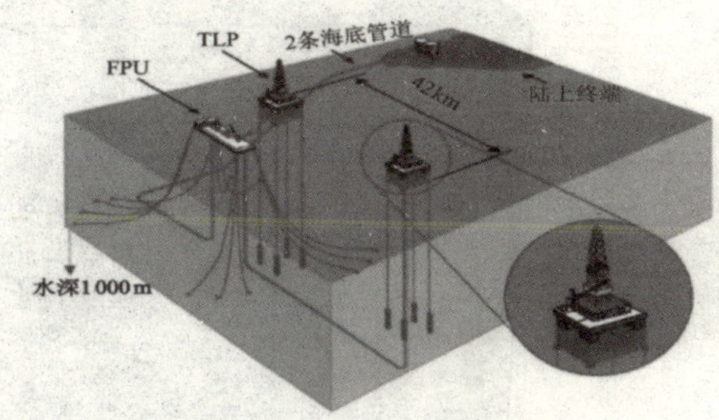

图10 TLP + FPU + 外输管道模式

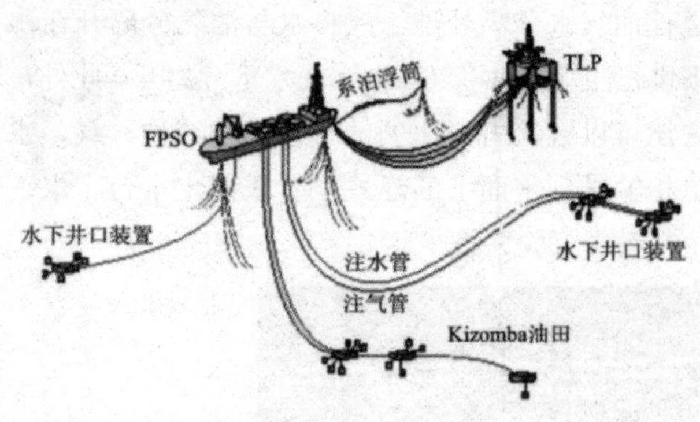

图 11　TLP + FPSO 模式

2. 以 SPAR 为核心的模式

当 SPAR 本身具有生产功能时，即可用管道外输油气；否则，即需配备 FPSO 处理油气水，并用船外运。

3. 以 FPSO 为核心的模式

因 FPSO 可进行油、气、水处理生产，储存及卸载船运合格原油，故它可与 TLP 及 Spar 平台配合组成开发模式如上所述。但以它为核心还有一种独特的模式：浮式钻井平台 + 水下生产系统 + FPSO。这种模式是由钻井平台钻井，钻成的油井采用湿式井口采油，应用水下生产系统，通过海管直接将油气流混输到 FPSO 上进行处理，然后，再用穿梭油轮，外运合格原油。但采用此种模式时，油气井的修井作业需另用修井船完成。

4. 以半潜式多功能平台为核心的模式

采用半潜式多功能平台时，一般均应用湿式水下井口。若多功能平台功能全面时，则应用海管输出处理后的油气，采用半潜式多功能平台 (具有全面功能) + 水下井口 + 海底管道的模式；若多功能平台不具备储存功能时，则需增加浮式储油装置，并用穿梭油轮，运走处理后的合格原油，采用半潜式多功能平台 (无储存功能) + 水下井口 + 浮式储油装置 + 穿梭油轮的模式；若在海底进行水分离及注水时，则需增设水下分离水及注水设备，并采用浮式储油装置，用海管输出处理后的油、气，采用半潜式多功能平台 + 水下井口 + 水下分离水装置 + 浮式储油装置 + 海管的模式。

5. 以水下生产系统为核心的模式

当采用水下生产系统开发深水油气田时，则可将水下生产系统直接回接至浅水平台或现有水面浮式生产设施上，经油气水处理后，通过海管或船舶运走。水面浮式生产设施可以是 TLP，也可以是 Spar，还可以是 FPSO，或是半潜式多功能平台。其开发模式可表示为：水下生产系统 + 浅水固定平台和水下生产系统 + 水面各型生产平台（或 FPSO）+ 海管（或穿梭油轮）模式。

6. 深水气田的开发模式

（1）水下采气系统 + 海管 + 浅水固定平台 + 海底输气管道模式。我国荔湾气田即采用这种开发模式。水下井口采出的气，经海管先输送至水深 197m 的浅水固定平台上处理、加压，再通过海底管道压送至陆上终端。我国荔湾气田的开发模式见图 12。

图 12　我国荔湾气田的开发模式

（2）水下采气系统＋FLNG＋LNG运输船模式。这种开发模式是以先进的FLNG为核心装备。水下井口采出的气，经立管输送至系泊转塔，通过旋转接头，进入FLNG，初步冷凝抽提后，进行天然气处理，再将干燥的纯天然气液化，存入LNG储舱中，再用LNG运输船运走。

（3）水下采气系统＋CNG运输船模式。FCNG是2007年以后新推出的、用船舶直接运输被压缩的天然气（CNG）的深水气田开发模式，其核心装备的研制已日趋成熟。尤其是影响CNG船经济效益的最关键的压力容器的创新，更促进了这种深水气田开发模式的实施。

三、对我国深水油气田开发模式的建议

1．深水油田开发模式

（1）近期。建议采用半潜式钻井平台＋水下井口及采油树＋浮式生产储存卸载船的浮式生产平台模式。因为，无论是TLP或Spar，还是半潜式多功能半台，均需要研发及建造周期；而半潜式钻井平台，我国已拥有工作水深3 000m的“海洋石油981”，并且还在继续建造这种半潜式钻井平台。因此，近期采用半潜式钻井平台钻生产井，比采用各型浮式生产平台现实。

浮式生产储存卸载船（FPSO）能适应2 000m以至更深的海域工作，且我国已有十几艘FPSO在服役，无论是设计、建造，还是使用、维修，均有丰富经验。

采用FPSO之后，应用湿式井口及采油树较应用干式更有利，因此，宜选用水下井口及采油树，而且我国南海对此已有应用经验，国内也正在研发制造。

（2）远期。建议采用半潜式多功能生产平台＋浮式储存卸载船（FSO）＋穿梭油轮＋水下生产系统模式。我国已有建造半潜式多功能生产平台的经验，可以满足远期生产的需要。并且有了这种平台，可不必再另用其他钻井平台钻生产井。输出原油可通过浮式储存卸载船（FSO）及穿梭油轮实施，这两种船的设计、建造，我国均有丰富经验。 水下生产系统可以先从采用水下井口及采油树开始，待我国研制成功水下分离水装置后，即可采用它直接在海底注水，从而提高注水经济效益。

2．深水气田开发模式

（1）近期。当气田距离陆地较近时建议采用半潜式钻井平台＋水下井口及采油树＋海管＋处理加压平台＋海底管道模式。因为，当气田距陆地较近时，海底管道输油较船运经济；而且，我国已拥有先进的海底管道施工装备，并已积累了作业经验。近海的浅水区建造固定平台容易，处理和加压平台的设计、建造我国均有成熟经验。水下井口及采油树应用于这种模式较干式有利。如前所述，我国南海深水区已有过应用这种模式的先例，推广容易。

当深水气田距离陆地较远时建议采用半潜式钻井平台＋水下生产系统＋浮式生产储存卸载船＋CNG运输船模式。由于气田距陆地较远时，长距离海底管道施工困难，成本高；而直接采用CNG船运输，经济效益更高。

CNG运输船可用普通运输船改装，建造周期短，易于近期投产。船上用的装压缩天然气的容器易于制造，我国在化工设备领域具有制造高压容器的丰富经验和手段。

我国已有半潜式钻井平台，可应用它钻生产井，不必再建造任何形式的浮式生产平台，从而加快气田开发的进度。

水下生产系统与FPSO配合使用，我国南海已有成功应用经验，且均能在较短时间建成。有了系泊的FPSO，即可卸载至CNG运输船上，将气运走。

（2）远期。对于离岸中短距离和低储量气田，建议采用半潜式钻井平台＋水下生产系统＋FPSO＋CNG运输船的模式。因为低储量气田采用海底管道输气，服役期短时经济效益差。使用船舶运气，装备可重复利用，经济效益高，且可改装，建造周期短。因此，离岸中短距离（1 500km左右）时，采用FCNG模式比FLNG和管道运输模式都经济。而且，FLNG的研发及建造周期均

较 FCNG 长，故 FLNG 对离岸中短距离和低储量的气田不适用。

对于离岸距离长的气田，建议采用半潜式钻井平台 + 水下生产系统 + FLNG + LNG 运输船的模式。因为离岸距离长时，海底管道施工困难，成本高，工期长，经济效益差；但离岸距离超过 2 000km 时，采用 FLNG 较 FCNG 经济效益高；而FLNG与相同规模的岸上液化天然气工厂相比，投资约可减少 20%，建设工期也可减少约 25%，且在天然气的液化过程中，其体积骤缩 600 倍，从而有利于对天然气的储存，提高 LNG 运输船的运输能力。因此，从远期来看，我国应尽早准备，自主设计、建造 FLNG，为我国进一步开发远距广东海岸已达 3 000km 以上的南沙群岛大气田打基础。

［撰稿人：中国石油大学（北京）方华灿］

往复泵在石油工业中的使用现状及发展动向

往复泵在石油工业应用广泛，主要有钻井泵、压裂泵、洗井泵、注水泵、输油泵、抽油泵等。下面介绍往复泵在石油工业中的使用现状及发展动向。文中涉及长庆油田的数据截至 2014 年年底。

一、石油工业用往复泵的种类

往复泵在石油工业中主要应用在石油工程技术服务领域和油田公司，现分别介绍如下：

1. 石油工程技术服务领域

在石油工程技术服务领域中，往复泵主要在钻探公司、油服公司及各类民营石油技术服务公司中作为移动设备使用。

（1）钻井泵。钻井泵用于钻井时循环泥浆。每个钻井队配 2 ～ 3 台钻井泵。单泵功率 500 ～ 3 000hp（1hp=0.745kW，下同），最大排量 274m^3/h，最大压力 52MPa。目前，全国约有 3 000 多个钻井队，由此可估算，全国在用的钻井泵有 6 000 ～ 9 000 台。

（2）压裂泵。压裂泵安装在压裂车上，用于地层压裂施工，输送介质常含砂粒。目前，压裂泵最大功率 3 000hp；因需要采用压裂泵压开地层，故施工压力较高，最高压力可达 140MPa；最大排量 177m^3/h。通常情况下：每台压裂车装载 1 ～ 2 台压裂泵，5 ～ 10 台压裂车为 1 个车组。

（3）其他车载泵。其他车载泵用于固井水泥车、水井洗井车、油井洗井清蜡车等，有的从汽车变速器的分动器取力，也有的从工作台上另置的发动机取力。

（4）供水泵。每个钻井队一般都配备 1 ～ 2 台供水泵，排量 60m^3/h 左右，压力 6MPa 左右。

2. 油田公司

在油田公司中往复泵都是作为固定设备使用的。主要包括以下几种泵：

（1）注水泵。长庆油田约有 1 750 台注水泵，全部是往复柱塞泵。

（2）输油泵。长庆油田约有 3 730 台输油泵，其中约 200 台是往复柱塞泵。

（3）注醇泵。长庆油田约有 1 200 台注醇泵，均为隔膜计量泵，结构形式都是往复柱塞泵。

（4）抽油泵。长庆油田约有 50 000 台抽油泵，其中绝大多数是往复泵。

（5）其他泵。在天然气脱水工艺中，甘醇泵用于驱动甘醇循环再生。长庆油田约有 150 台甘醇泵，全部是往复泵；在室内岩芯实验中，驱替泵用于将介质压过岩芯。长庆油田约有 20 台驱替泵，全部是往复泵；计量泵用于加注各种药剂。长庆有近千台计量泵，全是往复泵。

二、石油工业用往复泵的性能特点

（1）钻井泵。特点是功率大、排量大、冲次低，冲次约 150 次 /min。

（2）压裂泵。特点是冲次高、压力高、排量低，冲次约 300 次 /min。

（3）其他车载泵。用于固井水泥车的往复泵特点是压力高（最高可达 97MPa）、功率大（最高可达 950hp）；用于水井洗井车的往复泵特点是压力高，一般在 20 MPa 以上，要高于井口压力，以便实现带压洗井。其排量约 30 m^3/h、单泵功率多在 150kW 左右；用于油井洗井清蜡车的往复泵特点是压力高，最高可达 40MPa，可当水泥车用。其最大排量约 83 m^3/h、单泵功率多在 150kW 左右。

（4）油田注水泵。油田注水泵排量≤ 69 m^3/h，冲次≤ 300 次 /min, 压力≥ 20MPa，最大功率 560kW。输送介质有清水和污水。

（5）油田输油泵。该泵排量≤ 180 m^3/h、冲次≤ 300次/min、压力≥ 10MPa、最大功率 315kW。

（6）气田注醇泵。气田注醇泵要求无泄漏，性能参数为：排量≤ 32L/h，冲次 100 次 /min，压力 32 MPa，功率 1kW。目前，气田注醇泵全部采用隔膜计量泵。

（7）抽油泵。抽油泵是一种无动力端的单缸往复柱塞泵。泵径 28 ～ 70mm，冲程 0.6 ～ 6m。

（8）甘醇泵。甘醇泵以天然气为动力源，工作原理类似蒸汽泵。最大排量≤ 1.7 m^3/h、冲次≤ 300 次 /min、最大压力 10 MPa。

（9）驱替泵。驱替泵要求排量可调，并对压力、流量的计量精度要求高。该泵一般排量极小（0.001 ～ 50mL/min）、压力很高（约 70MPa），单泵功率不到 100W。

（10）计量泵。计量泵要求排量小、行程可调。

三、石油工业用往复泵的发展趋势

由于油气的开采难度越来越大，如油气井深度不断加深、致密油气藏的开发、页岩气的开发、地形复杂地区油气藏的开发等，再加上降低成本等因素对油气开采设备提出了越来越高的要求，往复泵为适应这种要求也在不断发展变化。

1. 向五缸泵发展

由于五缸泵与三缸泵相比具有振动小、同功率下体积小、不提高冲次可提高排量等优点，近 10 年来其在石油工业获得推广，在钻井泵、压裂泵、注水泵上都有应用，并呈扩大趋势。例如：宝鸡石油机械有限责任公司生产的 3000 型泥浆泵、中石化石油工程机械有限公司第四机械厂生产的 3000 型压裂泵、宁波合力机泵有限公司生产的功率 1 250kW 注水泵采用的都是五缸泵。

2. 向大功率发展

由于钻探深井、开发致密油气等需要，石油工业用往复泵近年来向大功率方向显著发展。功率 3 000hp 的钻井泵、功率 6 000hp 的压裂泵都已经开发成功并用于生产。

宝鸡石油机械有限责任公司生产的 QDP-3000 钻井泵技术参数：额定输入功率 2 237 kW，冲程 300mm，额定冲速 117r/min，最大缸套直径 180mm，缸数 5，最高工作压力 51.9MPa。烟台杰瑞石油装备有限公司生产的阿波罗涡轮压裂车，最大输出功率达 4 500hp，总重仅 37.1t，总长 10.5m。泵最大压力 140MPa，最大流量 2.71m^3/min。四川宏华石油设备有限公司生产的 6 000hp 压裂泵是目前世界上压裂领域中功率最大的五缸柱塞泵，最大输入功率可达 6 000hp。重量约 28t（含电动机）。

另外，还有国内厂家正在开发功率 10 000hp 的压裂泵。

长庆油田在用的注水泵全是往复柱塞泵，功率最大的泵是 5200QS － 69/25 型柱塞泵，为 560kW。由于往复泵比离心泵效率高，用往复泵替代离心泵可获得很好的经济效益，大庆油田、塔里木油田等有许多功率 2 000kW 以上的离心注水泵，应该逐渐用往复泵替代。

宝鸡航天动力泵业有限公司生产的 800 kW 注水泵已在大庆油田使用，山东金鹏石化设备有限公司生产的功率 1 400 kW、流量 270m^3/h、压力 16MPa 的对置式注水泵已在胜利油田东辛采油厂投入使用。

3. 移动使用的往复泵向轻便化发展

石油工业中移动使用的往复泵对轻便性有强烈的要求。体积小、重量轻的泵便于运输，便于改装到车上。宝鸡石油机械有限责任公司以前生产的功率800hp的三缸泥浆泵重量为14.5t，而经过轻量化改进后重量则为11.5t。宝鸡石油机械有限责任公司生产的功率3 000hp的五缸泵含底座、排出五通、空气包等，总重41t，虽比该厂生产的功率2 200hp的三缸泵还轻2t，但运输仍非常困难。四川宏华石油设备有限公司生产的五缸泵为减轻重量则已省去了空气包。

对四川宏华石油设备有限公司生产的产品进行比较得知：在相同功率下，五缸钻井泵比三缸钻井泵排量提升33%，重量减轻50%，缸套寿命延长5倍。

4. 曲轴向全支承发展

目前在用往复泵的曲轴，三缸泵多是二支承，五缸泵多是三支承或四支承，如F系列和3NB系列钻井泵、3ZB和5ZB系列注水泵。按API 674∶1995和ISO13710∶2004规定，五缸泵至少三支承，七缸及以上泵至少四支承。这个规定是较低的，根据泵的实际使用情况，应当提倡三缸泵四支承、五缸泵六支承、七缸泵八支承，即实现全支承。这样做的好处是改善了曲轴的受力情况，在不改变曲轴箱外形的条件下，可增大柱塞推力，增大柱塞直径，提高排量；反过来说，在相同排量下，采用全支承结构比部分支承结构，可缩小曲轴箱尺寸，相当于降低了制造成本，虽然增加了轴承数量，但总体上仍是可取的。由于车载泵和海洋平台泵都对泵的尺寸有严格限制，因而采用全支承就很有意义。由于曲轴孔和各十字头孔是在镗床上一次装夹成形的，加工精度可以满足要求，因此，曲轴实现全支承在技术上没有难度。

近年来，已有许多曲轴全支承泵投入使用，如宝鸡石油机械有限责任公司的3000型泥浆泵、宁波合力机泵有限公司生产的1 250kW注水泵都是五缸泵六支承，德国海瑞克公司生产的BT80/120型泥浆泵就是三缸四支承。

5. 往复泵用途向多样化发展

由于往复泵的效率大大高于离心泵，往复泵的排量受压力影响又比离心泵小，因而往复泵很适合用于输油。往复泵与离心泵比较如下：

（1）效益对比。与多级离心泵相比，往复泵的效率高、维修简单、运行效益好。相同参数的往复泵与离心泵相比，往复泵的电动机功率、实际耗电量都小很多，可使用户收到很好的效益。往复泵与离心泵的性能对比见表1。

表1　往复泵与离心泵的性能对比

泵种类 性能参数	YD150-50×12型 离心泵	5DY-150/6.3型 往复泵
额定流量（m^3/h）	150.0	150.0
额定压力（MPa）	0.6	6.3
额定效率（%）	74.0	—
轴功率（kW）	331.5	-
电动机功率(kW)	400.0	315.0
外形尺寸(mm)	4 648×830×1 050	3 500×1 900×1 800

通过上表可知，即使以额定状态时的往复泵电动机功率与离心泵的轴功率进行比较，按电费单价0.62元/kW·h、运行1年计算，往复泵也可节约电费近9万元。而这种往复泵比同参数节段式离心泵的价格高不到10万元，运行1年多时间就可收回高出的价差。若以往复泵与中开式离心泵相比，中开式离心泵的泵组价格反而要比往复泵组高出许多，因而用往复泵效益更好。因此，当输油量增大需换大泵时，换往复泵较为有利。因为相同输油量下的往复泵配备的电动机功率较小，而且有可能不用更换配电系统。

（2）性能对比。由于往复泵比离心泵的输出特性硬，即输出排量随输出压力的变化小，因此，当管线由于结垢、结蜡等原因造成阻力增大时，往复泵比离心泵输出的液量更大。这对输油工艺特别有利，可保证每日的输油量，避免憋罐、关井。而当管线由于结垢、结蜡等原因造成阻力增大时，离心泵输出液量大大减少，从而使生产调度的余地变小。

2006年，中国石油在苏丹输油管线上采用了宝鸡石油机械有限责任公司生产的 7 台泥浆泵输油，创造了往复泵输油的最高纪录。

6. 往复泵创新力度不断加大

（1）三一重能公司设计的 2500 型全压裂泵很有新意。该泵配备了 6 台发动机（工作台上 5 台，汽车底盘 1 台），每个发动机驱动 2 台油泵，经过阀组控制油缸，再通过油缸驱动液缸实现泵送。目前已制造出样机，尚未投入工业试验。这是很超前的设备，颠覆了传统的往复泵设计理念。

（2）往复式油气混输泵。宁波合力机泵有限公司生产的三活塞双作用油气混输泵，采用立式组合阀、曲轴四支承、抗气阻稳压器等结构。现已有 6 台投入使用。相比其他形式的混输泵，该泵具有压比高、易维修、携气能力大等特点。

（3）对置式注水泵。山东金鹏石化设备有限公司开发了对置式注水泵。该泵相比于同冲程、同缸径的 2 台三缸泵，少用 1 根曲轴，节省了占地面积；相比于同压力、同排量的 1 台五缸泵，则占地面积大、重量大、价格高。对置式注水泵与五缸泵的性能对比见表 2。

表 2　对置式注水泵与五缸泵的性能对比

型式	型号	冲程 (mm)	冲速 (次 /min)	缸径 （mm）	电动机功率 （kW）	外形尺寸 (m)	重量 （t）
对置式注水泵	3DW180-50/20	155	285	60	315	5.6×2.57×1.8	15.0
五缸泵	5ZB49.7/17.8	180	260	70	315	3.9×2.63×1.58	8.9

（4）隔膜注水泵。隔膜泵过去主要用作计量泵，现已尝试作为注水泵使用，并取得了很好的效果，大大延长了柱塞、盘根的寿命，具有推广前景。

四、用户对往复泵的要求

1．延长易损件使用寿命

目前，在用的往复泵易损件寿命短、消耗大，给用户造成很大的负担。长庆油田平均每台注水泵年维修费为 4.2 万元，维修费用率为 20%。在用的压裂泵在压力大于 90MPa 时，工作 200 ～ 500h 就会发生阀箱开裂，凡尔胶皮大致 8 ～ 10h 就需更换。用户迫切需要延长易损件的使用寿命。

2．减小振动

目前，空气包或稳压球的容积配置没有明确的理论标准，都是按经验配置，在实际使用中不能随工况调整，弱化了减振效果。应该研究、确定空气包容积配置的理论标准，并可根据实际工况方便地调整充气压力，从而有效地消除振动。

3．开发国产甘醇泵、驱替泵

目前，我国油气开采作业中使用的甘醇泵、驱替泵以进口产品为主。虽然这两类泵的用量小、单价低，但利润率却很高，因此，应尽快开发国产的甘醇泵、驱替泵以替代进口产品。

蒸汽往复泵与甘醇泵的原理相同，都是以一种流体驱动大活塞，大活塞带动小活塞，小活塞再驱动另一种流体的方式工作。不同之处：蒸汽往复泵的动力缸与输送缸是分开的，而甘醇泵的动力缸与输送缸是一体的，由此可见，甘醇泵的结构更紧凑一些。另外，蒸汽往复泵的动力流体是气体，被输送流体是液体，而甘醇泵的动力流体和被输送流体都是液体，并且是同一种液体，即甘醇，只是动力流体是吸水后含气的富甘醇，被输送流体是无水无气的贫甘醇。因此，只要根据甘醇的使用条件，对蒸汽往复泵的结构进行调整，蒸汽往复泵就可以做甘醇泵使用。

例如：在油气开采施工现场中脱水橇上使用的甘醇循环泵都是美国某公司生产的，其中有一款 45015 型泵，技术性能力排量 1 703L/h、压力 10.3MPa、水功率 5kW，价格约 8 万元，而相同规格的国产蒸汽往复泵价格仅约 3 万元。进口驱替泵的价格也很高，输入功率为 175W 的进口驱替泵价格约 10 万元。

4．十字头孔应有可更换的滑板或缸套

按照 API 674：1995 和 ISO 13710：2004 规定，单缸功率超过 75kW 时，十字头孔才配可更换的衬套或导板。就是说，功率≥ 225kW 的三缸泵和功率≥ 375kW 的五缸泵的十字头孔才配衬套或导板。目前来看，这个规定的功率值过高。十字头孔的衬套或导板对于用户有很重要的实际意义。目前往复泵的机身材料多是灰铁，十字头材料多是球铁或铸钢，十字头材料硬度高于机身材料硬度，易受磨损的是机身。测试了 3 台泵，发现十字头孔竖立方向的磨损都是大于水平方向的磨损，最大磨损有 0.75mm，这说明十字头虽有润滑，但仍有下沉情况。由于十字头孔下部的磨损，导致十字头下沉，造成中间杆、柱塞与盘根孔不同心，致使柱塞、盘根易损坏。由于机身无可更换的部件，一旦机身磨损，现场毫无办法修理。即使返厂修理，也需重新镗孔，费用很高。因此建议，往复泵十字头孔尽量全部配可更换的衬套或导板，至少单缸功率超过 25kW 时，必须配可更换的衬套或导板，这样可给现场维修带来便利。

〔撰稿人：长庆油田公司设备管理处李宁会〕

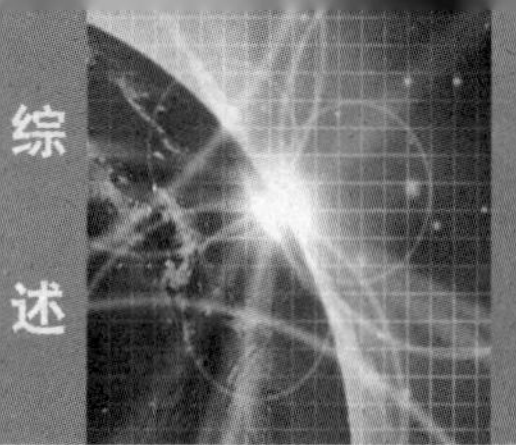

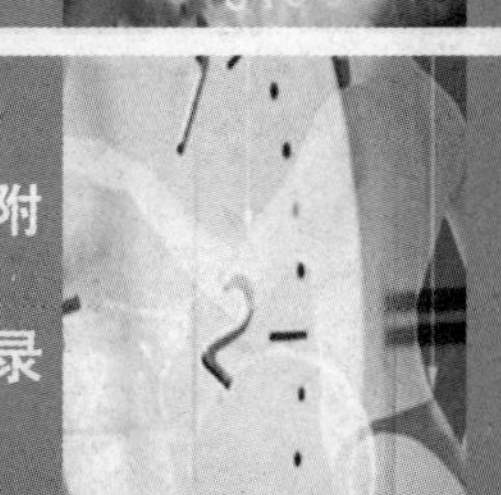

企业概况

介绍2015年度中国石油石化装备制造业50强企业和名牌产品；介绍部分企业的经营理念和成功经验，为管理者成功决策助力；介绍我国石油石化设备行业主要企业联系方式

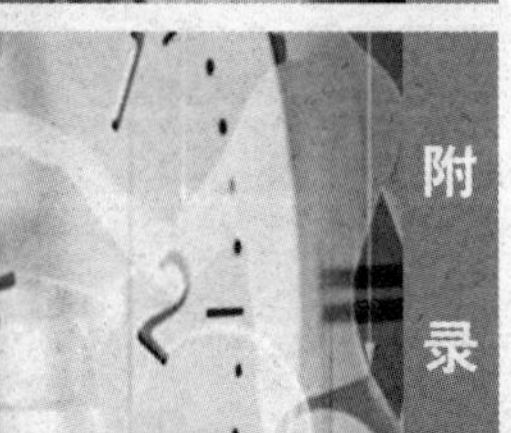

企业概况

2015年度中国石油石化装备制造业50强企业

序号	企业名称	序号	企业名称
1	烟台杰瑞石油服务集团股份有限公司	24	山东陆海石油技术股份有限公司
2	山东科瑞石油装备有限公司	25	宁波鲍斯能源装备股份有限公司
3	海洋石油工程股份有限公司	26	天津立林机械集团有限公司
4	宝鸡石油机械有限责任公司	27	德州联合石油机械有限公司
5	四川宏华石油设备有限公司	28	盐城特达钻采设备有限公司
6	兰州兰石集团有限公司	29	通化石油化工机械制造有限责任公司
7	中石化石油工程机械有限公司第四机械厂	30	中原特钢股份有限公司
8	中国石油集团渤海石油装备制造有限公司	31	河北华北石油荣盛机械制造有限公司
9	南阳二机石油装备（集团）有限公司	32	沧州市鑫宜达钢管集团股份有限公司
10	甘肃篮科石化高新装备股份有限公司	33	北京石油机械厂
11	贵州高峰石油机械股份有限公司	34	无锡宝露重工有限公司
12	大连金州重型机器集团有限公司	35	内蒙古一机集团人地石油机械有限责任公司
13	胜利油田高原石油装备有限责任公司	36	泰兴石油机械有限公司
14	哈尔滨空调股份有限公司	37	江苏新象股份有限公司
15	海城市石油机械制造有限公司	38	中石化石油工程机械有限公司沙市钢管厂
16	江苏双鑫石油机械有限公司	39	四川大川压缩机有限责任公司
17	江苏金石机械集团有限公司	40	山东三田临朐石油机械有限公司
18	胜利油田孚瑞特石油装备有限责任公司	41	江苏如石机械有限公司
19	中核苏阀科技实业股份有限公司	42	黑龙江北方双佳钻采机具有限责任公司
20	上海神开石油化工装备股份有限公司	43	兰州通用机器制造有限公司
21	江苏如通石油机械股份有限公司	44	中原总机石油设备有限公司
22	中船重工中南装备有限责任公司	45	盐城特达专用管件有限公司
23	江苏三益石油装备有限公司	46	中原特种车辆有限公司

2015年度中国石油石化装备制造业名牌产品

序号	参评企业名称	参评产品名称
一、石油专用设备（16家33个产品）		
1	中船重工中南装备有限责任公司	三峡牌/抽油泵*
2	中原特种车辆有限公司	中油/车载钻机及修井机* 中油/洗井清蜡设备* 中油/钻机整体移动系统▲

（续）

序号	参评企业名称	参评产品名称
3	通化石油化工机械制造有限责任公司	通石牌 / 石油修井机 ▲
		通石牌 / 前后置式采油车 ▲
		通石牌 / 洗井液处理车 ▲
		通石牌 / 冲砂液处理车 ▲
4	北京石油机械厂	北石 / 顶部驱动钻井装置 *
		北石 / 单螺杆抽油泵
5	兰州通用机器制造有限公司	兰通 / 固井水泥车 *
		兰通 / 压裂车机组 *
		兰通 / 洗井清腊车 *
6	胜利油田高原石油装备有限责任公司	高原 / 石油钻机 ▲
		高原 / 抽油杆
7	中原总机石油设备有限公司	中原总机 /ZYZJ / 轮式通井作业机 ▲
		中原总机 /ZYZJ / 抽油机 ▲
8	上海神开石油化工装备股份有限公司	神开 / 综合录井仪 ▲
		神开 / 钻井仪表 ▲
		神开 / 立式钻井管汇
9	烟台杰瑞石油服务集团股份有限公司	杰瑞 / 固井成套设备 ▲
10	山东三田临朐石油机械有限公司	巨牌 / 修井机
		巨牌 / 防喷作业机
11	兰州兰石集团有限公司	兰石牌 / 石油钻机及部件 ▲
12	河北华北石油荣盛机械制造有限公司	HBRS / 带压作业装置 ▲
		HRSB / 泥浆泵 ▲
13	内蒙古一机集团大地石油机械有限责任公司	大地 / 抽油杆及其接箍 ▲
14	中石油渤海石油装备中成装备制造分公司	渤海卡瑞特 / 压裂车 ▲
		渤海中成 / 固控系统 ▲
		渤海中成 / 野营房 ▲
15	渤海石油装备（天津）新世纪机械制造有限公司	渤海中成 / 抽油机 ▲
		渤海中成 / 空心抽油杆 ▲
16	山东科瑞石油装备有限公司	科瑞牌 / ZJ50- 石油钻机
二、石油化工设备（7 家 11 个产品）		
1	兰州兰石集团有限公司	兰石牌 / 重型板焊式压力容器 ▲
2	大连金州重型机器有限公司	金重牌 / 系列甲醇洗涤塔 ▲
		金重牌 / 系列高压冷凝器 ▲
		金重牌 / 系列高压洗涤器 ▲
3	四川大川压缩机有限责任公司	川压牌 / 氮氢气压缩机 *
		川压牌 / 空气天然气联合压缩机 *
4	哈尔滨空调股份有限公司	四季牌 / 空气冷却器 *
5	中核苏阀科技实业股份有限公司	SUFA / 球阀
6	宁波鲍斯能源装备股份有限公司	BSC / 煤层气螺杆压缩机 ▲
		BSC / 石油气螺杆压缩机 ▲
7	渤海装备兰州石油化工机械厂	渤海飞雁 / 冷壁单、双动滑阀
三、石油井口设备和钻采专用工具 （18 家 33 个产品）		
1	中原特钢股份有限公司	探源 / 钻铤 *
		探源 / 无磁钻铤 *
		探源 / 整体加重钻杆 *

（续）

序号	参评企业名称	参评产品名称
2	江苏金石机械集团有限公司	JMP／井口设备及采油树▲
3	江苏如石机械有限公司	如石／ZQ钻杆动力钳▲
		如石／TQ套管动力钳▲
		如石／XSL旋扣水龙头▲
4	河北华北石油荣盛机械制造有限公司	HBRS／钻井用防喷器▲
		HRSB／作业用防喷器▲
5	贵州高峰石油机械股份有限公司	高峰牌／螺旋稳定器
		高峰牌／三滚轮划眼器
		高峰牌／可退式打捞筒
		高峰牌／双向液压钻柱减震器
		高峰牌／地面下击器
6	江苏如通石油机械股份有限公司	如通牌／吊环系列▲
		如通牌／SE吊卡及卡盘系列▲
7	盐城市特达专用管件有限公司	恒升／石油钻杆接头▲
8	天津立林机械集团有限公司	LILIN／牙轮钻头*
		LILIN／螺杆钻具*
9	海城市石油机械制造有限公司	跃虎／液压油管钳▲
10	泰兴石油机械有限公司	泰字牌／吊卡*
		泰字牌／吊环*
11	盐城特达钻采设备有限公司	特达／液压动力钳*
12	黑龙江北方双佳钻采机具有限责任公司	双佳／顶驱旋塞阀
		双佳／随钻震击器
		双佳／钻具稳定器
13	贵州凯星液力传动机械有限公司	凯星牌／液力变速器▲
14	北京石油机械厂	北石／螺杆钻具▲
		北石／地面防喷器控制装置*
15	上海神开石油化工装备股份有限公司	神开／防喷器及地面防喷器控制装置▲
16	山东三田临朐石油机械有限公司	巨牌／动力钳
17	山东陆海石油技术股份有限公司	LH／螺杆钻具▲
18	渤海装备辽河热采机械公司	渤海中成／热采井口装置
四、石油专用管材、输送管（8家9个产品）		
1	渤海装备辽河热采机械公司	渤海中成／预应力隔热油管
2	中石油渤海石油装备制造有限公司管件分公司	渤海巨龙／中频感应热煨弯管▲
3	渤海石油装备（天津）新世纪机械制造有限公司	渤海中成／油套管▲
4	中石化石油工程机械有限公司沙市钢管厂	沙管／输送用焊接钢管*
5	沧州市鑫宜达钢管集团股份有限公司	SYNDA／螺旋埋弧焊管▲
6	郑州万达重工股份有限公司	益工／钢制弯管▲
		益工／双金属复合三通
7	胜利油田高原石油装备有限责任公司	高原／高压玻璃纤维管线管▲
8	内蒙古一机集团大地石油机械有限责任公司	大地／石油专用管（油套管）▲

说明：▲为证书到期重新参评产品，*为复评产品。

企 业 介 绍

站在新起点　实施新举措　努力把兰石打造成装备制造行业龙头企业

一、企业概况

兰州兰石集团有限公司（简称兰石集团）始建于 1953 年，是由国家“一五”期间 156 个重点建设项目中的两项——兰州石油机械厂和兰州炼油化工设备厂合并而成，是我国建厂时间最早的唯一一家集石油钻采、炼化、热加工、换热、新能源和通用机械高端能源装备研发设计制造为一体的大型企业集团。兰石集团建厂 60 多年来，几代兰石人秉承装备中国能源行业、振兴装备制造业的使命，取得了一系列令人瞩目的成就，被誉为“甘肃工业基石”“中国石化机械摇篮和脊梁”“装备中国功勋企业”。

截至 2014 年 12 月 31 日，兰石集团拥有兰州新区、青岛、新疆三大生产制造基地，占地面积 400 万 m^2（6 000 余亩），在册职工约 8 000 人。业务主要涉及装备制造、房地产和现代服务三大产业，产品广泛应用于石油、化工、冶金、汽车、铁路、航空航天、军工、核电、新能源等多个领域，产品远销美国、意大利、俄罗斯等几十个国家和地区。兰石集团拥有兰州兰石石油装备工程有限公司、兰州兰石房地产开发有限公司、兰州兰石铸锻有限责任公司、兰州兰石能源装备国际工程有限公司、兰州兰石能源装备工程研究院有限公司等 6 家全资子公司；拥有兰州兰石重型装备股份有限公司 1 家控股上市子公司，持股额占比为 57.7%。

2014 年兰石集团累计实现总产值 63.1 亿元，实现营业收入 65.12 亿元，实现利润 5.56 亿元，国际贸易总额突破 6.4 亿元，完成产品技术创新投入 2 亿元。2014 年兰石集团营业收入实现新的跨越，增速位居甘肃省工业企业第一，被誉为甘肃省国企改革发展、转型升级的标杆，被《中国机电工业杂志》授予“装备中国创新企业榜样奖”。

二、兰石集团在改革创新方面的主要做法

兰石集团始终坚持管理和技术创新驱动，尤其在 2013 年新一届领导班子上任后，在企业战略引导、改革发展理念、转变发展方式、内部改革改制、搭建技术创新平台等方面进行了诸多尝试，成功探索出了一条适应兰石集团自身发展需要的改革创新之路。

1. 快速实施股权回购，为兰石集团出城入园扫清障碍

过去由于历史原因，兰石集团下属分公司、子公司众多，股权分散，内部形成了产权多元化、利益分散的格局，兰石集团管控能力弱，各种利益诉求给企业整体搬迁兰州新区带来体制障碍，为快速实现兰石集团整体搬迁，兰石集团下决心投资 6.16 亿元回购了 6 家公司以及 329 名个人股权和资产，将原来 33 家多级子公司合并为 16 家两级子公司，注销了 15 家法人单位；同时启动了品牌清理工作，依法依规清退了 46 家擅用兰石品牌的公司。通过以上举措，仅用几个月时间，将兰石集团下属子公司全部变更为兰石集团 100% 控股的单位，彻底扫清了制约企业出城入园的体制障碍，使得兰石集团整体搬迁工作得以快速实施，同时也保护了兰石品牌的商誉。

2. 项目建设创造新辉煌，实现甘肃新速度

兰石集团积极响应中央西部大开发战略及打造第五个国家级新区的号召，利用整体搬迁的契机，出色完成了出城入园项目建设，从 2013 年 6 月开工，仅用 16 个月就完成了兰州新区的基础建设，形成了“三区六板块两中心”，三区即能源装备产业区、农用装备产业区、配套住宅商业区；六板块为炼化装备、钻采装备、热加工和新材料、换热设备、通用机械及农用装备板块；两中心为研发测试中心和行政中心。共完成重型工业厂房及公用设施建设 95 万 m^2、配套住宅及商业区建设 63 万 m^2，建成水、电、气、暖、通信管线 123km。整体工程建设速度之快、规模之大、配套之全令人震撼，充分体现了甘肃工业建设新速度。

3. 抓住难得历史机遇，一次性完成企业装备升级改造

兰石集团利用老区拆迁、新区建设的历史机遇，一次性实现了装备的升级改造。此次兰石新区高端装备产业园建设，共购置大型高端设备 3000 余台（套），自主研发生产核心设备 58 台（套），所有设备水平达到国内国际先进水平，检测设备全部引进世界一流设备。通过此次升级改造，一个全新的、装备水平一流的、配套齐全的兰石高端装备制造产业园呈现在世人面前。在完成兰州新区装备建设的同期，兰石青岛西海岸新区特大型能源装备制造基地项目也同步推进，在一期项目基础上，一些填平补齐的重点设备投入使用，二期核电项目前期工作全面完成；与此同时，兰石新疆煤化工装备制造基地开工建设，主体厂房已竣工，新疆甘泉堡移动工厂承制的兰石集团建厂以来直径最大、单台 2 100t 超大型费托合成反应器顺利吊装到位。

4. 利用开发建设契机，快速实现企业转型升级

兰石集团充分利用老区比邻兰州西客站的区位优势，在完成传统装备制造升级的同时，快速实现企业转型升级，进军房地产和现代服务业，老区面积 93.3 万 m^2（1 400 亩）的土地已完成土地变性，周边土地预熟化已获政府批复，开发规划已通过政府专家会、规委会评审；通过收购兰驼集团，获得多块土地使用权，相关土地开发手续审批已基本完成，为集团开展房地产业务奠定良好基础；成立了物业公司、酒店餐饮公司、现代职业技术学院、商业运营公司等机构，已开展相应业务。通过以上措施，兰石集团已形成了以装备制造为主，房地产、现代服务业两翼齐飞的产业新格局。

5. 抢抓“一带一路”历史机遇，全面布局国际化经营

兰石集团为开展国际化经营工作，充分抢抓国家“一带一路”建设的历史性机遇，积极响应“走出去”战略布局，首先将过去分散在下属单位的外贸经营业务集中，汇集人才资源，加强国际营销体系建设，成立了兰石国际工程公司。按照国家“一带一路”战略，绘制兰石集团国际贸易发展路径，从战略角度进行全面布局。完成了美国美贸公司的增资扩股，使其成为兰石集团的全资子公司，新组建兰石俄罗斯公司、兰石土库曼斯坦公司、兰石阿联酋公司，加快兰石集团国际销售网点建设工作，同时与国内开展出口业务的大公司合作，力争纳入出口合格供应商范围，不断增强和扩大兰石系列产品在国外的销售、维修、服务能力和辐射范围，使兰石产品更具国际竞争力，使兰石集团快速走向世界。近两年，兰石的钻机、抽油机、炼化等产品在西亚、南北美国家的出口业务实现了新突破。

6. 拉长拓宽装备制造产业链，努力实现提质增效

兰石集团紧紧围绕我国能源生产和消费革命的装备需求，抢抓“一带一路”开发建设和国家鼓励装备制造“走出去”的战略契机，以兰州新区快速发展和兰石新园区全面投产为平台，全面研究大能源、化工、军工、航空航天、生物医药、农用机械等产业的新技术，积极拓展新能源、页岩气、海工项目、煤化工、高端农业机械等装备制造业务，精准发展兰石集团的优势装备制造产业，重点瞄准高端石化装备及核电产品，力争在智能制造、工程项目、EPC 总包及工程服务上实

现新突破，快速拉长拓宽兰石集团的装备制造产品链，推动主业优质高效、跨越式发展。

7. 完善三项制度改革，激发企业的内生动力和活力

为有效激发老国有企业的内生动力和活力，近两年，兰石集团快速实施了劳动、人事、分配三项制度改革。新班子上任后，首先按照业务流程和机构扁平化的要求，对兰石集团两级组织机构进行了调整；聘请专业机构按照符合国际化、市场化人力资源配置的要求，重新设计了薪酬体系，建立了全方位、多层次的人力资源职业生涯通道体系；在全集团实施激励机制改革，建立领导、部门、单位、员工四位一体的绩效考核体系，坚持做到有岗位就有职责，有职责就有指标，有指标就有考核，有考核才有分配，有分配必有奖惩，把绩效考核工作做到横向到边、纵向到底、不留死角。清理在编不在岗人员及挂靠社保人员，杜绝了养闲人、懒人、关系人的现象。这些措施搭建了各类人才干事创业的平台，增强了企业对各类人才的凝聚力和吸引力。

8. 突出技术创新驱动，全新构建研发体系

为突出技术创新驱动，拓展产品开发领域，向高端装备、高端技术方向发展，兰石改变了过去技术力量分散情况，新成立了兰石集团装备工程研究院，并组建了西安、青岛、上海三个分院，研究院下设石油钻采、能源化工、热交换、通用装备技术、热加工及新材料、信息与自动化控制、农用装备机械等 13 个技术研发中心。同时，强化创新驱动发展的体制机制建设，加大科技投入、人才引进力度，形成了完善的技术创新体系，为加速推进创新驱动提供了体制机制保障，激发了技术创新驱动的活力。先后完成了具有国际先进水平的“8 000m 直流电驱动超深井钻机”“F1600H 高压泥浆泵”“大直径螺纹锁紧环式换热器”、国内首台“300MN 多缸薄片成形液压机”、甘肃省重大科技专项“20 万 t/a 超大型薄壁丁二醇反应器”等 56 项技术创新项目，获得甘肃省优秀新产品 1 项、甘肃省科技进步奖 1 项。累计申报专利 56 件，累计完成 48 项企业标准，主持起草 3 项国家和行业标准，参与 4 项国家标准制修订，发表论文 80 余篇，参加国内外会议 60 余次，兰石集团国家级企业技术中心国家评价突破 80 分，获得历史最好成绩。

9. 积极推动两化深度融合，全力打造数字兰石

2014 年，兰石集团利用兰州新区出城入园装备升级改造的契机，全力打造智能化园区，投入 1.2 亿元在企业同步实施了 PLM 与数字化工厂、ERP 项目，建立了覆盖全集团、全业务的“一体化”信息平台，以“打造数字兰石、助力跨越发展”为目标，努力将兰石集团建成智能化、工程化、国际化的能源装备研发制造百年龙头企业。信息化项目邀请国际国内顶尖的德勤、甲骨文公司、CAXA 公司为实施商，已建立涵盖集团人财务、产供销 ERP 系统（企业资源计划系统）、PLM（产品生命周期管理系统）、MES（制造企业生产过程执行管理系统）、DNC（分布式数控机床联网系统）、OA（自动化办公系统）、实验室项目等系统，实现了企业全过程、全层次、全方位信息化应用覆盖以及整体集成、高效协同，使信息化应用全面融入企业的经营管理活动，提升企业信息化的建设、应用和管理水平，利用后发优势，实现弯道超车，达到国际先进水平，为企业实现智能制造、进入工业 4.0 时代奠定坚实的基础。

在实施以上改革创新举措的同时，兰石集团作为共和国长子，以保障国家能源战略安全为己任，响应国家“一带一路”的发展战略，按照甘肃省委“3341”项目建设工程要求，提出了兰石集团“1333”发展战略，即围绕把兰石集团打造成“国内领先、国际一流”的百年行业龙头企业集团这一宏伟目标；依托高端装备研发制造、房地产和现代服务三大产业；建设兰州、新疆、青岛三大基地；奋斗八年，实现营业收入翻三番，到 2020 年超过 360 亿元。努力把兰石集团打造成世界一流的高端装备技术成套解决方案提供商，快速形成多地联动、产业互补、多元经营、协同发展的崭新局面。

〔供稿单位：兰州兰石集团有限公司〕

四川宏华石油设备有限公司

一、企业概况

四川宏华石油设备有限公司(简称四川宏华)是一家专业从事石油钻机及海洋工程装备的研究、设计、制造及总装成套和服务的高新技术企业。

四川宏华自1997年12月成立以来，经过十余年的艰苦创业和跨越式发展，现有职工2 989人，其中研究与试验人员400人。目前公司占地面积约80万m^2（1 200亩），具备年产150台（套）石油钻机、产值规模达100亿元的生产能力。2013年总资产85.8亿元、营业收入65.3亿元、出口额2.6亿美元。

2008年3月，以四川宏华石油设备有限公司为主体的宏华集团在香港联交所主板上市(HK0196)，成为我国第一家上市的钻机制造商。

四川宏华主要产品涵盖1 000～12 000m的陆地钻机和海洋钻井包，包括：DBS交流变频数控电动钻机、直流电驱动钻机、机械驱动钻机、复合驱动钻机、拖装钻机和转盘独立电驱动钻机、连续管钻机、Tiger海洋钻井包等20余种型号规格，以及与之配套的直驱顶驱、直驱泵、游吊系统、固控系统、电控系统等产品。80%以上的产品出口，销往北美、南美、独联体、中东、中亚、南亚、东南亚、北非等全球30余个国家和地区。连续多年出口创汇位居行业首位。

二、生产能力

四川宏华拥有两个生产基地：四川广汉陆地钻机生产基地和江苏启东海洋工程装备生产基地。

四川广汉陆地钻机生产基地主要生产钻深1 000～9 000m的陆地钻机和海洋钻修井模块，以及与钻机配套的主要部件，包括井架、底座、天车、大钩、吊环、转盘、绞车、游吊系统、钻井泵、顶部驱动钻井装置、铁钻工、管子处理系统、固控系统、电气传动及控制系统等产品。现具备年产石油钻机150台（套），泥浆泵600台，其他部件上千台的能力，可同时组装21台钻机。

江苏启东宏华海洋工程装备生产基地位于江苏启东船舶工业园区，长江出海口，占地面积约140万m^2（2 100亩），海岸线长1 770m，水深9m。一期规划建成重型组块建造车间10万m^2及购进各类加工设备，滑道组立区域4.8万m^2，2座400t龙门吊，以及792m的材料舾装码头。具备每年生产6艘钻井平台的生产能力，可同时建造10个钻井平台。

三、技术实力

四川宏华设计、生产石油钻机已有14年的历史。公司自建立以来，始终高举小平同志“科学技术是第一生产力”和“发展才是硬道理”的伟大思想旗帜，以“创意大智造、梦圆更精彩”的企业文化，锐意进取，不断开拓发展。

四川宏华技术中心2013年获得国家企业技术中心认定，拥有科研人员400余人，其中享受国务院特殊津贴专家1人，博士6名、海外专家1名、全国船舶舾装标准化委员会委员1名。技术中心人员平均年龄36岁，是一支充满朝气和创造力的创新团队。

四川宏华以自主创新开发为主，辅以产学研合作、企业间技术合作等多种方式，对油气资源装备领域的多项关键技术、共性技术进行攻关，成功地取得了多方面的突破，掌握了一批具有自主知识产权的核心技术，研制了一批处于国际先进水平的石油钻采装备新产品及油气资源服务的整体解决方案。

四川宏华积极进行知识产权的开发和保护，截至2014年12月，公司共获授权专利243项，其中30项为发明专利，213项为实用新型专利，申请PCT 18项，在美国被受理专利2项。公司专利100%得到应用。

四川宏华制订了“技术同步，品质相当，服务周全，性价优越，推动全球陆地钻机升级换代”的国际市场战略，取得显著成效。作为一家建立仅10余年的民营企业，凭借在国内首创、达到国际先进水平的数控交流变频控制技术，达到国际先进水平的快速移运技术，良好的整机性能及配套能力，较优的性价比，完善的培训和全球布局的售后服务体系，近几年来产品已出口和服务于美国、俄罗斯、中东、南美、东南亚、南亚、非洲等30多个国家和地区，出口创汇连续多年居国内同行首位，同时填补了国产石油钻机出口的多项空白。

四、重点科研项目

四川宏华近年来重点科研项目包含海洋环境人工岛钻机总承包交钥匙工程、填补多项国内空白的新型海洋钻井包、大型海洋平台吊装设备“宏海号”桁架拱形移动式起重机、宏华美国一号钻机以及以页岩气为代表的非常规油气资源整体解决方案等。

1. 海洋环境人工岛钻机总承包交钥匙工程

根据四川宏华的战略发展规划，为了拓展经营领域，公司的业务模式逐步向钻采行业总集成、总承包方向发展，为石油钻井公司提供集设计、采购、生产、组装调试、售后服务于一体的EPC交钥匙工程。2012年12月宏华公司与NDC公司（阿拉伯联合酋长国国家钻井公司）签订了7套NDC3000HP人工岛钻机合同，价格3.11亿美元。

NDC3000HP人工岛钻机是以交流数控变频技术和快速移运为主要特点，钻深为9 000m的一种深井陆地石油钻机。为国内首创产品，是机、电、液融合的大型复杂系统，研发与生产均具有开创性。

在NDC3000HP人工岛钻机项目实施过程中，四川宏华公司的“EPC交钥匙工程”模式，通过产业链优势资源的集成，突破了单一企业面对市场的局限性，增强了我国企业在国际市场上的竞争实力。通过项目实施的协作，有效带动了相关产业链上下游企业的发展。在获得经济效益的同时，也促进了合作双方专业技术能力和管理能力的提升，开拓了整个产业链以及产业链相关企业的发展前景。

借助于第一批高端钻机进入中东市场建立的信誉，预计在未来5～10年内，四川宏华公司通过加大对中东市场的开拓力度，每年可争取6～8台3 000HP钻机订货合同，出口交货值可达3亿～4亿美元。

2. Tiger钻井船钻井设备包

2012年5月22日，Tiger系列钻井船钻井设备包项目开工典礼在四川宏华总装场地隆重举行，我国海工装备制造企业首次打破了深水钻井包一直被国际巨头垄断的局面。Tiger系列是由新加坡船东Opus海洋有限公司与上海船厂船舶有限公司联合开发的适合特殊水域工作的钻井船，在900～1 500m工作水深的钻井船市场中具有独特的优势。

四川宏华作为此次项目的钻井设备包制造商，融入了大量自主研发的新技术、新产品，填补国内海洋市场的空白并具有显著的成本优势，从而打破了该产品因技术含量高而一直为欧美国家所垄断的坚冰，不仅为四川宏华日后在深海钻井设备包领域的发展奠定了良好的基础，也为我国海洋工程装备在国际市场争得一席之地。

Tiger系列钻井船钻井设备包的成功承建，填补了国内海工装备业在钻井船和其核心装备钻井设备包设计建造领域的空白，对于公司业务范围从陆地向海洋扩张有着重大的意义，对于国家海工装备建设、加快推进海洋工程发展具有极大的促进作用。

3. 四川宏华“美国一号”钻机

四川宏华“美国一号”钻机采用HH特色的直驱顶驱、直驱泥浆泵组、直驱绞车、机电液融合技术，具有以下优点：①高效：模块化设计，安装搬运快捷方便。②自动化程度高：配备自动化机具和先进的控制系统。③操作简单：一键式操作，减少工作人员数量。④经济性好：人力成本降低、高效。⑤环保性好：环保、安全、节能。钻机自动化的发展方向是机械化→自动化→智能化→无人化，四川宏华“美国一号”钻机率先实现了钻机从机械化向智能化、无人化的转变。

4.“宏海号”22 000t 桁架拱形移动式起重机

2012 年 10 月，四川宏华的大型海洋平台吊装设备“宏海号”桁架拱形移动式起重机开工建设，整机交付的时间在 2015 年 4 月。宏海号总重量 14 800t，相当于两个埃菲尔铁塔的重量。最大起重能力 22 000t，是目前全球起重能力最大的移动式起重机。“宏海号”主要用于海上石油钻井平台的建造，设备总体高度 150m，提升高度最高为 65m，相当于把重量为 500 节高铁车厢或 20 层楼高的超重、超大型物件提升起来并行走。

借助“宏海号”万吨吊，宏华将能够实现“海工装备陆地造”的理念，这将从根本上改变现有海工装备制造工艺，在大型船舶的建造方面大幅降低成本，缩短交货期，该技术的推广将大幅度提高海洋平台的国产化率。“宏海号”成功的另一个意义在于，海洋平台的建造将完全不受坞期的影响，能够实现多个平台同步建设。

“宏海号”能够独立实现万吨平台的提升、行走、下水（或对接）三个阶段不间断完成，这将成为世界首创。这是四川宏华对世界海工装备平台传统建造方式突破性的创新，是当今世界最经济、最安全、最快捷的制造工艺，不仅提高了建造质量、生产效率和施工的安全性，还标志着世界船舶及海洋工程建造模式实现了革命性创新，对海工装备的发展具有重要的里程碑意义。

5. 页岩气整体解决方案

全球石油资源日渐萎缩，油价高起，世界各国正在努力寻找可替代的能源方式，以页岩气为代表的非常规能源是世界能源领域的又一个新热点。

页岩气系统解决方案就是在现有开发技术基础上，研究开发出成套的经济、安全、高效的开采国内页岩气资源的总体方案、技术、设备、工艺等系统工程技术、装备及工艺。四川宏华自主研发的“网络先行、以气打气、气电结合、工厂化生产、流水线作业”的页岩气开发整体解决方案，已经得到世界知名钻井服务公司的认同。

页岩气整体解决方案能够经济、安全、高效地完成页岩气资源的商业开发，充分体现了四川宏华的创新创造能力，其技术含量及产生的效益都是全球领先的，由此催生的新产品“大容量柔性水罐”系列获得“第 10 届波兰国际油气技术杰出创新奖”。

四川宏华将在现有陆地钻机装备的坚实基础上，实施相关多元化发展战略，壮大成为涉足陆地、海洋两大领域，装备制造、油气资源开发(尤其是非常规油气领域)及工程服务三大板块的互动发展的综合性企业。

四川宏华不断完善创新发展机制及产学研合作机制，充分利用国内外先进技术资源，为企业未来的发展提供高端的、充足的智力资源，提高企业技术创新能力。并推动全球油气资源行业的技术变革和发展，提升我国石油天然气钻采专用设备领域整体核心竞争力，为“中国制造”向“中国智造”转变而不懈努力。

〔供稿单位：四川宏华石油设备有限公司〕

在发展中创新 在创新中发展

中国通用机械工程有限公司（简称中通公司）于 1979 年 8 月经原国家经济委员会批准成立，是原机械工业部直属专业公司之一。原名称为中国通用机械技术设计成套公司，1991 年经国务院清理整顿办公室批准，与中国石油化工设备成套公司合并组建中国通用石化机械工程公司，1996 年更名为中国通用机械工程总公司，1998 年划归中国机械工业集团有限公司管理。2012 年公司进行改制，名称变更为中国通用机械工程有限公司。

公司主业为工程承包、设备集成、技术服务及进出口贸易等。近几年，在石油石化、能源建设、环保节能及市政基础设施、城市轨道交通等领域有所发展，形成了独特的经营特色。

一、公司发展优势分析

中通公司经过 35 年的发展，逐步形成了自己的经营特色，培育和造就了项目市场中独特的竞争优势。

1. 资源整合的央企品牌优势

中通公司是具有“中国”字头的央企，品牌效应显著，按照公司资本构成因素，公司属于轻资产型企业，具有投资小而转型快的市场经济属性，瞄准并获取一个大型项目，即可优化各项经营财务指标，做大公司规模。公司隐性的无形资产，包括项目管理经验、规范的管理流程、公司治理制度、与各方面的关系资源、资源获取和整合能力、企业的品牌、人力资源及企业文化等，使公司在千变万化的市场中具有资源的潜在控制力和渠道的强势整合能力，比较容易吸引和聚拢社会资金的投入。

2. 精益求精的项目管理优势

中通公司长期以来注重人才队伍建设，培养了一支了解国内外项目市场、具有丰富实践经验、懂经营、善管理、技术强、作风硬的人才队伍，熟悉项目管理的各个环节，运营得心应手，具有良好的协作能力。公司经过多年的努力，取得了对外工程承包、设备监理、环保设施运营、压力容器设计等市场准入的关键资质，并通过了质量、环境和职业安全健康管理体系认证，对项目管理有一套科学、规范的管理程序，对于公司开拓、执行项目起到重要的支撑作用。公司的工程项目管理人员，大部分具有理工科学历背景，又经过安装调试和技术服务的实践演练，在项目管理中能够有针对性地进行工艺方案优化设计和设备选型，能够进行系统的安装调试和技术指导，能够提供科学的项目管理和技术质量保障，从而形成了满足业主多元化需求的项目管理特色。

3. 遍布全国的业绩声誉优势

中通公司充分发挥专业特长，坚持创新，经营领域不断扩大，先后完成了国内外项目 3 000 多个，承担的宝钢、渤海南海石油平台装备、毛主席纪念堂冷冻通风设备、北京第九水厂、上海合流污水处理厂、绍兴染整工业污水处理厂、上海青草沙泵站、广州东濠涌地下净水厂、重庆和昆明污水处理污泥处置工程等特色项目的建设，使公司积累了丰富的工程承包和项目管理经验，在长期的业务发展过程中，公司发挥设备集成的专业优势，坚持优质服务，“中通”品牌在多个行业领域中，尤其是环境工程、轨道交通项目市场上，享有较高的声誉，是一支能打硬仗，具有较大影响力和竞争力的劲旅。

二、中通公司的战略目标

1. 经营目标

创新经济增长方式，解决历史遗留问题，清偿历史旧账。到 2017 年末，公司年营业收入计划达到 15 亿元、利润总额达到 1 800 万元，职工平均收入显著提高，公司经营规模和整体效益达到国机集团商贸类企业中等水平。

2. 管理目标

加强企业管理，建立管理科学、运营规范、高效廉洁的管理流程和运行机制。

3. 社会责任目标

履行央企责任，创造社会价值。在国际、国内环境工程市场中打造“中通环境”品牌，为社会进步贡献力量。

三、中通公司的发展战略

1. 创新驱动战略

中通公司坚持“在发展中创新，在创新中发展”理念，走创新驱动的道路。要理念创新，打破思想禁锢，破除传统观念，摆脱惯性思维，培育全新的经营发展理念；要组织创新，适应市场需求变化，建立务实高效的经营组织和管理机构；要模式创新，运用多种有效方式承揽执行项目，创新经营方式；要技术创新，依托项目，掌握前沿先进技术，大力提升公司技术创新能力。

2. 特色经营战略

中通公司要突出公司“石油石化”“节能环保”等工程领域的特色，打造“中通”品牌，亮出“中通环境”旗帜，为打造“国机环保”平台发挥公司技术特色和专业特长，积极跟踪环境市场新变化，不断拓展新的业务领域，培育新的经济增长点，提升公司核心竞争力。

3. 人才强企战略

中通公司要进一步完善人才的选拔、引进、考核、奖励、惩戒机制，形成常态的员工职业发展和退出通道，逐步优化组织结构和人员结构，培育以青年员工为主体的骨干员工队伍，造就结构优化、布局合理、素质优良的人才队伍，为公司较快发展奠定人才基础。

4. 资本运作战略

培育资本运作理念，熟悉和掌握资本运作手段，发掘新的经济增长方式；维护与商业银行、财务公司的业务关系，保持稳定的融资贷款渠道；积极创造条件，与私募、基金等资本运营机构建立合作关系，开拓新的项目融资渠道；探索推进“混合所有制”“PPP”“BT”及“合同能源管理”等经营方式创新的试点工作，采取多种方式，提高公司资本运作能力和管理水平。

四、保障措施

为了实现发展目标，必须采取顶层设计与摸着石头过河相结合的方式，制定和推进系统化、整体化的改革措施，落实各项发展战略。

1. 战略引领，培育全新的公司经营理念

中通公司加强战略管理、战略评估工作，强化和发挥战略规划的引领作用，加强发展规划的宣贯，用发展规划统一员工思想；发展目标要细化分解，任务落实到部，责任落实到人；按照规划目标，分解制订、实施任期责任目标和年度工作计划，要加大奖惩力度，健全奖惩机制，推进公司规划目标的实现，围绕经济指标的完成，每年解决 1 ～ 2 个影响公司发展的突出问题，促进公司持续、稳定、健康发展。

2. 业务转型，发掘和培育新的经济增长点

（1）加大国际工程承包市场的开发力度，精心组织策划、有效整合资源、疏通业务渠道，发挥公司特色优势，逐步从“借船出海”向“造船出海”渐进，不断提升公司海外市场开拓能力和项目承揽水平。在传统国际市场继续采用“借船出海”了解和试水海外项目市场；在成熟国际市场采用“抱团出海”方式进军海外项目市场；在新兴国际市场瞄准重点区域和项目，创造条件实现重点突破，实现“造船出海”，力争在 1 ～ 2 年内有较大的收获。

（2）积极创造条件，吸引国内外有技术、有资金、有影响的企业投资入股，打造具备较强市场融资能力、拥有自主市场、掌握前沿核心技术、能为客户提供一揽子解决方案的“中通环境”业务平台，为国机集团建立“国机环保”业务平台做出新的贡献，抢占环境工程市场先机。

（3）从中小型项目入手，谨慎推进 PPP、BT 项目试点，牵线搭桥给政策，积极响应国家推进混合所有制经济政策，吸引社会资金投入，风险共担，共同开拓、承建和运营投资回报有保障的市政基础设施建设项目，努力开创投资方、受益方和中通公司的三赢局面，积累经验，逐步跻身于资本运作市场，开创公司经营利润新的增长点。

3. 技术创新，打造公司项目管理的技术特色

近几年，中通公司技术创新能力下滑，技术开发人才流失，市场准入资质证书频频失效，公司必须大力抓好技术创新工作。

（1）加强与各类科技机构的沟通联系，掌握社会与行业科技发展前沿信息；继续巩固公司与科研企业、院所、大专院校的交流合作，加强产学研科技联盟建设，逐步扩大影响，科研成果尽快进入市场，逐步扩大公司承包和执行工程项目的核心竞争能力。

（2）完善公司和部门技术创新组织形式，部门主任工程师承担技术创新责任，落实创新激励机制；根据公司主业发展需求，评审确定技术创

新点，对技术创新的业务带头人给予重奖，引导部门和员工积极参与技术创新。

（3）不断推进中通公司已经掌握的新技术的应用工作，例如：城市污水厂污泥干化和处置、工业废水处理的新工艺、轨道交通地下站通风和环境控制设备集成、洒水除尘工艺、核电气体分配系统等技术创新成果。在新技术、新工艺推广应用过程中，不断总结、提炼、升华，形成技术资料，造就技术带头人，逐步形成具有市场竞争力的特色优势。

4. 管理升级，建立规范高效的管理体制

管理是企业永恒的主题，中通公司要树立向管理要效益、向管理要效率的管理思想，建立高效、严谨、规范、科学的内部管理机制。

（1）精兵简政放权，强化职能岗位职责。要优化职能管理功能，赋予工程事业部更多的经营、管理、用人自主权；要明确管理部门及管理岗位的职责、职权和责任界限，强化责任追究制度。

（2）提高工作效率，简化内部办事审批流程。在职能管理部门要强化责任意识、担当意识、服务意识；管理人员要办事认真，承担相应责任，端正服务态度，精简程序性签字审批和审核流程，简化办事程序，提高工作效率。

（3）加强管理培训，提高管理人员专业化水平。针对现有人员情况，通过业务培训、再教育学习、转岗调整等方式，优化管理队伍年龄结构、知识结构和专业技能结构，提高公司管理工作效率。

〔供稿单位：中国通用机械工程有限公司〕

品质改变世界　创建国际一流企业

三一集团有限公司创建于 1989 年。创业至今，三一集团有限公司已成为全球第五、中国最大的工程机械制造商，全球最大的混凝土机械制造商；是全球上市公司 500 强、国家创新型企业、最具创新力中国公司、中国最具竞争力品牌、中国工程机械行业标志性品牌，荣获国家科技进步奖二等奖，被评为中国驰名商标、中国名牌产品。

2008 年初，三一集团斥巨资进入新能源装备领域，创立三一电气有限责任公司，2013 年更名为三一重型能源装备有限公司（简称三一重能）。产业园区现位于北京市昌平区南口镇，占地面积 240 万 m^2（3 600 亩），拥有两座面积 4 万 m^2 的现代化生产厂房。

三一重能专注于大型能源装备的研发与制造，主要从事成套压裂设备的研发与制造，包含压裂车、混砂车、仪表车、液氮泵车、柱塞泵、管汇车、固井车、石油钻机、井下工具及井口自动化系统等。

每一台（套）石油装备三一重能都会为客户提供售前、售中、售后三个阶段的全方位的技术支持和服务，同时，在交付初期会派驻专业的研发与服务人员对产品进行跟踪服务，为客户做好易损件的备货，售后服务严格按三一集团有限公司现有的服务模式操作。

在产品研发方面，三一重能目前有在职员工 1 500 人，研发人员 380 人，生产工人 650 人；公司 69% 员工为大专以上学历，其中硕士以上学历占全员的 23%。

“打破思维恐惧”是三一技术创新的核心密码。为此设立了“三一科技创新奖”等奖项，对有突出贡献的研发人才实施股权激励，建立行业首家“科技资讯港”及 5 大研发管理系统，实现创新知识共享。截至 2014 年 10 月，三一重能专利申请数量达到了 30 余项，其中的 10 项已获得专利授权证书。

在制造能力方面，引入“数字化工厂”概念，将工厂环境、物流过程、零部件装配及加工过程通过 3D 动画展现；数字化工厂从工厂建设、人机装配、物流仿真向数字制造延伸，带来企业经营运作模式的转变；同时以重资产模式运营，拥有近百台先进的机械加工设备和国内最先进的热处理生产线，保证能够加工各种高精度零部件。

在服务能力方面，三一集团创造性地引进汽车服务标准，建立6S服务中心，目前已建成14家、在建12家；建设ECC企业控制中心，提供专业化、高标准、一站式的永久服务。三一集团在全球建有1 700多个服务中心，拥有7 000名训练有素的服务工程师，配备2 000余辆服务车；建立了覆盖全球的仓储体系，拥有2个全球配送中心和13个二级区域配送中心，300多家三级配件分库（原省级仓库、6S店和经销商 / 代理商仓库）。

在生产销售方面，2013年3月，三一重能石油压裂设备项目立项，7月第一台2000型压裂车下线，11月完成首套车组销售，年底在庆阳圆满完成了首个施工任务；同期2500型压裂车、混砂车、仪表车也相继下线，并实现了2500型和2800型压裂泵的自主制造。

2014年5月，三一重能压裂车组成功出口伊拉克；6月签订首台修井自动化设备订单，实现钻采设备销售零的突破；7月，105MPa高压流控元件和全球首台全液压压裂设备318C正式下线；10月，液氮泵车下线；11月签订首台钻机设备订单，管汇车下线。

2015年1月，三一重能进军油田环保行业，为客户提供全套油田环保解决方案，首台修井用高空自动排管系统设备下线；2月，猫道与钻杆盒设备成功下线，为国内首创“猫道”与“钻杆盒”一体化、一键控制和无吊装装卸技术；3月，首台套修井自动化设备（高空排管自动系统）交付。

〔供稿单位：三一重型能源装备有限公司〕

品心聚力拓市场　降本提质练内功
打赢“新常态”下可持续发展的攻坚战

2014年，中国石油集团渤海石油装备制造有限公司（简称渤海装备）遇到了前所未有的挑战，国内外市场持续萎缩，中石油投资大幅压减，大项目启动长期停缓，行业整体效益大幅下滑。面对如此形势，在集团公司和装备制造分公司正确领导下，渤海装备按照“市场开拓年”的部署，坚定信心、迎难而上，外拓市场、内降成本，力推改革、多措并举，公司生产经营保持了平稳，2014年实现营业收入74亿元，所属11家企业中有7家企业逆势而上实现了账面盈利；公司蝉联中国机械500强，排名升至57位；公司参研的“我国油气战略通道建设与运行关键技术”项目，获2014年国家科技进步奖一等奖。

一、强力推进营销基础建设与市场开拓

渤海装备落实“市场开拓年”的工作部署，出台市场营销网络建设意见，实施市场开发激励政策，调整营销网点布局，建立国内外9个区域市场代表处；强化两级“一把手”工程，成立7个重大项目推进组，强化高层营销与技术营销和服务营销的组合，完善总部搭台、基层唱戏的营销模式；突出“一基两重”，保内抢外，抓大不放小，增加集团优势产品5种，落实好优势产品协议采购政策，首次进入7个国际新市场，首次拿到国内外21个重大新订单，市场开发取得10个重大突破，累计实现签约额150亿元以上。多措并举，多维攻坚，加大回款清欠力度，清回货款90亿元以上，达到近年来最好水平。

二、强力推进全员科学降本大讨论、大整改

渤海装备自下而上反复开展科学降本大讨论，有11 488人次提出建议，被采纳建议3 958条，其中40条在公司获奖。通过全员、分专业和分产品的大讨论，全员降本意识空前增强，在公司形成了12个专业路径的降本实施方案，在所属单位形成了40种产品与社会对标的降本实施计划。在此基础上抓好大整改，通过细抠显性成本、深挖隐性成本、查找间接成本，推进源头降本、系统

降本、重点降本，实现综合降本5.36亿元。通过增收节支，降本增效，所属11家企业7家实现盈利，科学降本得到了集团公司的高度评价。

三、强力推进科技质量提升与研发平台建设

渤海装备出台装备利器打造指导意见，着力抓好10个重大科技专项，加强科技交流和攻关，在双金属复合管、5 000m自动化钻机、双动力节能环保修井机、燃煤环保注汽锅炉等研发上取得阶段成果，新增6种省部级名牌产品，荣获6项国家和省部级大奖，其中国家科技进步奖一等奖1项、集团公司或天津市三等奖5项；以稳定性和可靠性为重点，深入实施双十质量工程，推行质量追溯五项管理，集团公司28批次实物质量抽查合格率为100%，公司获得集团公司质量计量管理先进单位；整合公司钻采装备各单位资源，利用现有厂房设备，高水准、高效率地建成了国家级企业技术中心钻采研发试验检测平台，使一个技术培训厅、五个重点实验室、八个试验检测车间，充分发挥研发、试验、检测、培训一体化服务功能，达到了国内先进水平。

四、强力推进输送装备、钻采装备改革与发展

渤海装备出台并实施输送装备改革与发展指导意见，完成对华油、巨龙、一机厂等机构调整、职能划分、干部选聘、员工组合，构建输送装备板块新营销体系，强化海外营销和技术营销，形成“固定＋机动”劳动组织，实现劳务工依法转换，共精减机构12个、机关人员30名，生产线固定员工减少三分之一；出台并实施钻采装备改革试点指导意见，选择油套管、工业泵、钻修机、锅炉四家一线制造厂进行改革试点，用产品对标社会均价确定目标成本，用目标成本倒逼一线资源，进行聘员工、精资产、活机制，在后线建立依托一线的转岗培训“蓄水池”。试点单位取得了不同程度的经验，打造了竞争优势，新世纪油套管厂扭转颓势，利润突破4 000万元。

五、强力推进炼化钻采装备“产品＋服务”转型升级

渤海装备的炼化装备业务不等不靠，积极推进“产品＋服务”转型升级，建立了客户服务中心、中石油及中石化配件储备库、烟机远程监测中心，与中石油26家炼化企业签订协议，开展配件保供、远程诊断、运行维护、行业标准制定等服务，打出系列“组合拳”。兰州机械服务收入占比达到42%，配件订货增长53%，在整机订货锐减的形势下，保证了工作量，实现了持续盈利；钻采装备总结推广多年一体化服务经验，取得多项进展。中成机械在中石化塔河油田、尼日尔区块、厄瓜多尔区块电泵一体化服务上均取得了新业绩。渤海装备的“产品＋服务”转型升级受到集团装备板块、炼化板块领导的充分肯定。

六、强力推进精益生产，促交货降库存保安全

渤海装备通过狠抓精益生产，聚焦不产生价值的资产、组织、岗位、环节和工序，反复优化流程和资源配置，消减了“八大浪费”；对油套管、出口抽油机、修井机和特车等重点产品开展生产大会战，保质保量保工期完成了交货任务；以“5S+2S”为主阵地，强化现场管理和存货处置，年末库存净值72.06亿元，比年初降低3.38%；搞好安全环保隐患治理，抓实风险管控、现场监督检查，持续夯实HSE基础，各项过程指标全面达标，安全生产平稳运行，实现了“五个杜绝”。

渤海装备作为综合性石油装备制造企业，近年来虽然取得了一些成果，但对照国内外先进企业和各兄弟单位，还存在一些差距。渤海装备将继续努力，抓住机遇，迎接挑战，扎实推进各项工作，增强价值、提升品质，以更加优异的成绩，为把公司建设成“国内领先，国际一流”的综合性石油装备制造企业做出新的更大贡献！

〔供稿单位：中国石油集团渤海石油装备制造有限公司〕

中国石油石化设备行业主要企业名录

北京市

北京市天合石油集团汇丰石油装备股份有限公司

地址：北京市东城区北三环东路环球贸易中心 B 座 1202 室
邮编：100013
电话：010-58256883
传真：010-58256817
网址：www.tianheoil.com
E-mail：lj@tianheoil.com

丹诺（北京）石油技术服务有限公司

地址：北京市朝阳区酒仙桥路 14 号兆维大厦 508 室
邮编：100015
电话：010-58671130
传真：010-58671120
网址：www.danooil.com
E-mail：office@danooil.com

贝尔茨热能自动化设备（北京）有限公司

地址：北京市朝阳区劲松 3 甲 302 华腾大厦 2008 室
邮编：100021
电话：010-87216008
传真：010-87216032
网址：www.baelz.com
E-mail：china@baelz.de

中国石油技术开发公司

地址：北京市朝阳区太阳宫金星园 8 号 B 座
邮编：100028
电话：010-63591666
传真：010-63591500
网址：www.cptdc.com
E-mail：webmaster@cptdc.cnpc.com.cn

北京航天石化技术装备工程公司

地址：北京市丰台区南大红门路 1 号
邮编：100076
电话：010-68756976
传真：010-68382214
网址：www.calt11.com
E-mail：marketing@calt11.com

北京华脉世纪石油科技有限公司

地址：北京市海淀区五道口华清商务会馆 306 室
邮编：100083
电话：010-82863181
传真：010-82863184
网址：www.arenapetro.com
E-mail：cjp@arenapetro.com

北京东方华正石油科技有限公司

地址：北京市海淀区上地科技园 6 街 7 号
邮编：100085
电话：010-88571888
传真：010-88571888
网址：www.ohps.bj.cn
E-mail：dwfish@foxmail.com

北京恒泰万博石油科技有限公司

地址：北京市海淀区上地创业路 8 号群英科技园 3 号楼
邮编：100085
电话：010-82700832
传真：010-82701180

网址：www.htwanbo.com

北京加华维尔能源技术有限公司

地址：北京市海淀区信息路甲 28 号科实大厦 C 座 6A
邮编：100085
电话：010-82586658
传真：010-82586658
网址：www.cavaville.com
E-mail：info@cavaville.com

北京杰利阳能源设备制造有限公司

地址：北京市朝阳区北辰东路 8 号北辰时代大厦 1416 室
邮编：100101
电话：010-84976921
传真：010-84976930
网址：www.jerrywon.com.cn
E-mail：sales@jerrywon.com.cn

中国石油化工股份有限公司石油工程技术研究院

地址：北京市朝阳区北辰东路 8 号北辰时代大厦 10 层
邮编：100101
电话：010-84988166
传真：010-84988966
网址：www.sripe.cn
E-mail：gongchengyuan@sripe.cn

安东石油技术（集团）有限公司

地址：北京市朝阳区东湖渠屏翠西路 8 号
邮编：100102
电话：010-57397788
传真：010-57397799
网址：www.antonoil.com
E-mail：group.antonoil.com

北京波特光盛石油技术有限公司

地址：北京市经济技术开发区地盛南街 1 号百业中兴金融大厦 3 层
邮编：100176
电话：010-87223000
传真：010-87223006
网址：www.botenear.com
E-mail：hanp@botenear.com

北阀科技集团股份有限公司

地址：北京市经济技术开发区万源街 18 号
邮编：100176
电话：010-67871107
传真：010-67867082
网址：www.chinabeifa.com
E-mail：beifa@chinabeifa.com

吉艾科技（北京）股份公司

地址：北京市经济技术开发区运成街 15 号
邮编：100176
电话：010-67806016
传真：010-83612366
网址：www.gi-tech.cn
E-mail：sales@gi-tech.cn

北京阳光天创石油设备有限公司

地址：北京市海淀区知春路 12 号太月园 3 号楼
邮编：100191
电话：010-88593266
传真：010-88591770
网址：www.hopec.cn
E-mail：hdhj@holdingenergy.com

中国石油集团钻井工程技术研究院

地址：北京市海淀区四季青镇北坞村路甲 25 号静芯园 M 座
邮编：100195
电话：010-52784902
传真：010-52784903
网址：www.cdri.cnpc
E-mail：zhaobodri@cnpc.com.cn

北京石大新锐石油科技有限公司

地址：北京市昌平区白浮泉路富泉花园涌鑫苑11号
邮编：102200
电话：010-80116530
传真：010-80116530
E-mail：qiuhong2004a@126.com

三一重型能源装备有限公司

地址：北京市昌平区南口镇曹庄李流路三一产业园
邮编：102206
电话：010-60765917
传真：010-60765917
网址：www.sanygroup.com
E-mail：wujl@sany.com.cn

天津市

天津陆海石油设备系统工程有限责任公司

地址：天津市南开区科研西路16号
邮编：300192
电话：022-87892746
传真：022-87892746
网址：www.luhai.com.cn
E-mail：luhaiyf@luhai.com.cn

天津纽威阀门科技发展有限公司

地址：天津市北辰区西堤头工业区纽威阀门工业园
邮编：300240
电话：022-86375966
传真：022-86375699
网址：www.niuweivalve.com
E-mail：tjnwfm@163.com

天津市奥凯石油机械有限公司

地址：天津市大港油田红旗路联盟工业园区
邮编：300280
电话：022-63152535
传真：022-63152700
网址：www.oilchemtj.com
E-mail：aokai@oilchemtj.com

天津瑞灵石油设备股份有限公司

地址：天津市空港经济区航空路268号
邮编：300308
电话：022-84910036
传真：022-84910036
网址：www.rilingpec.com
E-mail：business@rilingpec.com

天津立林机械集团有限公司

地址：天津市津南区葛沽富康路
邮编：300352
电话：022-28685858
传真：022-28697890
网址：www.lilingroup.com
E-mail：sale@lilingroup.com

天津市阿特普科螺杆压缩机有限公司

地址：天津市华苑产业园区海泰南道28号B座7-11门
邮编：300384
电话：022-27374716
传真：022-27372653
网址：www.atpk.com.cn
E-mail：atpk@vip.163.com

天津瑞吉德科技有限公司

地址：天津市华苑产业园区兰苑路工房时代一期2-501
邮编：300384
电话：022-83710116
传真：022-83716180
网址：www.rigidtech.cn
E-mail：tjgrd@163.com

哈莫尔曼泵系统（天津）有限公司

地址：天津市北辰经济开发区双辰前路4号

邮编：300400
电话：022-26972658
传真：022-26972659
网址：www.hammelmann.cn
E-mail：info@hammelmann.cn

中国石油集团渤海石油装备制造有限公司
地址：天津市开发区信环西路 19 号天津滨海服务外包产业园 3 号楼
邮编：300457
电话：022-59839191
传真：022-59839199
网址：equip.cnpc.com.cn
E-mail：xuhui@cnpc.com.cn

中国石油集团渤海钻探工程有限公司
地址：天津市经济技术开发区黄海路 106 号
邮编：300457
电话：022-25281919
传真：022-25281515
网址：www.bhzt.cnpc

海洋石油工程股份有限公司
地址：天津港保税区海滨十五路 199 号
邮编：300461
电话：022-59898018
传真：022-59898000
网址：www.cnoocengineering.com
E-mail：zqblx@mail.cooec.com.cn

天津百利展发集团有限公司
地址：天津市宁河现代产业区海航西路 1 号
邮编：301508
电话：022-28571887
传真：022-28571881
网址：www.chinablzf.com
E-mail：wangwei@chinablzf.com

默泰克（天津）石油装备有限公司
地址：天津市武清区京滨工业园古盛路 20 号
邮编：301700
电话：022-60978800
传真：022-60978802
网址：www.machtec.cn
E-mail：machtec@machtec.cn

天津市东方先科石油机械有限公司
地址：天津市武清区梅厂镇福源经济区福旺道 1 号
邮编：301701
电话：022-29535758
传真：022-29535758
网址：www.dfxk.com
E-mail：js@dfxk.com

天津德瑞克石油工具有限公司
地址：天津市武清区京滨工业园民丰道 6 号
邮编：301712
电话：022-59699309
传真：022-59699306
网址：www.drkoiltools.com
E-mail：chinasales@drkoiltools.com

博纳斯威阀门集团有限公司
地址：天津市宝坻县九园工业园区五路
邮编：301802
电话：022-22400306
传真：022-22400304
网址：www.bnswvalve.com
E-mail：bnswvalve@bnswvalve.com

河北省

石家庄冬利石油机械有限公司
地址：河北省石家庄市长安区南石家庄工业园
邮编：050036
电话：0311-85301171
传真：0311-85302988
网址：www.dlpumpparts.com
E-mail：dongli0311@126.com

河北中荣石油机械有限责任公司

地址：河北省石家庄市裕华区学苑路 19 号

邮编：050801

电话：0311-85305757

传真：0311-85305757

网址：www.hbzhongrong.com

E-mail：niusujie2005@163.com

河北石探机械制造有限责任公司

地址：河北省石家庄市中山西路 788 号

邮编：050899

电话：0311-83623465

传真：0311-83619965

网址：www.chinastc.com

E-mail：shitanchang@sohu.com

河北景渤石油机械有限公司

地址：河北省景县城西工业区

邮编：053500

电话：0318-4222635

传真：0318-4221960

网址：www.jingbohose.com

E-mail：jxjbsy@126.com

河北博路天宝石油设备制造有限公司

地址：河北省邢台市临城工业园区

邮编：054300

电话：0311-67796512

传真：0311-68095209

网址：www.hbbolu.com

E-mail：hbbolu@126.com

新兴能源装备股份有限公司

地址：河北省邯郸市经济技术开发区和谐大街 99 号

邮编：056017

电话：0310-6919503

传真：0310-6919505

网址：www.xxzjgs.com

E-mail：xxhbq@126.com

沧州瑞泰石油机械有限公司

地址：河北省沧州市南皮县乌马营工业园

邮编：061000

电话：0317-8619299

传真：0317-8619456

网址：www.ruitaigroup.cn

E-mail：ruitaigroup@hotmail.com

华油飞达集团有限公司

地址：河北省沧州市新华区工业园

邮编：061000

电话：0317-2579804

传真：0317-2578835

网址：www.czhyfd.com

沧州市鑫宜达钢管集团股份有限公司

地址：河北省沧州市开发区阳光大道 16 号

邮编：061000

电话：0317-3095818

传真：0317-3099511

网址：www.sined.cn

河间市冀中石油机械有限公司

地址：河北省河间市西村乡北屯

邮编：062450

电话：0317-3212176

传真：0317-3212176

网址：www.hjjzsyjx.cn

E-mail：hejianjizhong2010@yahoo.cn

河间市众诚钻头制造有限公司

地址：河北省河间市富灜门

邮编：062450

电话：0317-3223932

传真：0317-3223932

网址：www.triconebitsale.com

E-mail：abby@triconebitsale.com

沧州格锐特钻头有限公司

地址：河北省河间市开发区

邮编：062450
电话：0317-3212988
传真：0317-3212988
网址：www.pdcbit.net
E-mail：admin@pdcbit.net

河北新铁虎石油机械有限公司
地址：河北省任丘市雁翎工业开发区
邮编：062550
电话：0317-2616808
传真：0317-2616809
网址：www.tiehupetro.com
E-mail：tiehu@tiehupetro.com

河北锐石钻头制造有限公司
地址：河北省任丘市吕公堡镇
邮编：062550
电话：0317-3370763
传真：0317-2834068
网址：www.crtbit.com
E-mail：admin@rtrockbit.com

河北华北石油荣盛机械制造有限公司
地址：河北省任丘市会战南道东侧
邮编：062552
电话：0317-2726903
传真：0317-2722347
网址：www.hbrs.com
E-mail：xueyan1002@126.com

任丘市博科机电新技术有限公司
地址：河北省任丘市昆仑道
邮编：062552
电话：0317-2756071
传真：0317-2756072
网址：www.bokeps.net
E-mail：zou1108@126.com

河北永信石油机械有限公司
地址：河北省任丘市雁翎工业开发区南区
邮编：062552
电话：0317-2677345
传真：0317-2677345
网址：www.yongheoil.com
E-mail：yonhhe127@163.com

河北斯洛特石油专用管制造有限公司
地址：河北省青县经济开发区
邮编：062650
电话：0317-3066898
传真：0317-3066898
E-mail：info@hbsloate.com

唐山冀东石油机械有限责任公司
地址：河北省唐山市曹妃甸区新城大街 199 号
邮编：063299
电话：0315-8765167
传真：0315-8765167
E mail：yjxin0724@163.com

唐山大川机械设备有限公司
地址：河北省唐山市丰南区小岔河工业园 17 号
邮编：063300
电话：0315-8153277
传真：0315-8153067
网址：www.tsdachuan.com
E-mail：1498842851@qq.com

唐山中石大鑫丰石油装备制造有限公司
地址：河北省唐山市海港开发区海宁路西侧
邮编：063611
电话：0315-2920521
传真：0315-2920521
网址：www.zsdxf.com
E-mail：cupxinfeng@163.com

中石油管道机械制造有限责任公司
地址：河北省廊坊市和平路 17 号
邮编：065000
电话：0316-2373903

传真：0316-2377406
E-mail：cppmscb@cnpc.com.cn

廊坊奥瑞拓石油机械有限公司
地址：河北省廊坊市龙河高新技术产业区富饶路118号
邮编：065000
电话：0316-5178088
传真：0316-5178000
网址：www.lforient.com
E-mail：sales@lforient.com

廊坊市和兴石油设备有限公司
地址：河北省廊坊市万庄石油基地东环路
邮编：065007
电话：0317-2558811
传真：0317-2558811
网址：www.hexing.net.cn
E-mail：hx060718@yahoo.cn

河北冠能石油机械制造有限公司
地址：河北省廊坊市大厂县潮白河工业园区工业三路
邮编：065300
电话：0316-5276966
传真：0316-5276969
网址：www.gngukong.com
E-mail：sales@gngukong.com

巨力索具股份有限公司
地址：河北省保定市徐水县巨力路
邮编：072550
电话：0312-8999999
传真：0312-8555555
网址：www.julisling.com
E-mail：juli@julisling.com

张家口中地装备探矿工程机械有限公司石油机械分公司
地址：河北省张家口市桥东区工业南路4号
邮编：075026
电话：0313-4062804
传真：0313-4080319
网址：www.ztrod.com
E-mail：zhangjing@ztrod.com

山西省

山西北方风雷工业集团有限公司
地址：山西省侯马市风雷街188号
邮编：043013
电话：0357-4092045
传真：0357-4092045
网址：www.sfmmc.cn
E-mail：sxflyxgs@163.com

山西环界石油钻具制造股份有限公司
地址：山西省晋中市寿阳县朝阳西街114号
邮编：045400
电话：0354-4602448
传真：0354-4602431
网址：www.huanjie.com.cn
E-mail：hj@huanjie.com.cn

内蒙古自治区

包头联德石油机械有限公司
地址：内蒙古自治区包头市青山区青山路14号
邮编：014030
电话：0472-3397651
传真：0472-3397635
网址：www.linkerod.cn
E-mail：lvxm@ldsyjx.cn

内蒙古一机集团大地石油机械有限责任公司
地址：内蒙古自治区包头市2号信箱
邮编：014030
电话：0472-3116822
传真：0472-3116822

网址：www.nmgyi.com

E-mail：lwx4169@163.com

丰达石油装备股份有限公司

地址：内蒙古自治区包头市石油装备制造产业园

邮编：014030

电话：0472-2620668

传真：0472-2620660

网址：www.china-found.com

E-mail：connect@china-found.com

辽宁省

沈阳远大压缩机股份有限公司

地址：辽宁省沈阳经济技术开发区沧海路 1 号

邮编：110027

电话：024-25366050

传真：024-25368551

网址：www.ydysj.com

E-mail：sy@ydysj.com

沈阳新石科技有限公司

地址：辽宁省沈阳市皇姑区黄河北大街 258 号腾飞大厦 6 层

邮编：110034

电话：024-31204878

传真：024-31204878

网址：www.024sensor.com

E-mail：tdyq@163.net

北方重工石油装备有限公司

地址：辽宁省沈阳市经济技术开发区开发大路16 号

邮编：110141

电话：024-85834016

传真：024-85834002

网址：www.nhi.com.cn

E-mail：nhipe.sales@nhi.com.cn

沈阳鼓风机集团石化泵有限公司

地址：辽宁省沈阳市经济技术开发区开发大路16 号甲

邮编：110869

电话：024-25801121

传真：024-25801122

网址：www.inpump.cn

E-mail：hdliuhr@shengu.com.cn

铁岭中油机械设备制造有限公司

地址：辽宁省铁岭市银州区柴河南段 33 号

邮编：112000

电话：024-72845793

传真：024-72654871

网址：www.tbtlzy.com

抚顺机械设备制造有限公司

地址：辽宁省抚顺市新城路中段 50 号

邮编：113006

电话：024-57673421

传真：024-57591800

网址：www.fs-mw.cn

E-mail：info@fs-mw.cn

鞍山新兴石油科技有限公司

地址：辽宁省鞍山市高新区千山中路 368 号

邮编：114000

电话：0412-5225748

传真：0412-2612998

网址：www.asxxsy.com

E-mail：xinxingshiyou@163.com

海城市石油机械制造有限公司

地址：辽宁省海城市西四镇

邮编：114218

电话：0412-3671868

传真：0412-3671868

网址：www.hcsyjx.com

E-mail：sales@hcsyjx.com

大连恒盛海洋工程装备技术有限公司

地址：辽宁省大连市旅顺口区北海街道兴海路551号
邮编：116000
电话：0411-66007516
传真：0411-66007516
网址：www.chaosheng-china.com
E-mail：master@chaosheng-china.com

大连金州重型机器有限公司

地址：辽宁省大连市金州区龙湾路5号
邮编：116100
电话：0411-82161888
传真：0411-82161111
网址：www.jhm.com.cn
E-mail：office@Jhm.com.cn

大连华科机械有限公司

地址：辽宁省瓦房店市岗店办事处瓦房村
邮编：116300
电话：0411-85571133
传真：0411-85571166
网址：www.dlhuake.com

久茂自动化（大连）有限公司

地址：辽宁省大连市经济技术开发区东北三街29号
邮编：116600
电话：0411-87189010
传真：0411-87189020
网址：www.jumo-china.com
E-mail：jumo.china@jumo.net

辽宁恒星泵业有限公司

地址：辽宁省丹东市元宝区金山镇古城路91号
邮编：118003
电话：0415-4158088
传真：0415-4158828
网址：www.hxpump.com
E-mail：hengxing@hxpump.com

锦州中科制管有限公司

地址：辽宁省锦州市七里河工业园区
邮编：121000
电话：0416-3933991
传真：0416-3933841
网址：www.jzsttz.com
E-mail：dachuanwoa@163.com

辽宁陆海石油装备研究院有限公司

地址：辽宁省盘锦市兴隆台区高新技术产业园
邮编：124010
电话：0427-3293303
传真：0427-3293306
网址：www.lpei.com.cn
E-mail：lpei@lpei.com.cn

盘锦辽河油田天意石油装备有限公司

地址：辽宁省盘锦市经济技术开发区石油高新技术产业园
邮编：124010
电话：0427-3219729
传真：0427-3219922
网址：www.tpectds.com
E-mail：tpec@vip.163.com

辽宁华孚集团

地址：辽宁省盘锦市兴隆台工业开发区
邮编：124013
电话：0427-2881086、2881182
传真：0427-2881839
网址：www.huafugroup.com.cn
E-mail：info@huafuep.com

中国石油集团渤海石油装备制造有限公司辽河热采机械制造分公司

地址：辽宁省盘锦市兴隆台区红村街
邮编：124209
电话：0427-7648999
传真：0427-7648676
网址：www.lyzjc.com

E-mail：lyzjc_cnpc@vip.163.com

中航黎明锦西化工机械（集团）有限责任公司

地址：辽宁省葫芦岛市连山区化机路 25 号

邮编：125001

电话：0429-2980938

传真：0429-2980551

网址：www.zhlmjhj.com

E-mail：zhlm@zhlmjhj.com

葫芦岛市博禹石油钻采机械有限公司

地址：辽宁省葫芦岛市连山区三义庙

邮编：125001

电话：0429-4015349

传真：0429-4015350

网址：www.pipemach.com

E-mail：hldzcjx@163.com

吉林省

通化石油化工机械制造有限责任公司

地址：吉林省通化市建设大街 2607 号

邮编：134000

电话：0435-3946898、3946866

传真：0435-3946887

网址：www.thpetro.com

E-mail：sales@thpetro.com

通化石油工具股份有限公司

地址：吉林省通化市新华大街 3639 号

邮编：134001

电话：0435-3932011

传真：0435-3312550

网址：www.thsygj.com

E-mail：thsygj@thsygj.com

吉林石油装备技术工程服务有限公司

地址：吉林省松原市长宁北街 599 号

邮编：138000

电话：0438-6336973

传真：0438-6336438

网址：www.jlauto.com.cn

黑龙江省

牡丹江中原钻采有限公司

地址：黑龙江省牡丹江市爱民区文化街 87 号

邮编：157011

电话：0453-6540603

传真：0453-6541234

网址：www.mzs.com.cn

E-mail：mdjwdx@163.com

黑龙江北方双佳钻采机具有限责任公司

地址：黑龙江省牡丹江市阳明区兴业路 56 号

邮编：157013

电话：0453-6293088

传真：0453-62940543

网址：www.sj-drilling.com

E-mail：postmaster@sj-drilling.com

牡丹江鑫北方石油钻具有限责任公司

地址：黑龙江省牡丹江市阳明区兴业路 24 号

邮编：157013

电话：0453-6333133 转 8009

传真：0453-6333505

网址：www.mdjxbf.com

E-mail：mdjxbf2010@163.com

牡丹江石油工具有限责任公司

地址：黑龙江省牡丹江市光华街 79 号

邮编：157013

电话：0453-8889567

传真：0453-6557818

网址：www.zg-msg.com

E-mail：mdjsygj@163.com

大庆派司石油科技有限公司

地址：黑龙江省大庆市龙凤区光明产业园区

邮编：163000

电话：0459-5538844

传真：0459-5538844

网址：www.peschina.cn

E-mail：peschina@163.com

大庆油田装备制造集团

地址：黑龙江省大庆市让胡路区乘风庄

邮编：163411

电话：0459-5685766

传真：0459-6866800

网址：www.dpeg.com.cn

E-mail：liyingchun@cnpc.com.cn

上海市

中海石油（中国）有限公司上海分公司

地址：上海市零陵路583号海洋石油大厦

邮编：200030

电话：021-64395300

传真：021-64810222

E-mail：zhengxian@cnooc.com.cn

上海佳方钢管（集团）有限公司

地址：上海市浦东新区张杨北路3839号

邮编：200137

电话：021-58612622

传真：021-58612622

网址：www.shjfgg.cn

E-mail：shjfggjt@163.com

宝华海恩斯压缩机（上海）有限公司

地址：上海市闵行区剑川路878号

邮编：200240

电话：021-54716598

传真：021-54713818

网址：www.bauerchina.com

E-mail：sales.sh@bauerchina.com

上海大隆机器厂有限公司

地址：上海市宝山区长江西路815号

邮编：200431

电话：021-66188648

传真：021-56629976

网址：www.shdalong.com.cn

E-mail：dalong@seccp.cn

托格（上海）压缩机有限公司

地址：上海市宝山区罗宁路1515号

邮编：200431

电话：021-59556270

传真：021-59556285

网址：www.tuoge-sh.com

E-mail：simonwei@tuoge-sh.com

博梅德控制阀门（上海）有限公司

地址：上海市闵行区莲花南路1971弄98号

邮编：201108

电话：021-54409950

传真：021-54409960

网址：www.bermad.com.cn

E-mail：info.cn@bermad.com

米顿罗工业设备（上海）有限公司

地址：上海市莘庄工业区申富路879号

邮编：201108

电话：021-61211600

传真：021-54427706

网址：www.hsis.com.cn

E-mail：marketing.hsis@hs.utc.com

上海神开石油化工装备股份有限公司

地址：上海市闵行区浦星公路1769号

邮编：201114

电话：021-54332841

传真：021-54336696

网址：www.shenkai.com

E-mail：shenkai@shenkai.com

上海大禹自控阀门有限公司

地址：上海市浦东新区航头镇大麦湾工业园区航川路66号

邮编：201316
电话：021-68220075
传真：021-68220798
网址：www.dayupv.com
E-mail：sales@dayupv.com

上海大田阀门管道工程有限公司
地址：上海市南汇区祝桥镇周祝公路 3223 号
邮编：201323
电话：021-58108666
传真：021-58109777
网址：www.dtjt.com
E-mail：business@dtjt.com

上海三强不锈钢容器有限公司
地址：上海市奉贤区南桥镇奉浦大道 97 号 A 座
邮编：201400
电话：021-57474961
传真：021-57474858
网址：www.shsanqiang.cn
E-mail：info@shsanqiang.cn

中国圣博莱阀门有限公司
地址：上海市金山工业区月工路 855 号
邮编：201506
电话：021-67226688
传真：021-67220222
网址：www.cnsbr.com
E-mail：sh@cnsbr.com

双恒阀门有限公司
地址：上海市金山工业区金百路 398 号
邮编：201506
电话：021-67225888
传真：021-67276958
网址：www.zgshfm.com
E-mail：zgshfm@163.com

信帕压缩机产品（上海）有限公司
地址：上海市松江区新桥镇荣乐东路 28 号
邮编：201612
电话：021-67871982
传真：021-67871980
网址：www.c-p-i.com
E-mail：gary.cai@c-p-i.com

上海威含德石油机械设备有限公司
地址：上海市青浦区白鹤镇胜联路 9 号
邮编：201709
电话：021-56056330
传真：021-56056330
网址：www.chinawellhead.com
E-mail：pangtong@pangbei.com

上海科科阀门集团有限公司
地址：上海市嘉定区南翔镇翔江公路 963 号
邮编：201802
电话：021-57177192
传真：021-59126789
网址：www.valvekoko.com
E-mail：koko@valvekoko.com

上海上上不锈钢管有限公司
地址：上海市嘉定区南翔镇翔江公路 1118 号
邮编：201802
电话：021-69176611
传真：021-69176868
网址：www.shangshang.com.cn
E-mail：sales@shangshang.com.cn

上海科油石油仪器制造有限公司
地址：上海市嘉定区江桥路 18 号
邮编：201803
电话：021-59113866
传真：021-59113963
网址：www.cpsic.com
E-mail：cpsic@cpsic.com

上海阀门厂有限公司
地址：上海市嘉定区众百路 111 号

邮编：201814
电话：021-59501015
传真：021-59578580
网址：www.svf.com.cn
E-mail：svf@svf.com.cn

上海沪工阀门厂（集团）有限公司
地址：上海市嘉定区华亭工业区华高路555号
邮编：201816
电话：021-66059666
传真：021-39901228
网址：www.hgvalve.com
E-mail：sales@hgvalve.com

江苏省

南京奥特电气股份有限公司
地址：江苏省南京市江宁区芳园西路1号
邮编：211100
电话：025-52781628
传真：025-52782618
网址：www.autowelds.com
E-mail：auto@autowelds.com

江苏金石机械集团有限公司
地址：江苏省金湖县金石大道98号
邮编：211600
电话：0517-80825836
传真：0517-86882912
网址：www.jmp-cn.com
E-mail：info@jmp-cn.com

有能集团有限公司
地址：江苏省扬中市新坝科技园南自路1号
邮编：212211
电话：0511-88362288
传真：0511-88391999
网址：www.uonone.com
E-mail：uonone@uonone.com

骄阳山水（江苏）油气工程技术有限公司
地址：江苏省常州市新北区太湖东路9-4号D栋625室
邮编：213000
电话：0519-83982029
传真：0519-83982029
网址：www.thesunsworld.com
E-mail：yhwang@thesunsworld.com

常州海通石油管业有限公司
地址：江苏省常州市丁堰镇鑫泰工业园7号
邮编：213013
电话：0519-88410876
传真：0519-88800355
网址：www.hpwz.com
E-mail：zhh@hpwz.com

江苏胜大石油设备制造股份有限公司
地址：江苏省常州市武进区武进大道西路66号
邮编：213100
电话：0519-86222218
传真：0519-86222799
网址：www.sun-run.cn
E-mail：jintao8773618@163.com

江苏安普特防爆科技有限公司
地址：江苏省常州市武进区遥观镇工业大道2号
邮编：213102
电话：0519-88701627
传真：0519-88701642
网址：www.jsampute.com
E-mail：119452968@qq.com

江苏省溧阳市云龙设备制造有限公司
地址：江苏省溧阳市埭头工业集中区云龙路1号
邮编：213311
电话：0519-87217980
传真：0519-87220256
网址：www.clyyl.com
E-mail：fjh@clyyl.com

宜兴市联丰化工机械有限公司

地址：江苏省宜兴市万石镇港北路 67 号
邮编：214212
电话：0510-87843668
传真：0510-87858666
网址：www.yxlianfeng.com
E-mail：lfft@yxlianfeng.com

江阴市江豚泵阀有限公司

地址：江苏省江阴市南闸东盟科技工业园区
邮编：214405
电话：0510-86402048
传真：0510-86401180
网址：www.jiangtun.com.cn
E-mail：info@jiangtun.com.cn

江苏焱鑫科技集团有限公司

地址：江苏省江阴市新桥工业园东环路 31 号
邮编：214426
电话：0510-86129111
传真：0510-86129000
网址：www.chinayanxin.com
E-mail：yx@chinayanxin.com

江阴东辰钻探设备有限公司

地址：江苏省江阴市高新技术产业开发区蟠龙山路 29 号
邮编：214437
电话：0510-86993232
传真：0510-86992121
网址：www.downhole-motor.com
E-mail：sales@downhole-motor.com

江苏伊莱特石油科技有限公司

地址：江苏省江阴市璜土镇石庄新颜东路 21 号
邮编：214446
电话：0510-86036113
传真：0510-86665666
网址：www.dp-elite.com
E-mail：mishagu@dp-elite.com

纽威石油设备（苏州）有限公司

地址：江苏省苏州市高新区泰山路 588 号
邮编：215129
电话：0512-66651365
传真：0512-66675548
网址：www.newayoilequipment.com
E-mail：noe@neway.com.cn

中核苏阀科技实业股份有限公司

地址：江苏省苏州市高新区珠江路 501 号
邮编：215129
电话：0512-67533655
传真：0512-67532587
网址：www.chinasufa.com
E-mail：wuh@chinasufa.com

苏州道森钻采设备股份有限公司

地址：江苏省苏州市相城区太平镇
邮编：215137
电话：0512-65995063
传真：0512-65431375
网址：www.douson.cn
E-mail：li_shulin@douson.cn

苏州制氧机股份有限公司

地址：江苏省苏州市吴中区胥口镇胥江工业园新峰路 288 号
邮编：215164
电话：0512-66366888
传真：0512-66262675
网址：www.suyang.com.cn
E-mail：sopc@suyang.com.cn

张家港市华菱化工机械有限公司

地址：江苏省张家港市金港镇南沙开发区长阳路 2 号
邮编：215622
电话：0512-58391171
传真：0512-58376116
网址：www.hlhgjx.com

E-mail：hualing128@hlhgjx.com

江苏力博士机械股份有限公司

地址：江苏省淮安市楚州区经济开发区永怀东路399号
邮编：223200
电话：0517-87037191
传真：0517-87037194
网址：www.liboshi.com

盐城东凯石油机械有限公司

地址：江苏省建湖县九龙口镇梅苏工业园二号路17号
邮编：224000
电话：0515-86800217
传真：0515-86800219
网址：www.dokaipetro.com
E-mail：info@dokaipetro.com

盐城市大冈石油工具厂有限责任公司

地址：江苏省盐城市盐都区大冈镇纬一路888号
邮编：224043
电话：0515-88807370
传真：0515-88807228
网址：www.zhongbiaocn.com
E-mail：zb@zhongbiaocn.com

阜宁县宏达石化机械有限公司

地址：江苏省阜宁县城河东路66号
邮编：224400
电话：0515-87212179
传真：0515-87266187
网址：www.cnhdm.com
E-mail：hdxcl@126.com

江苏宏泰石化机械有限公司

地址：江苏省阜宁经济开发区（204国道）66号
邮编：224400
电话：0515-82099999
传真：0515-87290768
网址：www.jshongtai.cn
E-mail：jiangyuhu@vip.sina.com

江苏双鑫石油机械有限公司

地址：江苏省建湖县建阳工业区冠华西路888号
邮编：224700
电话：0515-85362223
传真：0515-86315666
网址：www.jsshuangxin.com
E-mail：jssxmachinery@jsshuangxin.com

江苏三益石油装备有限公司

地址：江苏省建湖县建阳工业区冠华西路8号
邮编：224700
电话：0515-86317156
传真：0515-86317133
网址：www.ycsanyi.com
E-mail：sanyi@sanyi.cn

江苏咸中石油机械有限公司

地址：江苏省建湖县南环路999号
邮编：224700
电话：0515-86250666
传真：0515-86250555
网址：www.xianzhong.com.cn

江苏扬标石油机械有限公司

地址：江苏省盐城市建湖县颜单高新技术产业园
邮编：224700
电话：0515-61666688
传真：0515-61666699
网址：www.yangbiao.pmnet.cn

江苏信得石油机械股份有限公司

地址：江苏省盐城市建湖县兴荡路88号
邮编：224753
电话：0515-69900566
传真：0515-69900539
网址：www.xinde.com.cn
E-mail：sales@xinde.com.cn

盐城特达钻采设备有限公司

地址：江苏省盐城市建湖县恒济镇文化南路 88 号

邮编：224763

电话：0515-86583024

传真：0515-86582386

网址：www.cn-teda.com

E-mail：TD@chinateda.com

盐城市特达专用管件有限公司

地址：江苏省盐城市建湖县恒济镇文化南路 8 号

邮编：224763

电话：0515-68782858

传真：0515-68782858

网址：www.tdpm.cn

E-mail：td@tdpm.cn

扬州诚创石油机械有限公司

地址：江苏省扬州市维扬经济开发区芳塘路

邮编：225008

电话：0514-85883055

传真：0514-85883511

网址：www.yzccsy.cn

E-mail：yzcctdy@163.com

泰州德瑞特石油机械有限公司

地址：江苏省泰州市高港区向阳北路

邮编：225300

电话：0523-86966222

传真：0523-86966222

网址：www.jsderuite.com

E-mail：guchaobing@jsderuite.com

泰兴石油机械有限公司

地址：江苏省泰兴市车站路 88 号

邮编：225401

电话：0523-87684345

传真：0523-87684345

网址：www.txsyjx.com

E-mail：drillingtool@163.com

泰兴市锐利翔石油机械有限公司

地址：江苏省泰兴市虹桥工业园区泰常路 9 号

邮编：225453

电话：0523-87585098

传真：0523-87755111

网址：www.jsrelax.com

E-mail：relaxtaixing@163.com

高邮市华兴机械有限公司

地址：江苏省高邮经济开发区兴业路 77 号

邮编：225600

电话：0514-85851118

传真：0514-85851886

网址：www.chinajshx.com

E-mail：npz@chinajshx.com

扬州市管件厂有限公司

地址：江苏省宝应经济开发区泰山东路 66 号

邮编：225800

电话：0514-88232888

传真：0514-88234143

网址：www.yzsgjc.com

E-mail：webmaster@yzzgjc.com

江苏如东联丰石油机械有限公司

地址：江苏省如东县经济开发区新区淮河路北侧

邮编：226400

电话：0513-84108916

传真：0513-84108538

网址：www.rdlf.cn

E-mail：rdlfyx@126.com

江苏赛孚石油机械有限公司

地址：江苏省如东县经济开发区渭河路 36 号

邮编：226400

电话：0513-84161098

传真：0513-84161266

网址：www.sfsyjx.com

E-mail：saifu@sfsyjx.com

江苏如通石油机械股份有限公司

地址：江苏省如东县经济技术开发区新区淮河路33号

邮编：226400

电话：0513-84512580

传真：0513-84523102

网址：www.rutong.com

E-mail：rdty@rutong.com

江苏如东金友机械有限公司

地址：江苏省如东县掘港镇通洋南路18号

邮编：226400

电话：0513-68925986

传真：0513-84167688

江苏新象股份有限公司

地址：江苏省如东县马塘镇建设路42号

邮编：226401

电话：0513-84549898

传真：0513-84541302

网址：www.xingxiang.com.cn

E-mail：rain1968@163.com

江苏如石机械有限公司

地址：江苏省如东县栟茶镇卫海北路60号

邮编：226406

电话：0513-84890901

传真：0513-84821168

网址：www.rdshiji.com

E-mail：rslzg@jsrushi.com

江苏中石机械有限公司

地址：江苏省如东县河口镇中天工业园区

邮编：226463

电话：0513-84882518

传真：0513-84882369

网址：www.jszsjx.com

E-mail：zsjx999@163.com

南通金牛机械制造有限公司

地址：江苏省南通市海安县老坝港工业园区

邮编：226634

电话：0513-88268699

传真：0513-88268219

网址：www.nt-jinniu.com

E-mail：ntjn2008@126.com

浙江省

杭州大潮石化设备有限公司

地址：浙江省杭州市江干区彭埠渡口路148号

邮编：310017

电话：0571-86011822

传真：0571-86019722

网址：www.dachaopump.com

E-mail：dachao@dachaopump.com

浙江佳力科技股份有限公司

地址：浙江省杭州市萧山区瓜沥镇

邮编：311241

电话：0571-82565888

传真：0571-82565062

网址：www.jlkj.com.cn

E-mail：pumpsales@jlkjgroup.com

杭州肯莱特传动工业有限公司

地址：浙江省杭州市萧山区浦阳工业区浦工一路

邮编：311255

电话：0571-82324322

传真：0571-82322568

网址：www.jintaibelt.com.cn

E-mail：sales@jintaibelt.com

宁波鲍斯能源装备股份有限公司

地址：浙江省奉化市西坞街道尚桥路18号

邮编：315505

电话：0574-88661511

传真：0574-88661506

网址：www.cnbaosi.com

E-mail：sales@baosiair.com

温州市华海密封件有限公司
地址：浙江省温州市龙湾高新工业区永清路口
邮编：325000
电话：0577-85988585
传真：0577-86936871
网址：www.rtj.cc
E-mail：sale@zjhhmf.com

温州一宇密封材料有限公司
地址：浙江省温州市龙湾区永强大道 3431 号
邮编：325024
电话：0577-86936811
传真：0577-86934811
网址：www.chinayiyu.com
E-mail：master@chinayiyu.com

温州海米特集团有限公司
地址：浙江省温州市龙湾区海城华盖街 67 号
邮编：325055
电话：0577-85220708
传真：0577-85221205
网址：www.china-hmt.com
E-mail：zx@China-hmt.com

科福龙阀门集团有限公司
地址：浙江省温州市永嘉县瓯北三桥工业区
邮编：325105
电话：0577-67982778
传真：0577-67982769
网址：www.koflow.cn
E-mail：koflow@koflow.cn

天胜阀门集团有限公司
地址：浙江省温州市永嘉县瓯北镇东瓯工业区
邮编：325105
电话：0577-67314518
传真：0577-67314518
网址：www.tsv.cn
E-mail：tsv@tsv.cn

伯特利阀门集团有限公司
地址：浙江省温州市永嘉县瓯北镇三桥工业区
邮编：325105
电话：0577-67315777
传真：0577-67376678
网址：www.botelivalve.com
E-mail：cnbtl@vip.163.com

宣达实业集团有限公司
地址：浙江省温州市瓯北镇东瓯工业区
邮编：325105
电话：0577-67987017、67987018
传真：0577-67987016
网址：www.xuanda.com
E-mail：sale@xuanda.com

浙江通力重型齿轮股份有限公司
地址：浙江省瑞安市林垟工业区
邮编：325207
电话：0577-65591111
传真：0577-65598888
网址：www.zjtongli.com
E-mail：admin@zjtongli.com

德帕姆（杭州）泵业科技有限公司
地址：浙江省杭州市经济技术开发区 658 号
邮编：330018
电话：0571-86400588
传真：0571-86408588
网址：www.depamu.com
E-mail：depamu@depamu.com

安徽省

合肥通用机械研究院
地址：安徽省合肥市长江西路 888 号
邮编：230031
电话：0551-65335510
传真：0551-65312185

网址：www.hgmri.com
E-mail：yuanbao@hgmri.com

合肥神马科技集团有限公司
地址：安徽省合肥市经济技术开发区云谷路 3399 号
邮编：230601
电话：0551-62572111
传真：0551-62572110
网址：www.hfsmt.net
E-mail：smarter@188.com

安徽鸿瑞压缩机有限公司
地址：安徽省蚌埠市高新区兴旺路 555 号
邮编：233010
电话：0552-4032567
传真：0552-4032568
网址：www.ahhrysj.com
E-mail：ahhrysj@163.com

安瑞科（蚌埠）压缩机有限公司
地址：安徽省蚌埠市南外环路 2001 号
邮编：233050
电话：0552-31399193
传真：0552-31399193

福建省

福建省特种设备检验研究院
地址：福建省福州市仓山区卢滨路 370 号
邮编：350008
电话：0591-88700799
传真：0591-88700799
网址：www.fjtj.com

欧冠阀门科技有限公司
地址：福建省南安市仑苍高新科技园
邮编：352304
电话：0595-26670777
传真：0595-26670776
网址：www.ougfm.com

施瑞德阀门（厦门）有限公司
地址：福建省厦门市湖里区枋湖西二路 1-3 号
邮编：361009
电话：0592-5535699、5538699
传真：0592-5553699
网址：www.srdxm.com
E-mail：valve@srdxm.com

福建省泉州闽隆实业有限公司
地址：福建省泉州市丰泽区泉秀路宝洲路口
邮编：362302
电话：0595-22579717
传真：0595-26521618
网址：www.minlong.com.cn
E-mail：minlong@minlong.com.cn

豪氏威马（中国）有限公司
地址：福建省漳州市漳州开发区招商大道 48 号
邮编：363000
电话：0596-6857222
传真：0596-6857220
网址：www.huisman-cn.com
E-mail：mail@huisman-cn.com

江西省

江西飞龙钻头制造有限公司
地址：江西省宜春市袁州区环城南路 518 号
邮编：336000
电话：0795-3243041、3240286
传真：0795-3241195
网址：www.feilongbit.com
E-mail：feilongzsy@feilongbit.com

新余飞虎管道技术设备有限责任公司
地址：江西省新余市高新经济开发区渭塘路 111 号
邮编：338004
电话：0790-6860686
传真：0790-6869686

网址：www.xyfhgd.com
E-mail：fh@xyfhgd.com

山东省

济南恒远百瑞石化设备有限公司
地址：山东省章丘市城东工业园
邮编：250200
电话：0531-83325777
传真：0531-83325000
网址：www.hengyuanbairui.com
E-mail：hengyuanbairui@163.com

山东伊莱特重工有限公司
地址：山东省章丘市济王路 9001 号
邮编：250200
电话：0531-83809231
传真：0531-83801049
网址：www.shandongiraeta.cn
E-mail：zqlydz@lyforgingflange.cn

济南宝山石油设备有限公司
地址：山东省章丘市官庄乡东张村
邮编：250217
电话：0531-83809660
传真：0531-83809660
网址：www.bspumpparts.com
E-mail：bssysb@126.com

中国石油集团济柴动力总厂
地址：山东省济南市经十西路 1196 号
邮编：250306
电话：0531-87423011
传真：0531-87423013
网址：jichai.cnpc.com.cn
E-mail：jichaimdd@126.com

德州润东石油机械有限公司
地址：山东省德州市新湖大街 1192 号
邮编：253000
电话：0534-2620016
传真：0534-2621898
网址：www.rd2002.cn
E-mail：rd2008@bdchina.com

德州联合石油机械有限公司
地址：山东省德州市经济开发区晶华南路
邮编：253000
电话：0534-2237999
传真：0534-2237998
网址：www.dupm.cn
E-mail：newlandmass2008@163.com

德州市建鑫石油机械有限公司
地址：山东省德州市天衢工业园二区 68 号
邮编：253000
电话：0534-2389058
传真：0534-2389058
网址：www.jianxin2000.com
E-mail：kmhybk@163.com

德州大陆架石油工程技术有限公司
地址：山东省德州市经济开发区常兴路 1286 号
邮编：253034
电话：0534-2670135
传真：0534-2566056
网址：www.shelfoil.com
E-mail：info@shelfoil.com

德州地平线石油科技有限公司
地址：山东省德州市陵县经济开发区武佑街
邮编：253500
电话：0534-2132158
传真：0534-2131506
网址：www.dzhorizon.com
E-mail：dzhorizon@163.com

山东陆海石油装备有限公司
地址：山东省德州市陵县经济开发区北辰路中段
邮编：253500

电话：0534-2136898
传真：0534-2136899
网址：www.luhaioil.com
E-mail：info@luhaioil.com

山东鸿盛石油化工装备有限公司
地址：山东省淄博市临淄区金山镇中南路 1 号
邮编：255400
电话：0533-7327890
传真：0533-7327890
网址：www.sdhspe.cn
E-mail：sdhspe@163.com

山东骏马石油设备制造集团有限公司
地址：山东省东营市井下立交桥南路西
邮编：257000
电话：0546-8642756
传真：0546-8642356
网址：www.junmagroup.com

山东科瑞石油装备有限公司
地址：山东省东营市南二路 233 号
邮编：257067
电话：0546-8179179
传真：0546-8179685
网址：www.keruigroup.com
E-mail：sales@keruigroup.com

胜利油田胜利泵业有限责任公司
地址：山东省东营市东营区黄河路 678 号
邮编：257079
电话：0546-8772069
传真：0546-8791316
网址：www.rodlesspump.com.cn
E-mail：dequan.ma@rodlesspump.com.cn

胜利油田孚瑞特石油装备有限责任公司
地址：山东省东营市东营区南一路 203 号
邮编：257082
电话：0546-8612287
传真：0546-8612297
网址：www.slfrt.com
E-mail：jyc1979@chinafreet.com

东营博深石油机械有限责任公司
地址：山东省东营市经济技术开发区莒州路 38 号
邮编：257091
电话：0546-8309818
传真：0546-8303444
网址：www.dybosun.com
E-mail：dybosun@dybosun.com

胜利油田高原石油装备有限责任公司
地址：山东省东营市南一路 232 号
邮编：257091
电话：0546-8835977
传真：0546-8835999
网址：www.chinahighland.com
E-mail：salescn@chinahighland.com

胜利油田龙玺石油工程服务有限责任公司
地址：山东省东营市经济开发区胜利工业园淮河路 73 号
邮编：257091
电话：0546-8739699
传真：0546-8739799
网址：www.sllongxi.com
E-mail：120915395@qq.com

山东昊特石油装备有限公司
地址：山东省东营市开发区东六路 26 号
邮编：257099
电话：0546-8550619
传真：0546-8797018
网址：www.sqsyjx,com
E-mail：sqsyjx@126.com

东营施普瑞石油工程技术有限公司
地址：山东省东营市广饶县稻庄镇东杨家工业园
邮编：257336

电话：0546-6507111
传真：0546-6507000
网址：www.springdy.com
E-mail：spring9105@126.com

莱州市霸力石油机械有限公司
地址：山东省莱州市石坊路 239 号
邮编：261400
电话：0535-2260118
传真：0535-2236188
网址：www.balipm.com
E-mail：office@balipm.com

莱州市原野科技有限公司
地址：山东省莱州市文化东路银资大厦 4 层
邮编：261400
电话：0535-2273828
传真：0535-2273828
网址：www.yy0535.com
E-mail：yy0535@126.com

山东豪迈机械制造有限公司
地址：山东省高密市豪迈产业园 B 区
邮编：261500
电话：0536-2120061
传真：0536-2120763
E-mail：es@himile.com

山东省金圣隆机械有限公司
地址：山东省潍坊市临朐县城沂山东路 2507 号
邮编：262600
电话：0536-3151069
传真：0536-3150988
网址：www.sjmoil.com
E-mail：jsl@jsl-mach.com

中集来福士海洋工程有限公司
地址：山东省烟台市芝罘区芝罘岛东路 70 号
邮编：264000
电话：0535-6801451
传真：0535-6801260
网址：www.cimc-raffles.com
E-mail：enquire@cimc-raffles.com

烟台杰瑞石油服务集团股份有限公司
地址：山东省烟台市莱山区杰瑞路 5 号
邮编：264003
电话：0535-6723166
传真：0535-6723171
网址：www.jereh.com
E-mail：jenny.hu@jereh.com

烟台盛泉泵业有限公司
地址：山东省烟台市莱山区轸大路 16 号
邮编：264003
电话：0535-6726529
传真：0535-6726110
网址：www.sq-pump.com
E-mail：ytby2008@163.com

威海化工机械有限公司
地址：山东省威海市旅游度假区张村镇
邮编：264203
电话：0631-5788068
传真：0631-5757767
网址：www.chemdevice.com
E-mail：howareyou@chemdevice.com

青岛开世密封工业有限公司
地址：山东省青岛市四方区嘉禾路 7 号
邮编：266031
电话：0532-83753271
传真：0532-83713756
网址：www.tks.cn
E-mail：hany@tks.xn

中海油炼化青岛工程有限公司
地址：山东省青岛市崂山区松岭路 197 号
邮编：266100
电话：0532-89090652

传真：0532-89090508

网址：www.enpal.cn

E-mail：wangjc@enpal.cn

青岛大仓管道防腐保温器材有限公司

地址：山东省青岛市即墨市通济区海尔路中段

邮编：266200

电话：0532-86657597

传真：0532-86657598

网址：www.dacang.net

E-mail：office@dacang.net

青岛科华石油机械有限公司

地址：山东省青岛市胶州北关工业园沧州路 115 号

邮编：266300

电话：0532-87251977

传真：0532-82263205

网址：www.kehuapumpparts.com

E-mail：info@kehuapumpparts.com

泰安航天特种车有限公司

地址：山东省泰安市高新技术开发区

邮编：271000

电话：0538-8502311

传真：0538-8502300

网址：www.tasv.cn

E-mail：tasv@tasv.cn

山东威马泵业股份有限公司

地址：山东省莱芜市高新技术开发区苍龙泉大街 8 号

邮编：271100

电话：0634-5919867

传真：0634-8856601

网址：www.sdweima.com

E-mail：wmpump@163.com

河南省

郑州天恩石油机械有限公司

地址：河南省郑州市高新技术开发区

邮编：450001

电话：0371-55192508

传真：0371-67898282

网址：www.tnsyjx.com

E-mail：lzg7488@163.com

机械工业第六设计研究院有限公司

地址：河南省郑州市中原中路 191 号

邮编：450007

电话：0371-67606373

传真：0371-67661018

网址：www.sippr.cn

E-mail：zzliuyong@126.com

郑州万达重工股份有限公司

地址：河南省郑州市航空港综合经济实验区四港联动大道

邮编：450019

电话：0371-62538267

传真：0371-62538258

网址：www.zzwanda.com

E-mail：zhengzhouwanda@163.com

济源华新石油机械有限公司

地址：河南省济源市科技工业区

邮编：454650

电话：0391-6616830

传真：0391-6616830

网址：www.jyhxsy.com

E-mail：fzsdyx139@sohu.com

河南神龙石油钻具有限公司

地址：河南省济源市高新技术产业集聚区

邮编：454650

电话：0391-6635039

传真：0391-6636291

网址：www.petrodrillingtools.com

E-mail：info@petrodrillingtools.com

中原特钢股份有限公司

地址：河南省济源市第九号信箱

邮编：454685
电话：0391-6099168
传真：0391-6099158
网址：www.zssc.com
E-mail：zsswzgc@sina.com

河南长江石油机械有限公司
地址：河南省武陟县大司马工业区 888 号
邮编：454981
电话：0391-7515670
传真：0391-7515671
网址：www.hncjsyjx.com
E-mail：hmcjsyjx@126.com

濮阳市科锐机械工程技术有限公司
地址：河南省濮阳市濮东产业集聚区新东路
邮编：457000
电话：0393-4465557
传真：0393-4465557
网址：www.pykrgs.com.cn
E-mail：pykrgs@163.com

河南信宇石油机械制造股份有限公司
地址：河南省濮阳市濮东产业聚集区锦田路
邮编：457001
电话：0393-8751791
传真：0393-8751707
网址：www.chinaxinyv.com
E-mail：xinyushiyou@163.com

濮阳市中信激扬机械制造有限公司
地址：河南省濮阳市濮东产业集聚区新东路 269 号
邮编：457001
电话：0393-8209360
传真：0393-8209170
网址：www.zhongxinjiyang.icoc.cc
E-mail：wulh0001@sohu.com

濮阳市望联机械设备有限公司
地址：河南省濮阳市濮东产业集聚区新东路
邮编：457001
电话：0393-4777888
传真：0393-4777889
网址：www.wanglianjx.cn
E-mail：wanglian1688@126.com

中原特种车辆有限公司
地址：河南省濮阳市大庆路南段
邮编：457001
电话：0393-4751423
传真：0393-4752373
网址：www.cnspv.com
E-mail：gsb@cnspv.com

中原总机石油设备有限公司
地址：河南省濮阳市大庆路北 465 号
邮编：457001
电话：0393-5380099
传真：0393-4892525
网址：www.zpebmach.com
E-mail：ddthy@163.com

河南双发石油装备制造股份有限公司
地址：河南省濮阳市范县产业集聚区
邮编：457001
电话：0393-4711328
传真：0393-4710604
网址：www.hnsfsy.com
E-mail：henanshuangfa@126.com

洛阳瑞昌石油化工设备有限公司
地址：河南省洛阳市国家高新技术产业开发区延光路 8 号
邮编：471003
电话：0379-65112356
传真：0379-60696908
网址：www.ruichang.com.cn
E-mail：market@ruichang.com.cn

南阳二机石油装备（集团）有限公司
地址：河南省南阳市中州西路 869 号

邮编：473006
电话：0377-63577535
传真：0377-63552942
网址：www.ejpetro.com
E-mail：ejcxsb@ejpetro.com

南阳防爆集团股份有限公司
地址：河南省南阳市仲景北路 22 号
邮编：473008
电话：0377-63259210
传真：0377-63258318
网址：www.cn-nf.com
E-mail：2265813083@qq.com

湖北省

武昌船舶重工集团有限公司
地址：湖北省武汉市武昌区张之洞路 2 号
邮编：430060
电话：027-68887400
传真：027-88077801
网址：www.wuchuan.com.cn
E-mail：wuchuan@wuchuan.com.cn

湖北江汉石油仪器仪表股份有限公司
地址：湖北省武汉市东湖新技术开发区佛祖岭产业园佛祖岭三路 35 号
邮编：430205
电话：027-81710500
传真：027-81710500
网址：www.hbjpim.com
E-mail：lhf@hbipim.com

中石化石油工程机械有限公司石油机械研究院
地址：湖北省武汉市东湖高新技术开发区大学园路 18 号
邮编：430223
电话：027-52307607
传真：027-52307609

江汉石油钻头股份有限公司
地址：湖北省武汉市东湖新技术开发区华工园一路 5 号
邮编：430223
电话：027-87924887
传真：027-87924884
网址：www.kingdream.com.cn
E-mail：shuj @kingdream.com

三江瓦力特特种车辆有限公司
地址：湖北省孝感市 66 号信箱（长征路中段）
邮编：432000
电话：0712-2959424
传真：0712-2357779
网址：www.sjwlt.com
E-mail：swkfb@126.com

湖北中油科昊机械制造有限公司
地址：湖北省荆州市荆州区九阳工业园 16 号
邮编：434000
电话：0716-8189016
传真：0716-8268522
网址：www.petrokh.com
E-mail：petrokh-hb@163.com

湖北省荆州市赛瑞能源技术有限公司
地址：湖北省荆州市沙市区江津西路 288 号
邮编：434000
电话：0716-8011501
传真：0716-8263197
网址：www.sunriseet.com
E-mail：sales@sunriseet.com

中石化石油工程机械有限公司沙市钢管厂
地址：湖北省荆州市沙市区北京东路 2 号
邮编：434001
电话：0716-8302641
传真：0716-8301514
网址：www.sspco.com.cn
E-mail：zhanglivivy@126.com

湖北佳业石油机械股份有限公司
地址：湖北省荆州市荆州区西环路 238 号
邮编：434020
电话：0716-8021331
传真：0716-8020573
网址：www.jypetro.com
E-mail：jhjysy@163.net

中石化石油工程机械有限公司江汉石油钻头股份有限公司
地址：湖北省武汉市东湖新技术开发区华工园一路 5 号
邮编：434024
电话：027-87180571
传真：027-87180573
网址：www.kingdream.com

中石化石油工程机械有限公司第四机械厂
地址：湖北省荆州市荆州区四机路 1 号
邮编：434024
电话：0716-8429063
传真：0716-8429069
网址：www.sipetro.com
E-mail：xgxb@sjpetro.com

四机赛瓦石油钻采设备有限公司
地址：湖北省荆州市荆州区西环路
邮编：434024
电话：0716-8020903
传真：0716-8016063
网址：www.sjs.servacorp.com.cn
E-mail：sjs@servacorp.com

襄阳航生石化环保设备有限公司
地址：湖北省襄阳市 157 信箱
邮编：441003
电话：0710-3101648
传真：0710-3343791
网址：www.xfhssh.com
E-mail：hs@xfhssh.com

中船重工中南装备有限责任公司
地址：湖北省宜昌市经济技术开发区青岛路 21 号
邮编：443005
电话：0717-6331973
传真：0717-6334388
网址：www.zg388.com
E-mail：ds@zg388.com

湖南省

长沙威重化工机械有限公司
地址：湖南省长沙市经济技术开发区盼盼路 18 号
邮编：410100
电话：0731-84875555
传真：0731-84875558
网址：www.changshawz.com
E-mail：market@changshawz.com

湖南唯科拓石油科技服务有限公司
地址：湖南省长沙市雨花区环保科技产业园创业中心振华路 199 号
邮编：410116
电话：0731-89900676
传真：0731-89900676
网址：www.vctsy.com
E-mail：vctsy.cn@gmail.com

湖南安淳高新技术有限公司
地址：湖南省长沙市高新区麓松路 539 号
邮编：410205
电话：0731-88958610
传真：0731-88958610
网址：www.hnanchun.com
E-mail：hnanchun@vip.163.com

湘潭电机股份有限公司
地址：湖南省湘潭市岳塘区下摄司街 302 号
邮编：411101
电话：0731-58585114

传真：0731-58596114
网址：www.xemc.com.cn
E-mail：djscb@xemc.com.cn

株洲西迪硬质合金科技有限公司
地址：湖南省株洲市芦淞区湘大路 1099 号
邮编：412000
电话：0731-28256456
传真：0731-22659065
网址：www.seed-carbide.com
E-mail：seed@seed-carbide.com

广东省

中天启明石油技术有限公司
地址：广东省广州市开发区科学城瑞和路 73 号
邮编：510535
电话：020-22009988
传真：020-22009987
网址：www.goaltech.com.cn
E-mail：sales@goaltech.com.cn

广州市轻穗机械制造有限公司
地址：广东省广州市番禺区南村镇梅山村梅山大道北 3 号
邮编：511442
电话：020-34765999
传真：020-84561759
网址：www.gzqsjx.com
E-mail：qs_jacky@126.com

番禺珠江钢管有限公司
地址：广东省广州市番禺区清河东路石基路段
邮编：511450
电话：020-84558888
传真：020-84850688
网址：www.pck.com.cn
E-mail：pipe@pck.com.cn

广州东塑石油钻采专用设备有限公司
地址：广东省广州市番禺区沙湾镇大巷涌路 107 号
邮编：511483
电话：020-84737193
传真：020-84731766
网址：www.gzdongsu.cn
E-mail：sales@dongsu.cn

广东粤新海洋工程装备股份有限公司
地址：广东省广州市南沙区大岗镇马前村
邮编：511568
电话：020-34996666
传真：020-34994008
网址：www.yuexinship.com
E-mail：admin@yuexinship.com

中海石油炼化有限责任公司惠州炼化分公司
地址：广东省惠州市大亚湾区石化大道 302 号
邮编：516086
电话：0752-3688360
传真：0752-3688360
E-mail：yangrzh@cnooc.com.cn

百勤石油技术有限公司
地址：广东省深圳市南山区海德三道天利中央商务广场 A 座 7 层
邮编：518054
电话：0755-86331788
传真：0755-86331733
网址：www.petro-king.cn
E-mail：sales@petro-king.cn

深圳市冠瑞达能源装备有限公司
地址：广东省深圳市南山区月亮湾大道 2076 号中国高科大厦 6 层 C1
邮编：518054
电话：0755-86274928
传真：0755-86274860
网址：www.compressor.cn
E-mail：sales@guanruixing.com

深圳市英威腾电气股份有限公司

地址：广东省深圳市南山区龙井高发科技工业园 4 号楼
邮编：518055
电话：0755-86028999
传真：0755-86312937
网址：www.invt.com.cn
E-mail：invt@invt.com.cn

深圳市万众油田服务有限公司

地址：广东省深圳市南山区南海大道 1077 号北科创业大厦 910 室
邮编：518067
电话：0755-26839480
传真：0755-26839490
网址：www.winjoin.net
E-mail：market@winjoin.net

珠海京楚石油技术开发有限公司

地址：广东省珠海市吉大海滨南路 47 号
邮编：519015
电话：0756-3326612
传真：0756-3326619
网址：www.jcptdc.com
E-mail：business@jcptdc.com

茂名重力石化机械制造有限公司

地址：广东省茂名市双山四路 9 号
邮编：525000
电话：0668-2264248
传真：0668-2269317
网址：www.mpcc.com.cn
E-mail：jxcjyb@mpcc.com.cn

广东精铟机械有限公司

地址：广东省佛山市南海区大沥长虹岭工业园
邮编：528231
电话：0757-22177993
传真：0757-81183420
网址：www.gdjingyin.com
E-mail：gdjy@gdjingyin.com

广西壮族自治区

柳州压缩机总厂

地址：广西省柳州市北雀路 129 号
邮编：545002
电话：0772-2311134、2313027
传真：0772-2313918
网址：lz-ysj.jixie.net
E-mail：zcxby1@163.com

重庆市

重庆望江工业有限公司

地址：重庆市江北区郭家沱
邮编：297936
电话：023-67110497
传真：023-67110020
网址：www.cqwjgy.com
E-mail：wj67110046@126.com

重庆华川油建装备制造（集团）有限公司

地址：重庆市北碚区蔡家岗镇凤栖路 3 号
邮编：400707
电话：023-68315622 、68315623
传真：023-68315622
网址：www.hcyj.com
E-mail：cqhcyj@hcyj.com

四川省

四川北尚石油科技有限公司

地址：四川省成都市龙泉驿区聚能国际产业港
邮编：610041
电话：028-69859217
传真：028-69859218
网址：www.ancorro.com

E-mail：lijunlly@hotmail.com

四川科比科油气工程有限公司

地址：四川省成都市高新区吉泰五路 118 号凯旋广场 3 栋 805 室
邮编：610041
电话：028-85327700
传真：028-62037377
网址：www.corbic.com.cn
E-mail：service@corbic.com.cn

成都西部石油装备有限公司

地址：四川省成都市龙泉驿区东航路 285 号
邮编：610100
电话：028-88430828
传真：028-88430918
网址：www.westernpetro.net
E-mail：sales@westernpetro.net

成都伟瓦节能科技有限公司

地址：四川省成都市双流县西航港经济开发区腾飞一路 655 号
邮编：610207
电话：028-85870091
传真：028-85870125
网址：www.viva001.com
E-mail：vivadscj@163.com

成都惠灵丰金刚石钻头有限公司

地址：四川省成都市新都区工业东区九龙路
邮编：610500
电话：028-83920891
传真：028-83920891
网址：www.cdhlf.com
E-mail：hlf@cdhlf.com

成都航发特种车有限公司

地址：四川省成都市新都区蜀龙大道中段
邮编：610500
电话：028-67333290
传真：028-83963928
网址：www.cdhftc.com
E-mail：cftc11@126.com

成都晋林石油机械有限责任公司

地址：四川省成都市彭州市天府东路 558 号
邮编：611930
电话：028-83750350
传真：028-83750350
网址：www.jlgy.com.cn
E-mail：jinlinshiyou@126.com

广汉英特莱石油设备有限公司

地址：四川省成都市高新区世纪城路 358 号
邮编：618300
电话：028-85307220
传真：028-85307220
网址：www.intlpetroequip.com
E-mail：biz@intlpetroequip.com

四川省广汉三阳机械制造有限公司

地址：四川省广汉市经济开发区成都大道中段
邮编：618300
电话：0838-3137159
传真：0838-3137106
网址：www.scghsyjx.com
E-mail：guanghansanyang@126.com

四川宏华石油设备有限公司

地址：四川省广汉市中山大道南二段 90 号
邮编：618300
电话：0838-6081106
传真：0838-6081106
网址：www.hhcp.com.cn
E-mail：hhcp@hhcp.com.cn

四川崇泰石油机械有限公司

地址：四川省什邡市回澜开发区
邮编：618400
电话：0838-8225799
传真：0838-8225895
网址：www.scchongtai.com

E-mail：chongtaisy@126.com

达州市德瑞凯油气工程服务有限公司
地址：四川省达州市宣汉县胡家镇
邮编：636150
电话：0818-5581711
传真：0818-5581711
E-mail：drkgcb@163.com

四川大川压缩机有限责任公司
地址：四川省简阳市建设西路
邮编：641400
电话：028-24038781
传真：028-24038000
网址：www.scdac.cn
E-mail：sdccl@scdac.cn

自贡硬质合金有限责任公司
地址：四川省自贡市人民路 111 号
邮编：643011
电话：0813-5516521
传真：0813-5516300
网址：www.zgcc.com
E-mail：furui@zgcc.com

自贡大业高压容器有限责任公司
地址：四川省自贡市自流井区舒坪路 89 号
邮编：643036
电话：0813-3600270
传真：0813-3600360
网址：www.chinadygr.com
E-mail：dy3600270@163.kom

四川惊雷科技股份有限公司
地址：四川省宜宾市宜宾县孔滩镇
邮编：644623
电话：0831-7966115
传真：0831-7966115
网址：www.jinglei-china.com
E-mail：sales-jinglei@163.com

云南省

昆明嘉和科技股份有限公司
地址：云南省昆明市经济技术开发区信息产业基地拓翔路 208 号
邮编：650501
电话：0871-65638866、67413111
传真：0871-67413222
网址：www.jhpumps.com
E-mail：jhjt@jhpumps.com

陕西省

西安天瑞石油机械设备有限公司
地址：陕西省西安市户县草堂工业园 60 号
邮编：710016
电话：029-86332919
传真：029-86332919
网址：www.trsyjx.com
E-mail：trsyjx@163.com

捷耐特阀门集团有限公司
地址：陕西省西安市高新区长安科技园发展大道 25 号
邮编：710019
电话：029-86560287
传真：029-86560288
网址：www.jnt-cn.com
E-mail：jnt@jnt-cn.com

陕西艾潽机械制造有限公司
地址：陕西省西安市未央区雅荷花园中环大厦 A 座 10F
邮编：710021
电话：029-63611978
传真：029-86213700
网址：www.aipugukong.com
E-mail：sales@aipugukong.com

中国石油测井公司
地址：陕西省西安市高新技术开发区锦业二路50号
邮编：710077
电话：029-88776213
传真：029-88776213
网址：www.cnpc.com.cn
E-mail：sales@cpl.com.cn

西安正道能源机械设备有限公司
地址：陕西省西安市雁塔区鱼化工业园区富鱼路18号
邮编：710100
电话：029-89305761
传真：029-89305769
网址：www.brightwaysolids.com
E-mail：bw@zdnyjx.com

陕西长庆专用车制造有限公司
地址：陕西省咸阳市世纪大道中段
邮编：712000
电话：029-33693202
传真：029-33693201
网址：www.cqzyc.com
E-mail：cqk2004@126.com

延安守山机械制造有限公司
地址：陕西省延安市宝塔区姚店工业园区
邮编：716004
电话：0911-8258102
传真：0911-8258102
网址：www.yassjx.com
E-mail：272551797@qq.com

宝鸡市宝昊石油机械设备有限公司
地址：陕西省宝鸡市金台区南坡村
邮编：721000
电话：0917-3266963
传真：0917-3266953
网址：www.bjbhsy.com
E-mail：wsy@bjjhsy.com

宝鸡翌东石油机械有限公司
地址：陕西省宝鸡市高新区高新五路财富大厦A座
邮编：721000
电话：0917-3535292
传真：0917-3535298
网址：www.bjydsy.com
E-mail：bjydsy@163.com

宝鸡市盟泰石油机械有限公司
地址：陕西省宝鸡市宝平路39号
邮编：721001
电话：0917-3531362
传真：0917-3410086
网址：www.bjmtsy.com
E-mail：jinlinhe@126.com

宝鸡石油机械有限责任公司
地址：陕西省宝鸡市东风路2号
邮编：721002
电话：0917-3462153
传真：0917-3242134
网址：www.bomco.cn
E-mail：bomco@bomco.cn

宝鸡石油钢管有限责任公司
地址：陕西省宝鸡市渭滨区姜谭路10号
邮编：721008
电话：0917-3398325
传真：0917-3390847
网址：www.bsg.com.cn
E-mail：bsggsb@cnpc.com.cn

宝鸡市广汇机械有限公司
地址：陕西省宝鸡市渭滨区永清工业园35号
邮编：721013
电话：0917-8607058
传真：0917-8607053
网址：www.bjghjx.cn
E-mail：wangjueyin@hotmail.com

陕西腾飞石油机电新技术有限责任公司
地址：陕西省宝鸡市高新区十八路

邮编：721013
电话：0917-6269918
传真：0917-6269906
网址：www.teficopetro.com
E-mail：info@teficopetro.com

宝鸡市赛孚石油机械有限公司
地址：陕西省宝鸡市高新区高新十九路
邮编：721306
电话：0917-6733340
传真：0917-6733341
网址：www.bjsfpm.com
E-mail：sales@bjsfpm.com

甘肃省

兰州兰石集团有限公司
地址：甘肃省兰州市七里河区西津西路 194 号
邮编：730050
电话：0931-2333611
传真：0931-2339794
网址：www.lsjt.com.cn
E-mail：727934905@qq.com

兰州通用机器厂实业总公司修造厂
地址：甘肃省兰州市七里河区彭家坪路 140 号
邮编：730050
电话：0931-2680180
传真：0931-2680180
网址：www.lztyjq.com
E-mail：ltsysbc@163.com

兰州盛达采油机械制造有限责任公司
地址：甘肃省兰州市七里河区南湾 1 号
邮编：730050
电话：0931-2921641
传真：0931-2566223
网址：www.lzsdgs.com
E-mail：shengds@vip.sina.com

甘肃蓝科石化高新装备股份有限公司
地址：甘肃省兰州市安宁区蓝科路 8 号
邮编：730070
电话：0931-7639988
传真：0931-7663348
网址：www.lanpec.com
E-mail：lanpec@lanpec.com

兰州城临石油钻采设备有限公司
地址：甘肃省兰州市安宁区城临路 9 号
邮编：730070
电话：0931-7668953
传真：0931-7668953
网址：www.lzclgs.com
E-mail：lcsyjz@vip.sina.com

中石油玉门油田分公司机械厂
地址：甘肃省玉门市老市区三八路 5 号
邮编：735009
电话：0937-3936494
传真：0937-3933024
E-mail：ypabmp@126.com

贵州省

贵州高峰石油机械股份有限公司
地址：贵州省贵阳市观山湖区长岭南路 22 号
邮编：550081
电话：0853-4668339
传真：0853-4668503
网址：www.gaofengpm.com
E-mail：xsb1@gaofeng-petro.com

贵州凯星液力传动机械有限公司
地址：贵州省遵义市汇川区大连路贵州航天高新技术产业园
邮编：563003
电话：0852-8974932
传真：0852-8636532
网址：www.gzkx.net
E-mail：gzkx@gzkx.net

统计资料

公布2014年石油和石油化工设备行业各分行业主要企业的经济指标，以及石油钻采、炼油化工、压力容器和输油管道四大类设备的进出口情况

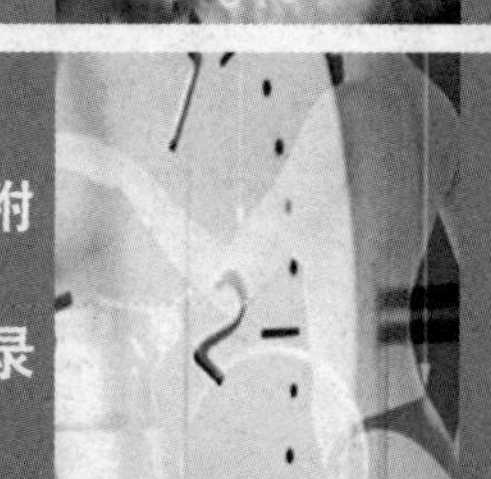

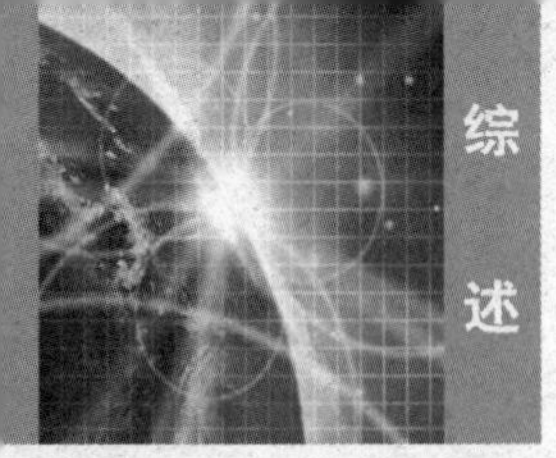

统计资料

2014 年我国石油和石油化工设备行业主要经济指标

2014 年我国石油和石油化工设备主要大类产品进出口统计

2014 年我国石油和石油化工设备行业出口超 1 亿美元的单项设备（产品）

2014 年我国石油和石油化工设备（产品）进出口量值表

2014 年我国石油和石油化工设备（产品）主要进出口国家（地区）量值表

2014年我国石油和石油化工设备行业主要经济指标

企业分类	企业数（家）	亏损面			亏损额	
		亏损企业数（家）	占总数比例（%）	同比增长（%）	金额（亿元）	同比增长（%）
合 计	1 885	226	11.99	30.64	27.47	17.29
按小行业分类						
石油钻采设备	868	84	9.68	42.37	12.47	-12.15
海洋工程设备	54	6	11.11	-14.29	4.56	117.77
炼油化工设备	480	57	11.88	21.28	5.15	23.86
金属压力容器	483	79	16.36	31.67	5.29	93.86
按企业规模分类						
大型企业	52	4	7.69	-20.00	4.64	14.01
中型企业	267	43	16.10	34.38	10.83	18.02
小型企业	1 566	179	11.43	31.62	12.00	17.94
按企业经济类型分类						
国有企业	114	29	25.44	7.41	10.79	1.28
民营企业	1 556	154	9.90	42.59	6.87	40.19
三资企业	130	23	17.69	9.52	6.61	7.98
其他	85	20	23.53	17.65	3.20	83.24

企业分类	资产总额		
	金额（亿元）	占总额比例（%）	同比增长（%）
合 计	5 754.89	100.00	11.26
按小行业分类			
石油钻采设备	2 916.81	50.68	12.81
海洋工程设备	1 121.97	19.50	10.19
炼油化工设备	934.15	16.23	11.79
金属压力容器	781.95	13.59	6.66
按企业规模分类			
大型企业	2 513.55	43.68	8.41
中型企业	1 499.78	26.06	9.36
小型企业	1 741.56	30.26	17.47
按企业经济类型分类			
国有企业	2 254.11	39.17	6.30
民营企业	2 550.85	44.32	16.81
三资企业	747.20	12.98	8.68
其他	202.73	3.52	12.17

企业分类	负债总额		
	金额（亿元）	占总额比例（%）	同比增长（%）
合计	3 303.09	100.00	8.33
按小行业分类			
石油钻采设备	1 502.90	45.50	7.56
海洋工程设备	821.63	24.87	10.78
炼油化工设备	538.22	16.29	9.43
金属压力容器	440.34	13.33	5.29
按企业规模分类			
大型企业	1 593.37	48.24	6.44
中型企业	801.95	24.28	6.60
小型企业	907.77	27.48	13.51
按企业经济类型分类			
国有企业	1 495.93	45.29	6.62
民营企业	1 269.91	38.45	10.20
三资企业	420.60	12.73	8.45
其他	116.65	3.53	10.40

企业分类	主营业务收入		
	金额（亿元）	占总额比例（%）	同比增长（%）
合计	5 578.92	100.00	8.35
按小行业分类			
石油钻采设备	3 100.08	55.57	7.86
海洋工程设备	725.69	13.01	13.49
炼油化工设备	932.33	16.71	12.00
金属压力容器	820.82	14.71	2.23
按企业规模分类			
大型企业	1 741.59	31.22	2.39
中型企业	1 484.17	26.60	9.44
小型企业	2 353.16	42.18	12.50
按企业经济类型分类			
国有企业	1 294.47	23.20	0.63
民营企业	3 390.65	60.78	9.79
三资企业	700.48	12.56	14.99
其他	193.33	3.47	17.14

企业分类	出口交货值		
	金额（亿元）	占总额比例（%）	同比增长（%）
合计	780.68	100.00	23.61
按小行业分类			
石油钻采设备	352.01	45.09	32.41
海洋工程设备	351.63	45.04	14.93
炼油化工设备	31.44	4.03	12.15
金属压力容器	45.60	5.84	43.69
按企业规模分类			
大型企业	510.82	65.43	29.75
中型企业	193.20	24.75	18.80
小型企业	76.66	9.82	1.88
按企业经济类型分类			
国有企业	324.24	41.53	8.08
民营企业	191.88	24.58	15.69
三资企业	251.58	32.23	58.55
其他	12.98	1.66	84.21

企业分类	利润总额		
	金额（亿元）	占总额比例（%）	同比增长（%）
合计	360.31	100.00	10.33
按小行业分类			
石油钻采设备	229.62	63.73	12.94
海洋工程设备	30.13	8.36	46.09
炼油化工设备	56.49	15.68	0.86
金属压力容器	44.07	12.23	-5.48
按企业规模分类			
大型企业	102.90	28.56	11.58
中型企业	99.10	27.51	7.26
小型企业	158.31	43.94	11.51
按企业经济类型分类			
国有企业	37.08	10.29	21.18
民营企业	249.99	69.38	5.21
三资企业	68.40	18.98	33.51
其他	4.84	1.34	-32.26

企业分类	税金总额		
	金额（亿元）	占总额比例（%）	同比增长（%）
合计	193.25	100.00	14.10
按小行业分类			
石油钻采设备	111.14	57.51	19.53
海洋工程设备	20.97	10.85	32.53
炼油化工设备	33.74	17.46	4.74
金属压力容器	27.40	14.18	-3.34
按企业规模分类			
大型企业	64.23	33.24	22.55
中型企业	55.12	28.52	15.98
小型企业	73.89	38.24	6.44
按企业经济类型分类			
国有企业	40.44	20.93	13.21
民营企业	125.13	64.75	13.17
三资企业	22.57	11.68	31.73
其他	5.11	2.65	-14.03

注：表中数据因四舍五入，合计数与分项之和略有出入。

2014 年我国石油和石油化工设备主要大类产品进出口统计

行业名称	进出口总额		进口额		出口额		贸易顺差	
	金额（亿美元）	同比增长（%）	金额（亿美元）	同比增长（%）	金额（亿美元）	同比增长（%）	金额（亿美元）	同比增长（%）
石油钻采设备	54.91	7.46	13.32	11.37	41.59	6.26	28.27	4.01
炼油化工设备	98.49	6.90	44.15	-1.67	54.35	15.08	10.2	337.77
金属压力容器	61.5	11.68	9.57	3.80	51.93	13.26	42.36	15.64
海洋油气工程	45.53	-19.77	2.3	-39.47	43.23	-18.36	40.93	-16.72
合计	260.44	2.11	69.34	-0.77	191.10	3.20	121.76	5.61

2014 年我国石油和石油化工设备行业出口超 1 亿美元的单项设备（产品）

税号	设备（产品）名称	单位	出口量	出口额（万美元）
84135020	电动往复式排液泵	台	16 111 440	20 607.54
84135090	未列名往复式排液泵	台	2 219 358	16 982.78
84136090	其他回转式排液泵	台	23 577 249	62 611.47
84138100	未列名液体泵	台	26 507 999	38 855.60
84139100	液体泵零件	kg	257 683 259	164 173.94
84304111	自推进石油及天然气钻机，钻探深度≥ 6 000m	台	40	36 071.59
84304119	未列名自推进的石油及天然气钻机	台	378	46 336.60
84305010	其他自推进采油机械	台	2 479	10 628.91
84314310	石油或天然气钻机的零件	kg	329 328 654	180 892.44
84743100	混凝土或砂浆混合机器	台	856 320	32 490.74
89012011	载重量不超过 10 万 t 的成品油船	艘	87	60 314.53
89012022	15 万 t ＜载重量≤ 30 万 t 的原油船	艘	7	40 734.38
89012023	载重量超过 30 万 t 的原油船	艘	12	115 497.40
89012090	其他液货船	艘	13	20 835.86
89052000	浮动或潜水式钻探或生产平台	座	92	202 805.73
90158000	其他大地及水道测量海洋气象地球物理用仪器	台	5 846 212	40 724.58
84193990	未列名干燥器	台	1 167 037	29 921.45
84195000	热交换装置	台	1 185 020	71 453.26
84196090	未列名液化空气或其他气体的机器	台	2 208	18 971.79
84198990	未列名利用温度变化处理材料的机器、装置等	台	4 874 037	70 552.91
84212990	未列名液体过滤、净化机器及装置	台	101 840 456	56 415.02
84772090	其他挤出机	台	7 067	25 971.14
84796000	蒸发式空气冷却器	台	1 378 414	12 345.40
84798200	搅混、轧碎、研磨、筛选、均化或乳化机器	台	601 633	39 272.43
84798999	未列名具有独立功能的机器及机械器具	台	283 619 350	176 849.40
84811000	减压阀	台	47 030 151	22 095.98
84812020	气压传动阀	台	11 877 335	12 775.42
84813000	止回阀	台	1 924 744 725	42 636.76
84814000	安全阀或溢流阀	台	46 730 043	16 164.96
84819010	阀门零件	kg	360 607 602	239 782.84
73071100	无可锻性铸铁管子附件	kg	288 912 514	57 560.38
73071900	可锻性铸铁及铸钢管子附件	kg	268 899 340	62 682.03

（续）

税号	设备（产品）名称	单位	出口量	出口额（万美元）
73072100	不锈钢制法兰	kg	68 193 639	38 542.77
73072200	不锈钢制螺纹肘管、弯管及管套	kg	19 164 121	19 150.50
73072300	不锈钢制对焊件	kg	17 630 703	15 989.69
73072900	不锈钢制其他管子附件	kg	30 715 024	37 124.84
73079100	其他钢铁制法兰	kg	423 343 208	65 614.43
73079200	其他钢铁制螺纹肘管、弯管及管套	kg	101 197 159	30 868.30
73079300	其他钢铁制对焊件	kg	185 169 219	30 001.60
73079900	未列名钢铁制管子附件	kg	272 849 774	100 972.88
73110090	装压缩气体或液化气体的非零售包装钢铁容器	kg	244 865 587	54 551.32
84841000	密封垫等，金属片与其他材料或多层金属片制	kg	26 356 553	30 403.76
73041910	其他钢石油天然气管道管，215.9mm ≤外径≤ 406.4mm	kg	728 768 506	63 932.01
73041920	其他钢石油天然气管道管，114.3mm ＜外径＜ 215.9mm	kg	515 279 438	42 672.40
73041930	其他钢石油天然气无缝管道管，外径≤ 114.3mm	kg	803 465 700	65 023.02
73041990	其他钢石油天然气无缝管道管，外径＞ 406.4mm	kg	214 239 138	25 546.56
73042310	其他钢制钻探石油天然气钻管，外径≤ 168.3mm	kg	126 095 473	46 074.49
73042910	屈服强度＜ 552MPa 的其他钢铁制钻探石油及天然气用无缝套管、导管	kg	647 045 825	60 601.69
73042920	552MPa ≤屈服强度＜ 758MPa 的其他钢铁制钻探石油及天然气用无缝套管、导管	kg	913 250 973	115 119.11
73042930	屈服强度≥ 758MPa 的其他钢铁制钻探石油及天然气用无缝套管、导管	kg	268 634 810	37 772.85
73061900	其他钢铁制石油或天然气管道管	kg	585 333 172	42 452.87

2014 年我国石油和石油化工设备（产品）进出口量值表

2014 年石油钻采设备进口量值表

税号	设备名称	单位	进口量	进口额（万美元）
84131100	分装燃料或润滑油的计量泵，加油站或车库用	台	2 451	495.48
84131900	其他装有或可装计量装置的液体泵	台	2 061 001	19 444.00
84135010	气动往复式排液泵	台	238 621	6 253.47
84135020	电动往复式排液泵	台	10 068 437	33 112.83

（续）

税号	设备名称	单位	进口量	进口额（万美元）
84135090	未列名往复式排液泵	台	1 843 343	7 257.14
84136090	其他回转式排液泵	台	1 748 380	10 104.15
84137010	转速在 10 000r/min 及以上的离心泵	台	1 015 093	4 119.88
84138100	未列名液体泵	台	3 679 631	31 832.78
84138200	液体提升机	台	7 405	1 265.59
84139100	液体泵零件	kg	26 853 339	66 099.02
84139200	液体提升机零件	kg	27 584	76.06
84304111	自推进石油及天然气钻机，钻探深度≥ 6 000m	台	4	3 469.48
84304122	履带式自推进的钻机， 钻探深度＜ 6 000m	台	23	1 532.70
84304129	其他自推进的钻机， 钻探深度＜ 6 000m	台	99	2 145.71
84304190	自推进的凿井机械	台	11	419.16
84305010	其他自推进采油机械	台	32	227.23
84305031	牙轮直径≥ 380mm 的采矿钻机	台	4	4.16
84305039	其他采矿钻机	台	65	613.65
84314310	石油或天然气钻机的零件	kg	19 726 879	72 230.70
84743100	混凝土或砂浆混合机器	台	1 043	2 091.14
86061000	铁道及电车道非机动油罐货车及类似车	辆	1	1.87
87052000	机动钻探车	辆	7	1 052.96
87059080	石油测井车、压裂车、混沙车	辆	19	3 540.75
89012011	载重量不超过 10 万 t 的成品油船	艘	12	48.61
89052000	浮动或潜水式钻探或生产平台	座	1	22 900.00
90158000	其他大地及水道测量海洋气象地球物理用仪器	台	170 157	54 308.93

2014 年石油钻采设备出口量值表

税号	设备名称	单位	出口量	出口额（万美元）
84131100	分装燃料或润滑油的计量泵，加油站或车库用	台	236 640	8 770.34
84131900	其他装有或可装计量装置的液体泵	台	1 218 393	8 633.66
84135010	气动往复式排液泵	台	919 068	6 511.53
84135020	电动往复式排液泵	台	16 111 440	20 607.54
84135090	未列名往复式排液泵	台	2 219 358	16 982.78
84136090	其他回转式排液泵	台	23 577 249	62 611.47
84137010	转速在 10 000r/min 及以上的离心泵	台	12 499 871	5 887.29
84138100	未列名液体泵	台	26 507 999	38 855.60
84138200	液体提升机	台	28 178	317.40

（续）

税号	设备名称	单位	出口量	出口额（万美元）
84139100	液体泵零件	kg	257 683 259	164 173.94
84139200	液体提升机零件	kg	2 147 584	2 060.51
84304111	自推进石油及天然气钻机，钻探深度≥ 6 000m	台	40	36 071.59
84304119	未列名自推进的石油及天然气钻机	台	378	46 336.60
84304121	其他自推进的钻机，钻探深度≥ 6 000m	台	4	13.67
84304122	履带式自推进的钻机，钻探深度＜ 6 000m	台	181	3 504.71
84304129	其他自推进的钻机，钻探深度＜ 6 000m	台	1 026	9 598.60
84304190	自推进的凿井机械	台	349	2 405.47
84305010	其他自推进采油机械	台	2479	10 628.91
84305031	牙轮直径≥ 380mm 的采矿钻机	台	20	81.22
84305039	其他采矿钻机	台	237	488.06
84314310	石油或天然气钻机的零件	kg	329 328 654	180 892.44
84743100	混凝土或砂浆混合机器	台	856 320	32 490.74
86061000	铁道及电车道非机动油罐货车及类似车	辆	152	1 862.92
87052000	机动钻探车	辆	59	1 013.52
87059080	石油测井车、压裂车、混沙车	辆	202	5 171.06
87163110	油罐挂车及半挂车	辆	2 472	8 586.65
89012011	载重量不超过 10 万 t 的成品油船	艘	87	60 314.53
89012021	载重量不超过 15 万 t 的原油船	艘	1	100.00
89012022	15 万 t ＜载重量≤ 30 万 t 的原油船	艘	7	40 734.38
89012023	载重量超过 30 万 t 的原油船	艘	12	115 497.40
89012031	容积≤ 20 000m^3 的液化石油气船	艘	2	2 539.48
89012090	其他液货船	艘	13	20 835.86
89052000	浮动或潜水式钻探或生产平台	座	92	202 805.73
90158000	其他大地及水道测量海洋气象地球物理用仪器	台	5 846 212	40 724.58

2014 年炼油化工设备进口量值表

税号	设备名称	单位	进口量	进口额（万美元）
84051000	煤气发生器；乙炔发生器等水解气体发生器	kg	172 320	961.35
84059000	煤气发生器及乙炔发生器等的零件	kg	300 905	2 918.51
84161000	使用液体燃料的炉用燃烧器	kg	930 176	3 851.45
84162019	使用其他气体燃料的炉用燃烧器	kg	684 015	3 035.84
84193990	未列名干燥器	台	83 881	29 031.17
84194010	提净塔	台	25	701.85

（续）

税号	设备名称	单位	进口量	进口额（万美元）
84194020	精馏塔	台	17	1 961.63
84194090	其他蒸馏或精馏设备	台	1 914	9 017.39
84195000	热交换装置	台	498 029	81 549.07
84196011	制氧量≥15 000m^3/h 的制氧机	台	1	1.68
84196019	其他制氧机	台	9 133	608.10
84196090	未列名液化空气或其他气体的机器	台	290	12 767.51
84198910	加氢反应器	台	52	2 959.61
84198990	未列名利用温度变化处理材料的机器、装置等	台	268 623	92 683.08
84211910	脱水机	台	476	3 093.32
84212910	压滤机	台	251	4 301.89
84212990	未列名液体过滤、净化机器及装置	台	74 524 811	93 327.02
84213923	工业用旋风式除尘器	台	10 776	1 115.30
84772010	塑料造粒机	台	211	20 492.72
84772090	其他挤出机	台	890	41 115.70
84796000	蒸发式空气冷却器	台	2 418	555.80
84798200	搅混、轧碎、研磨、筛选、均化或乳化机器	台	47 549	55 273.27
84798999	未列名具有独立功能的机器及机械器具	台	230 647 011	492 144.30
84811000	减压阀	台	35 867 699	39 624.59
84812010	液压传动阀	台	78 324 292	84 951.80
84812020	气压传动阀	台	14 046 530	50 380.76
84813000	止回阀	台	257 863 487	39 576.06
84814000	安全阀或溢流阀	台	78 578 485	41 175.12
84819010	阀门零件	kg	30 419 618	111 935.34

2014 年炼油化工设备出口量值表

税号	设备名称	单位	出口量	出口额（万美元）
84051000	煤气发生器；乙炔发生器等水解气体发生器	kg	5 447 953	2 527.12
84059000	煤气发生器及乙炔发生器等的零件	kg	3 091 402	931.52
84161000	使用液体燃料的炉用燃烧器	kg	813 116	1 421.99
84162019	使用其他气体燃料的炉用燃烧器	kg	3 018 977	2 063.35
84193990	未列名干燥器	台	1 167 037	29 921.45
84194010	提净塔	台	470	791.36
84194020	精馏塔	台	129	2 794.43
84194090	其他蒸馏或精馏设备	台	35 731	7 858.84

（续）

税号	设备名称	单位	出口量	出口额（万美元）
84195000	热交换装置	台	1 185 020	71 453.26
84196011	制氧量≥15 000m^3/h 的制氧机	台	561	3 190.23
84196019	其他制氧机	台	6 983	6 916.62
84196090	未列名液化空气或其他气体的机器	台	2 208	18 971.79
84198910	加氢反应器	台	85	937.60
84198990	未列名利用温度变化处理材料的机器、装置等	台	4 874 037	70 552.91
84211910	脱水机	台	190 610	2 236.91
84212910	压滤机	台	1 979	8 122.04
84212990	未列名液体过滤、净化机器及装置	台	101 840 456	56 415.02
84213923	工业用旋风式除尘器	台	7 829	905.33
84772010	塑料造粒机	台	3 693	8 436.22
84772090	其他挤出机	台	7 067	25 971.14
84796000	蒸发式空气冷却器	台	1 378 414	12 345.40
84798200	搅混、轧碎、研磨、筛选、均化或乳化机器	台	601 633	39 272.43
84798999	未列名具有独立功能的机器及机械器具	台	283 619 350	176 849.40
84811000	减压阀	台	47 030 151	22 095.98
84812010	液压传动阀	台	7 856 479	7 703.07
84812020	气压传动阀	台	11 877 335	12 775.42
84813000	止回阀	台	1 924 744 725	42 636.76
84814000	安全阀或溢流阀	台	46 730 043	16 164.96
84819010	阀门零件	kg	360 607 602	239 782.84

2014 年压力容器产品进口量值表

税号	产品名称	单位	进口量	进口额（万美元）
73071100	无可锻性铸铁管子附件	kg	887 214	1 407.91
73071900	可锻性铸铁及铸钢管子附件	kg	2 025 895	4 233.03
73072100	不锈钢制法兰	kg	2 261 127	5 722.82
73072200	不锈钢制螺纹肘管、弯管及管套	kg	1 082 770	4 846.48
73072300	不锈钢制对焊件	kg	809 874	2 154.72
73072900	不锈钢制其他管子附件	kg	3 333 750	20 144.07
73079100	其他钢铁制法兰	kg	8 176 370	6 905.93
73079200	其他钢铁制螺纹肘管、弯管及管套	kg	3 912 352	7 952.36
73079300	其他钢铁制对焊件	kg	3 400 088	4 792.14
73079900	未列名钢铁制管子附件	kg	12 368 375	26 077.92
73110010	装压缩气体或液化气体的零售包装钢铁容器	kg	6 200 985	823.95
73110090	装压缩气体或液化气体的非零售包装钢铁容器	kg	22 530 609	6 806.21
84841000	密封垫等，金属片与其他材料或多层金属片制	kg	4 658 507	26 148.03

2014 年压力容器产品出口量值表

税号	产品名称	单位	出口量	出口额（万美元）
73071100	无可锻性铸铁管子附件	kg	288 912 514	57 560.38
73071900	可锻性铸铁及铸钢管子附件	kg	268 899 340	62 682.03
73072100	不锈钢制法兰	kg	68 193 639	38 542.77
73072200	不锈钢制螺纹肘管、弯管及管套	kg	19 164 121	19 150.50
73072300	不锈钢制对焊件	kg	17 630 703	15 989.69
73072900	不锈钢制其他管子附件	kg	30 715 024	37 124.84
73079100	其他钢铁制法兰	kg	423 343 208	65 614.43
73079200	其他钢铁制螺纹肘管、弯管及管套	kg	101 197 159	30 868.30
73079300	其他钢铁制对焊件	kg	185 169 219	30 001.60
73079900	未列名钢铁制管子附件	kg	272 849 774	100 972.88
73110010	装压缩气体或液化气体的零售包装钢铁容器	kg	7 942 131	2 758.72
73110090	装压缩气体或液化气体的非零售包装钢铁容器	kg	244 865 587	54 551.32
84841000	密封垫等，金属片与其他材料或多层金属片制	kg	26 356 553	30 403.76

2014 年输油管道产品进口量值表

税号	产品名称	单位	进口量	进口额（万美元）
73041110	不锈钢石油天然气管道管，215.9mm ≤外径≤ 406.4mm	kg	273 723	341.40
73041120	不锈钢石油天然气管道管，114.3mm ＜外径＜ 215.9mm	kg	160 568	202.39
73041130	不锈钢石油天然气管道管，外径≤ 114.3mm	kg	540 561	742.88
73041190	不锈钢石油天然气管道管，外径＞ 406.4mm	kg	326 585	427.56
73041910	其他钢石油天然气管道管，215.9mm ≤外径≤ 406.4mm	kg	3 800 132	772.17
73041920	其他钢石油天然气管道管，114.3mm ＜外径＜ 215.9mm	kg	1 219 432	239.01
73041930	其他钢石油天然气无缝管道管，外径≤ 114.3mm	kg	1 457 096	449.15
73041990	其他钢石油天然气无缝管道管，外径＞ 406.4mm	kg	1 143 805	291.50
73042210	不锈钢制钻探石油天然气钻管，外径≤ 168.3mm	kg	54 936	28.08
73042290	不锈钢制钻探石油天然气钻管，外径＞ 168.3mm	kg	2 467	5.48
73042310	其他钢制钻探石油天然气钻管，外径≤ 168.3mm	kg	4 458 296	1 380.45
73042390	其他钢制钻探石油天然气钻管，外径＞ 168.3mm	kg	72 321	22.83
73042400	不锈钢制钻探石油或天然气用无缝套管、导管	kg	11 546 187	5 708.22
73042910	屈服强度＜ 552MPa 的其他钢铁制钻探石油及天然气用无缝套管、导管	kg	3 125 318	793.63
73042920	552MPa ≤屈服强度＜ 758MPa 的其他钢铁制钻探石油及天然气用无缝套管、导管	kg	13 429 150	4 585.10
73042930	屈服强度≥ 758MPa 的其他钢铁制钻探石油及天然气用无缝套管、导管	kg	24 134 135	4 534.53
73061100	不锈钢制石油或天然气焊缝管道管	kg	1 271 692	901.26
73061900	其他钢铁制石油或天然气管道管	kg	878 225	146.36
73062100	不锈钢制钻探石油或天然气用套管及导管	kg	23 944	14.93
73062900	其他钢铁制钻探石油或天然气套管及导管	kg	8 017 256	2 446.28

2014 年输油管道产品出口量值表

税号	产品名称	单位	出口量	出口额（万美元）
73041110	不锈钢石油天然气管道管，215.9mm ≤外径≤ 406.4mm	kg	1 768 867	654.89
73041120	不锈钢石油天然气管道管，114.3mm <外径< 215.9mm	kg	787 094	595.68
73041130	不锈钢石油天然气管道管，外径≤ 114.3mm	kg	1 684 248	1 041.78
73041190	不锈钢石油天然气管道管，外径> 406.4mm	kg	5 805 174	2 880.70
73041910	其他钢石油天然气管道管，215.9mm ≤外径≤ 406.4mm	kg	728 768 506	63 932.01
73041920	其他钢石油天然气管道管，114.3mm <外径< 215.9mm	kg	515 279 438	42 672.40
73041930	其他钢石油天然气管道管，外径≤ 114.3mm	kg	803 465 700	65 023.02
73041990	其他钢石油天然气管道管，外径> 406.4mm	kg	214 239 138	25 546.56
73042210	不锈钢制钻探石油天然气钻管，外径≤ 168.3mm	kg	312 042	120.62
73042290	不锈钢制钻探石油天然气钻管，外径> 168.3mm	kg	258 476	158.21
73042310	其他钢制钻探石油天然气钻管，外径≤ 168.3mm	kg	126 095 473	46 074.49
73042390	其他钢制钻探石油天然气钻管，外径> 168.3mm	kg	6 603 228	1 678.94
73042400	不锈钢制钻探石油或天然气用无缝套管、导管	kg	11 216 510	2 313.12
73042910	屈服强度< 552MPa 的其他钢铁制钻探石油及天然气用无缝套管、导管	kg	647 045 825	60 601.69
73042920	552MPa ≤屈服强度< 758MPa 的其他钢铁制钻探石油及天然气用无缝套管、导管	kg	913 250 973	115 119.11
73042930	屈服强度≥ 758MPa 的其他钢铁制钻探石油及天然气用无缝套管、导管	kg	268 634 810	37 772.85
73061100	不锈钢制石油或天然气焊缝管道管	kg	13 398 226	5 030.99
73061900	其他钢铁制石油或天然气管道管	kg	585 333 172	42 452.87
73062100	不锈钢制钻探石油或天然气用套管及导管	kg	351 566	225.61
73062900	其他钢铁制钻探石油或天然气套管及导管	kg	45 394 110	4 841.29

〔供稿单位：机械工业信息中心〕

2014 年我国石油和石油化工设备（产品）主要进出口国家（地区）量值表

2014 年石油钻采设备主要进口国家（地区）量值表

税号	设备名称	主要进口国家（地区）	单位	进口量	进口额（万美元）
84131100	分装燃料或润滑油的计量泵，加油站或车库用	新加坡	台	7	165.65
		荷兰	台	6	92.40
		德国	台	293	65.81
		英国	台	13	52.60

（续）

税号	设备名称	主要进口国家（地区）	单位	进口量	进口额（万美元）
		美国	台	337	42.46
		日本	台	535	19.55
		瑞士	台	236	16.17
		意大利	台	720	11.76
84131900	其他装有或可装计量装置的液体泵	德国	台	1 711 649	8 260.18
		法国	台	72 416	2 492.39
		美国	台	63 436	2 418.99
		日本	台	7 697	1 778.39
		英国	台	4 975	774.86
		瑞士	台	18 204	571.27
		中华人民共和国	台	5 823	564.95
		芬兰	台	55 376	517.98
		瑞典	台	431	326.34
		荷兰	台	485	303.78
		意大利	台	7 640	229.45
84135010	气动往复式排液泵	美国	台	29 655	2 474.79
		韩国	台	1 537	1 093.32
		德国	台	3 115	643.75
		日本	台	7 463	509.27
		中华人民共和国	台	151 210	426.16
		法国	台	935	208.91
		中国台湾	台	3 281	171.32
		意大利	台	6 789	158.24
84135020	电动往复式排液泵	德国	台	33 535	8 608.81
		美国	台	133 129	6 799.61
		意大利	台	3 887 673	3 270.40
		法国	台	48 387	2 318.95
		中华人民共和国	台	4 820 077	2 120.69
		日本	台	296 832	1 933.70
		捷克	台	49 631	1 828.71
		韩国	台	36 081	1 677.81
		荷兰	台	496	1 277.77
		瑞士	台	109 215	1 209.60
84135090	未列名往复式排液泵	日本	台	236 854	2 128.16
		韩国	台	13 862	1 617.09
		德国	台	130 343	1 507.44
		美国	台	1 849	745.48

（续）

税号	设备名称	主要进口国家（地区）	单位	进口量	进口额（万美元）
		意大利	台	965 453	636.62
		中华人民共和国	台	470 212	248.06
84136090	其他回转式排液泵	德国	台	47 515	2 063.84
		日本	台	136 352	1 691.99
		韩国	台	515 862	1 456.04
		美国	台	16 052	939.68
		法国	台	22 294	786.68
		意大利	台	596 156	609.75
		英国	台	3 041	391.43
		挪威	台	152	384.98
		中华人民共和国	台	119 365	243.51
84137010	转速≥10 000r/min 的离心泵	美国	台	1 315	2 211.35
		德国	台	1 508	463.59
		日本	台	345 363	353.28
		瑞典	台	308	176.08
		挪威	台	16	149.69
		意大利	台	461	134.65
		捷克	台	586 962	131.74
		芬兰	台	12	113.18
84138100	未列名液体泵	德国	台	94 823	5 229.29
		日本	台	741 210	4 938.15
		美国	台	12 919	4 357.01
		捷克	台	336 981	4 290.85
		奥地利	台	125 340	1 845.96
		英国	台	20 454	1 589.61
		瑞士	台	156 722	1 392.70
		挪威	台	506	1 274.34
		西班牙	台	2 545	1 249.39
84138200	液体提升机	德国	台	893	986.16
		美国	台	358	68.32
		巴西	台	1 031	60.99
		荷兰	台	3	44.16
		韩国	台	20	25.23
		新加坡	台	3	24.90
84139100	液体泵零件	德国	kg	3 498 763	13 221.54
		日本	kg	3 872 182	12 768.94
		美国	kg	3 981 891	10 399.17

（续）

税号	设备名称	主要进口国家（地区）	单位	进口量	进口额（万美元）
		韩国	kg	4 958 440	5 796.32
		中国台湾	kg	3 346 806	4 099.17
		法国	kg	526 340	3 261.33
		英国	kg	367 367	2 252.37
		意大利	kg	1 511 440	2 140.80
		丹麦	kg	678 353	2 128.72
		印度	kg	484 409	1 272.50
		奥地利	kg	74 002	1 023.56
84139200	液体提升机零件	荷兰	kg	1 023	31.42
		韩国	kg	11 148	12.66
		美国	kg	1 768	5.88
		印度	kg	3 330	5.68
		德国	kg	88	4.00
		澳大利亚	kg	299	3.54
84304111	自推进石油及天然气钻机，钻探深度≥6 000m	新加坡	台	1	2 335.63
		德国	台	2	1 120.70
		美国	台	1	13.15
84304122	履带式自推进的钻机，钻探深度＜6 000m	德国	台	7	802.39
		澳大利亚	台	6	496.63
		美国	台	5	109.94
		瑞典	台	1	70.96
		韩国	台	3	42.66
		日本	台	1	10.12
84304129	其他自推进的钻机，钻探深度＜6 000m	澳大利亚	台	5	1 020.33
		意大利	台	8	515.81
		美国	台	73	202.16
		日本	台	5	173.79
		阿拉伯联合酋长国	台	2	113.67
		加拿大	台	2	85.74
		中国台湾	台	3	19.19
		韩国	台	1	15.00
84304190	自推进的凿井机械	美国	台	3	283.52
		德国	台	2	115.88
		韩国	台	2	11.73
		日本	台	3	6.97
		中国台湾	台	1	1.06
84305010	其他自推进采油机械	美国	台	1	175.18

（续）

税号	设备名称	主要进口国家（地区）	单位	进口量	进口额（万美元）
		加拿大	台	30	42.20
		荷兰	台	1	9.85
84305031	牙轮直径≥380mm 的采矿钻机	日本	台	4	4.16
84305039	其他采矿钻机	日本	台	56	540.54
		中华人民共和国	台	1	40.53
		芬兰	台	4	24.59
		瑞典	台	4	8.00
84314310	石油或天然气钻机的零件	美国	kg	7 252 301	27 527.80
		挪威	kg	2 619 344	14 585.40
		新加坡	kg	1 554 667	5 983.14
		荷兰	kg	580 680	3 819.96
		法国	kg	3 002 252	3 612.49
		丹麦	kg	597 125	3 402.68
		英国	kg	643 119	2 918.04
		德国	kg	709 119	2 691.11
		加拿大	kg	248 752	1 626.41
		波兰	kg	468 386	1 481.04
		阿拉伯联合酋长国	kg	391 792	1 191.85
84743100	混凝土或砂浆混合机器	美国	台	182	723.93
		挪威	台	153	514.92
		德国	台	143	286.91
		瑞典	台	214	249.47
		丹麦	台	30	72.82
		瑞士	台	6	61.01
		法国	台	12	54.37
86061000	铁道及电车道非机动油罐货车及类似车	波兰	辆	1	1.87
87052000	机动钻探车	美国	辆	5	880.50
		德国	辆	2	172.46
87059080	石油测井车、压裂车、混沙车	美国	辆	18	3 454.84
		法国	辆	1	85.91
89012011	载重量不超过 10 万 t 的成品油船	中国香港	艘	12	48.61
89052000	浮动或潜水式钻探或生产平台	新加坡	座	1	22 900.00
90158000	其他大地及水道测量海洋气象地球物理用仪器	美国	台	19 485	22 847.86
		法国	台	6 797	4 392.99
		英国	台	5 108	3 876.90
		德国	台	31 687	3 656.49
		加拿大	台	1 410	3 561.58

（续）

税号	设备名称	主要进口国家（地区）	单位	进口量	进口额（万美元）
		瑞士	台	1 168	3 194.84
		新加坡	台	2 121	2 433.82
		芬兰	台	4 601	2 167.29
		日本	台	49 036	2 022.32
		挪威	台	410	1 717.88

2014年石油钻采设备主要出口国家（地区）量值表

税号	设备名称	主要出口国家（地区）	单位	出口量	出口额（万美元）
84131100	分装燃料或润滑油的计量泵，加油站或车库用	尼日利亚	台	11 851	1 651.30
		菲律宾	台	8 485	554.55
		印度	台	5 830	501.20
		加纳	台	1 924	419.57
		肯尼亚	台	1 583	313.65
		沙特阿拉伯	台	3 620	308.37
		泰国	台	5 359	284.23
		委内瑞拉	台	1 030	255.33
		澳大利亚	台	3 158	241.55
84131900	其他装有或可装计量装置的液体泵	中国香港	台	17 766	1 049.55
		美国	台	132 825	812.98
		伊朗	台	53 797	562.96
		德国	台	33 447	442.35
		委内瑞拉	台	2 181	399.81
		泰国	台	17 098	347.72
		马来西亚	台	7 017	292.03
		韩国	台	41 935	290.91
		印度尼西亚	台	38 748	286.89
		阿拉伯联合酋长国	台	48 003	284.79
84135010	气动往复式排液泵	美国	台	104 445	1 313.48
		新加坡	台	30 439	819.25
		英国	台	428 034	564.67
		比利时	台	23 916	494.79
		中国香港	台	13 547	459.25
		中国台湾	台	1 806	305.24
		哈萨克斯坦	台	21 027	196.43
		韩国	台	14 322	171.23

（续）

税号	设备名称	主要出口国家（地区）	单位	出口量	出口额（万美元）
		巴西	台	7 104	155.54
84135020	电动往复式排液泵	美国	台	755 079	7 330.82
		中国香港	台	8 497 407	3 984.54
		印度	台	2 043 935	2 105.59
		印度尼西亚	台	1 418 535	999.40
		泰国	台	269 400	957.44
		俄罗斯联邦	台	338 074	798.28
		阿拉伯联合酋长国	台	67 165	384.11
		日本	台	158 420	379.80
		哈萨克斯坦	台	5 809	345.49
84135090	未列名往复式排液泵	美国	台	970 766	8 649.26
		加拿大	台	73 339	1 767.35
		俄罗斯联邦	台	32 970	928.46
		日本	台	128 634	790.27
		哈萨克斯坦	台	739	431.28
		印度尼西亚	台	4 854	385.21
		意大利	台	72 942	358.49
		印度	台	60 137	316.95
		乍得	台	20	221.65
		德国	台	80 664	214.23
84136090	其他回转式排液泵	美国	台	1 577 805	8 454.56
		德国	台	1 305 498	4 781.81
		阿拉伯联合酋长国	台	961 418	3 534.23
		俄罗斯联邦	台	879 143	3 003.13
		墨西哥	台	837 028	2 798.79
		伊朗	台	708 821	2 569.11
		印度	台	658 593	1 951.15
		伊拉克	台	810 421	1 934.86
		意大利	台	501 109	1 386.55
		泰国	台	940 736	1 357.08
84137010	转速≥10 000r/min 的离心泵	委内瑞拉	台	5 859	1 226.93
		美国	台	2 319 704	555.78
		韩国	台	3 580 344	548.90
		越南	台	20 767	306.08
		捷克	台	1 208 786	256.00
		伊朗	台	1 056 362	217.72
		英国	台	642 929	190.29
		意大利	台	487 580	175.99
		德国	台	410 991	156.84

（续）

税号	设备名称	主要出口国家（地区）	单位	出口量	出口额（万美元）
		泰国	台	321 077	144.57
		俄罗斯联邦	台	428 041	134.29
84138100	未列名液体泵	美国	台	4 808 080	7 217.80
		伊拉克	台	116 490	3 148.86
		中国香港	台	6 542 435	1 987.51
		德国	台	3 867 550	1 727.36
		加拿大	台	192 074	1 510.09
		日本	台	625 166	1 366.92
		印度尼西亚	台	309 290	1 292.57
		韩国	台	724 782	1 179.30
		印度	台	574 854	1 142.97
		泰国	台	752 357	1 113.76
		民主刚果	台	2 003	1 018.57
84138200	液体提升机	德国	台	2 836	33.07
		法国	台	3 080	28.46
		俄罗斯联邦	台	2 602	27.10
		英国	台	915	20.81
		沙特阿拉伯	台	209	17.72
		拉脱维亚	台	1 569	16.59
		乌兹别克斯坦	台	4	13.53
		荷兰	台	986	10.44
84139100	液体泵零件	美国	kg	91 247 155	65 444.83
		日本	kg	21 967 373	13 162.57
		德国	kg	10 047 806	7 249.45
		意大利	kg	13 389 186	6 776.40
		俄罗斯联邦	kg	5 810 741	6 550.25
		加拿大	kg	8 930 234	6 406.25
		韩国	kg	11 770 338	4 567.07
		印度尼西亚	kg	17 281 901	4 130.21
		新加坡	kg	2 591 820	2 480.44
		英国	kg	3 319 204	2 449.37
		西班牙	kg	2 789 123	2 351.72
		中国香港	kg	3 171 624	2 242.92
		中国台湾	kg	4 689 733	2 210.74
		澳大利亚	kg	3 559 563	2 059.34
84139200	液体提升机零件	美国	kg	518 742	568.92
		蒙古	kg	805 666	344.78
		巴西	kg	30 210	309.17
		瑞典	kg	42 835	258.83

（续）

税号	设备名称	主要出口国家（地区）	单位	出口量	出口额（万美元）
		新加坡	kg	32 729	78.23
		德国	kg	66 303	64.49
		以色列	kg	50 081	34.86
		中国香港	kg	14 543	32.70
84304111	自推进石油及天然气钻机，钻探深度≥6 000m	沙特阿拉伯	台	12	8 402.62
		土库曼斯坦	台	6	7 245.79
		伊拉克	台	4	4 929.78
		科威特	台	6	3 992.23
		墨西哥	台	1	3 485.36
		伊朗	台	6	2 905.78
		也门共和国	台	1	1 606.23
84304119	未列名自推进的石油及天然气钻机	委内瑞拉	台	28	8 519.79
		俄罗斯联邦	台	34	7 556.89
		沙特阿拉伯	台	4	4 778.12
		乍得	台	3	4 377.64
		印度尼西亚	台	39	3 945.74
		伊拉克	台	17	2 946.06
		哈萨克斯坦	台	18	2 699.87
84304121	其他自推进的钻机，钻探深度≥6 000m	科特迪瓦共和国	台	1	11.29
		蒙古	台	2	1.35
		哈萨克斯坦	台	1	1.03
84304122	履带式自推进的钻机，钻探深度＜6 000m	土耳其	台	15	816.65
		缅甸	台	23	485.21
		新加坡	台	5	262.66
		马来西亚	台	4	243.31
		尼日利亚	台	16	181.85
		美国	台	3	147.31
		俄罗斯联邦	台	11	137.71
84304129	其他自推进的钻机，钻探深度＜6 000m	沙特阿拉伯	台	13	1 884.05
		澳大利亚	台	18	659.36
		阿根廷	台	1	521.92
		俄罗斯联邦	台	102	464.43
		阿尔及利亚	台	22	458.96
		哈萨克斯坦	台	11	454.63
		印度尼西亚	台	24	432.75
		中国香港	台	55	408.81
		塔吉克斯坦	台	57	356.88
84304190	自推进的凿井机械	新加坡	台	13	675.77
		印度尼西亚	台	28	226.72

（续）

税号	设备名称	主要出口国家（地区）	单位	出口量	出口额（万美元）
		伊拉克	台	7	197.46
		尼日利亚	台	6	166.21
		伊朗	台	65	145.47
		马来西亚	台	24	105.63
		委内瑞拉	台	7	99.37
		肯尼亚	台	12	87.37
		俄罗斯联邦	台	12	79.24
84305010	其他自推进采油机械	加拿大	台	1 120	4 458.89
		美国	台	469	1 971.68
		委内瑞拉	台	7	1 765.10
		哈萨克斯坦	台	321	586.96
		蒙古	台	86	358.75
		乌兹别克斯坦	台	28	309.76
		阿曼	台	48	258.16
		阿拉伯联合酋长国	台	5	246.97
		古尔吉斯斯坦	台	123	234.30
84305031	牙轮直径≥ 380mm 的采矿钻机	印度	台	4	45.66
		加蓬	台	1	12.11
		马来西亚	台	2	4.53
		坦桑尼亚	台	3	3.63
		老挝	台	3	3.60
84305039	其他采矿钻机	俄罗斯联邦	台	6	160.63
		美国	台	2	47.25
		赞比亚	台	2	42.22
		印度尼西亚	台	30	36.24
		哈萨克斯坦	台	11	28.04
		赤道几内亚	台	1	20.10
		印度	台	4	15.85
84314310	石油或天然气钻机的零件	美国	kg	129 194 195	47 230.11
		新加坡	kg	17 107 090	12 915.52
		俄罗斯联邦	kg	11 968 448	10 310.94
		哈萨克斯坦	kg	6 734 507	9 063.75
		加拿大	kg	17 263 599	7 192.13
		伊拉克	kg	7 908 692	6 969.20
		伊朗	kg	5 886 266	6 632.22
		韩国	kg	12 275 064	6 288.51
		沙特阿拉伯	kg	9 618 525	6 203.39
		阿拉伯联合酋长国	kg	5 552 416	4 450.48
		委内瑞拉	kg	8 004 769	4 426.43

（续）

税号	设备名称	主要出口国家（地区）	单位	出口量	出口额（万美元）
		科威特	kg	8 385 327	4 270.71
84743100	混凝土或砂浆混合机器	俄罗斯联邦	台	301 643	4 963.69
		委内瑞拉	台	276	2 932.46
		阿尔及利亚	台	2 334	2 178.21
		美国	台	99 484	1 485.77
		印度尼西亚	台	3 906	1 416.10
		越南	台	592	1 186.46
		乌克兰	台	111 432	1 185.56
		肯尼亚	台	1 055	912.33
		澳大利亚	台	20 380	712.80
86061000	铁道及电车道非机动油罐货车及类似车	越南	辆	10	655.55
		澳大利亚	辆	26	371.06
		巴基斯坦	辆	50	305.00
		苏丹	辆	40	283.99
		毛里塔尼亚	辆	25	244.70
		阿拉伯联合酋长国	辆	1	2.62
87052000	机动钻探车	阿塞拜疆	辆	12	264.82
		德国	辆	2	162.07
		苏丹	辆	6	120.57
		巴基斯坦	辆	4	95.57
		秘鲁	辆	1	90.29
		伊朗	辆	4	83.57
		蒙古	辆	7	57.27
		安哥拉	辆	3	25.35
		莫桑比克	辆	2	20.18
87059080	石油测井车、压裂车、混沙车	伊拉克	辆	10	1 227.53
		哈萨克斯坦	辆	7	1 162.29
		吉尔吉斯斯坦	辆	7	996.47
		蒙古	辆	32	702.42
		伊朗	辆	3	352.21
		缅甸	辆	12	130.26
		沙特阿拉伯	辆	3	128.30
		阿拉伯联合酋长国	辆	2	102.96
87163110	油罐挂车及半挂车	沙特阿拉伯	辆	310	1 704.65
		委内瑞拉	辆	235	1 277.50
		尼日利亚	辆	298	738.98
		马来西亚	辆	109	702.45
		泰国	辆	90	536.48
		安哥拉	辆	199	489.99

（续）

税号	设备名称	主要出口国家（地区）	单位	出口量	出口额（万美元）
		俄罗斯联邦	辆	236	424.31
		缅甸	辆	134	321.42
		坦桑尼亚	辆	106	320.06
		加纳	辆	100	318.17
		菲律宾	辆	83	236.48
89012011	载重量不超过 10 万 t 的成品油船	新加坡	艘	23	11 792.95
		巴哈马	艘	3	10 344.27
		丹麦	艘	2	5 274.99
		中国香港	艘	23	5 068.42
		挪威	艘	1	4 365.73
		利比里亚	艘	1	4 295.79
		巴拿马	艘	2	4 159.90
		印度尼西亚	艘	14	2 630.58
		伯利兹	艘	2	2 354.46
		圣其茨 -- 尼维斯	艘	2	2 181.72
		中国台湾	艘	1	1 620.00
		俄罗斯联邦	艘	2	1 208.89
		菲律宾	艘	2	1 203.81
89012022	15 万 t ＜载重量≤ 30 万 t 的原油船	中国香港	艘	4	25 184.94
		马耳他	艘	2	10 229.34
		马绍尔群岛共和国	艘	1	5 320.09
89012023	载重量超过 30 万 t 的原油船	中国香港	艘	4	36 846.61
		新加坡	艘	3	30 359.35
		巴哈马	艘	2	20 147.38
		利比里亚	艘	2	17 359.40
		马耳他	艘	1	10 784.67
89012031	容积≤ 20 000m^3 的液化石油气船	印度尼西亚	艘	1	1 883.00
		韩国	艘	1	656.48
89012090	其他液货船	马耳他	艘	2	8 314.19
		韩国	艘	2	7 594.76
		中国香港	艘	3	1 261.98
		阿根廷	艘	1	1 024.50
		新加坡	艘	2	950.36
		基里巴斯	艘	1	325.07
		巴拿马	艘	1	230.00
89052000	浮动或潜水式钻探或生产平台	墨西哥	座	3	39 931.14
		越南	座	2	33 378.53
		新加坡	座	4	32 643.32
		巴西	座	15	21 669.95

（续）

税号	设备名称	主要出口国家（地区）	单位	出口量	出口额（万美元）
		巴哈马	座	1	20 656.18
		英国	座	6	19 295.04
		马来西亚	座	1	18 976.25
		泰国	座	1	11 589.44
90158000	其他大地及水道测量海洋气象地球物理用仪器	美国	台	2 514 871	4 091.64
		伊朗	台	8 242	2 995.26
		阿拉伯联合酋长国	台	4 260	2 437.53
		德国	台	863 084	2 308.84
		委内瑞拉	台	2 791	2 299.72
		巴基斯坦	台	92 052	1 997.04
		阿尔及利亚	台	74 110	1 980.77
		中国香港	台	315 136	1 506.09
		日本	台	82 922	1 201.69
		沙特阿拉伯	台	69 231	1 184.30
		乌兹别克斯坦	台	10 075	1 021.19
		新加坡	台	17 633	1 008.50

2014年炼油化工设备主要进口国家（地区）量值表

税号	设备名称	主要进口国家（地区）	单位	进口量	进口额（万美元）
84051000	煤气发生器；乙炔发生器等水解气体发生器	挪威	kg	65 365	365.32
		日本	kg	56 240	182.25
		美国	kg	5 942	177.92
		丹麦	kg	21 491	54.77
		英国	kg	3 994	48.01
		德国	kg	1 983	34.36
		意大利	kg	3 490	26.09
84059000	煤气发生器及乙炔发生器等的零件	德国	kg	290 699	2 459.10
		意大利	kg	9 448	443.06
		美国	kg	21	8.83
		英国	kg	161	3.75
		日本	kg	119	1.74
		丹麦	kg	192	1.23
84161000	使用液体燃料的炉用燃烧器	德国	kg	240 635	1 339.02
		意大利	kg	279 539	756.17
		丹麦	kg	107 817	706.84

（续）

税号	设备名称	主要进口国家（地区）	单位	进口量	进口额（万美元）
		美国	kg	72 576	362.80
		日本	kg	108 435	319.57
		韩国	kg	53 888	128.61
84162019	使用其他气体燃料的炉用燃烧器	瑞典	kg	44 915	736.57
		意大利	kg	65 073	580.00
		美国	kg	361 263	550.32
		荷兰	kg	141 424	429.26
		瑞士	kg	15 988	187.73
		芬兰	kg	18 463	124.40
84193990	未列名干燥器	德国	台	1 519	10 365.93
		日本	台	21 084	3 369.99
		意大利	台	920	2 975.93
		美国	台	4 717	2 377.18
		韩国	台	34 762	2 300.40
		中国台湾	台	13 385	1 416.88
		丹麦	台	59	1 042.32
84194010	提净塔	德国	台	6	452.44
		加拿大	台	1	78.65
		美国	台	2	65.28
		印度	台	2	45.16
		西班牙	台	2	36.24
		韩国	台	10	17.50
84194020	精馏塔	日本	台	2	583.02
		韩国	台	2	495.33
		德国	台	5	338.30
		荷兰	台	1	206.07
		意大利	台	4	151.92
		加拿大	台	1	138.50
		美国	台	1	45.44
84194090	其他蒸馏或精馏设备	德国	台	464	4 335.44
		丹麦	台	217	1 226.91
		美国	台	95	1 169.06
		瑞士	台	472	570.45
		日本	台	316	394.57
		韩国	台	9	290.58
		荷兰	台	14	216.57
84195000	热交换装置	德国	台	41 102	15 056.69

（续）

税号	设备名称	主要进口国家（地区）	单位	进口量	进口额（万美元）
		美国	台	18 481	10 759.72
		日本	台	92 918	10 629.43
		西班牙	台	9 597	8 829.51
		韩国	台	84 150	8 095.28
		法国	台	2 253	6 283.67
		比利时	台	1 738	4 997.70
		意大利	台	19 894	3 719.46
		丹麦	台	2 167	2 777.07
84196011	制氧量≥15 000m^3/h 的制氧机	美国	台	1	1.68
84196019	其他制氧机	美国	台	8 501	325.83
		韩国	台	536	253.61
		法国	台	4	14.33
		意大利	台	2	5.01
		丹麦	台	3	4.47
		德国	台	18	3.21
84196090	未列名液化空气或其他气体的机器	法国	台	46	3 478.76
		韩国	台	179	3 033.85
		美国	台	11	2 138.57
		瑞士	台	4	946.63
		德国	台	5	927.26
		日本	台	15	831.12
		俄罗斯联邦	台	4	363.50
		意大利	台	1	300.13
84198910	加氢反应器	德国	台	4	1 340.96
		韩国	台	2	980.94
		法国	台	25	312.04
		日本	台	7	153.58
		意大利	台	3	113.17
		印度	台	2	29.15
84198990	未列名利用温度变化处理材料的机器、装置等	德国	台	22 608	21 222.94
		美国	台	12 927	15 987.15
		日本	台	149 971	8 972.02
		瑞士	台	1 446	8 639.45
		意大利	台	2 144	7 262.44
		奥地利	台	384	6 281.45
		韩国	台	1 280	4 404.42
		法国	台	716	2 818.74

（续）

税号	设备名称	主要进口国家（地区）	单位	进口量	进口额（万美元）
		新加坡	台	3 836	2 685.96
84211910	脱水机	意大利	台	81	862.55
		澳大利亚	台	33	488.41
		德国	台	45	483.65
		荷兰	台	7	279.25
		日本	台	23	278.95
		美国	台	35	206.85
		奥地利	台	3	144.88
		印度	台	54	105.79
84212910	压滤机	德国	台	33	1 094.01
		瑞典	台	6	716.00
		中国台湾	台	49	385.14
		韩国	台	12	360.22
		奥地利	台	7	351.25
		意大利	台	11	299.06
		日本	台	10	260.34
		马来西亚	台	8	247.26
84212990	未列名液体过滤、净化机器及装置	德国	台	19 950 138	28 221.30
		日本	台	27 670 537	18 812.36
		美国	台	8 053 117	15 640.58
		法国	台	900 978	3 585.35
		韩国	台	9 526 912	3 318.21
		中国台湾	台	71 364	2 787.29
		意大利	台	1 659 621	2 607.63
		瑞典	台	46 147	2 552.38
		南非	台	312	2 263.96
84213923	工业用旋风式除尘器	韩国	台	4 634	201.67
		意大利	台	2 336	151.52
		日本	台	842	147.08
		德国	台	401	144.23
		美国	台	575	113.32
84772010	塑料造粒机	德国	台	60	12 948.01
		中国台湾	台	48	3 109.18
		奥地利	台	32	1 902.12
		日本	台	34	1 859.22
		美国	台	7	216.63
		瑞士	台	2	129.72

（续）

税号	设备名称	主要进口国家（地区）	单位	进口量	进口额（万美元）
		韩国	台	6	114.77
84772090	其他挤出机	德国	台	207	18 928.33
		中国台湾	台	242	8 024.01
		日本	台	93	6 884.91
		美国	台	80	2 476.10
		意大利	台	64	1 471.74
		奥地利	台	18	1 157.91
		韩国	台	59	495.54
		芬兰	台	14	494.49
84796000	蒸发式空气冷却器	德国	台	181	115.28
		印度尼西亚	台	41	75.46
		日本	台	148	71.58
		澳大利亚	台	31	64.00
		法国	台	127	62.39
		印度	台	18	47.20
		韩国	台	37	33.37
84798200	搅混、轧碎、研磨、筛选、均化或乳化机器	德国	台	9 067	20 584.12
		美国	台	10 770	6 397.79
		日本	台	2 890	6 131.99
		中国台湾	台	3 143	5 316.49
		意大利	台	1 961	2 961.34
		韩国	台	4 719	2 806.04
		瑞典	台	1 171	2 022.17
		瑞士	台	1 812	1 749.46
		丹麦	台	4 005	1 415.27
		英国	台	1 178	1 108.97
84798999	未列名具有独立功能的机器及机械器具	德国	台	5 561 738	104 464.59
		日本	台	2 692 297	86 532.52
		韩国	台	7 943 011	70 873.15
		美国	台	388 822	56 105.29
		中国台湾	台	723 679	39 241.14
		中华人民共和国	台	95 989 971	24 343.57
		意大利	台	5 229 099	16 497.87
		英国	台	28 203	9 953.61
		瑞士	台	9 151	9 677.78
84811000	减压阀	德国	台	6 977 949	10 490.60
		美国	台	5 564 036	6 585.87

（续）

税号	设备名称	主要进口国家（地区）	单位	进口量	进口额（万美元）
		意大利	台	1 601 907	5 342.14
		日本	台	5 538 828	5 158.72
		韩国	台	6 956 527	2 242.69
		中华人民共和国	台	4 240 826	1 105.90
		英国	台	476 324	1 046.60
		法国	台	467 432	825.77
84812010	液压传动阀	日本	台	5 993 963	25 543.87
		德国	台	2 750 609	15 063.74
		韩国	台	54 685 579	13 568.67
		美国	台	12 184 689	13 228.80
		意大利	台	599 417	4 255.83
		比利时	台	494 260	2 485.33
		越南	台	521 627	1 692.22
84812020	气压传动阀	日本	台	4 646 185	12 894.45
		德国	台	3 164 899	11 968.00
		美国	台	2 368 749	7 374.56
		英国	台	90 513	3 102.74
		瑞士	台	88 307	2 486.02
		法国	台	155 626	2 007.82
84813000	止回阀	德国	台	28 156 827	10 737.63
		美国	台	30 194 950	6 904.87
		日本	台	84 610 448	4 029.72
		意大利	台	5 959 989	3 200.29
		英国	台	3 008 433	2 784.83
		韩国	台	18 763 096	2 595.81
		法国	台	5 742 486	1 297.96
84814000	安全阀或溢流阀	美国	台	7 203 547	14 170.22
		德国	台	6 364 059	9 442.31
		日本	台	5 082 762	3 017.97
		意大利	台	3 119 686	2 417.60
		韩国	台	44 148 779	1 951.23
		新加坡	台	1 817	1 674.79
		英国	台	109 071	1 487.23
		法国	台	162 530	1 304.70
		中国台湾	台	1 487 103	1 259.93
84819010	阀门零件	德国	kg	4 844 102	23 526.27
		日本	kg	5 296 436	23 317.13

（续）

税号	设备名称	主要进口国家（地区）	单位	进口量	进口额（万美元）
		韩国	kg	6 987 550	19 489.60
		美国	kg	2 999 327	13 172.44
		中国台湾	kg	2 341 587	4 904.12
		法国	kg	440 394	3 306.30
		意大利	kg	1 352 403	3 272.39
		英国	kg	272 970	3 250.47

2014年炼油化工设备主要出口国家（地区）量值表

税号	设备名称	主要出口国家（地区）	单位	出口量	出口额（万美元）
84051000	煤气发生器；乙炔发生器等水解气体发生器	越南	kg	1 633 923	417.76
		印度	kg	993 497	404.74
		芬兰	kg	273 850	400.00
		俄罗斯联邦	kg	217 551	207.03
		赞比亚	kg	668 249	141.37
		荷兰	kg	76 193	105.05
		孟加拉国	kg	70 630	80.08
		巴基斯坦	kg	293 362	79.65
84059000	煤气发生器及乙炔发生器等的零件	越南	kg	1 053 069	271.41
		加拿大	kg	402 367	177.05
		印度尼西亚	kg	361 699	145.11
		印度	kg	757 669	125.81
		美国	kg	191 944	39.50
		马来西亚	kg	55 606	39.23
84161000	使用液体燃料的炉用燃烧器	越南	kg	61 751	346.50
		美国	kg	39 514	166.99
		印度尼西亚	kg	99 718	137.16
		菲律宾	kg	37 053	78.10
		缅甸	kg	18 052	67.63
		沙特阿拉伯	kg	42 696	54.06
		纳米比亚	kg	10 500	52.18
84162019	使用其他气体燃料的炉用燃烧器	美国	kg	1 879 756	958.57
		越南	kg	46 155	155.33
		俄罗斯联邦	kg	112 730	145.24
		加拿大	kg	146 699	91.00

（续）

税号	设备名称	主要出口国家（地区）	单位	出口量	出口额（万美元）
		英国	kg	67 436	51.95
		乌兹别克斯坦	kg	60 206	49.69
		新加坡	kg	19 139	49.21
84193990	未列名干燥器	美国	台	347 711	3 450.05
		印度尼西亚	台	9 768	2 408.18
		印度	台	8 057	2 355.19
		日本	台	38 297	1 730.98
		越南	台	8 713	1 500.58
		泰国	台	5 491	1 359.21
		中国台湾	台	48 063	1 342.71
		韩国	台	22 557	1 028.00
84194010	提净塔	美国	台	134	317.37
		印度	台	16	102.80
		伊朗	台	2	88.76
		哈萨克斯坦	台	2	70.11
		越南	台	51	69.59
		沙特阿拉伯	台	2	44.52
		日本	台	4	20.65
84194020	精馏塔	哈萨克斯坦	台	18	854.86
		印度	台	4	686.14
		美国	台	59	378.91
		韩国	台	7	291.17
		巴基斯坦	台	1	109.48
		日本	台	4	102.93
		印度尼西亚	台	3	89.88
		越南	台	7	57.36
84194090	其他蒸馏或精馏设备	印度	台	769	824.63
		伊朗	台	158	715.03
		玻利维亚	台	34	613.81
		马来西亚	台	149	585.82
		缅甸	台	16	529.86
		阿拉伯联合酋长国	台	60	301.33
		伊拉克	台	559	298.02
84195000	热交换装置	巴基斯坦	台	421	9 099.62
		美国	台	120 728	7 765.99
		日本	台	125 991	3 972.19
		印度	台	21 430	3 129.90

（续）

税号	设备名称	主要出口国家（地区）	单位	出口量	出口额（万美元）
		韩国	台	40 982	2 846.92
		印度尼西亚	台	3 761	2 618.26
84196011	制氧量≥15 000m³/h 的制氧机	印度尼西亚	台	1	1 784.28
		阿根廷	台	1	1 380.88
		越南	台	1	12.05
		泰国	台	211	5.15
		印度	台	225	4.58
		土耳其	台	101	2.48
84196019	其他制氧机	中国台湾	台	195	1 610.14
		俄罗斯联邦	台	24	828.62
		印度尼西亚	台	62	721.79
		泰国	台	308	386.15
		乌兹别克斯坦	台	4	310.98
		印度	台	727	305.23
		伊朗	台	103	282.38
84196090	未列名液化空气或其他气体的机器	澳大利亚	台	17	10 286.72
		印度	台	9	2 387.83
		美国	台	64	1 055.50
		比利时	台	4	649.47
		哈萨克斯坦	台	5	629.05
		越南	台	21	623.82
		中国台湾	台	26	612.47
		伊朗	台	8	540.22
84198910	加氢反应器	中国台湾	台	1	567.94
		印度	台	18	108.43
		美国	台	3	83.03
		韩国	台	1	67.41
		俄罗斯联邦	台	4	50.95
		哈萨克斯坦	台	1	48.95
84198990	未列名利用温度变化处理材料的机器、装置等	美国	台	1 478 211	9 030.08
		泰国	台	45 046	5 775.09
		韩国	台	67 477	4 339.07
		印度	台	143 306	4 024.14
		印度尼西亚	台	64 707	3 536.04
		日本	台	210 478	3 156.85
		加拿大	台	31 473	2 891.67
		德国	台	120 918	2 773.80

（续）

税号	设备名称	主要出口国家（地区）	单位	出口量	出口额（万美元）
84211910	脱水机	马来西亚	台	101	200.27
		越南	台	149	191.19
		菲律宾	台	52 093	152.80
		韩国	台	40 164	127.98
		印度尼西亚	台	125	103.64
		日本	台	4 170	94.64
		墨西哥	台	29 349	89.52
84212910	压滤机	白俄罗斯	台	5	2 852.61
		印度尼西亚	台	331	606.49
		民主刚果	台	36	601.84
		越南	台	177	419.71
		美国	台	70	404.02
		印度	台	142	358.05
		中国台湾	台	133	271.16
		泰国	台	116	245.10
84212990	未列名液体过滤、净化机器及装置	美国	台	26 114 846	9 199.11
		日本	台	12 010 196	7 704.71
		德国	台	10 378 442	3 295.37
		越南	台	1 294 643	2 451.87
		印度尼西亚	台	1 881 777	1 991.64
		委内瑞拉	台	437 822	1 508.01
		伊朗	台	1 280 661	1 430.64
		意大利	台	1 908 673	1 337.36
		马来西亚	台	1 345 698	1 324.88
84213923	工业用旋风式除尘器	埃塞俄比亚	台	7	173.63
		印度尼西亚	台	62	83.34
		越南	台	194	72.70
		伊朗	台	16	67.81
		印度	台	105	52.71
		英国	台	2 182	47.83
		美国	台	1 554	44.82
		新加坡	台	158	38.16
		泰国	台	376	35.05
84772010	塑料造粒机	越南	台	464	1 185.91
		印度尼西亚	台	223	546.40
		美国	台	58	508.34
		马来西亚	台	220	472.64

（续）

税号	设备名称	主要出口国家（地区）	单位	出口量	出口额（万美元）
		俄罗斯联邦	台	190	472.33
		伊朗	台	77	410.93
		印度	台	141	309.63
		土耳其	台	42	301.07
84772090	其他挤出机	俄罗斯联邦	台	462	1 848.90
		伊朗	台	376	1 813.25
		越南	台	539	1 652.39
		印度尼西亚	台	300	1 509.47
		泰国	台	334	1 418.53
		印度	台	445	1 418.28
		土耳其	台	148	1 067.18
84796000	蒸发式空气冷却器	泰国	台	195 322	1 414.62
		伊拉克	台	30 128	1 032.44
		美国	台	183 684	998.15
		日本	台	166 538	705.68
		巴西	台	67 285	699.35
		马来西亚	台	45 998	599.16
		印度	台	66 895	593.56
		印度尼西亚	台	105 628	533.17
84798200	搅混、轧碎、研磨、筛选、均化或乳化机器	美国	台	78 519	3 083.69
		印度尼西亚	台	23 066	3 042.41
		泰国	台	8 058	2 338.81
		缅甸	台	320	1 974.66
		印度	台	6 056	1 850.31
		马来西亚	台	7 571	1 836.35
		越南	台	6 940	1 708.23
		日本	台	32 841	1 704.81
		南非	台	2 187	1 592.86
84798999	未列名具有独立功能的机器及机械器具	美国	台	23 323 568	20 252.58
		中国香港	台	34 110 939	17 498.07
		越南	台	50 250 376	9 465.12
		印度	台	22 030 964	9 061.19
		日本	台	4 235 426	7 985.47
		俄罗斯联邦	台	6 289 766	7 643.06
		德国	台	4 044 173	7 459.92
		韩国	台	41 496 021	7 067.41
84811000	减压阀	美国	台	7 896 947	6 004.98

（续）

税号	设备名称	主要出口国家（地区）	单位	出口量	出口额（万美元）
		日本	台	1 860 283	2 749.97
		韩国	台	638 565	1 165.05
		中国香港	台	3 806 367	1 145.06
		越南	台	1 755 011	935.79
		马来西亚	台	3 288 527	800.52
		印度尼西亚	台	2 730 406	514.67
84812010	液压传动阀	美国	台	598 264	1 265.26
		韩国	台	2 478 647	956.56
		日本	台	2 059 465	895.72
		巴西	台	39 916	771.70
		比利时	台	4 113	704.86
		伊朗	台	54 764	382.21
		越南	台	128 581	311.01
84812020	气压传动阀	美国	台	1 668 239	2 971.80
		日本	台	933 888	1 717.35
		德国	台	791 234	1 443.23
		马来西亚	台	500 685	644.51
		越南	台	508 126	642.84
		印度尼西亚	台	307 642	536.70
		中国台湾	台	2 407 649	464.97
84813000	止回阀	美国	台	292 584 539	8 898.14
		印度尼西亚	台	193 877 960	3 031.48
		韩国	台	45 650 154	1 981.41
		泰国	台	126 029 077	1 642.87
		越南	台	115 042 502	1 596.96
		德国	台	88 575 981	1 521.37
		英国	台	62 623 204	1 425.57
84814000	安全阀或溢流阀	美国	台	1 811 552	4 220.15
		越南	台	1 198 776	1 823.66
		日本	台	1 086 408	970.01
		阿拉伯联合酋长国	台	618 579	676.72
		印度尼西亚	台	1 934 873	649.94
		马来西亚	台	2 084 466	604.66
		中国台湾	台	1 183 549	600.11
		印度	台	30 533 983	524.13
		沙特阿拉伯	台	156 978	507.74
84819010	阀门零件	美国	kg	125 729 310	81 811.70

（续）

税号	设备名称	主要出口国家（地区）	单位	出口量	出口额（万美元）
		日本	kg	23 535 834	24 362.53
		德国	kg	12 998 647	12 283.19
		意大利	kg	15 186 755	10 271.98
		韩国	kg	25 657 261	10 000.11
		中国台湾	kg	16 340 567	8 138.61
		英国	kg	8 260 266	7 361.21
		丹麦	kg	14 576 944	6 716.42

2014 年压力容器产品主要进口国家（地区）量值表

税号	产品名称	主要进口国家（地区）	单位	进口量	进口额（万美元）
73071100	无可锻性铸铁管子附件	美国	kg	201 076	316.77
		日本	kg	148 266	274.27
		韩国	kg	115 483	258.53
		德国	kg	222 746	253.46
		意大利	kg	21 059	93.19
		英国	kg	28 875	53.37
		中国台湾	kg	61 455	33.33
		比利时	kg	27 166	30.45
73071900	可锻性铸铁及铸钢管子附件	日本	kg	462 892	960.86
		德国	kg	541 983	936.67
		美国	kg	198 423	648.18
		韩国	kg	446 933	625.96
		芬兰	kg	36 675	181.15
		英国	kg	17 083	104.16
		意大利	kg	55 466	101.88
73072100	不锈钢制法兰	德国	kg	452 142	1 512.55
		法国	kg	78 556	944.93
		美国	kg	111 157	608.08
		日本	kg	578 844	521.37
		意大利	kg	196 103	485.41
		韩国	kg	176 783	338.20
		英国	kg	78 256	217.61
		中国台湾	kg	154 533	216.12
73072200	不锈钢制螺纹肘管、弯管及管套	德国	kg	319 128	1 148.66

（续）

税号	产品名称	主要进口国家（地区）	单位	进口量	进口额（万美元）
		日本	kg	180 711	991.44
		美国	kg	168 497	911.09
		韩国	kg	151 461	575.89
		新加坡	kg	32 954	221.80
		中国台湾	kg	113 215	216.91
		法国	kg	6 222	121.81
		瑞士	kg	7 180	120.40
		意大利	kg	17 143	98.21
		奥地利	kg	6 778	90.63
73072300	不锈钢制对焊件	意大利	kg	256 094	759.60
		韩国	kg	304 264	521.18
		德国	kg	59 449	266.98
		美国	kg	16 957	133.38
		中国台湾	kg	42 496	104.18
		英国	kg	5 449	55.04
		西班牙	kg	18 687	52.36
73072900	不锈钢制其他管子附件	美国	kg	600 719	5 231.72
		德国	kg	807 337	4 982.69
		韩国	kg	658 140	2 521.29
		日本	kg	275 427	1 966.32
		意大利	kg	209 857	619.71
		英国	kg	65 089	574.98
		中国台湾	kg	107 206	538.39
		法国	kg	60 786	508.43
		中华人民共和国	kg	74 802	502.49
73079100	其他钢铁制法兰	德国	kg	1 357 182	2 019.35
		意大利	kg	816 756	876.52
		日本	kg	802 101	780.89
		韩国	kg	2 301 908	717.25
		美国	kg	504 747	647.11
		荷兰	kg	796 755	278.76
		印度	kg	376 628	244.18
		中国台湾	kg	280 474	211.86
73079200	其他钢铁制螺纹肘管、弯管及管套	美国	kg	590 129	2 089.80
		日本	kg	599 577	1 122.18
		德国	kg	263 847	894.35
		俄罗斯联邦	kg	116 035	643.32

（续）

税号	产品名称	主要进口国家（地区）	单位	进口量	进口额（万美元）
		新加坡	kg	149 150	533.01
		泰国	kg	376 956	483.78
		韩国	kg	794 914	447.43
		意大利	kg	166 854	204.69
73079300	其他钢铁制对焊件	意大利	kg	2 028 706	2 634.64
		美国	kg	138 643	462.83
		日本	kg	329 286	406.05
		英国	kg	126 446	293.68
		德国	kg	131 818	255.14
		韩国	kg	274 961	180.82
		奥地利	kg	68 492	136.65
		挪威	kg	40 466	108.41
		法国	kg	16 198	65.65
73079900	未列名钢铁制管子附件	德国	kg	1 647 515	4 592.61
		美国	kg	1 400 922	4 497.97
		日本	kg	2 073 391	3 678.68
		法国	kg	688 371	2 562.44
		韩国	kg	2 217 818	2 263.64
		意大利	kg	1 388 157	2 011.89
		英国	kg	379 123	977.12
		挪威	kg	146 548	713.87
		印度	kg	218 454	670.46
73110010	装压缩气体或液化气体的零售包装钢铁容器	中华人民共和国	kg	6 041 730	554.95
		美国	kg	69 933	148.11
		英国	kg	11 842	49.47
		德国	kg	11 948	17.84
		马来西亚	kg	11 782	12.97
		荷兰	kg	37 676	12.72
		法国	kg	186	12.24
		挪威	kg	5 192	5.00
73110090	装压缩气体或液化气体的非零售包装钢铁容器	韩国	kg	3 158 287	1 373.48
		美国	kg	1 194 882	1 168.54
		德国	kg	330 024	912.92
		日本	kg	2 414 262	887.34
		中华人民共和国	kg	11 026 171	704.48
		荷兰	kg	237 329	371.94
		意大利	kg	192 763	308.29

（续）

税号	产品名称	主要进口国家（地区）	单位	进口量	进口额（万美元）
		英国	kg	141 698	242.26
		马来西亚	kg	213 782	227.67
84841000	密封垫等，金属片与其他材料或多层金属片制	美国	kg	491 544	5 664.89
		日本	kg	766 926	5 435.04
		德国	kg	810 041	4 299.56
		韩国	kg	858 479	2 388.76
		法国	kg	127 387	1 929.87
		土耳其	kg	6 451	733.78
		英国	kg	52 606	660.06
		中国台湾	kg	856 007	638.85
		意大利	kg	62 873	532.93

2014 年压力容器产品主要出口国家（地区）量值表

税号	产品名称	主要出口国家（地区）	单位	出口量	出口额（万美元）
73071100	无可锻性铸铁管子附件	美国	kg	122 788 400	23 699.54
		日本	kg	10 241 819	2 636.27
		中国香港	kg	11 421 804	1 969.39
		新加坡	kg	8 923 152	1 708.79
		加拿大	kg	8 301 509	1 653.67
		中国台湾	kg	11 740 213	1 541.70
		英国	kg	7 415 289	1 503.14
		澳大利亚	kg	5 563 507	1 442.28
		意大利	kg	6 310 699	1 399.39
		沙特阿拉伯	kg	6 560 885	1 383.91
73071900	可锻性铸铁及铸钢管子附件	美国	kg	65 891 741	17 059.13
		韩国	kg	15 846 683	2 997.98
		伊朗	kg	14 638 972	2 921.43
		沙特阿拉伯	kg	10 776 490	2 133.43
		加拿大	kg	8 107 490	1 940.00
		中国台湾	kg	10 759 667	1 821.79
		英国	kg	7 383 879	1 733.68
		墨西哥	kg	7 020 412	1 645.15
		日本	kg	4 675 532	1 551.05
		马来西亚	kg	7 675 982	1 506.23

（续）

税号	产品名称	主要出口国家（地区）	单位	出口量	出口额（万美元）
73072100	不锈钢制法兰	日本	kg	12 840 871	6 748.35
		韩国	kg	12 275 543	6 595.17
		德国	kg	7 708 876	4 892.47
		美国	kg	5 323 371	3 063.32
		意大利	kg	2 515 824	1 358.94
		中国台湾	kg	2 642 657	1 301.42
		荷兰	kg	2 011 667	1 273.01
		新加坡	kg	1 454 792	917.98
		俄罗斯联邦	kg	1 312 343	884.17
		澳大利亚	kg	1 281 374	814.14
73072200	不锈钢制螺纹肘管、弯管及管套	美国	kg	4 561 491	4 365.06
		日本	kg	2 484 357	3 102.29
		德国	kg	863 691	1 343.72
		中国台湾	kg	1 223 048	1 179.09
		荷兰	kg	625 734	723.68
		意大利	kg	504 394	714.69
		马来西亚	kg	827 921	583.56
		加拿大	kg	474 738	477.87
		新加坡	kg	358 541	436.45
		西班牙	kg	382 932	434.12
73072300	不锈钢制对焊件	美国	kg	2 004 379	2 267.86
		印度	kg	2 108 023	1 280.90
		意大利	kg	1 294 992	1 249.18
		荷兰	kg	1 266 546	1 192.03
		日本	kg	1 017 227	1 140.44
		巴西	kg	847 697	617.13
		德国	kg	549 853	542.27
		伊朗	kg	492 636	501.74
		马来西亚	kg	584 586	461.06
		新加坡	kg	428 967	436.58
73072900	不锈钢制其他管子附件	美国	kg	6 169 593	7 427.39
		越南	kg	2 315 059	5 438.57
		日本	kg	1 891 075	2 784.18
		德国	kg	1 186 769	1 806.95
		韩国	kg	1 537 563	1 369.81
		中国台湾	kg	1 430 069	1 261.82
		英国	kg	509 688	1 123.83

（续）

税号	产品名称	主要出口国家（地区）	单位	出口量	出口额（万美元）
		荷兰	kg	517 731	937.68
		新加坡	kg	731 093	897.29
		意大利	kg	725 313	784.10
73079100	其他钢铁制法兰	韩国	kg	61 135 632	7 734.68
		日本	kg	46 285 661	6 803.28
		美国	kg	26 453 537	6 428.63
		德国	kg	20 447 963	3 776.20
		俄罗斯联邦	kg	23 103 660	2 766.53
		意大利	kg	18 570 124	2 599.85
		荷兰	kg	15 067 916	2 076.30
		巴西	kg	12 353 059	1 965.67
		马来西亚	kg	16 195 325	1 870.90
		新加坡	kg	10 710 779	1 843.17
73079200	其他钢铁制螺纹肘管、弯管及管套	美国	kg	51 227 108	14 230.84
		日本	kg	3 349 643	3 082.28
		韩国	kg	3 759 834	1 036.50
		俄罗斯联邦	kg	2 982 083	946.43
		加拿大	kg	2 028 693	792.69
		马来西亚	kg	1 986 592	591.73
		法国	kg	767 893	520.29
		德国	kg	941 943	505.10
		沙特阿拉伯	kg	3 231 369	496.71
		孟加拉国	kg	3 397 013	475.52
73079300	其他钢铁制对焊件	印度	kg	20 301 177	3 501.59
		阿拉伯联合酋长国	kg	8 683 197	1 777.33
		伊朗	kg	9 853 951	1 719.80
		韩国	kg	9 311 941	1 520.29
		巴西	kg	11 283 406	1 513.52
		新加坡	kg	7 601 392	1 440.29
		马来西亚	kg	10 179 473	1 278.62
		意大利	kg	6 686 359	1 170.96
		俄罗斯联邦	kg	10 871 022	1 124.50
		印度尼西亚	kg	8 523 215	876.81
73079900	未列名钢铁制管子附件	美国	kg	89 872 645	30 765.94
		越南	kg	4 948 624	6 749.91
		日本	kg	7 701 696	4 890.02
		加拿大	kg	10 112 640	3 886.93

（续）

税号	产品名称	主要出口国家（地区）	单位	出口量	出口额（万美元）
		俄罗斯联邦	kg	10 155 057	3 846.89
		澳大利亚	kg	4 955 673	2 471.95
		德国	kg	3 270 186	2 357.40
		哈萨克斯坦	kg	3 920 786	2 257.59
		韩国	kg	8 229 804	2 227.89
		马来西亚	kg	12 856 509	2 161.38
73110010	装压缩气体或液化气体的零售包装钢铁容器	利比亚	kg	1 588 276	403.51
		越南	kg	271 880	349.63
		美国	kg	1 055 472	306.39
		中国香港	kg	773 092	260.50
		澳大利亚	kg	796 955	243.13
		埃及	kg	146 060	95.40
		日本	kg	271 699	93.27
		新西兰	kg	339 322	82.01
		尼日利亚	kg	194 357	73.07
		伊朗	kg	71 146	56.35
73110090	装压缩气体或液化气体的非零售包装钢铁容器	美国	kg	26 776 475	7 629.91
		印度尼西亚	kg	16 771 473	4 528.26
		韩国	kg	14 289 095	3 477.02
		澳大利亚	kg	8 301 260	2 072.90
		泰国	kg	9 731 935	2 000.66
		巴西	kg	5 848 773	1 999.42
		尼日利亚	kg	9 407 579	1 756.92
		越南	kg	8 356 461	1 735.88
		乌兹别克斯坦	kg	9 659 063	1 458.57
		马来西亚	kg	5 631 259	1 366.54
84841000	密封垫等，金属片与其他材料或多层金属片制	美国	kg	6 992 397	6 214.80
		中国香港	kg	844 582	2 038.90
		德国	kg	915 843	1 920.67
		日本	kg	791 943	1 460.87
		越南	kg	580 722	1 334.86
		尼日利亚	kg	1 492 830	1 251.22
		泰国	kg	498 960	1 157.61
		新加坡	kg	727 253	1 020.88
		印度	kg	688 514	1 008.22
		加拿大	kg	1 220 596	957.74

2014 年输油管道产品主要进口国家（地区）量值表

税号	产品名称	主要进口国家（地区）	单位	进口量	进口额（万美元）
73041110	不锈钢石油天然气管道管，215.9mm ≤外径≤ 406.4mm	德国	kg	141 967	97.85
		英国	kg	5 585	69.77
		西班牙	kg	47 585	66.23
		日本	kg	32 160	55.07
		美国	kg	7 555	23.25
		中华人民共和国	kg	23 180	16.88
		意大利	kg	8 410	5.29
		新加坡	kg	3 992	3.59
		瑞典	kg	1 978	2.30
73041120	不锈钢石油天然气管道管，114.3mm ＜外径＜ 215.9mm	西班牙	kg	78 213	88.83
		德国	kg	22 644	27.46
		中华人民共和国	kg	24 218	22.54
		荷兰	kg	5 504	22.01
		奥地利	kg	8 365	14.46
		英国	kg	5 262	11.70
		意大利	kg	7 319	7.38
		瑞典	kg	4 725	4.37
		日本	kg	2 258	2.40
73041130	不锈钢石油天然气管道管，外径≤ 114.3mm	西班牙	kg	185 999	213.80
		日本	kg	131 931	174.34
		美国	kg	43 242	113.70
		韩国	kg	44 436	66.96
		英国	kg	17 800	49.25
		意大利	kg	40 237	41.23
		德国	kg	14 252	23.39
		中华人民共和国	kg	21 882	21.39
		澳大利亚	kg	11 164	18.28
73041190	不锈钢石油天然气管道管，外径＞ 406.4mm	意大利	kg	181 493	271.17
		西班牙	kg	62 089	95.65
		德国	kg	38 399	33.43
		韩国	kg	37 863	13.35
		丹麦	kg	1 019	5.49
		美国	kg	794	4.43
		中华人民共和国	kg	4 671	3.86
73041910	其他钢石油天然气管道管，215.9 ≤ mm 外径≤ 406.4mm	德国	kg	680 688	145.27
		中华人民共和国	kg	957 966	127.99
		日本	kg	246 637	85.20
		法国	kg	274 862	81.31
		罗马尼亚	kg	532 793	79.72
		意大利	kg	266 481	69.18
		巴西	kg	305 800	68.12

（续）

税号	产品名称	主要进口国家（地区）	单位	进口量	进口额（万美元）
		西班牙	kg	62 816	29.25
		新加坡	kg	220 660	26.22
		韩国	kg	151 641	25.85
73041920	其他钢石油天然气管道管，114.3mm ＜外径＜ 215.9mm	中华人民共和国	kg	507 620	64.93
		巴西	kg	219 997	37.79
		英国	kg	64 811	24.17
		德国	kg	103 050	22.87
		日本	kg	67 787	22.25
		新加坡	kg	125 050	16.81
		意大利	kg	29 120	10.29
		奥地利	kg	5 411	8.59
		南非	kg	9 495	6.17
73041930	其他钢石油天然气管道管，外径≤ 114.3mm	美国	kg	32 397	98.94
		中华人民共和国	kg	498 607	81.58
		德国	kg	86 745	46.80
		新加坡	kg	260 855	44.20
		西班牙	kg	201 700	35.98
		日本	kg	107 894	33.89
		韩国	kg	54 025	33.61
		巴西	kg	70 291	15.47
73041930	其他钢石油天然气管道管，外径＞ 406.4mm	法国	kg	29 381	13.81
		西班牙	kg	283 291	92.90
		美国	kg	144 661	37.01
		德国	kg	61 858	33.48
		中华人民共和国	kg	184 255	26.87
		意大利	kg	86 876	21.91
		日本	kg	90 804	18.39
		新加坡	kg	118 848	13.05
		捷克	kg	67 313	9.84
		英国	kg	16 889	9.41
73042210	不锈钢制钻探石油天然气钻管，外径≤ 168.3mm	新加坡	kg	3 821	18.44
		阿拉伯联合酋长国	kg	25 640	2.96
		美国	kg	23 255	2.65
		日本	kg	1 604	2.47
		奥地利	kg	368	1.11
		德国	kg	248	0.45
		新加坡	kg	2 423	5.11
73042310	其他钢制钻探石油天然气钻管，外径≤ 168.3mm	美国	kg	1 429 638	447.16
		阿拉伯联合酋长国	kg	532 660	253.06
		法国	kg	283 044	232.99
		日本	kg	787 884	192.85
		新加坡	kg	447 360	116.98
		英国	kg	527 671	74.04
		澳大利亚	kg	208 520	29.45
		中华人民共和国	kg	177 377	18.74

（续）

税号	产品名称	主要进口国家（地区）	单位	进口量	进口额（万美元）
73042390	其他钢制钻探石油天然气钻管，外径＞168.3mm	美国	kg	7 146	9.44
		德国	kg	178	5.66
		中华人民共和国	kg	53 000	4.58
		新加坡	kg	10 300	1.60
		墨西哥	kg	1 696	1.54
73042400	不锈钢制钻探石油或天然气用无缝套管、导管	日本	kg	11 412 644	5 565.63
		加拿大	kg	11 413	79.46
		法国	kg	50 223	32.23
		美国	kg	32 587	16.30
		奥地利	kg	38 115	12.19
73042910	屈服强度＜552MPa 的其他钢铁制钻探石油及天然气用无缝套管、导管	日本	kg	2 241 208	477.51
		新加坡	kg	599 400	181.26
		美国	kg	65 312	84.89
		奥地利	kg	203 301	47.74
		越南	kg	15 804	2.06
73042920	552MPa ≤屈服强度＜758MPa 的其他钢铁制钻探石油及天然气用无缝套管、导管	日本	kg	8 436 710	3 564.08
		巴西	kg	3 920 976	341.55
		挪威	kg	301 000	203.36
		中华人民共和国	kg	209 642	193.13
		新加坡	kg	28 770	140.52
		墨西哥	kg	268 403	75.74
		印度尼西亚	kg	211 880	50.08
		美国	kg	25 696	12.05
73042930	屈服强度≥758MPa 的其他钢铁制钻探石油及天然气用无缝套管、导管	日本	kg	10 323 360	1 870.95
		阿根廷	kg	4 759 388	1 076.49
		巴西	kg	5 186 728	802.28
		意大利	kg	1 497 931	314.57
		德国	kg	1 231 785	207.64
		法国	kg	386 960	72.43
		墨西哥	kg	170 116	66.60
		印度尼西亚	kg	379 291	54.10
		美国	kg	97 573	48.85
73061100	不锈钢制石油或天然气焊缝管道管	德国	kg	632 155	405.93
		意大利	kg	399 989	266.29
		法国	kg	91 072	65.76
		韩国	kg	60 175	57.52
		美国	kg	23 289	33.00
		西班牙	kg	29 834	32.05
		瑞典	kg	15 572	17.62
73061900	其他钢铁制石油或天然气管道管	韩国	kg	815 314	62.79
		德国	kg	10 544	43.64
		日本	kg	29 062	31.72

（续）

税号	产品名称	主要进口国家（地区）	单位	进口量	进口额（万美元）
		印度	kg	20 295	4.33
		新加坡	kg	1 207	2.26
		美国	kg	1 689	1.57
73062100	不锈钢制钻探石油或天然气用套管及导管	美国	kg	23 122	14.47
		中华人民共和国	kg	444	0.28
		德国	kg	58	0.11
73062900	其他钢铁制钻探石油或天然气套管及导管	新加坡	kg	7 052 483	1 692.18
		美国	kg	958 844	752.20
		马来西亚	kg	4 950	1.67

2014年输油管道产品主要出口国家（地区）量值表

税号	产品名称	主要出口国家（地区）	单位	出口量	出口额（万美元）
73041110	不锈钢石油天然气管道管 215.9mm ≤外径≤ 406.4mm	巴基斯坦	kg	303 769	267.35
		越南	kg	253 387	112.24
		坦桑尼亚	kg	420 507	72.02
		俄罗斯联邦	kg	114 278	58.78
		土耳其	kg	36 456	29.58
		孟加拉国	kg	95 094	24.40
73041120	不锈钢石油天然气管道管 114.3mm ＜外径＜ 215.9mm	伊朗	kg	77 885	253.82
		土库曼斯坦	kg	78 000	68.85
		马来西亚	kg	50 145	50.89
		中国香港	kg	63 920	34.42
		巴基斯坦	kg	69 190	31.34
		阿拉伯联合酋长国	kg	72 764	31.32
73041130	不锈钢石油天然气管道管，外径≤ 114.3mm	西班牙	kg	163 690	255.60
		尼日利亚	kg	388 458	130.09
		新加坡	kg	278 122	106.51
		哈萨克斯坦	kg	122 493	72.69
		巴基斯坦	kg	70 664	55.89
		马来西亚	kg	42 651	54.19
		委内瑞拉	kg	23 893	46.28
73041190	不锈钢石油天然气管道管，外径＞ 406.4mm	印度	kg	1 908 675	809.48
		伊朗	kg	424 337	488.81
		韩国	kg	276 669	215.15
		阿拉伯联合酋长国	kg	622 927	198.10
		孟加拉国	kg	171 017	161.94

（续）

税号	产品名称	主要出口国家（地区）	单位	出口量	出口额（万美元）
		美国	kg	886 225	110.76
		斯里兰卡	kg	71 669	74.07
		俄罗斯联邦	kg	57 623	73.93
73041910	其他钢石油天然气管道管，215.9mm ≤外径≤ 406.4mm	阿拉伯联合酋长国	kg	75 157 318	6 830.22
		阿尔及利亚	kg	43 438 571	4 445.96
		伊朗	kg	42 194 737	4 354.85
		韩国	kg	46 593 112	3 731.92
		委内瑞拉	kg	33 095 779	3 161.33
		加拿大	kg	35 691 489	3 147.15
		沙特阿拉伯	kg	27 927 333	2 883.13
		尼日利亚	kg	31 444 097	2 601.69
		印度尼西亚	kg	35 548 355	2 289.93
		新加坡	kg	29 290 461	2 177.26
73041920	其他钢石油天然气管道管，114.3mm ＜外径＜ 215.9mm	科威特	kg	74 121 364	5 879.70
		阿拉伯联合酋长国	kg	52 960 379	4 802.85
		伊朗	kg	33 474 520	4 387.60
		沙特阿拉伯	kg	27 632 594	2 531.62
		土耳其	kg	31 195 860	1 901.50
		韩国	kg	22 123 569	1 686.93
		哥伦比亚	kg	24 228 995	1 677.20
		乌兹别克斯坦	kg	13 707 525	1 663.45
		印度尼西亚	kg	23 617 994	1 468.88
		埃及	kg	15 976 632	1 346.65
73041930	其他钢石油天然气管道管，外径≤ 114.3mm	伊朗	kg	77 419 686	6 811.33
		印度	kg	64 307 764	4 945.40
		韩国	kg	45 835 362	3 917.28
		加拿大	kg	41 614 545	3 793.53
		阿拉伯联合酋长国	kg	48 111 168	3 587.52
		沙特阿拉伯	kg	34 887 195	3 359.43
		印度尼西亚	kg	45 908 231	2 967.62
		尼日利亚	kg	27 272 398	2 496.94
		土耳其	kg	38 061 755	2 447.89
		越南	kg	28 383 915	2 047.41
73041990	其他钢石油天然气管道管，外径＞ 406.4mm	美国	kg	25 798 939	3 091.05
		阿拉伯联合酋长国	kg	14 310 016	1 808.13
		越南	kg	5 969 180	1 770.56
		韩国	kg	15 146 913	1 686.05

（续）

税号	产品名称	主要出口国家（地区）	单位	出口量	出口额（万美元）
		加拿大	kg	14 253 901	1 633.44
		乌兹别克斯坦	kg	11 958 751	1 616.14
		巴西	kg	5 128 966	1 137.33
		委内瑞拉	kg	7 243 529	915.36
		尼日利亚	kg	9 180 635	871.11
		印度	kg	9 027 398	826.95
73042210	不锈钢制钻探石油天然气钻管，外径≤ 168.3mm	泰国	kg	167 410	65.23
		加蓬	kg	53 100	27.67
		哥伦比亚	kg	14 278	7.07
73042310	其他钢制钻探石油天然气钻管，外径≤ 168.3mm	俄罗斯联邦	kg	23 203 247	7 185.73
		沙特阿拉伯	kg	12 033 617	7 014.41
		加拿大	kg	20 386 928	6 481.45
		阿拉伯联合酋长国	kg	9 375 188	3 566.67
		伊拉克	kg	4 326 607	2 117.29
		哈萨克斯坦	kg	6 560 944	1 956.45
		伊朗	kg	2 834 021	1 241.37
		新加坡	kg	2 594 501	1 217.67
		美国	kg	4 512 741	1 097.50
		挪威	kg	2 227 195	1 078.28
73042390	其他钢制钻探石油天然气钻管，外径＞ 168.3mm	沙特阿拉伯	kg	1 195 287	264.56
		厄瓜多尔	kg	246 220	186.19
		澳大利亚	kg	385 083	144.48
		挪威	kg	425 694	138.45
		新加坡	kg	662 853	135.23
		中国香港	kg	235 994	128.34
73042400	不锈钢制钻探石油或天然气用无缝套管、导管	中国香港	kg	2 353 416	1 154.25
		尼日利亚	kg	776 384	333.00
		也门共和国	kg	1 753 939	213.21
		委内瑞拉	kg	2 753 450	199.57
		泰国	kg	1 675 173	123.25
73042910	屈服强度＜ 552MPa 的其他钢铁制钻探石油及天然气用无缝套管、导管	阿曼	kg	95 225 409	8 722.74
		澳大利亚	kg	61 690 915	5 815.39
		印度尼西亚	kg	62 739 171	4 622.75
		哈萨克斯坦	kg	38 900 408	4 191.11
		加拿大	kg	28 233 528	3 408.42
		俄罗斯联邦	kg	34 975 489	2 732.68
		土耳其	kg	26 446 846	2 269.54

（续）

税号	产品名称	主要出口国家（地区）	单位	出口量	出口额（万美元）
		沙特阿拉伯	kg	18 565 891	2 200.55
		新加坡	kg	26 855 002	2 049.57
		埃及	kg	25 658 000	1 912.30
73042920	552MPa ≤屈服强度＜ 758MPa 的其他钢铁制钻探石油及天然气用无缝套管、导管	泰国	kg	113 465 713	13 109.19
		委内瑞拉	kg	44 954 736	11 448.52
		伊朗	kg	56 209 156	9 052.91
		埃及	kg	73 455 859	6 374.03
		印度尼西亚	kg	64 736 682	6 032.37
		阿尔及利亚	kg	45 590 732	5 530.93
		阿曼	kg	44 574 179	5 314.40
		印度	kg	41 360 047	4 668.88
		哈萨克斯坦	kg	34 373 891	4 657.33
		挪威	kg	4 954 260	4 467.84
73042930	屈服强度≥ 758MPa 的其他钢铁制钻探石油及天然气用无缝套管、导管	伊朗	kg	55 380 763	9 638.77
		阿尔及利亚	kg	38 555 555	4 950.39
		土库曼斯坦	kg	26 434 632	3 536.71
		俄罗斯联邦	kg	22 446 930	2 827.21
		印度尼西亚	kg	16 409 133	1 897.47
		乌兹别克斯坦	kg	10 369 666	1 400.32
		埃及	kg	10 362 319	1 266.67
		哈萨克斯坦	kg	6 632 132	1 126.41
		委内瑞拉	kg	10 276 308	1 124.99
		泰国	kg	8 444 559	1 094.35
73061100	不锈钢制石油或天然气焊缝管道管	马来西亚	kg	3 089 653	906.46
		阿曼	kg	1 550 717	876.81
		伊朗	kg	671 692	245.90
		新加坡	kg	428 790	204.54
		印度	kg	460 221	180.52
		韩国	kg	583 189	166.10
		越南	kg	463 797	144.59
		智利	kg	383 599	141.43
73061900	其他钢铁制石油或天然气管道管	加拿大	kg	114 283 837	7 073.78
		澳大利亚	kg	63 298 080	5 949.56
		哥伦比亚	kg	48 143 733	3 616.57
		智利	kg	47 769 697	2 941.67
		委内瑞拉	kg	32 580 433	2 489.40

（续）

税号	产品名称	主要出口国家（地区）	单位	出口量	出口额（万美元）
		泰国	kg	37 742 760	2 319.03
		墨西哥	kg	30 774 017	2 008.25
		伊朗	kg	11 131 798	1 150.38
73062100	不锈钢制钻探石油或天然气用套管及导管	美国	kg	137 572	124.05
		阿拉伯联合酋长国	kg	30 316	29.71
		墨西哥	kg	62 590	18.27
		伊拉克	kg	17 703	11.93
		日本	kg	46 980	8.82
		泰国	kg	14 647	8.04

〔供稿单位：机械工业信息中心〕

标准与认证

介绍全国石油钻采设备和工具标准化技术委员会2014年工作情况及2015年工作安排，以及2014—2015年发布的与石油和石油化工设备相关的国家标准和行业标准

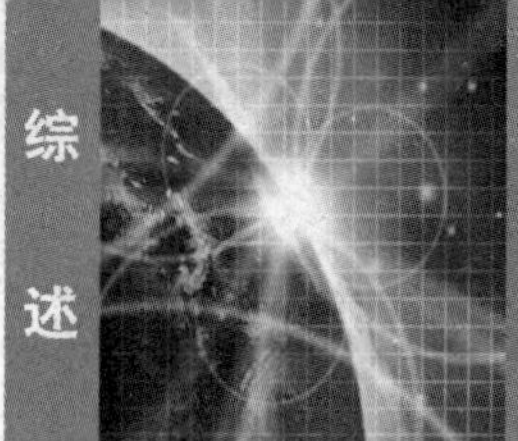

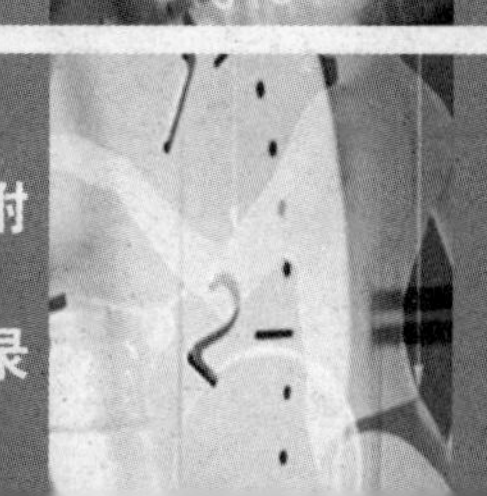

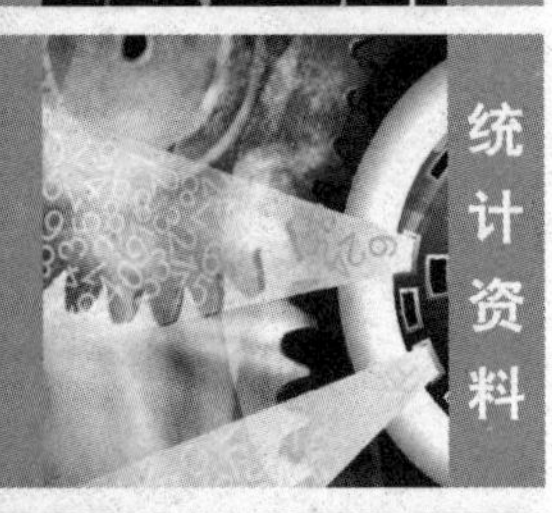

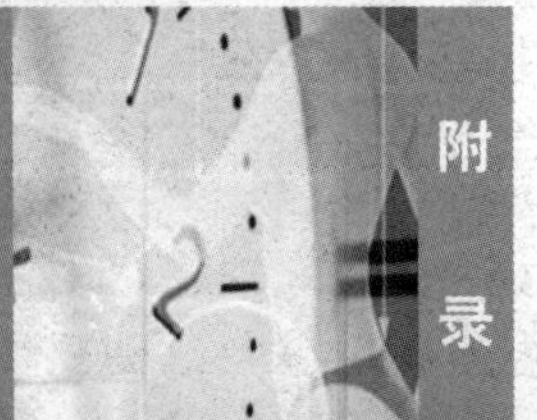

全国石油钻采设备和工具标准化技术委员会 2014年工作情况及2015年工作安排

——全国石油钻采设备和工具标准化技术委员会六届二次年会工作报告（节选）

一、2014年工作情况

2014年，全国石油钻采设备和工具标准化技术委员会（简称标委会）在国家标准化管理委员会（简称国家标准委）和国家能源局的领导下，认真贯彻全国标准化工作会议精神，全面落实标委会六届一次年会提出的各项工作要求，经全体委员、工作部以及各参加单位或企业的共同努力，全面完成了2014年标委会工作计划，主要在以下六个方面取得了明显成效。

1.围绕石油装备技术发展需求，全面完成年度标准制修订和复审任务

在标准制修订方面，2014年在运行标准项目共28项，其中新立项24项，结转项目4项。2014年应完成标准制修订项目16项，全年实际完成20项，计划完成率125%，其中，国家标准8项，行业标准12项。分别为：一是为满足市场急需，成套制定了《石油天然气工业　钻井泵》《钻井泵的安装、使用与维护》《石油天然气工业　钻井和采油设备　压裂泵送设备》《石油天然气工业　钻井和采油设备　液氮泵送设备》及《油田用背罐车》8项重点钻采设备标准；二是跟踪API和ISO标准，及时采标制修订了《石油天然气工业　钻井和采油设备　第2部分：深水钻井隔水管的分析方法、操作和完整性》《石油天然气工业　钻井和采油设备　钻井和修井井架、底座》《石油天然气工业　井下工具　封隔器和桥塞》等5项采标标准；三是根据石油装备技术的发展，修订《石油天然气工业　钻井和修井设备》《潜油电泵机组》和《石油钻机用DS系列电磁涡流刹车》等7项关键技术标准。在标准制修订中，钻机、钻采动力设备和海洋钻采设备三个标准化工作部任务完成较好，报批稿质量较高。

在标准复审工作方面，根据国家标准委和标委会的年度工作计划要求，标委会秘书处组织相关工作部及有关专家，对5项国家标准和23项行业标准进行了复审。标委会秘书处按照石油钻采装备发展形势对需要复审的标准进行了复审前的市场调研和技术论证工作，在保证标准先进性、适用性等方面提出了复审意见，并按程序完成了复审结论的上报。在复审的5项国家标准中，继续有效的有4项，需修订的有1项。在复审的23项石油天然气行业标准中，继续有效的有16项，需修订的有5项，SY/T 5189—1987《水力活塞泵的使用、维护》和SY/T 5064—1985《泥浆泵双金属缸套技术条件》2项行业标准，其主要技术内容已分别整合到了相关标准之中，建议废止。

在重点标准宣贯方面，根据2014年标准宣贯计划，以工作部为主体、标委会秘书处协助的运行机制，采取宣讲与研讨相结合的方式，组织开展了GB/T 22513—2013《石油天然气工业　钻井和采油设备　井口装置和采油树》等5项标准的宣贯，圆满完成了年度重点标准宣贯计划。井控装备和井口采油树两个标准化工作部做了大量工作，表现突出。

2.围绕国际标准可采性梳理研究，标准体系进一步完善

2014年，标委会秘书处组织开展了钻采标准体系优化工作，重点对国际标准和国外标准的可采性进行了梳理和论证，并及时更新完善了标准体系，为“十三五”规划奠定基础。

一是对ISO标准的可采性以及ISO标准制修订工作的可参与性进行了梳理研究。对应的ISO可采范围主要集中在TC67/SC4，经过研究分析，ISO TC67中与全国钻采标准相关的有47项，其

中已采 34 项，不可采 2 项，另外有 3 项因 ISO 标准版本老化、滞后，采用了 API 标准，其余 8 项将在未来的 3 年中逐步采用。其中，需重点跟踪研究和具有条件参与制修订的国际标准有：ISO 10428《石油和天然气工业　抽油杆　规范》、ISO 10431《石油和天然气工业　抽油机井规范》及 ISO 10425《石油和天然气工业用钢丝绳　最低要求和验收条件》等标准。

二是对 API 标准的可采性进行了进一步梳理。对应的 API 可采范围主要集中在 API 4、6、7、8、9、11、14、16、17、19、20 系列，目前已采 42 项，另外有 8 项采用了 ISO 标准（API 与 ISO 标准互采，标委会标准优先采用了 ISO 标准）。未来几年对 API 标准的主要采标方向是，API 6 系列阀门与井口设备和 20 系列供应链等系列标准。

3. 围绕标委会组织建设，组建的新一届标委会更具活力

根据国家标准化管理委员会《全国专业标准化技术委员会管理规定》和全国石油钻采设备和工具标准化技术委员会 2013 年年会决议要求，2014 年年初完成了换届工作。

一是经秘书处申请，国家标准委批准，进一步明确并扩展了标委会的工作领域，即：主要负责陆地和海洋石油天然气（包含非常规油气）勘探开发（物探、钻井、采油采气和油气储运等工程）用设备、工具及其材料专业领域的标准化工作。

二是根据国家标准委关于标委会换届方案的批复，2014 年 4 月成功召开了换届暨第六届一次年会。第六届标委会有正式委员 69 名，顾问 4 名。本届标委会成员构成覆盖了装备生产企业、油田用户、科研院所、检测机构等方面，充分体现了标委会的包容性与公正性。

三是在标委会委员名额受限的情况下，为让更多有积极性的企业参与标委会工作，标委会秘书处通过广泛征集和优选，按照《标委会章程》，目前已接纳 12 名观察员，他们主要来自民营企业和外资企业。按照国家标准化改革的方向和要求，未来几年，标委会将进一步开放，吸收更多的企业参加，提升其影响力和竞争力。

4. 围绕标准国际化战略，国际标准化工作取得新突破

2014 年，标委会秘书处继续坚持“立足国内，着眼国际”的原则，大力推进标准国际化战略的实施，在以下几个方面取得实质性进展，国际标准化影响力进一步增强。

一是《海上固定平台模块钻机》国际标准草案取得较快进展。在中海油的大力推动和努力下，由中海油承担的《海上固定平台模块钻机》国际标准，经过几轮工作组讨论修改，于 2014 年 8 月在 ISO/TC67/SC 4 年会上讨论通过了委员会草案（CD 稿），正式进入国际标准草案（DIS）阶段。工作组 2014 年 11 月和 2015 年 1 月分别在北京和伦敦对该标准 DIS 稿进行了两次统稿，并于 2015 年 2 月向 ISO/TC 67/ SC 4 提交了 DIS 稿，进入国际标准化成员国表决阶段。

二是参与 ISO/TC67 管理工作，地位进一步提升。继中海油姜伟委员成为 ISO/TC67/SC4/WG8 的召集人之后，2014 年 8 月借中国代表团参加 TC67/SC4 年会之机，提出由张永泽主任委员担任 TC67/SC4/WG1 召集人的申请，并于当年年底正式获得 ISO/TC67 的批准。目前，张永泽主任委员按照 ISO/TC67 的程序和要求已开展工作，2015 年 4 月秘书处派人参加 ISO/TC67/SC4 年会，并代表张永泽主任委员向会议汇报了 WG1 标准制修订的进展和建议。

三是与 API 的合作取得实质性突破。按照“突出重点、实质参与、维护利益”的指导原则，通过与 API 多次谈判和各方努力，在采油设备标准化合作方面，筛选并向 API 推荐了来自我国主要采油设备制造企业和检测机构的 14 名专家作为 API 投票委员（其中 11B 7 名，11E 7 名），分别参加 API 11B 和 11E 两项标准的制修订工作。向 API 提出的“增补双圆弧齿轮减速器”“补充焊接式组合游梁”和“将游梁材料最低等级由 A36 延伸到 Q235”三个提案，已有部分提案内容纳入到 API 标准修订稿中。另外，还协助 API/SC 11 主席

对我国抽油杆接箍扳手方制造和使用情况进行了全面调研，论述了我国抽油杆接箍设计扳手方的理由，得到了API/SC11主席的认可，同意将扳手方纳入API 11B标准之中。

四是探索建立了国际标准化工作新机制。以14名专家为基础，创新地组建了抽油机和抽油杆两个对口国际标准化专项工作组。其主要任务是：全面、系统地开展跟踪研究与实验验证研究，对提出的API标准修订提案或表决意见在国内先期予以协调和统一，为我国标准的制修订和API、ISO标准的制修订提供技术支持。标委会秘书处于2014年11月在北京组织召开了抽油机和抽油杆国际标准化专项工作组成立大会暨API标准研讨会，会议邀请了API/SC11分委会主席参加，并就API 11B和11E两项标准进行了技术研讨。经双方研究，API/SC11决定于2015年9月在我国召开研讨会。

五是发挥专家作用，完成了年度国际标准投票工作。标委会秘书处按照“统一管理、分工负责”的工作原则，以工作部为主体，组织开展了对口国际标准的跟踪研究和投票。截至2015年3月底，累计处理ISO/TC 67/SC4国际标准投票22项。另外，还对ISO 10431《石油和天然气工业 抽油机规范》复审提出了修订建议，并积极争取成为该国际标准的项目召集人。

5. 围绕标委会发展能力建设，重点研究项目取得阶段性成果

为提升标委会的影响力和标准技术水平，针对基础性项目和重点配套项目，标委会秘书处坚持组织开展标准化专项研究或标准前期研究，在2013年组建的专项工作组基础上，专项研究工作进展顺利，并取得阶段性成果。

一是石油装备术语研究与标准制定工作进展顺利。目前，已经完成了《石油天然气工业术语标准 装备部分》的初审。标委会秘书处采取分专业研讨与评审方式，对收集到的5 000多条石油装备词汇，按专业分类和筛选，并通过9次专家会议研讨和评审，基本确定了术语的分类、范围和内容（约1 000多个词条）。2015年2月已形成标准送审稿，进入委员会专家审查阶段。

二是单螺杆泵抽油系统专项工作组取得重要研究进展。在征集制造企业、油田用户及检测机构等单位意见和建议的基础上，秘书处联合专项工作组对《潜油电泵机组》《特种往复式抽油泵》等标准进行研讨，对一些关键技术要求达成了一致意见，为这些标准的制修订奠定了基础。

6. 围绕标委会工作效率和标准质量提升，标委会管理机制进一步完善

2014年，按照标委会六届一次年会的要求，标委会秘书处整理分析了标委会存在的问题，突出重点、着力整改与创新，在强化标委会管理和创新机制方面取得明显成效。

一是主动出击，提高委员参与率。针对委员、观察员参加标委会活动不积极的问题，秘书处一方面按照新修订的《标委会章程》，及时予以警示或申请调整；另一方面，标委会秘书处、工作部和起草工作组三个层次协调联动，主动出击，根据活动内容和安排，优先邀请相关委员和观察员参加，或提示相关委员及时回函，提高了委员的参与率。2014年委员、观察员参与标委会活动（年会、审查会、研讨会、征求意见回函等）的人次比2013年提高了20%。

二是从源头抓起，严格立项审查，确保标准立项质量。按照“基础优先、修订优先、采标优先、重点产品优先”的四优先立项原则，对2015年申报项目从标准立项意义、立项可行性、项目内容、起草单位资历等方面进行审查和评估，尽力杜绝“四无”项目立项（无充分理由、无可行性、无标准草案、无良好资历等）。共受理2015年申报项目49项，经工作部推荐、秘书处与秘书长办公会审查，以及工作部秘书长联席会协调，最终纳入《2015年标准制修订项目计划草案》的项目共26项。

三是加大标准主审人制度落实力度，标准草案质量大幅提升。在起草单位、起草人、计划进度“三落实”的基础上，每项标准制修订项目都指定了行业专家作为项目主审人，实行全过程跟

踪和技术把关。强调标准主要技术指标的科学性与适用性都要有相应的技术报告支撑，且须得到主审人的签字认可。这使标准草案质量大幅提升，标准草案的一次审查通过率达到100%。

四是加强过程监督，确保标准起草的合规性。一方面积极推进工作部秘书处初审、标委会秘书处组织专家会审的审查程序；另一方面加强对审查专家的筛选，严格按照“起草工作组、工作部推荐，标委会秘书处最终协调审定”的程序，统筹兼顾，邀请科研院所、生产企业和用户三个利益方的专家参与标准审查，确保标准审查的公正性。

五是突出重点，分类指导，提高标准起草工作组运行效率。对于《石油天然气工业　碳钢、合金钢、不锈钢和镍基合金铸件》和《井口装置和采油树承压件设计计算》等基础性项目，标委会秘书处明确要求起草工作组充分调研国内外相关标准的使用情况，并督促起草工作组邀请大专院校、研究院所专家进行多轮研讨，以确保标准的适用性。对《压裂成套设备规范》《石油天然气工业　钻井和采油设备　压裂泵送设备》《石油天然气工业　钻井和采油设备　液氮泵送设备》等配套性项目，标委会秘书处要求起草组邀请有代表性的厂商、用户，共同解决标准编制方向、关键技术处理等问题，以提高标准编写的质量和进度。同时，还要求各标准起草组之间加强协商，确保配套标准之间技术的一致性。

六是继续推进标准起草人资质认可制度，提升标准起草人队伍水平。标委会秘书处要求每项标准的起草人中应有不少于两名考核合格的人员，其中主起草人必须参加培训，并考核合格。2014年，标委会邀请了从事多年标准审查和出版的专家对近百名标准起草人以及标准化工作部秘书处的工作人员进行了标准起草基础知识培训，并给考核合格的学员颁发了《石油工业天然气标准起草人资质证书》。

以上这些成绩的取得，离不开国家标准委、国家能源局给予的悉心指导，离不开中石油、中石化、中海油三大公司以及各石油装备企业和石油工业标准化技术委员会的大力支持，离不开各位委员和标准化工作部的共同努力。

在取得成绩的同时，标委会工作中还存在一些问题，主要表现在：一是标准体系的系统性、综合性和配套性还有待提高；二是部分标准技术内容的先进性、科学性、适用性还较差；三是在非常规油气开发、清洁生产等方面所需的装备标准还存在滞后或缺失的现象。针对这些问题，标委会还需进一步加强研究和落实，逐步解决和完善。

二、2015 年工作安排

2015 年是“十二五”收官之年，同时也是“十三五”布局之年，做好 2015 年的工作意义重大。标委会 2015 年的总体工作思路是：认真贯彻国务院和国家标准委关于“推进标准化工作改革，促经济提质增效升级”的精神，按照“深化改革、优化体系、完善管理”的总体要求，以市场为导向，以标准国际化为目标，以机制创新为手段，以标准提质增效为着力点，做好顶层设计，优化标准体系；强化管理，提升标准质量；加强国际交流，扩大国际化成果；提高标准水平，进一步提升我国石油装备标准的国际影响力。主要做好以下几项工作：

1. 做好顶层设计，优化标准体系

2015 年是标委会谋划和布局“十三五”标准化工作的重要一年。标委会秘书处将大力开展战略研究，抓好“十三五”规划的编制工作，强化顶层设计。一是开展国家标准化发展政策研究和国外先进标准化组织发展模式研究，结合标委会实际，探索标委会发展模式和工作机制。二是组织标准化工作部和专家，深入开展石油企业标准化需求调研，考察现行标准的适用性，分析研究未来五年油气勘探开发新工艺、新技术以及装备发展对标准化的需求。三是发挥工作部、国际标准化工作组和专项标准化工作组的作用，系统开展 ISO、API 标准跟踪研究工作，强化采标标准的实验验证，提出未来三年的采标建议。四是按照综合标准化的理念，继续开展优化标准体系研究。

在需求调研的基础上，各工作部按照“整合提高、系统配套、先进适用、国际接轨”的要求，进一步完善标准体系，标委会秘书处将组织专家逐个会审、整合和完善。

2. 加强国际交流，扩大国际化成果

2015年的重点任务：一是继续推进《海洋平台模块钻机》国际标准、抽油机和抽油杆API标准的制修订工作。二是以API退出ISO/TC67为契机，充分利用我国自主创新设备和领先技术等优势，提出新的国际标准提案，积极承担ISO/TC67/SC4标准的制修订和工作组召集人的工作。三是积极探索国际标准跟踪研究机制，按照统一管理、分工负责、企业参与的原则，在去年成立的抽油杆和抽油机两个国际标准化工作组的基础上，逐步成立与ISO/TC67分委会或工作组对应的国际标准工作组，增强国际标准化工作的针对性、实效性和主动性。2015年将成立钻机国际标准化工作组，全面支持ISO/TC67/SC4/WG1召集人的工作。四是深化与API的合作，2015年9月组织一次与API/SC11的对口标准化交流活动，继续做好API重点标准的翻译工作。五是加强国际标准化人才的培养，争取更多国际标准化交流机会，深入地了解国际标准化理念和管理程序，提高国际标准化水平和能力。

3. 强化管理，保质保量完成标准制修订任务

2015年标准制修订项目和结转项目共34项，其中国家标准12项，行业标准22项。按计划当年应完成21项。为了做好标准的制修订工作，确保质量和进度，秘书处拟采取以下措施：一是继续推行起草工作会议和工作部秘书长联席会议制度，加强计划项目的落实与协调；二是继续推行标准起草人资质认定制度及起草人、起草单位与审查专家准入制度和黑名单制度，促进起草人员、起草单位、审查专家标准化水平的提高；三是对重点标准项目引进竞争机制，控制标准起草单位数量，提升起草工作组起草能力和水平；四是坚定不移地执行标准起草工作组制度，确保标准草案的先进、公平和适用性；五是强力推行预审与主审人制度，提前介入，过程指导，确保标准编写质量；六是继续推行标准项目进度季报制度，以便工作部和标委会秘书处及时掌握、指导和督办。

4. 适应新的要求，增强委员责任意识

结合国家标准委“国家标准制修订工作管理信息系统”和“全国专业标准化技术委员会工作平台”的使用与推广工作，进一步加强对委员和观察员的管理，增强委员的主体责任意识，使其积极参加标委会活动。一是要求委员与观察员充分使用好国家标准委的新系统、新平台，按时完成系统和平台提出的各项征求意见、投票、讨论等工作。二是根据委员与观察员个人技术专长，结合标委会归口的标准项目，实行专业分类管理，希望委员与观察员在选定项目的基础上，主动参与，做出贡献。三是根据新平台、新系统的要求，将组织修订《全国石油钻采设备和工具标准化委员会章程》和《全国石油钻采设备和工具标准化委员会标准制修订程序》，进一步明确委员、观察员的权利、义务和工作程序。

5. 深化改革，完善标委会组织体系

国家有关部门把“建成符合经济社会和科技发展的新型技术标准体系”作为改革的主要内容之一，提出了“加强强制性标准，完善推荐性标准，培育和发展社会团体标准，改革企业标准备案制度，使强标更强，推标更优，团标更活，企标更高”的新要求。在当前深化改革的新形势下，一是标委会将积极探索，加强与行业协会、标准化委员会以及大型企业的横向合作，探讨建立中国石油钻采装备社团标准的可行性；二是经标委会主任办公会讨论研究，要求加快启动分技术委员会筹建工作。标委会秘书处将以现有工作部为基础，本着“统筹兼顾、结构优化、成熟先建”的原则，开展方案与机制研究，争取2015年年底前筹建工作有较大进展。

〔供稿单位：中国石油和石油化工设备工业协会　撰稿人：全国石油钻采设备和工具标准化技术委员会秘书长高圣平〕

全国石油钻采设备标委会 2014 年标准制修订计划

序号	项目编号	项目名称	制定或修订	完成年限	主要起草单位	代替标准	采标号
1	20140641-T-469	石油工业用天然气内燃发电机组	修订	2016	中国石油集团济柴动力总厂	GB/T 22343—2008	
2	20140642-T-469	石油天然气工业　井下工具　封隔器和桥塞	修订	2016	大庆油田有限责任公司采油工程研究院	GB/T 20970—2007	ISO 14310:2008(E)
3	20140643-T-469	石油天然气工业　井下设备　锁定心轴和定位接头	修订	2016	石油工业井下工具质量监督检验中心	GB/T 21410—2008	ISO 16070:2005
4	20140644-T-469	石油天然气工业　钻井泵	制定	2016	宝鸡石油机械有限责任公司		
5	20140645-T-469	石油天然气工业　钻井和采油设备　第 2 部分：深水钻井隔水管的分析方法、操作和完整性	制定	2016	宝鸡石油机械有限责任公司		ISO/TR 13624—2:2009
6	20140646-T-469	石油天然气工业　钻井和采油设备　钻井和修井井架、底座	修订	2016	宝鸡石油机械有限责任公司	GB/T 25428—2010	
7	20140647-T-469	石油天然气工业　钻井和修井设备	修订	2016	宝鸡石油机械有限责任公司	GB/T 17744—2008	
8	20140648-T-469	石油天然气工业术语标准　第 1 部分：钻采设备、管材及仪器词汇	修订	2016	中国石油勘探开发研究院石油工业标准化研究所	GB/T 8423—2008	
9	能源 20140062	石油钻机用 DS 系列电磁涡流刹车	修订	2014	兰州兰石集团有限公司	SY/T 5533—2002	
10	能源 20140063	油田用背罐车	修订	2014	四川宝石机械专用车有限公司	SY/T 5250—2008	
11	能源 20140064	抽油杆吊卡、吊钩	修订	2015	中国石油集团钻井工程技术研究院江汉机械研究所	SY/T 5235—2008 SY/T 5236—2000	
12	能源 20140065	地锚车	修订	2014	中原特种车辆有限公司	SY/T 5552—2009	
13	能源 20140066	固井成套设备规范	修订	2014	中石化石油工程机械有限公司第四机械厂	SY/T 5557—2009	
14	能源 20140067	固井水泥头及常规固井胶塞	制定	2014	中国石化集团石油工程技术研究院德州钻井研究所		
15	能源 20140068	石油天然气工业　钻井和采油设备　水下管汇连接器	制定	2015	南阳二机石油装备（集团）有限公司		
16	能源 20140069	节流和压井系统规范	修订	2015	石油工业井控装置质量监督检验中心	SY/T 5323—2004	

（续）

序号	项目编号	项目名称	制定或修订	完成年限	主要起草单位	代替标准	采标号
17	能源 20140070	井底游离落物打捞器	修订	2015	贵州高峰石油机械股份有限公司	SY/T 5147—2000	
18	能源 20140071	井口装置和采油树承压件设计计算	制定	2014	中国石油集团钻井工程技术研究院江汉机械研究所		API Standard 6X，MOD
19	能源 20140072	套管用浮箍、浮鞋	修订	2014	中国石化集团石油工程技术研究院德州石油钻井研究所	SY/T 5618—2009	
20	能源 20140073	修井用气动卡盘	修订	2014	南阳二机石油装备(集团)有限公司	SY/T 6113—2008	
21	能源 20140074	石油天然气工业　钻井和采油设备　压裂车	制定	2014	中石化石油工程机械有限公司第四机械厂		
22	能源 20140075	石油天然气工业　钻井和采油设备　液氮泵送设备	制定	2014	中国石油集团渤海石油装备制造有限公司		
23	能源 20140076	潜油柱塞泵机组	制定	2014	国家电动潜油泵质量监督检验中心		
24	能源 20140077	钻井泵的安装、使用与维护	制定	2015	宝鸡石油机械有限责任公司		

〔供稿单位：中国石油和石油化工设备工业协会〕

全国石油钻采设备标委会 2014 年完成标准项目汇总表

序号	计划编号	项目名称	制定或修订	第一起草单位	审查结论
1	20120429-T-469	潜油电泵机组	修订	大庆油田力神泵业有限公司	一致通过
2	20140641-T-469	石油工业用天然气内燃发电机组	修订	中国石油集团济柴动力总厂	一致通过
3	20140642-T-469	石油天然气工业　井下工具　封隔器和桥塞	修订	大庆油田有限责任公司采油工程研究院	一致通过
4	20140643-T-469	石油天然气工业　井下设备　锁定心轴和定位接头	修订	石油工业井下工具质量监督检验中心	一致通过
5	20140644-T-469	石油天然气工业　钻井和修井设备　钻井泵	制定	宝鸡石油机械有限责任公司	一致通过
6	20140645-T-469	石油天然气工业　钻井和采油设备　第 2 部分：深水钻井隔水管的分析方法、操作和完整性	制定	宝鸡石油机械有限责任公司	一致通过

（续）

序号	计划编号	项目名称	制定或修订	第一起草单位	审查结论
7	20140646-T-469	石油天然气工业　钻井和采油设备　钻井和修井井架、底座	修订	宝鸡石油机械有限责任公司	一致通过
8	20140647-T-469	石油天然气工业　钻井和修井设备	修订	宝鸡石油机械有限责任公司	一致通过
9	能源20140062	石油钻机用DS系列电磁涡流刹车	修订	兰州兰石集团有限公司	一致通过
10	能源20140063	油田用背罐车	修订	四川宝石机械专用车有限公司	一致通过
11	能源20140065	地锚车	修订	中原特种车辆有限公司	一致通过
12	能源20140067	固井水泥头及常规固井用胶塞	制定	中国石化集团石油工程技术研究院德州钻井研究所	一致通过
13	能源20140071	井口装置和采油树承压设备设计计算	制定	中国石油集团钻井工程技术研究院江汉机械研究所	一致通过
14	能源20140072	套管用浮箍、浮鞋	修订	中国石化集团石油工程技术研究院德州石油钻井研究所	一致通过
15	能源20140073	修井用气动卡盘	修订	南阳二机石油装备(集团)有限公司	一致通过
16	能源20140074	石油天然气工业　钻井和采油设备　压裂泵送设备	制定	中石化石油工程机械有限公司第四机械厂	原则通过
17	能源20140075	石油天然气工业　钻井和采油设备　液氮泵送设备	制定	中国石油集团渤海石油装备制造有限公司	原则通过
18	能源20140077	钻井泵的安装、使用与维护	制定	宝鸡石油机械有限责任公司	一致通过
19	能源20130194	石油天然气工业用碳钢、合金钢、不锈钢和镍基合金铸件	修订	宝鸡石油机械有限责任公司	一致通过
20	能源20120206	特种往复式抽油泵	制定	中国石油集团渤海石油装备制造有限公司	一致通过

〔供稿单位：中国石油和石油化工设备工业协会〕

全国石油钻采设备标委会 2014年标准复审项目汇总表

序号	标准编号	标准名称	复审结论
1	GB/T 17388—2010	潜油电泵装置的安装	确认
2	GB/T 17390—2010	潜油电泵拆卸报告的编写	确认
3	GB/T 25428—2010	石油天然气工业　钻井和采油设备　钻井和修井井架、底座	修订
4	GB/T 25429—2010	钻具止回阀规范	确认
5	GB/T 25430—2010	钻通设备　旋转防喷器规范	确认
6	SY/T 5064—1985	泥浆泵双金属缸套技术条件	废止
7	SY/T 5141—2010	石油钻机用离心涡轮液力变矩器	确认
8	SY/T 5189—1987	水力活塞泵的使用、维护	废止

（续）

序号	标准编号	标准名称	复审结论
9	SY/T 5216—2010	钻井取心工具	确认
10	SY/T 5249—2010	地面液压驱动可控震源	确认
11	SY/T 5328—1996	热采井口装置	确认
12	SY/T 5383—2010	螺杆钻具	确认
13	SY/T 5496—2010	震击器及加速器	确认
14	SY/T 5532—2010	石油钻机绞车	修订
15	SY/T 5643—2010	抽油杆维护和使用推荐作法	确认
16	SY/T 5676—2010	石油钻采机械产品用高压锻件技术条件	修订
17	SY/T 5716.10—1995	石油钻机大修理技术条件　钻井泵	确认
18	SY/T 5723—2010	山地地震钻机	确认
19	SY/T 6082—2010	石油地震勘探车装钻机使用和维护	确认
20	SY/T 6117—2010	石油修井机使用与维护	修订
21	SY/T 6295—2006	石油钻采设备可靠性、维修性预计方法	确认
22	SY/T 6663—2006	独立井口装置规范	确认
23	SY/T 6667—2006	分流器系统设备及作业推荐作法	确认
24	SY/T 6668—2006	游梁式抽油机的安装与润滑	修订
25	SY/T 6760—2010	石油钻采设备用气胎离合器	确认
26	SY/T 6801—2010	石油钻机液压盘式刹车安装、使用与维护	确认
27	SY/T 6802—2010	油田套管补贴用膨胀管总成	确认
28	SY/T 6803—2010	海洋修井机	修订

［供稿单位：中国石油和石油化工设备工业协会］

全国石油钻采设备标委会 ISO/TC 67 标准采标情况统计表

序号	国际标准编号	国际标准名称及对应标准	采标情况			已采标准转化为国行标的具体情况		
			已采	可采	不采	采标程度	标准编号	标准名称
1	ISO 13625:2002	Petroleum and natural gas industries—Drilling and production equipment—Marine drilling riser couplings 石油天然气工业　钻井和采油设备　海洋钻井隔水管接头	●			MOD	SY/T 6917—2012	石油天然气工业　钻井和采油设备　海洋钻井隔水管接头
2	ISO 17824:2009	Petroleum and natural gas industries—Downhole equipment—Sand screens 石油天然气工业　井下工具　防砂筛管	●			MOD	SY/T 6916—2012	石油天然气工业　井下工具　防砂筛管

（续）

序号	国际标准编号	国际标准名称及对应标准	采标情况			已采标准转化为国行标的具体情况		
			已采	可采	不采	采标程度	标准编号	标准名称
3	ISO 17078-1:2004	Petroleum and natural gas industries—Drilling and production equipment—Part 1: Side-pocket mandrels 石油天然气工业　井下工具　第1部分：偏心工作筒	●			MOD	SY/T 6915.1—2012	石油天然气工业井下工具　第1部分：偏心工作筒
4	ISO 13624-1:2009	Petroleum and natural gas industries—Drilling and production equipment—Part 1: Design and operation of marine drilling riser equipment 石油天然气工业　钻井和采油设备　第1部分：海洋钻井隔水管设备的设计和操作	●			MOD	GB/T 30217.1—2013	石油天然气工业钻井和采油设备　第1部分：海洋钻井隔水管设备的设计和操作
5	ISO 10432:2004	Petroleum and natural gas industries—Downhole equipment—Subsurface safety valve equipment 石油天然气工业　井下设备　井下安全阀	●			MOD	GB/T 28259—2012	石油天然气工业井下设备　井下安全阀
6	ISO 13626:2003	Petroleum and natural gas industries—Drilling and production equipment—Drilling and well-servicing structures 石油天然气工业　钻井和采油设备　钻井和修井井架、底座	●			MOD	GB/T 25428—2010	石油天然气工业钻井和采油设备　钻井和修井井架、底座
7	ISO 13880:1999	Petroleum and natural gas industries—Content and drafting of a technical specification 石油和天然气工业　技术规范的内容与编写	●			MOD	GB/T 24258—2009	石油和天然气工业 技术规范的内容与编写
8	ISO 13879:1999	Petroleum and natural gas industries—Content and drafting of a functional specification 石油和天然气工业　功能规范的内容	●			MOD	GB/T 24257—2009	石油和天然气工业 功能规范的内容与编写
9	ISO 10423:2009	Petroleum and natural gas industries—Drilling and production equipment—Wellhead and christmas tree equipment 石油天然气工业　钻井和采油设备　井口装置和采油树	●			MOD	GB/T 22513—2013	石油和天然气工业 钻井和采油设备井口装置和采油树
10	ISO 10424-2:2007	Petroleum and natural gas industries—Rotary drilling equipment—Part 2: Threading and gauging of rotary shouldered thread connections 石油天然气工业　旋转钻井设备　第2部分：旋转台肩式螺纹连接的加工与测量	●			MOD	GB/T 22512.2—2008	石油天然气工业旋转钻井设备　第2部分：旋转台肩式螺纹连接的加工与测量
11	ISO 10424-1:2004	Petroleum and natural gas industries—Rotary drilling equipment—Part 1: Rotary drill stem elements 石油天然气工业　旋转钻井设备　第1部分：旋转钻柱构件	●			MOD	GB/T 22512.1—2012	石油天然气工业旋转钻井设备　第1部分：旋转钻柱构件
12	ISO 10417:2004	Petroleum and natural gas industries—Subsurface safety valve systems—Design, installation, operation and redress 石油天然气工业　井下安全阀系统　设计、安装、操作和维护	●			IDT	GB/T 22342—2008	石油天然气工业井下安全阀系统　设计、安装、操作和维护
13	ISO 13628-4:2010	Petroleum and natural gas industries—Design and operation of subsea production systems—Part 4: Subsea wellhead and tree equipment 石油天然气工业　水下生产系统的设计与操作　第4部分：水下井口装置和采油树设备	●			MOD	GB/T 21412.4—2013	石油天然气工业水下生产系统的设计与操作　第4部分：水下井口装置和采油树设备

（续）

序号	国际标准编号	国际标准名称及对应标准	采标情况			已采标准转化为国行标的具体情况		
			已采	可采	不采	采标程度	标准编号	标准名称
14	ISO 15136-2:2006	Petroleum and natural gas industries—Progressing cavity pump systems for artificial lift—Part 2: Surface-drive systems 石油天然气工业井下设备　人工举升用螺杆泵系统　第2部分：地面驱动装置	●			MOD	GB/T 21411.2—2009	石油天然气工业井下设备　人工举升用螺杆泵系统　第2部分：地面驱动装置
15	ISO 15136-1:2009	Petroleum and natural gas industries—Progressing cavity pump systems for artificial lift—Part 1: Pumps 石油天然气工业　人工举升用螺杆泵系统　第1部分：泵	●			MOD	GB/T 21411.1—2014	石油天然气工业人工举升用螺杆泵系统　第1部分：泵
16	ISO 16070:2005	Petroleum and natural gas industries—Downhole equipment—Lock mandrels and landing nipples 石油天然气工业　井下工具　锁定心轴与定位接头	●			MOD	GB/T 21410—2008	石油天然气工业井下工具　锁定心轴与定位接头
17	ISO 15156-3:2009	Petroleum and natural gas industries —Materials for use in H_2S-containing environments in oil and gas production—Part 3: Cracking-resistant CRAs (corrosion resistant alloys) and other alloys 石油天然气工业　油气开采中用于含硫化氢环境的材料　第3部分：抗开裂耐蚀合金和其他合金	●			MOD	GB/T 20972.3—2008	石油天然气工业油气开采中用于含硫化氢环境的材料　第3部分：抗开裂耐蚀合金和其他合金
18	ISO 15156-2:2003	Petroleum and natural gas industries—Materials for use in H_2S - containing environments in oil and gas production—Part 2: Cracking - resistant carbon and low - alloy steels, and the use of cast irons 石油天然气工业　油气开采中用于含硫化氢环境的材料　第2部分：抗开裂碳钢、低合金钢和铸铁	●			MOD	GB/T 20972.2—2008	石油天然气工业油气开采中用于含硫化氢环境的材料　第2部分：抗开裂碳钢、低合金钢和铸铁
19	ISO 15156-1:2003	Petroleum and natural gas industries — Materials for use in H_2S - containing environments in oil and gas production — Part 1: General principles for selection of cracking - resistant materials 石油天然气工业　油气开采中用于含硫化氢环境的材料　第1部分：选择抗裂纹材料的一般原则	●			IDT	GB/T 20972.1—2007	石油天然气工业油气开采中用于含硫化氢环境的材料　第1部分：选择抗裂纹材料的一般原则
20	ISO 10427-3:2003	Petroleum and natural gas industries — Equipment for well cementing — Part 3: Performance testing of cementing float equipment 石油天然气工业　固井设备　注水泥浮动装置性能测试	●			IDT	GB/T 20971—2007	石油天然气工业固井设备　注水泥浮动装置性能测试
21	ISO 14310:2008	Petroleum and natural gas industries—Downhole equipment — Packers and bridge plugs 石油天然气工业　井下工具　封隔器和桥塞	●			IDT	GB/T 20970—2007	石油天然气工业井下工具　封隔器和桥塞
22	ISO/TR 13881:2000	Petroleum and natural gas industries — Classification and conformity assessment of products, processes and services 石油天然气工业　产品、过程和服务的分级与合格评定	●			MOD	GB/T 20662—2006	石油天然气工业产品、过程和服务的分级与合格评定
23	ISO 13533:2001	Petroleum and natural gas industries — Drilling and production equipment — Drill-through equipment 石油天然气工业　钻井和采油设备　钻通设备	●			MOD	GB/T 20174—2006	石油天然气工业 钻井和采油设备 钻通设备

（续）

序号	国际标准编号	国际标准名称及对应标准	采标情况			已采标准转化为国行标的具体情况		
			已采	可采	不采	采标程度	标准编号	标准名称
24	ISO 14313:2007	Petroleum and natural gas industries—Pipeline transportation systems—Pipeline valves 石油天然气工业　管道输送系统　管道阀门	●			MOD	GB/T 20173—2013	石油天然气工业　管道输送系统　管道阀门
25	ISO 14224:2006	Petroleum, petrochemical and natural gas industries—Collection and exchange of reliability and maintenance data for equipment 石油、石化产品和天然气工业　设备可靠性和维修数据的采集与交换	●			MOD	GB/T 20172—2006	石油天然气工业　设备可靠性和维修数据的采集与交换
26	ISO 13534:2000	Petroleum and natural gas industries—Drilling and production equipment—Inspection, maintenance, repair and remanufacture of hoisting equipment 石油天然气工业　钻井和采油提升设备的检验、维护、修理和改造	●			IDT	GB/T 19832—2005	石油天然气工业　钻井和采油提升设备的检验、维护、修理和改造
27	ISO 10427-2:2004	Petroleum and natural gas industries—Equipment for well cementing—Part 2: Centralizer placement and stop-collar testing 石油天然气工业　固井设备　第 2 部分：扶正器的放置和止动环测试	●			IDT	GB/T 19831.2—2008	石油天然气工业　固井设备　第 2 部分：扶正器的放置和止动环测试
28	ISO 10427-1:2001	Petroleum and natural gas industries—Equipment for well cementing—Part 1: Casing bow-spring centralizers 石油天然气工业　固井设备　第 1 部分：弓形弹簧套管扶正器	●			IDT	GB/T 19831.1—2005	石油天然气工业　套管扶正器　第 1 部分：弓形弹簧套管扶正器
29	ISO 15663-3:2001	Petroleum and natural gas industries—Life-cycle costing—Part 3: Implementation guidelines 石油天然气工业　寿命周期费用分析　第 3 部分：实施指南	●			IDT	GB/T 19829.3—2006	石油天然气工业　寿命周期费用分析　第 3 部分：实施指南
30	ISO 15663-2:2001	Petroleum and natural gas industries—Life-cycle costing—Part 2: Guidance on application of methodology and calculation methods 石油天然气工业　寿命周期费用分析　第 2 部分：方法论和计算方法应用指南	●			IDT	GB/T 19829.2—2005	石油天然气工业　寿命周期费用分析　第 2 部分：方法论和计算方法应用指南
31	ISO 15663-1:2000	Petroleum and natural gas industries—Life-cycle costing—Part 1: Methodology 石油天然气工业　寿命周期费用分析　第 1 部分：方法论	●			IDT	GB/T 19829.1—2005	石油天然气工业　寿命周期费用分析　第 1 部分：方法论
32	ISO 14693:2003	Petroleum and natural gas industries—Drilling and well-servicing equipment 石油天然气工业　钻井和修井设备	●			MOD	GB/T 17744—2008	石油天然气工业　钻井和修井设备

〔供稿单位：中国石油和石油化工设备工业协会〕

2015 年全国石油钻采设备和工具行业标准制修订计划申报项目汇总表

序号	标准项目名称	制定或修订	完成年限	主要起草单位	采标号	代替标准编号
1	石油天然气工业　钻井和采油提升设备的检验、维护、修理和改造	修订	2015	宝鸡石油机械有限责任公司	API RP 8B,2014（第 8 版），MOD	GB/T 19832—2005
2	石油天然气工业　机械动力传输挠性联轴器 一般用途	制定	2016	宝鸡石油机械有限责任公司	ISO 14691（MOD）	SY/T 6497—2000
3	海上石油钻井设备规范	制定	2015	宝鸡石油机械有限责任公司	DNV OS E101: 2009,MOD	
4	石油天然气工业　管道输送系统　水下管道阀门	制定	2016	国家油气钻井装备工程技术研究中心	ISO 14723:2009, IDT(Spec 6DSS: 2009,IDT)	
5	海上石油自升式钻井平台	制定	2016	中海油田服务股份有限公司		
6	石油钻机用电气设备规范　第 1 部分：主电动机	制定	2015	永济新时速电机电器有限责任公司		
7	石油钻机用电气设备规范　第 2 部分：控制系统	制定	2016	天水电气传动研究所有限责任公司		
8	石油钻机用电气设备规范　第 4 部分：辅助用电设备及井场电路	制定	2015	中国石油集团渤海石油装备制造有限公司石油机械厂		
9	石油钻机和修井机绞车	修订	2015	宝鸡石油机械有限责任公司		SY/T 5532—2010
10	动力吊卡	制定	2015	宝鸡石油机械有限责任公司		
11	钻井卡瓦	修订	2015	霸州市石大宏盛石化机械有限责任公司		SY/T 5049—2009
12	油基钻井液回收及钻屑随钻　处理装备	制定	2015	中石化胜利石油工程有限公司钻井工艺研究院		
13	陆地石油钻机液压站设计规范	制定	2015	四川宏华石油设备有限公司		
14	野营房	制定	2015	四川宏华石油设备有限公司		
15	石油天然气工业 井下工具 完井工具	制定	2015	石油工业井下工具质量监督检验中心	ISO 14998:2013	
16	牙轮钻头	修订	2015	宝石机械成都装备制造分公司		SY/T 5164—2008
17	金刚石钻头及金刚石取心钻头	修订	2015	宝石机械成都装备制造分公司		SY/T 5217—2000
18	井眼随钻修整工具(钻具稳定器)	制定	2015	贵州高峰石油机械有限公司		SY/T5051—2009
19	套管用漂浮接箍	制定	2015	石油工业井下工具质量监督检验中心		
20	扭转冲击工具	制定	2015	中石化胜利石油工程有限公司钻井工艺研究院		

（续）

序号	标准项目名称	制定或修订	完成年限	主要起草单位	采标号	代替标准编号
21	偏心阀桥式同心配水器	制定	2015	中石油勘探开发研究院		
22	试压堵塞器	制定	2015	贵州高峰石油机械有限公司		
23	钻井取心工具	修订	2015	四川川庆石油钻采科技有限公司		SY/T5216—2010
24	大截面和关键截面部件的热处理和试验	制定	2016	中国石油集团钻井工程技术研究院江汉机械研究所	API6HT：2011，MOD	
25	阀门的检验与试验	修订	2016	石油工业机械产品质量监督检验站		JB/T 9092—1999
26	钻井作业用防喷设备系统	修订	2015	石油工业井控装置质量监督检验中心	API Std 53:2012，第4版	SY/T 6868—2012
27	套管和油管螺纹连接气密封井口检测作业规程	制定	2015	中石油塔里木油气田分公司		
28	固井设备	制定	2015	中石化石油机械有限公司第四机械厂		
29	混砂设备	制定	2015	中石化石油机械有限公司第四机械厂		
30	混浆设备	制定	2015	中石化石油机械有限公司第四机械厂		
31	连续管注入头设备	制定	2015	中石化石油机械有限公司第四机械厂		
32	石油修井机使用与维护	修订	2015	南阳二机石油装备（集团）有限公司		SY/T 6117—2010
33	海洋修井机	修订	2015	南阳二机石油装备（集团）有限公司		SY/T 6803—2010
34	连续抽油杆作业车	制定	2015	胜利油田高原石油装备有限责任公司		
35	压裂设备用柱塞泵	制定	2015	山东科瑞泵业有限公司		
36	仪表车	制定	2015	山东科瑞石油装备有限公司		
37	管汇车	制定	2015	山东科瑞石油装备有限公司		
38	油田用膜分离制氮机组	制定	2015	山东恒业石油新技术应用有限公司		
39	混砂车	制定	2015	山东科瑞石油装备有限公司		
40	石油天然气工业　井下工具　第2部分　偏心工作筒流量控制装置	制定	2016	大庆油田有限责任公司采油工程研究院		
41	单螺杆抽油泵	制定	2016	国家电动前油泵质量监督检验中心		
42	单螺杆抽油泵地面驱动装置	制定	2015	大庆油田有限责任公司采油工程研究院		
43	螺杆泵控制柜标准	制定	2016	大庆油田有限责任公司采油工程研究院		
44	游梁式抽油机的安装、维护与润滑	修订	2015	宝鸡石油机械有限责任公司	API RP 11G:2013	SY/T 6668—2006
45	石油钻机和修井机	修订	2015	宝鸡石油机械有限责任公司		GB/T 23505—2009

（续）

序号	标准项目名称	制定或修订	完成年限	主要起草单位	采标号	代替标准编号
46	石油钻机用电气设备规范　第3部分：电动钻机用柴油发电机组	修订	2015	中国石油集团济柴动力总厂		GB/T 23507.3—2009
47	石油采油井场燃气动力机组	修订	2015	中国石油集团济柴动力总厂		GB/T 23506—2009
48	隔水管疲劳设计推荐作法	制定	2015	国家油气钻井装备工程技术研究中心		
49	石油天然气工业用钢丝绳	修订	2015	咸阳宝石钢管钢绳有限公司	ISO 10425：2003/API Spec 9A:2011	

〔供稿单位：中国石油和石油化工设备工业协会〕

全国石油钻采设备标委会2015年国家标准和行业标准制修订项目计划（草案）

序号	标准项目名称	宜定级别	制修订	完成年限	主要起草单位	采标号	代替标准
1	石油天然气工业　钻井和采油提升设备的检验、维护、修理和改造	GB	修订	2016	宝鸡石油机械有限责任公司	API RP 8B,2014，MOD	GB/T 19832—2005
2	石油天然气工业　机械动力传输挠性联轴器 一般用途	GB	制定	2016	宝鸡石油机械有限责任公司	ISO 14691:2008，MOD	
3	石油天然气工业　井下工具　完井工具	GB	制定	2016	石油工业井下工具质量监督检验中心	ISO 14998:2013，MOD	
4	海上石油钻井设备规范	GB	制定	2016	宝鸡石油机械有限责任公司	DNV OS E101:2009,MOD	
5	石油钻机用电气设备规范　第1部分：主电动机	GB	制定	2016	永济新时速电机电器有限责任公司		
6	石油钻机用电气设备规范　第2部分：控制系统	GB	制定	2016	天水电气传动研究所有限责任公司		
7	石油钻机用电气设备规范　第4部分：辅助用电设备及井场电路	GB	制定	2016	中国石油集团渤海石油装备制造有限公司		
8	石油钻机和修井机	GB	修订	2015	宝鸡石油机械有限责任公司		GB/T 23505—2009
9	石油钻机用电气设备规范　第3部分：电动钻机用柴油发电机组	GB	修订	2015	中国石油集团济柴动力总厂		GB/T 23507.3—2009
10	石油采油井场燃气动力机组	GB	修订	2015	中国石油集团济柴动力总厂		GB/T 23506—2009
11	隔水管疲劳设计推荐作法	GB	制定	2015	国家油气钻井装备工程技术研究中心		
12	石油天然气工业用钢丝绳	GB	制定	2015	咸阳宝石钢管钢绳有限公司	ISO 10425：2003/API Spec 9A:2011	

（续）

序号	标准项目名称	宜定级别	制修订	完成年限	主要起草单位	采标号	代替标准
13	石油钻机和修井机绞车	SY	修订	2015	宝鸡石油机械有限责任公司		SY/T 5532—2010
14	钻井和修井吊卡	SY	制定	2015	宝鸡石油机械有限责任公司		
15	钻井和修井卡瓦	SY	修订	2015	霸州市石大宏盛石化机械有限责任公司		SY/T 5049—2009
16	牙轮钻头	SY	修订	2015	宝石机械成都装备制造分公司		SY/T 5164—2008
17	金刚石钻头及金刚石取心钻头	SY	修订	2016	宝石机械成都装备制造分公司		SY/T 5217—2000
18	井眼随钻修整工具（钻具稳定器）	SY	制定	2015	贵州高峰石油机械有限公司		SY/T5051—2009
19	石油天然气工业 井下工具 第 2 部分　偏心工作筒流量控制装置	SY	制定	2016	大庆油田有限责任公司采油工程研究院	ISO 17078—2:2007，MOD	
20	钻井作业用防喷设备系统	SY	修订	2015	石油工业井控装置质量监督检验中心	API Std 53:2012，MOD	SY/T 6868—2012
21	石油天然气工业　固井设备	SY	制定	2015	中石化石油工程机械有限公司第四机械厂		
22	石油天然气工业　混砂设备	SY	制定	2015	中石化石油工程机械有限公司第四机械厂		
23	石油修井机使用与维护	SY	修订	2015	南阳二机石油装备（集团）有限公司		SY/T 6117—2010
24	海洋修井机	SY	修订	2015	南阳二机石油装备（集团）有限公司		SY/T 6803—2010
25	连续抽油杆作业车	SY	制定	2015	胜利油田高原石油装备有限责任公司		
26	游梁式抽油机的选用、安装、维护与润滑	SY	修订	2015	中国石油集团渤海石油装备制造有限公司	API RP 11G:2013	SY/T 6668—2006

工业和信息化部 2014 年第 83 号公告公布的 7 项石化行业标准

序号	标准编号	标准名称	标准主要内容	代替标准	采标情况	实施日期
1	SH/T 3043—2014	石油化工设备管道钢结构表面色和标志规定	本标准规定了石油化工设备、地上管道和钢结构的表面色和标志的要求 本标准适用于石油化工装置和系统单元的设备、地上管道、钢结构的表面色和标志的设计、施工与维护	SH 3043—2003		2015.06.01
2	SH/T 3051—2014	石油化工配管工程术语	本标准规定了石油化工配管工程的术语和定义 本标准适用于石油化工配管工程	SH/T 3051—2004		2015.06.01

（续）

序号	标准编号	标准名称	标准主要内容	代替标准	采标情况	实施日期
3	SH/T 3052—2014	石油化工配管工程设计图例	本标准规定了石油化工配管工程设计用的图例 本标准适用于石油化工配管工程设计	SH/T 3052—2004		2015.06.01
4	SH/T 3426—2014	石油化工钢制夹套管法兰	本标准规定了石油化工钢制夹套管法兰的公称直径、公称压力、结构型式、尺寸、公差、材料、压力—温度额定值、制造、检验和标志等要求 本标准适用于公称压力PN20(Class 150)和PN50(Class 300)、公称直径DN40～600的石油化工钢制夹套管法兰的制造及验收			2015.06.01
5	SH/T 3902—2014	石油化工配管工程常用缩略语	本标准规定了石油化工配管工程常用缩略语 本标准适用于石油化工配管工程	SH/T 3902—2004		2015.06.01
6	SH/T 3904—2014	石油化工建设工程项目竣工验收规定	本标准规定了石油化工建设工程项目竣工验收的程序、竣工验收的实施及验收文件的要求 本标准适用于新建、改建、扩建及技术改造等建设工程项目的竣工验收	SH/T 3904—2005		2015.06.01
7	SH/T 3176—2014	石油化工工厂系统工程设计文件编制标准	本标准规定了石油化工工厂系统工程设计文件内容的编制要求 本标准适用于石油化工工厂系统新建、改建和扩建项目的工程设计文件的编制			2015.06.01

〔资料来源：国家工业和信息化部网站〕

国家能源局2015年第1号公告废止的37项石油天然气行业标准

序号	标准编号	标准名称
1	SY 4064—1993	常压立式储罐抗震鉴定技术标准
2	SY/T 0032—2000	埋地钢质管道交流排流保护技术标准
3	SY/T 0059—1999	控制钢制设备焊缝硬度防止硫化物应力开裂技术规范
4	SY/T 0323—2000	玻璃纤维增强热固性树脂压力管道施工及验收规范
5	SY/T 0325—2001	钢质管道穿越铁路和公路推荐作法
6	SY/T 0422—2010	油气田集输管道施工技术规范
7	SY/T 0529—1993	油田气中 $C_1 \sim C_{12}$、N_2、CO_2 组分分析 关联归一气相色谱法
8	SY/T 4123—2012	石油天然气钢质管道环向对接接头全自动超声波检测标准
9	SY/T 5044—2003	游梁式抽油机
10	SY/T 5276—2000	化学防砂人工岩心抗折强度、抗压强度及气体渗透率的测定
11	SY/T 5298—2002	港口装卸用输油臂
12	SY/T 5313—2006	钻井工程术语

（续）

序号	标准编号	标准名称
13	SY/T 5320—2000	JZ 系列指重表
14	SY/T 5702—1995	钻井液用铁铬木质素磺酸盐
15	SY/T 5759—1995	石油计算机网络及其节点名称代码规定与 IP 地址分配方式
16	SY/T 5939—2009	重力仪使用与维护
17	SY/T 6009.1—2003	油气化探试样测定方法　第 1 部分：酸解烃测定 气相色谱法
18	SY/T 6009.2—2003	油气化探试样测定方法　第 2 部分：溶解烃测定 气相色谱法
19	SY/T 6009.3—2003	油气化探试样测定方法　第 3 部分：顶空间轻烃测定气相色谱法
20	SY/T 6009.4—2003	油气化探试样测定方法　第 4 部分：热释烃测定 气相色谱法
21	SY/T 6009.5—2003	油气化探试样测定方法　第 5 部分：游离烃测定 气相色谱法
22	SY/T 6009.6—2003	油气化探试样测定方法　第 6 部分：蚀变碳酸盐（△ C）测定
23	SY/T 6009.7—2003	油气化探试样测定方法　第 7 部分：热释汞测定
24	SY/T 6009.8—2003	油气化探试样测定方法　第 8 部分：稠环芳烃测定 荧光法
25	SY/T 6009.9—2003	油气化探试样测定方法　第 9 部分：芳烃及其衍生物总量测定 紫外光谱法
26	SY/T 6032—1994	中国石油天然气总公司企、事业单位代码
27	SY/T 6198—1996	爆炸松扣井口工具
28	SY/T 6206—1996	数控测井下井仪器系列通用技术条件
29	SY/T 6235—1996	数控测井地面仪通用技术条件
30	SY/T 6409—2009	石油企业物资供应主要技术经济指标及计算方法
31	SY/T 6427—1999	钻柱设计和操作限度的推荐作法
32	SY/T 6483—2009	石油勘探数控测井系统数据记录格式
33	SY/T 6539—2002	BOX 地震数据采集系统检验项目及技术指标
34	SY/T 6541—2003	物探仪器环境试验及可靠性要求
35	SY/T 6602—2004	海底电缆地震数据采集系统
36	SY/T 6625—2005	成像测井地面仪通用技术条件
37	SY/T 6754—2009	油气井用回声弹通用技术条件及检测方法
38	JB/T 3191—1999	锅炉锅筒内部装置技术条件
39	JB/T 4740—1997	空冷式换热器型式与基本参数
40	JB/T 4714—92	浮头式换热器和冷凝器型式与基本参数
41	JB/T 4715—92	固定管板式换热器型式与基本参数
42	JB/T4716—92	立式热虹吸式重沸器型式与基本参数
43	JB/T 4717—92	U 型管式换热器型式与基本参数

〔资料来源：国家能源局网站〕

产品与项目

介绍2014年我国石油和石油化工设备获“中国机械工业科学技术奖”项目，国家重点节能低碳技术推广目录，以及2014年我国石油和石油化工设备行业获“国家科学技术进步奖”项目等

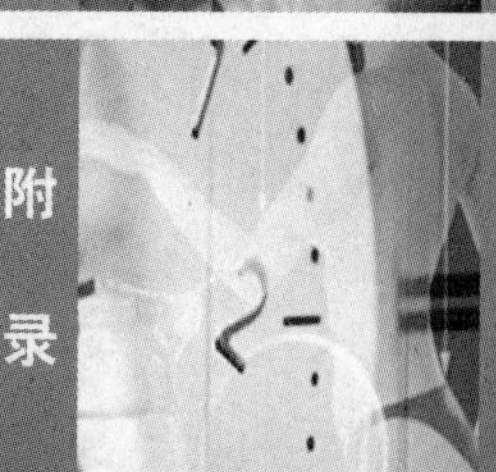

产品与项目

2014年我国石油和石油化工设备获“中国机械工业科学技术奖”项目

一、大型储油罐射流清洗油泥成套安装的研发应用

完成单位：合肥通用机械研究院、合肥通用环境控制技术有限责任公司、北京金隅红树林环保技术有限责任公司。

项目介绍：石油是当今世界的主要能源之一，我国石油的战略储备逐年大幅增加，储罐的大型化也成为原油储备的趋势。近6年我国油储基地、中石化、中石油等领域新建的不小于10万m^3储罐已超过700个，5万m^3及以下储罐数以万计。

石油在储罐中长期存储，会在罐底形成容积5%～10%的重组份油泥。清除油泥可以恢复储罐空间和满足储罐检修条件。传统的清罐工艺是人工进罐清理油泥，存在安全性差、环境污染严重及原油回收率低等缺点。近10年前，欧洲和日本开始研发自动化清罐设备，也做了在中国市场推广的尝试，但因价格昂贵，施工工艺与我国对储罐相关的安全、技术管理相矛盾，阻碍了自动化清罐工艺在我国的推广与应用。开发一种适合我国国情、安全、高效的自动化清罐工艺与设备来取代落后的人工清罐工艺迫在眉睫。

该项目创建了以同种原油形成射流破碎、溶解罐底油泥，将其泵送、分离、回收的自动化、全封闭施工工艺，将危险的人工清罐变成本质安全、环保高效的标准化作业流程；根据先进工艺开发出适合我国国情的集成创新型清罐成套设备，并形成系列化，满足不同类型储罐的清洗需求。采用防爆施工区域自动化远程安全监控设计，为全封闭的清罐工艺提供了保障。应用空化射流技术研发出高射程、宽摆幅、多用途的清洗喷枪，实现了射流轨迹不重复、不遗漏的油泥破碎与罐壁清洗效果，喷枪的有效射程比国外同类产品提高了1/3。项目组针对施工过程中输送介质流量和黏度变化大的特点，通过对离心泵内部流场数值模拟分析与计算，专门开发出高性能的油回收清洗装置，比国外同类产品提高效率25%以上。

成套设备的研制填补了国内空白，以其质优价廉的优点迅速在国内得以推广应用，正在逐步取代落后的人工清罐工艺，其安全、环保、高效的特点将带来显著的社会效益和经济效益。通过该项目实施，形成了以教授级高级工程师为代表的10余人技术团队，获得授权知识产权4项，发表论文10篇，制定国家标准、行业标准各1项。该项目已取得7家国内用户应用，实现直接收入3 100余万元，通过回收原油为业主节约成本7 000余万元，经济效益显著。

二、自升式平台结构设计和安全评价关键技术

完成单位：中国石油大学（华东）、中石化胜利石油工程有限公司钻井工艺研究院。

项目介绍：该项目开展了深入的理论和技术攻关，取得的主要创新成果有：

（1）形成了一套自升式平台整体和关键结构设计的核心技术，拥有完全自主知识产权。主要体现在：①设计建造了国内作业水深最大的圆柱桩腿自升式钻井平台，并研发了可满足该平台一次就位进行30口井钻井作业要求的悬臂梁系统；②发明了一种单电动机驱动双输出齿轮形式的升降单元，其单个升降单元的正常升降负荷达到450t，升降速度为0.4m/s，各项性能指标达到或优于国外产品，填补了国内空白；③发明了一种液力自动启闭式、超低吸附力桩靴系统，大幅提高了平台的插拔桩能力；④发明了自升式平台悬臂梁纵移摩擦锁止系统及钻台横移锁止系统，形成了悬臂梁连续锁止技术、悬臂梁及钻台滑移动

态分析技术。

（2）形成了一套包括自升式平台整体或关键结构受力分析、失效分析、修复方法及修复效果评价的自升式平台安全评价技术。主要体现在：①基于自升式平台内力分析，提出了桩腿受力分析方法和平台倾斜角度计算模型，建立了自升式平台结构可靠性评价方法；②创建了基于焊接和退火过程模拟的考虑焊接残余应力的管结点强度分析技术；③发明了平台用钢腐蚀－应力耦合分析方法；④创建了基于损伤检测与数值模拟方法相结合的齿轮齿条升降系统损伤评价技术；⑤自主研发了基于齿轮啮合温度场的大型开式齿轮轮齿损伤检测、评估与修复效果评价方法。

该项目成功研发了自升式平台结构设计和安全评价关键技术，实现了理论与技术的原始创新和集成创新，解决了制约我国自升式平台发展的瓶颈，整体提升了我国海洋工程的研发水平。项目共获得授权发明专利 7 项、实用新型专利 9 项，在国内外重要学术期刊发表研究论文 32 篇，其中 SCI 检索 9 篇、EI 检索 20 篇。

该项目研究成果已经在中石化实现大规模工业化应用，涉及十余座新建和改造的自升式平台结构设计和安全评估，近年累计增加产值 16.3 亿元，新增利润 3.23 亿元，节约开支 1.25 亿元。项目应用前景广阔，将可在中石化、中石油、中海油三大石油公司新建自升式平台的设计和老旧平台的改造与安全评估中得到运用。项目研究成果引起了国外同行广泛关注，伊朗、尼日利亚和委内瑞拉等国已经纷纷表示出合作设计建造意向，为我国自升式平台走出国门、打入国际市场奠定了基础。

三、高温高压复合阀关键技术研究

完成单位：湖南鸿远高压阀门有限公司、长沙理工大学。

项目介绍：在电力、石油、化工等行业中，高温高压阀门使用广泛，其工况条件恶劣（如高温、高压、杂质及颗粒等），极易出现内漏，从而造成阀门快速失效、企业蒙受巨大经济损失以及形成极大安全隐患。然而，目前国内外已有的阀门，无论是旋转式还是升降式，始终没有摆脱传统结构中单阀座、单密封的影响。而且，阀门密封件所用的材料或过硬或者过软，都抵抗不了大压差的冲击。

该项目通过对国内外球阀、截止阀、调节阀等内漏原因的分析与研究，创造性地设计并开发了高温高压复合阀。其创新技术如下：

（1）针对传统的单阀杆、单密封高温高压阀门的内漏问题，该复合阀打破传统设计理念，采用了独创的双阀杆、双阀芯、双阀座的复合密封结构。旋转硬密封与升降硬密封形成的组合密封除了保证密封的严密性能外，还具有相互保护作用，极大地延长了阀门的使用寿命。

（2）针对传统阀门电动控制过程中阀门关闭过紧而电动头力矩不够无法再次打开阀门和调试过程中人为设置电动头行程容易造成阀门关闭不严这一突出矛盾，该复合阀采用了独特的预紧力密封结构，通过蝶簧预紧力保证了阀门的紧密密封，达到零泄漏的目的。

（3）针对传统阀门在加工阀座的堆焊工艺中，阀体和阀座密封面易产生不规则变形从而导致泄漏的弊端，该复合阀采用了独创的笼套式活动复合阀阀座的独立结构设计，解决了阀座随阀体变形这一根本问题。

该复合阀获授权发明专利 1 项，实用新型专利 8 项。

高温高压复合阀具有截止阀、止回阀、节流阀等多种阀门功能，适用于电力、石油化工、冶金、食品、医药等行业的高温高压蒸汽输送及控制系统。主要设计参数如下：公称压力 10.0MPa、16.0MPa、25.0MPa、40.0MPa，公称通径 10 ～ 100mm，适用介质为蒸汽，介质温度为 0 ～ 650℃，动力形式有手动、电动、气动及液动。

自 2008 年开展高温高压复合阀研究以来，已先后在大唐首阳山发电厂、张家口电厂进行了应用试验，并在大唐珲春发电厂、神头第二发电厂、国电铜陵发电有限公司等国内多家火电厂推广应用。实际使用效果证明了该复合阀具有关断严密、耐冲击性强、使用寿命远超进口阀门等特点，累计创造5亿元（利润）的经济效益，在节能、减排、降耗方面发挥了重要作用。

四、超大型水下浮体设计建造技术

完成单位：武昌船舶重工有限责任公司、中船重工（武汉）船舶与海洋工程装备设计有限公司。

项目介绍：武昌船舶重工有限责任公司承接的巴西石油公司的水下浮体项目是国内第一个水下浮体项目，其主体尺度、支持立管数量、工作水深、建造难度等均处于世界同类产品前列。

该浮体项目的主尺度为52m×40m×10m，工作于水下250m深处，承受最大张紧力11 000kN，免维护服役27年，设计寿命30年。项目完成实际产品建造的同时设计了新型浮体方案，解决了水下浮体安装技术难题，实现了有效浮态控制和准确定位，并形成专利技术，获得两项PCT专利受理和两项中国发明专利受理。项目开发了浮体复杂结构、大型分段的热喷铝一次成型工艺技术，克服了在大面积复杂结构压载舱内部热喷铝施工的技术难题，实现了大型分段热喷铝施工一次成型的工艺技术要求。优化了热喷铝工艺参数，将涂层的结合力从7MPa提高到10MPa，显著提高了涂层质量。建立了基于全设计建造过程的重量控制工艺，首次采用全部分段称重的过程控制，产品整体顶升称重的重量重心测量方法，量身定制的倾斜试验方案，实现了高精度的重量过程控制。整个称重系统精度为0.83%，高出设计精度要求。

水下浮体功能多、系统复杂，焊接工艺和重量控制等要求高，但目前我国海洋石油钻采装备配套基础差、配套能力不足，无论从动力上、控制上及设备综合配套能力等多个方面均与世界发达国家存在较大差距，尤其是FPSO等高技术、高附加值海洋工程装备的配套产品，大多数配套设备依赖国外进口，配套产品技术指标相对较低。因此，通过该项目研究，形成我国自主的建造面向深海的水下浮体——深海FPSO关键配套装备的设计研究，填补了国内空白，对于形成高端海洋工程装备完整产业链至关重要。随着我国海洋工程装备在国际市场的占有率不断提高，在扩大该类型船舶出口创汇的同时，还能带动船舶配套产业链上各行业的出口能力。

五、大庆油田精细分层注水及配套测试技术研究

完成单位：大庆油田有限责任公司采油工程研究院、东北石油大学。

项目介绍：截至2014年，大庆油田累计生产原油已超过21亿t。经过50多年的高效开发，其可持续发展面临着资源接替难、成本攀升和效益下降等诸多矛盾，开发难度达到前所未有的程度。

在目前开发形势下，要实现原油4 000万t持续稳产就必须进行剩余油的精细挖潜，进一步提高水驱采收率。原分层注水技术已不能适应当前的开发需求，主要表现在以下两个方面：一是段内小层数多，层间干扰严重，影响了低渗透薄差油层的动用。二是层间矛盾加剧，严重影响了注水驱替效果，为提高油层动用比例和分层注水合格率，必须进一步细分层段并缩短测调周期，这就导致测调难度以及年测调次数大幅增加，现有测试队伍不足的矛盾更加突出。

为解决以上严重影响油田开发效果和效益的重大关键技术难题，提高薄差层的动用程度，大庆油田自2008年开始进行了精细分层注水及配套测试技术研究，解决常规注水工艺在进一步细分后面临的小卡距、小隔层、管柱解封力大及测调工作量大幅增加四个难题，实现分层注水技术的更新换代。经过5年的攻关完善，取得以下五方面成果：①创新小卡距精细分层注水工艺，突破细分层段受卡距的限制；②创新小隔层细分注水工艺，进行了井下注水管柱在不同工况下的受力分析，研制了双组胶筒封隔器，突破细分层段受隔层的限制；③创新逐级解封工艺，研制了新型逐级解封封隔器，管柱整体解封力小于300kN，常规作业设备即可满足7段以上精细分层注水需求；④创新了地面直读控制的机电一体化高效智能测调工艺，研制了双导向直读测调仪，测调仪首次采用电控双导向结构，可适应常规偏心注水、正反导向细分注水、偏心集成细分注水等目前大庆油田在用的所有分层注水技术，扩大了应用范围；⑤实现了测试设备的配套，研制了免攀爬防喷管、承载荷电缆、防喷管加热装置、电缆除冰装置、电磁精确计深装置等配套仪器、设备，解决了高效测调冬季无法施工的问题，降低了测试工人的劳动强度，提高了安全性。

截止到 2013 年年底，共对 1 326 口井应用了精细分层注水技术，创产值 5.644 亿元，实现利润 4.381 亿元。该技术获授权发明专利 6 项，实用新型专利 9 项，发表论文 5 篇，制定大庆油田企业标准 1 项，整体工艺在国内处于领先水平，可充分利用现有井网，在少打新井的前提下达到挖潜目的，为实现精细挖潜目标提供了技术支持。

六、大型煤基甲醇制烯烃装置用压缩机组研制

完成单位：沈阳鼓风机集团股份有限公司（简称沈鼓）、沈阳透平机械股份有限公司。

项目介绍：我国是一个缺油、少气、富煤的国家，我国的能源资源特点决定了煤炭在一次能源中的重要地位。随着我国石油和天然气对外依存度的不断提高，能源安全问题凸显。为了利用煤炭资源优势解决我国能源供需矛盾与安全，国家将新型煤化工技术开发及装备研制列入《国家中长期科技发展规划纲要 (2006—2020)》等一系列规划之中。

通过煤气化、液化和焦化可实现煤制烯烃、煤制甲醇、煤制天然气、煤制化肥等。甲醇制烯烃（MTO）工艺是以煤基或天然气基合成的甲醇为原料，生产低碳烯烃的化工工艺技术，是以煤替代石油生产乙烯、丙烯等产品的核心技术。传统的乙烯、丙烯的制取路线主要是通过石脑油裂解生产，其缺点是过分依赖石油。甲醇制烯烃技术的发展，开辟了由煤炭经气化生产基础有机化工原料的新工艺路线。由于煤制烯烃装置用压缩机工作环境极度恶劣，并具有高温、高压等特点，其研制涉及流体力学、转子动力学、机械设计与制造、材料学等多种学科。此前，国际上掌握该项技术的只有美国 GE、德国曼透平、日本日立、德国西门子四家公司，他们对我国实行技术封锁，在沈鼓生产煤制烯烃装置用压缩机之前，该类装备全部依赖进口。

该项目组开展了一系列的攻关，突破了煤制烯烃装置用压缩机整机设计制造技术和压缩机动态运行数字化试验技术等多项关键技术难题。特别是针对该压缩机组工艺介质含 26 种组分的情况，采用自主开发的先进专业热力计算软件对压缩机设计方案进行优化设计，开发了压缩机段入口定压力、定流量、定温度的压缩机新设计方法，并考虑注水、注油后整机气动性能的变化，满足整机多个操作工况的设计要求，保证了压缩机具有宽广的流量调节范围。该压缩机工艺介质中含有乙酸，因而选用了适用于复杂环境的沉淀硬化不锈钢高效三元叶轮，并首次采用机壳内部整体喷涂不锈钢工艺，提高了压缩机防腐蚀性能，确保了压缩机在复杂工作环境下的安全性。攻克了 C4-C6 易结焦组分压缩机级间注水系统、注油系统设计等技术难题。成功开发了压缩机动态运行数字化试验技术，实现了压缩机运行中的类工作态模拟、压缩机运行数据和安全保护系统的检验等，并建立了我国煤基甲醇制烯烃（MTO）装置用离心压缩机技术标准体系框架。

国内首台大型煤基甲醇制烯烃（MTO）装置用离心压缩机研制成功，成果应用在中原石化、唐山唐钢气体有限公司等 20 多家 MTO 项目中，仅中原石化 60 万 t/a 甲醇制烯烃项目，为其年创产值 25 亿元，实现利税 2.5 亿元。该类机组研制成功，累计为沈鼓实现销售收入 176 658 万元，实现利税 17 601 万元。由于该装备价格只是国外同类装备价格的 40% ～ 70%，可直接为国家节省设备投资约 14 亿元。

该成果获发明专利 2 项，实用新型专利 2 项，发表论文 2 篇；修订国家标准 2 项，制定企业标准 5 项。

七、一种新型的 VS4 型液下泵（LHGG 系列）

完成单位：大耐泵业有限公司。

项目介绍：LHGG系列液下泵是API610标准中一种新的VS4泵型。常规的VS4型液下泵适用温度在150℃以下，工作压力通常在2.0MPa以下。对于一些特殊使用工况，以及在高扬程的场合下，常规的VS4型泵却难以胜任。大耐泵业有限公司最新研制的LHGG系列紧凑结构蜗壳式液下泵，由于采取了总体紧凑型结构、两级蜗壳式水力模型及适用于各种复杂化学液体的轴封等独特的结构和水力设计，使得这种泵具有更广的适用范围，其技术指标都远远超过了常规的VS4型泵。其最大的优势在于输送介质温度可达450℃，扬程可到300m，可完成普通VS4泵难以解决的温度超过150℃和扬程超过200m的液体的输送。该泵主要技术指标：流量2 600m^3/h，扬程300m，介质温度450℃，工作压力5.0MPa。

该泵已经实现了产业化，带来了较好的经济效益，尤其在一些特殊的行业，LHGG系列泵已成为行业的首选产品，例如，己内酰胺装置中输送环己酮肟用泵。该泵自研制成功以来，在各种化工项目中已投入几百套产品，销售收入4 000多万元，利润可达20%以上，市场份额可占50%左右，在某些特殊的行业，如己内酰胺装置、高温熔盐装置等，该泵的市场份额可达到80%以上，经济效益显著。该泵替代了进口产品，填补了国内空白，为用户节省了大量的采购资金并降低了运行维护成本。该泵在两级复杂蜗壳的设计和高温工况的结构设计等关键技术方面实现了较大的突破。由于其较小的占地空间，完全可以替代常规的VS4型液下泵，成为VS4型液下泵的更新换代产品。

八、渣油加氢处理装置高压临氢Y型截止阀

完成单位：中核苏阀科技实业股份有限公司、中石化洛阳工程有限公司、中国石化股份有限公司长岭分公司。

项目介绍：渣油加氢处理装置高压临氢Y型截止阀研制是中国石化集团公司2011年立项的技术开发项目（项目编号：W11001），由中石化洛阳工程有限公司、中核苏阀科技实业股份有限公司、中国石化股份有限公司长岭分公司共同完成。

渣油加氢处理装置高压临氢Y型截止阀的使用工况为：高温高压和临氢及硫化氢等交变影响的恶劣工况。为使高压临氢Y型截止阀能够在上述恶劣工况下可靠工作，总体性能达到国外同类引进产品的技术水平，实现以国代进的目标，项目进行了阀门整体可靠性技术攻关，具体内容如下：

（1）建立加氢阀门技术规范，确定先进的技术要求。

（2）结构方面采用先进创新的结构设计形式。

（3）铸件质量攻关。严格控制主体零件材料的质量，规定了硫、磷含量，控制非金属夹杂物含量。

（4）有限元分析攻关。对阀门重要零件进行有限元分析，优化产品结构，提高产品性能。

（5）专用加工设备攻关，提高阀门密封性能。

经过一系列的攻关，并严格按API600、BS 1873、API 598、ASME、NACE等国际先进标准规范进行设计、制造、检测和验收的渣油加氢处理装置高压临氢Y型截止阀，满足了加氢装置恶劣工况的工艺要求，鉴定委员会一致认为该项目技术水平达到国际先进水平。

该项目已经在国内多套加氢装置上得到了应用和推广。该项目彻底改变了渣油加氢处理装置高压临氢Y型截止阀全部依赖进口的局面，做到该类阀门自主设计、制造、安装和运行，并解决阀门维修备件供应和技术支持比较困难的问题，实现了国家制定的以国代进的目标。该项目可以节省高压阀门的采购费用约45%以上，缩短高压阀门采购周期约50%左右，降低业主的阀门维护周期与费用，经济效益十分可观。并且可以有效打破国外厂家在该领域的垄断，在加氢装置高端阀门领域形成良好的市场竞争局面，从而推动国内加氢工业健康快速发展。

九、HH级高抗硫井口装置及采油（气）树

完成单位：上海神开石油设备有限公司(简称神开公司)、中国石油化工股份有限公司天然气工程项目管理部。

项目介绍：随着全球油田的大力开发，对于

清洁能源的需求量不断加大，特别是对作为清洁能源的首选能源——天然气的需求量与日俱增。但是这部分天然气田都高含腐蚀性气体，其腐蚀性气体会对钻井设备、井控设备和采油树设备等产生强烈的腐蚀，会造成设备的早期失效，酿成重大的生产事故，造成人身、设备和环境的重大损失。因此，这部分气田的开发对钻井、井控和采油树等设备的防腐蚀性能提出了更高、更严格的要求。

美国石油学会标准 API Spec 6A《井口和采油树设备规范》，规定了满足美国防腐工程师协会标准 NACE MR0175《油田设备用抗硫化氢应力腐蚀开裂的金属材料》的各种等级的金属材料，其中 HH 级材料是最高等级材料，该种材料适应于高硫化氢、二氧化碳的腐蚀环境。

目前，国际上著名的井口设备公司 Cameron、FMC、Vetco Gray、WoodGroup 具有 HH 级井口的加工、制造能力和资质。而国内油田所使用的 HH 级高抗硫采油气井口装置还基本依赖进口。为弥补这一市场空白，神开公司和中石化联合将 HH 级高抗硫井口装置及采油（气）树列为重大研发项目之一，开展了大量设计、工艺、专利技术的研究，在试制产品的同时配套设计、制造 PR2 试验装置，开展耐火试验等工作。该项目完成后，填补了国内HH级井口装置的空白，突破技术屏障，实现了 HH 级井口设备的国产化。

该项目的主要技术内容有：①依据设备使用工况确定 HH 级井口装置的各零部件的选材方案，完成实验室和矿场试验；②开发ETR系统和热丝技术，制定用于高腐蚀要求井口设备流道堆焊的镍基合金堆焊工艺；③设计满足温度、压力、高抗腐蚀等技术要求的闸阀、节流阀、紧急关断阀、促动器结构；④设计主通道全金属密封结构；⑤设计高压高危采油树安全控制系统。

神开公司研制的 HH 级高抗硫井口装置及采油（气）树的性能指标已接近美国先进技术公司的水平，与国外同类产品相比，价格可下降 30%，具有很高的价格优势。并且该产品本地化，服务及时，招投标周期短，为油田高效安全开发提供保障，在国内具有广阔的市场前景。同时，中东、中亚、非洲及东南亚等高产油气田，以及受到 OFAC 协定限制的国家也十分欢迎性价比高的中国产品，出口创汇前景巨大。

神开公司 HH 级高抗硫井口装置及采油（气）树的抗腐蚀能力达到国际先进水平，填补了国内产品的空白，提升了我国石油钻采行业的整体技术水平，促进企业由规模化制造向技术化转型，同时带动了材料分子、防腐工程、电子信息等相关产业的发展。

十、60 万 t/a 天然气液化项目超低温阀门

完成单位：苏州纽威阀门股份有限公司、国家能源液化天然气技术研发中心、山东泰安昆仑能源有限公司。

项目介绍：根据国家能源局加快推进大型天然气液化技术装备自主化的精神和中国石油天然气股份有限公司办公会会议纪要 21 号文件的要求，决定以山东泰安 60 万 t/a 天然气液化项目为国产化依托工程，从而逐步推进天然气技术装备的国产化。

该项目针对 LNG 领域用超低温阀门的使用特点以及山东泰安 60 万 t/a 天然气液化的项目国产化的具体要求，开展了超低温球阀、超低温止回阀和超低温截止阀的产品研究及优化，解决了上述各类超低温阀门在超低温下阀座内漏和阀门外漏不稳定、异常压力泄压不可靠、加长阀杆操作稳定性不足、超低温及压力共同作用下的壳体变形等技术难题，完成了上述各类超低温阀门结构设计优化、生产工艺研究和性能试验验证等相关研究任务，实现了山东泰安 60 万 t/a 天然气液化项目中指定规格的超低温球阀、超低温止回阀和超低温截止阀产品的国产化。

该项目的成功研制打破了国外低温阀门的垄断，实现了超低温阀门的首次国产化，全面掌握了低温阀门的设计、生产、检验及试验技术，并具备了天然气液化项目低温阀门的配套能力。研制的产品成功应用到山东泰安 LNG 项目，取得了

显著的经济效益和社会效益，对国家液化天然气技术的发展及关键设备的国产化具有重要意义。

十一、ZWX（1000～1800）大型蒸发循环泵

完成单位：四川省自贡工业泵有限责任公司。

项目介绍：该项目属于《2011年国家创新基金指南》优先支持的重点技术装备项目。ZWX（1000～1800）大型蒸发循环泵主要用于制盐、制碱、制硝、氧化铝、造纸废渣回收利用以及烟气脱硫等各种工业生产装置中，是不可缺少的关键配套设备。长期以来，国内市场所需的该类设备主要依赖进口，且价格昂贵、维护成本高。该项目的实施，有助于取代同类产品的进口和扩大出口创汇。

该项目主要科技内容如下：

（1）水力模型设计。在引进、消化、吸收国外先进技术的基础上，采用升力法模型，通过流体力学理论计算，成功地开发出具有自己特点的水力模型，并经过CFD分析及修正，提高了水力效率。

（2）采用可调式叶片结构设计，扩大了高效区范围，能更好适应蒸发负荷的波动。

（3）悬挂式循环泵的热补偿技术。该项目在国内大型蒸发装置上，率先使用了悬挂式循环泵的热补偿技术，成功地取消了蒸发器上昂贵的波形膨胀节，降低了成本，提高了使用性能。

（4）低碳不锈钢与高碳钢的对焊技术。在国内大型循环泵泵轴的制造上，率先采用了低碳不锈钢与高碳钢的对焊技术，兼顾了介质端耐腐蚀、轴承端强度硬度高的要求。

（5）采用减速器加万向节的传动方式，确保了循环泵的运行平稳可靠。

该泵技术参数：口径1 000～1 800mm，流量9 000～42 000m^3/h，扬程1.5～8m，效率≥70%，综合性能处于国内同类产品的领先水平。该产品已成为公司的主导产品，2013年实现销售收入7 180万元，利润662万元，使公司在金融危机下保持了经济的较快增长。该产品可逐步代替进口产品，为用户节约大量购置成本和维护成本。

该产品的技术处于国内领先水平，引领了同行业技术发展的趋势和潮流，从而进一步提升了企业的整体竞争力，进而实现了公司规模化、集约化和高新技术化的发展，使公司成为国内水泵行业的骨干企业，带动四川省水泵制造业的发展，也对促进国内水泵制造业的发展起到积极作用。

十二、化工和制药生产过程高效回收溶媒技术与装备

完成单位：广东省佛山水泵厂有限公司。

项目介绍：化工和制药生产过程高效回收溶媒技术与装备采用液环泵为主机，利用溶媒作为液环泵的工作液，集成了气液分离、排出口串联除沫和高分子膜分离尾气回收等技术，提高溶媒回收率，项目成果综合技术处于国际先进水平。并入选2010年国家鼓励发展的环保产业设备目录。

目前，该装置已大量应用于化工和制药行业，其中在乙酸乙酯、乙醇、甲醇、甲苯等回收装置的应用上技术已十分成熟，充分克服了传统技术的缺点。该装置既可以提高回收溶媒的质量和减小溶媒消耗，又可以降低电耗，减少污染，受到了用户的一致好评，并获得了用户的重复订单。该产品填补了国内技术空白，具有广泛的适用性，降低了化工和制药企业的生产成本、保护生态环境，拥有巨大的市场和经济潜力，市场前景非常可观。

十三、4M50-31/23-95-BX型新氢压缩机组研制

完成单位：沈阳鼓风机集团股份有限公司、沈阳透平机械股份有限公司。

项目介绍：4M50-31/23-95-BX型新氢压缩机是国内自主研制的首套200万t/a汽柴油加氢装置的核心单元。压缩机采用对称平衡往复式结构，四列二级压缩，气缸水冷、压力循环润滑、电动机驱动，各列气缸水平布置并分布在曲轴两侧，具有动平衡性好，操作检修方便等优点。对于气、水、油、压力、温度，设有指示仪表和自动监控仪表装置，能在危险工况下发出报警信号和实现停机联锁保护，并设置了气体超压安全泄放装置。

由于工艺气体中氢气体积百分含量达92.896 2%，为易燃易爆介质，考虑安全性要求，曲轴箱上配置了防止压力迅速升高的防爆阀，防爆阀具有隔焰和快速关闭功能。

压缩机工艺气流量波动范围较大，为此分别采用了压开吸气阀、余隙阀及自动调节阀组回路进行气量调节。并且压缩机气量在89%额定气量工况与100%额定气量工况、抽气量3 230～3 550m^3/h工况之间频繁切换，这就要求在一级气缸上设置的余隙阀能够迅速可靠的打开和关闭，对余隙阀的响应速度及可靠性提出了更高要求。而传统的余隙阀密封结构为线密封，其密封面为锥形结构，进行配研密封时费时费力，也达不到密封的可靠性要求，而且还需要非常大的开启卸荷力，需要的卸荷活塞直径将达到500mm,使摩擦力大幅度提高，运动密封件过早磨损。对此，新型的余隙阀结构将传统的线密封改为面密封结构，其密封面为小面积平面，配研密封可以轻松实现，密封性能可靠，并且大大降低了开启卸荷力，卸荷活塞直径只需要180mm,运动密封副安全可靠，寿命高。

该项目主要技术创新如下：

（1）机组在研制过程中，采用新开发的整机优化设计软件，对压缩机设计方案进行了优化设计，满足了整机89%负荷工况、100%负荷工况等五个负荷工况的设计要求。

（2）自主研发了新型余隙阀结构，保证了压缩机在89%负荷工况与100%负荷工况切换时具有更高的响应速度，并且提高了密封性能和使用寿命，节能效果显著；曲轴箱上配置了防止压力迅速升高的防爆阀，具有隔焰和快速关闭功能，进一步提升了机组的安全性。

（3）机组是在消化吸收引进技术的基础上进一步改进的新产品，具有设计先进、结构合理、性能可靠、噪声低、振动小及易损件寿命长等特点。该机组经厂内新产品型式试验、用户工业运转试验结果证明，各项技术指标满足合同要求。

该机组是国内自主研制的首套200万t/a汽柴油加氢装置核心单元，是我国大型活塞式压缩机设计制造技术的重大突破，其主要性能和关键技术指标达到了国际先进水平。4M50-31/23-95-B X型新氢压缩机的研制成功，可替代进口产品，可直接降低企业采购价格，减少进口压缩机高昂的维护费用。

十四、2BEY系列高压水环压缩机

完成单位：淄博水环真空泵厂有限公司。

项目介绍：高压水环压缩机是一种输送和压缩气体的机械容积式压缩机，属于流体机械领域。由于以水作工作液，水环压缩机非常适合输送和压缩易燃易爆气体，具有排压高、气量大、运行平稳、安全可靠等优点。广泛应用于氯碱、化工、石化、煤矿瓦斯和城市煤气等行业的易燃易爆气体的压缩、输送、回收等工艺流程。目前国内外现有的水环压缩机虽种类较多，但普遍达到的排气压力较低，仅达到0.3～0.4MPa，且抽气量较小。该压缩机排气压力0.6～0.8MPa，抽气量3～100m^3/min，效率50%～55%。

该项目主要创新点：

（1）根据压缩机在高排出压力下的工作机理，建立了新的压缩机力学模型和节能型结构。利用优化设计理论对叶轮、叶片的型线及分配板各几何角度尺寸进行了优化设计，保证在排出压力为0.6～0.8MPa时有较高的抽气量。

（2）采用双级结构，在高压腔与低压腔之间用特殊设计的中间壁，这种结构使压缩机的轴向尺寸大大缩短，结构紧凑，装配维修方便，并对其密封圈的尺寸和成分进行改进，采用了新型材料，用压缩机自身的工作液密封。

（3）排压端采用柔性排气阀结构，从而避免了低压时出现过压缩现象，保证排气压力在要求的范围内，保证压缩机始终工作在最佳效率点上。

（4）采用最优的级间压缩比及合理的叶轮线速度，提高了效率；改进了高压级叶轮在轴上的紧固方式，使其更加牢固可靠；采用集装式机械密封，有效保证了被压缩介质的完全无泄漏，提高了可靠性。

该产品通过省级科技成果鉴定，获得国家授权实用新型专利（专利号 ZL2010 20577392.5）。经过内蒙古君正化工、陕西北元化工、新疆圣雄能源、成都华西工业气体公司等国内上百家公司应用证明，该产品性能稳定、效率高，可完全替代进口产品。该项目技术达到国际先进水平，为我国化工行业快速发展做出了积极贡献，推动了压缩机行业的科技进步，对提升我国装备制造业的国际竞争力具有重要意义。

该项目 2011 年实现销售收入 6 300 万元，新增利润 756 万元，新增税收 329 万元；2012 年实现销售收入 10 500 万元，新增利润 1 155 万元，新增税收 581 万元；2013 年实现销售收入 15 300 万元，新增利润 1 913 万元，新增税收 892 万元。社会效益和经济效益显著。

十五、高效节能复合型蒸发式冷却冷凝装备技术

完成单位：洛阳隆华传热节能股份有限公司、西安交通大学

项目介绍：高效节能复合型蒸发式冷却冷凝装备技术项目，被中国氮肥工业协会确定为氮肥行业成熟的振兴支撑技术；被工信部列为 17 个重点行业清洁生产推广技术；被中国机械工程学会评为“节能及绿色工业科研成果奖”；被国家发改委收入国家《重点节能技术推广目录》（第五批）；被列为国家科技部重点推广的节能技术；被中国石油和化学工业联合会、中国化工环保协会确定为环境保护、清洁生产重点支撑技术；被工信部、水利部、全国节水办列入《国家鼓励的工业节水工艺、技术和装备目录（第一批）》。

目前，我国工业发展势头强劲，但在能源和水资源消耗方面问题相当严重。据不完全统计，目前我国工业万元产值用水量约为 70t。每年全国工业用水量达 1 400 亿 m^3，其中换热设备所消耗的冷却用水占 70% ～ 80%。根据国家“十二五”规划和国务院节能减排“十二五”规划所提出的要求，针对我国石油、化工、电力、冶金、制冷等国民经济支柱产业领域中，换热装备在节能、节水和环境保护方面存在的突出问题，公司运用自有技术，开发了高效节能复合型蒸发式冷却（凝）系列装备，实现换热设备节水达 50% 以上，节约水泵能耗 60% 以上，实现对传统支柱行业设备的换代升级。通过项目的实施和多项关键技术及共性技术的突破，来推动并实现其产业化，促进工业传热领域的节能降耗。

主要科技内容：以全新相变潜热换热机理实现技术突破，代替传统显热换热的粗放方式，研制系列化、模块化、标准化并可灵活配置的节能、高效系列一体机换热设备。

技术经济指标：该产品与传统的水冷、空冷换热方案相比，可节水 40% ～ 70%，节电 30% ～ 60%。产品经多家用户使用，反映良好，节水、节能效果明显。该产品经济效益和社会效益显著，应用范围广泛。产品经合肥通用机电产品检测院检验，性能指标符合 Q/LYLH-218—2008《复合型（变频）蒸发式冷却（凝）器》标准和设计要求。冷却（凝）设备广泛应用于煤化工、石油化工、冶金、电力、制冷等行业，这些行业对冷却（凝）设备的需求主要包括两个方面：一方面是扩大产能、产业整合升级等新增固定资产投资带来的新增设备的需求；另一方面是受国家节能减排等政策推动，实施节能节水改造，进行设备更新的需求。到 2015 年，该技术可在石化、煤化工等行业推广到 70%，形成年节能能力达 25 万 tce。

十六、液相循环油泵

完成单位：沈阳工业泵制造有限公司。

项目介绍：柴油液相循环加氢技术（SRH）是中国石化“十条龙”攻关项目，该技术取消了传统加氢工艺的氢气循环系统，只设置进料加热炉、加氢反应器、氢气混合器等高压设备。它利用液相循环时携带的溶解氢完成加氢反应，在不增加运行成本的基础上实现油品质量升级。该技术具有催化剂利用率高、高压设备少和热量损失小等优点，与传统滴流床加氢技术相比，可降低装置能耗 50% 以上。该装置中最关键的动设备之一就

是循环油泵，该泵工作温度为 390 ～ 420℃，泵进口压力 10MPa。该泵有两种选择：一是采用进口屏蔽泵，一是采用国产化循环油泵。采用进口屏蔽泵效率低、价格昂贵，产品采购周期、售后服务、配件采购均受制于人，不利于企业又好又快的发展，而采用国产循环油泵则克服了这一系列不足。

该项目主要科技内容：

（1）合理选材。针对原料柴油含腐蚀性气体硫化氢、易闪蒸轻烃以及残留固体颗粒等特点，经过分析、论证，选用了满足介质使用条件并符合美国 ASME 标准的奥氏体不锈钢材料。

（2）水力设计。为了选择优秀、高效的水力模型，公司委托兰州理工大学对水力模型进行了优化设计。

（3）结构设计。该泵入口压力 10MPa，介质最高温度 420℃，在高温高压状态下运行，对材料、结构要求苛刻。第一，在轴封设计上采用了 LPEC 专利技术，确保轴封运行安全、无泄漏。第二，采用了适合产品热变型的结构，而且过流部件采用了抗研磨结构设计。考虑到驱动电动机以及管线的连接，对安装后热变型位移方向进行了限制。第三，为了减少焊接过程中可能引起的不利因素，在设计过程中取消了泵的进出口短管，使进出口管路直接连接到泵体上，这种设计能抵御数倍于 API610 所规定的管道力。

液相循环油泵的研制成功为沈阳工业泵制造有限公司带来了可观的经济效益，它可以完全取代进口产品，为国家节约大量外汇并且可以使国内炼油企业节约成本。

目前，国内已经成功运行了三套该类装置，液相循环油泵全部达到设计要求，生产出升级后的柴油产品，柴油指标均全部达到设计要求，产品质量达到了国Ⅳ标准。成功检验了该工艺流程和配套的动力设备的性能。今后，随着对油品升级的要求以及更多的炼油企业更新装置，经济实惠、可取代进口产品的液相循环油泵将会发挥更大的作用。

该泵的研制成功表明了沈阳工业泵制有限公司掌握了柴油液相循环加氢装置用泵的核心制造技术和关键工艺，提升了我国石化行业用泵的制造水平，并培养了一批优秀的专业技术人才，为石化关键设备的研发奠定了坚实的基础。

〔供稿单位：机械工业信息研究院技术管理研究所〕

2014 年中国石油和化工自动化行业科学技术奖获奖项目

序号	获奖项目	获奖单位	获奖人员	获奖等级
技术发明奖				
1	海洋油气核磁共振探测的关键技术及规模化应用	中国石油大学（北京）、中海油田服务股份有限公司	肖立志、宋公仆、廖广志、张嘉伟、范伟、李新、薛志波、邓峰、谢庆明、王光伟、徐大年、傅少庆	一等奖
2	耐高温、大通径膨胀管技术	中国石油天然气股份有限公司勘探开发研究院	李益良、裴晓含、李涛、张立新、韩伟业、孙强、陈强、明尔扬、黄守志、沈泽俊、薛建军、毕秀玲	一等奖
3	油气输送管线焊管制造过程质量保障关键技术及系统	清华大学、中国石油集团渤海石油装备制造有限公司	都东、佟秋利、邹怡蓉、潘际銮、王旭、申立群、骆传教、田鹏	二等奖

（续）

序号	获奖项目	获奖单位	获奖人员	获奖等级
4	微凝胶丁腈橡胶工业化技术开发	中国石油兰州石油化工公司研究院	潘广勤、李彤霞、张萍、李冬红、范永将、高卫光、张守汉、张耀亨	二等奖
5	稠油污泥无害化处理及资源化利用技术研究	辽河石油勘探局华油实业公司	仝坤、王琦、葛会光、苏启龙、杨立刚、王岳	三等奖
6	改善压裂液综合性能提高低渗储层压裂效果技术	中国石油辽河油田钻采工艺研究院	李超、徐乐、李玉印、包放、关伟、张子明	三等奖
科技进步奖				
7	新一代油藏数值模拟理论和技术及工业化应用	中国石油天然气股份有限公司勘探开发研究院、中国石油天然气股份有限公司勘探开发研究院提高石油采收率国家重点实验室	吴淑红、王强、李小波、李华、刘朝霞、李巧云、王宝华、罗凯、冉启全、宋杰、杨胜建、高明、王正波、刘皖露、姚尚林、赵蒙、范天一、刘海龙、张峰	特等奖
8	薄互层低渗透油田压裂开发渗流理论和裂缝控制优化技术	北京科技大学、中国石化胜利油田分公司石油工程技术研究院、中国石油天然气股份有限公司吐哈油田分公司勘探开发研究院	朱维耀、王增林、李爱山、高英、岳明、吴柏志、孙玉凯、张全胜、马收、王世虎、宋洪庆、宋智勇、杨连枝、李正科、武男	一等奖
9	新型智能化EHS电液控制系统研发与应用	北京化工大学、中国石油天然气股份有限公司锦州石化分公司、九江长江仪表精密液压件厂、北京博华信智科技股份有限公司	袁庆斌、江志农、高金吉、龚安友、杜开宇、王庆锋、张进杰、李士文、崔勇刚、郭德森、秦杰、赵岩、高晖、任崇挺、李东辉	一等奖
10	超深高压低孔裂缝性砂岩储层改造技术研究与应用	中国石油天然气股份有限公司塔里木油田分公司、西南石油大学	张福祥、彭建新、袁学芳、刘平礼、杨向同、滕学清、邹国庆、罗志锋、王磊、冯觉勇、刘举、秦世勇、赵立强、郇国庆、刘会锋	一等奖
11	柔性抽油杆超长冲程机械抽油系统研究与应用	大庆北研石油设备制造有限公司、大庆油田有限责任公司第二采油厂、东北石油大学	鄂德刚、张玉生、范振忠、陆长东、王增藩、刘卫庆、王凤山、姚洪田、崔凤涛、尹旭东、颜凡全、刘永鹏、刘士军、曹维洲、高新伟	一等奖
12	水下安全隔离系统创新设计与工程应用	海洋石油工程股份有限公司、深圳海油工程水下技术有限公司、中海石油深海开发有限公司、中海油研究总院	邢厚宽、琚选择、张印桐、刘培林、侯静、孙钦、姜瑛、宋春娜、齐金龙、魏会东、郑国良、颜文涛、方伟、尹丰、王凤云	一等奖
13	数字化油气藏井位论证与实时决策工作模式	中国石油天然气股份有限公司长庆油田分公司	王娟、徐黎明、石玉江、姚卫华、邹永玲、杨倬、高俊梅、魏红芳、李良、陈芳、蔡少锋、杨芬秀	一等奖
14	水侵砂岩气藏型地下储气库设计及运行关键技术研究	中国石油天然气股份有限公司勘探开发研究院廊坊分院	郑得文、丁国生、王皆明、李春、唐立根、胥洪成、赵凯、石磊、张刚雄、孙军昌、祁红林、韩冰洁、魏欢、张敏、郭凯	一等奖
15	系列化海上勘探气枪震源装备	中国石油集团东方地球物理勘探有限责任公司	李海军、胡宝京、李亚夫、高斌、刘军、陈浩林、韩桂合、宋德强、付强、伊建华、付满清、戴丽丽、史颖、刘原英	一等奖
16	地震成藏学理论及其勘探实践	中国石油大学（北京）、中国石油天然气股份有限公司勘探开发研究院西北分院	罗群、姜振学、刘洛夫、黄捍东、曹正林、郑红军、李生杰、王涛溪、董月霞、王志连、蔡燕杰、张永庶、陈振岩、鹿洪友、张士万	一等奖

（续）

序号	获奖项目	获奖单位	获奖人员	获奖等级
17	基于巡检机器人的智能化设备故障视频监测系统	济南大学、山东省电力智能机器人工程技术研究中心	李金屏、刘明军、鲁守银、董吉文、黄艺美、夏英杰、韩延彬、尹建芹、李恒建、李志明、王振利、厉广伟	一等奖
18	南海东部老油田挖潜关键技术研究	中海油能源发展股份有限公司工程技术分公司、中海石油（中国）有限公司深圳分公司	胡云亭、邹信波、姚为英、杨万有、万欢、刘敏、罗昌华、许庆华、周金兰、李本轲、张成富、尹彦君	一等奖
19	沁南东煤层气田数字化管理智能化排采技术研究与应用	中国石油天然气股份有限公司长治煤层气勘探开发分公司、中国石油天然气股份有限公司华北油田分公司第二采油厂、华北石油通信公司	姚红星、杨建雨、窦武、李洪涛、宋丽梅、杨波、姚天鹏、王磊、樊彬、王冀川、何军、倪自强、代召卫、罗天平、沈安迪	一等奖
20	海上溢油应急处置关键技术研究与应用	中海石油环保服务（天津）有限公司、中海油能源发展股份有限公司、中海油能源发展股份有限公司采油服务分公司、中国海洋石油总公司健康安全环保部、中国海洋石油总公司科技发展部	安伟、赵宇鹏、宋莎莎、武卫锋、黄国良、靳卫卫、刘怀增、李建伟、谭海涛、侯志恒、杨勇、国建凤、邱照宇、肖敏、何晓晨	一等奖
21	新疆天业化工园区能源管理中心系统开发及应用	浙江中控软件技术有限公司、新疆天业（集团）有限公司、浙江大学	侯卫锋、宋晓玲、张泉灵、姚佳清、吴玉成、金晓明、张路恒、朱绍平、田利军、曹新峰、夏月星、操斌、顾东升、陆立全、李健	一等奖
22	塔里木超深高含硫碳酸盐岩储层安全高效试油完井技术研究与应用	中国石油天然气股份有限公司塔里木油田分公司、中国石化江汉石油工程有限公司巴州塔里木测试分公司、西安石油大学、新疆华油油气工程有限公司	张福祥、杨向同、刘洪涛、李元斌、季晓红、滕学清、巴旦、周晓红、窦益华、王秀萍	二等奖
23	数字化游梁式抽油机研制与工业化应用	中国石油天然气股份有限公司长庆油田分公司、低渗透油气田勘探开发国家工程实验室	黄伟、单吉全、郑生宏、白文雄、李永长、程世东、朱颜、李海东、邱亮、马怀东	二等奖
24	珠江口盆地低角度拆离断陷新认识及恩平油田群发现	中国海洋石油南海东部石油管理局	施和生、刘丽华、代一丁、舒誉、陈胜红、许新明、于水明、姜建、刘贤来、冯进	二等奖
25	海上震源子波处理技术研究与应用	中海油能源发展股份有限公司工程技术分公司	史文英、刘金朋、李添才、张兴岩、刘明珠、许自强、肖为、万欢、但志伟、张健男	二等奖
26	严酷环境油气管道跨越工程关键技术研究	中国石油天然气管道工程有限公司	李国辉、肖世波、左雷彬、桑广世、王衡岳、王学军、马晓成、孔宪全、詹胜文、谢守杰	二等奖
27	移动互联技术在油气生产现场管理中的研究与应用	华北石油通信公司	孟岩、黄晓东、孙军、马柳生、陈哲、刘辉、佟慧宁、王勇、马静、周战	二等奖
28	成品油管网运行仿真技术研究与软件研发	中国石油天然气股份有限公司管道分公司、中国石油天然气股份有限公司北京油气调控中心	赵佳丽、陈国群、郑建国、阎涛、彭世垚、宋飞、陶江华、张志军、郭祎、马文华	二等奖

（续）

序号	获奖项目	获奖单位	获奖人员	获奖等级
29	基于检查井组的特低渗透油藏中高含水期储层及水驱特征评价方法	中国石油天然气股份有限公司长庆油田分公司	李忠兴、赵继勇、李兆国、金拴联、赵向宏、王靖华、杜朝锋、上官阳南、范伟、张康	二等奖
30	稠油热采水平井光纤光栅监测技术	辽河石油勘探局华油实业公司	宋启辉、吴庆奇、张书彬、张涛、杨峰、曾魏、周建华、黄昌义、张海、马明	二等奖
31	天然气长输管道燃驱压缩机组以可靠性为中心的维修关键技术及应用	上海交通大学、中国石油天然气股份有限公司西气东输管道分公司	张会生、翁史烈、周书仲、周登极、侯大立、陆振华、耿欢、吴伟亮、蒋平、陈金伟	二等奖
32	苏里格气田采气井生产智能管控系统研究与应用	中国石油天然气股份有限公司长庆油田分公司	高玉龙、于占海、朱迅、王宪文、高仕举、解海龙、张亚斌、蒋昌星、宋汉华、徐文龙	二等奖
33	低渗非均质气藏开发动态精细评价技术	西南石油大学、中国石油天然气股份有限公司长庆油田分公司勘探开发研究院、中国石油天然气股份有限公司长庆油田分公司第一采气厂	付玉、王东旭、何磊、费世祥、王振嘉、蒙晓灵、游良容、何亚宁、徐运动、艾庆琳	二等奖
34	海底管道敷设防腐补口施工关键技术研究及应用	中国石油集团工程技术研究院、中海油能源发展股份有限公司管道工程分公司	王志刚、龙斌、相政乐、王克宽、刘明珠、吕喜军、唐德渝、刘海超、赵兵杰、赵利	二等奖
35	盆地综合模拟系统BASIMS6.0	中国石油天然气股份有限公司勘探开发研究院	郭秋麟、谢红兵、李建忠、陈宁生、吴晓智、郑民、李峰、胡俊文、高日丽、郑曼	二等奖
36	复杂断块油田精细油藏描述技术配套与规模推广	中国石油大港油田勘探开发研究院	芦凤明、马文华、江艳平、王连敏、董萍、曹国明、孟庆龙、张世浩、李翠平、王静	二等奖
37	南海东部深水礁灰岩油田开发关键技术与应用	中国海洋石油南海东部石油管理局	罗东红、梁卫、张永江、吴意明、熊书权、刘伟新、李熙盛、宁玉萍、王华、戴建文	二等奖
38	柴油在线自动优化调合模型及系统技术开发与工业应用	中国石油天然气股份有限公司独山子石化分公司、中国科学院自动化研究所	吕蕾、任斌、张四清、胡勇、李泽飞、李星海、周志宏、吴少伟、李俊、王吉军	二等奖
39	苏里格强非均质性多薄层气藏压裂技术研究应用	中国石油天然气股份有限公司长庆油田分公司	温哲豪、白建文、贾建鹏、郝瑞芬、肖元相、朱李安、衣德强、张家富、牟春国、朱更更	二等奖
40	10kV中压电力线宽带接入技术在油区的应用研究	中国石油天然气股份有限公司长庆油田分公司	黄晓东、陈国庆、梁倩、杜玉刚、魏永刚、李燕、杨文波、郭宣宏、崔永江、黄刚	二等奖
41	柴达木盆地煤型气大气田形成条件与有利勘探方向研究	中国石油天然气股份有限公司勘探开发研究院西北分院	袁剑英、阎存凤、马峰、万传治、乐幸福、李红哲、孙秀建、史晓辉、程玉红、张正刚	二等奖
42	中高压固态软起动装置关键技术及应用	索肯和平（上海）电气有限公司、上海交通大学	陈道贤、王志新、支乐鹏、林环城、高文余、江斌开、陈加山、潘金松、卞哲、郭永平	二等奖
43	海上油气井废弃切割关键技术及工程应用	中海油能源发展股份有限公司工程技术分公司、中国石油大学（华东）	刘作鹏、陈建兵、王超、刘占鏖、俞洋、徐鸿飞、李刚、周卫东、罗甲全、高明星	二等奖
44	油气站场阴极保护新技术研究及应用	中国石油集团工程技术研究院	韩文礼、周冰、张贻刚、蒋林林、王志涛、杨耀辉、张盈盈、张彦军、郭继银、李玲杰	二等奖
45	机械化液体聚氨酯补口技术国产化研究及工程应用	中油管道防腐工程有限责任公司、中国石油天然气管道科学研究院	廖宇平、刘毅、王留彬、董彬、李晓鹏、赵爽、李建忠、牛辉、丁春林、武淑倩	二等奖
46	基于集群重构的地震资料处理新方法研究与应用	中国石油天然气股份有限公司长庆油田分公司	汪生珠、何庆兵、欧阳欣、韩晓山、张加林、刘健、孙华岭、程思检、谢亿雷、张绍宁	二等奖

（续）

序号	获奖项目	获奖单位	获奖人员	获奖等级
47	绥中 36-1 油田高含水期改善水驱技术创新与应用	中海石油（中国）有限公司天津分公司	苏彦春、刘英宪、马奎前、刘宗宾、杨静、贾晓飞、徐锦绣、张俊、刘美佳、李金宜	二等奖
48	煤层气井排采自动化监控系统	中国石油煤层气有限责任公司、中国石油集团东方地球物理勘探有限责任公司	郭炳政、罗革新、邹宇清、温欣、黄勇、孙仕胜、赵凤坤、张中杰、王波、高亮	二等奖
49	大管径连续管作业技术与装备应用	中国石油集团钻井工程技术研究院	刘寿军、熊革、杨高、张志海、宋治国、罗刚、杨志敏、张富强、刘菲、张三坡	二等奖
50	碳酸盐岩非均质储层地球物理预测方法研究及应用	中国石油天然气股份有限公司勘探开发研究院西北分院	高建虎、杨午阳、刘伟方、李胜军、张军舵、董雪华、陈启艳、杜斌山、刘军迎、孙勤华	二等奖
51	新型 SEW 套管和油管	宝鸡石油钢管有限责任公司	张峰、李周波、田晓龙、韦奉、田小江、祝少华、王勇、马仓绪、何石磊、倪书民	二等奖
52	构筑可度量的 IT 服务管理体系，探索 IT 共享服务最佳实践	中国石油化工股份有限公司广州分公司	高宁波、黄海彬、张红民、张亚堂、关宇平、罗晓菁、潘艳明、洪伟添、陆颖玉、张红	二等奖
53	不同化学驱油体系微观驱油机理研究	中国石油化工股份有限公司胜利油田分公司地质科学研究院	曲岩涛、孙志刚、陈霆、孟小海、刘丽、李奋、李继山、王曦、崔红彦、李兴	二等奖
54	断陷盆地复杂油气层综合测井准确识别技术方法	中国石油天然气股份有限公司华北油田分公司、中国石油集团测井有限公司、长江大学、中国石油大学（北京）	金凤鸣、吴剑锋、罗安银、王芳、李海涛、沈金松、李拥军、汤天知、王向公、王水航	二等奖
55	催化裂化装置安全运行监测与指导系统研究	中国石油化工股份有限公司青岛安全工程研究院、中国石油化工股份有限公司北京燕山分公司	牟善军、王春利、李传坤、牛驰、高新江、谭文书、朱剑锋、张瑜、张晨、费轶	二等奖
56	荷电喷雾增效烟气脱硫的关键技术及应用	江苏大学	王贞涛、陈汇龙、王军锋、王晓英、颜学升、张敏、闻建龙、罗惕乾、赵斌娟、董庆铭	二等奖
57	煤层气开发井粉煤灰产出机理研究	中国石油天然气股份有限公司华北油田分公司、中国石油天然气股份有限公司勘探开发研究院	赵文秀、秦义、任宝玉、陈洪明、程浩、汤继丹、樊彬、郭军峰、王中敏、薄东梅	二等奖
58	数字化橇装活塞式体积管检定系统研究与应用	中国石油天然气股份有限公司长庆油田分公司	裴润有、贾春虎、梁桂海、宋晓峰、李汲峰、宏岩、马建东、郝坚、白鹤鸣、赵瑾	二等奖
59	化工过程安全仪表系统功能安全技术研究与应用	中国石油化工股份有限公司青岛安全工程研究院	李玉明、姜巍巍、李荣强、曹德舜、庄腾宇、张卫华、孙军、朱宏林、朱正、陈鑫	二等奖
60	裂解炉出口温度（COT）测量专用热电偶研制及应用	乐清市伦特电子仪表有限公司、中国石化扬子石油化工有限公司烯烃厂、中国石油化工股份有限公司镇海炼化分公司	吴加特、吴方立、陈静、杨金城、魏剑萍	二等奖
61	烃源岩有机碳含量测井反演技术研究及应用	中海油能源发展股份有限公司工程技术分公司	税蕾蕾、陈金定、崔书姮、苏文辉、刘玉明、张群	三等奖
62	井口套管气回收技术研究与应用	中国石油天然气股份有限公司长庆油田分公司、低渗透油气田勘探开发国家工程实验室	薛建强、郭占春、魏立军、王曼、王林平、郑刚	三等奖

（续）

序号	获奖项目	获奖单位	获奖人员	获奖等级
63	海洋石油天然气超重力络合铁硫橇装成套净化技术	中国海洋石油南海东部石油管理局、中海油能源发展装备技术有限公司深圳分公司、武汉国力通能源环保有限公司	李锋、谢日彬、余国贤、邓晓辉、吉峰、李平	三等奖
64	计算机配置与资产信息管理系统开发应用	中国石油天然气股份有限公司华北油田分公司数据中心	孙建华、刘玉石、冯玲、张翱洋、彭丽、安娜	三等奖
65	海洋油田地质评价测试仪（FET）井壁取芯地面供电电源的研制	华北科技学院	张全柱、邓永红、黄成玉、雷旻、李学哲、赵立永	三等奖
66	油水井参数自动化采集技术攻关与配套装备研制	中国石油大港油田采油工艺研究院	任桂山、陈津刚、赵智、徐国安、苏锋、陈学梅	三等奖
67	中压智能软启动控制柜	华北油田科达开发有限公司	陈靖、顾如艳、王海生、林东、黄韬、黄长友	三等奖
68	海管混凝土配重技术与装备	中海油能源发展股份有限公司管道工程分公司	张晓灵、吴文通、杜宝银、金建新、王志刚、孔瑞林	三等奖
69	石油钻井井口智能动力钳关键技术及其工程应用	南通大学、江苏如石机械有限公司、南京理工大学	邱自学、刘志刚、陈杰、袁江、沈辉、陆宝春	三等奖
70	超深复杂井况下生产测井解释评价系统的研发和应用	塔里木油田分公司勘探开发研究院、塔里木油田分公司开发事业部、塔里木油田分公司天然气事业部、中国石油集团测井有限公司塔里木事业部	肖承文、周波、柳先远、伍轶鸣、廖发明、吴刚	三等奖
71	聚烯烃粉料火灾爆炸危险性分析及料仓安全防护技术研究与应用	中国石油集团安全环保技术研究院	韩兆辉、彭其勇、宋丹青、娄仁杰、于学胜、何明俊	三等奖
72	复杂条件下大型地下人防工程安全监测与信息化快速施工技术研究	辽宁工程技术大学、中铁九局集团第四工程有限公司	张向东、王学军、韩伟、李辉、孙闯、刘丰林	三等奖
73	硝镁加热器防腐技术研究与应用	中国石油兰州石油化工公司研究院	郭金彪、李莉、冯丹、邵鹏程、刘良、王璐	三等奖
74	新型高效浮选机的研发与应用	中油辽河工程有限公司、辽宁华孚环境工程股份有限公司	孙绳昆、李明辉、洪海、李泽勤、田方园、孙聪	三等奖
75	管道阴极保护数值模拟评价技术研究	中国石油天然气股份有限公司管道分公司管道科技研究中心	毕武喜、赵君、张丰、薛致远、刘玲莉、徐承伟	三等奖
76	西江油田特高含水期稳产增产创新与实践	中国海洋石油南海东部石油管理局	张伟、许庆华、韦红术、邹信波、闫正和、饶志华	三等奖
77	油田注水生产物联网系统的研究及工业化应用	中国石油大学（北京）、北京雅丹石油技术开发有限公司、中国石油青海油田钻采工艺研究院	檀朝东、刘志海、张立会、张海浪、史赞绒、张文忠	三等奖
78	中缅管道9级（含9级以上）强震区和活动断裂带地段管道设计技术研究	中国石油天然气管道工程有限公司、中国石油天然气管道科学研究院、中国石油管道学院	余志峰、隋永莉、李桂芝、佟雷、靳海成、刘绍兴	三等奖
79	石化设备磨损监测成套技术及信息化管理技术的开发	中国石油天然气股份有限公司独山子石化分公司	陈峰、杨瑞平、邢海燕、孔令新、苏志忠、赵德波	三等奖

（续）

序号	获奖项目	获奖单位	获奖人员	获奖等级
80	低温压力容器不同强度级别钢焊接接头强韧性匹配研究及评价	中油管道机械制造有限责任公司、北京工业大学	杨津瑜、李国栋、鲁克莹、董俊军、王建才、张志远	三等奖
81	尿素造粒塔内热环境及通风控制关键技术研究与应用	东北石油大学、中国石油天然气股份有限公司大庆石化分公司	李栋、蔚尚希、吕妍、吴国忠、肖健、王英	三等奖
82	二连盆地断陷湖盆成藏特征研究及规模储量发现	中国石油天然气股份有限公司华北油田分公司地球物理勘探研究院	崔永谦、肖阳、卢永合、吴忠、李秀英、朱敏	三等奖
83	炼油与化工 ERP 系统的应用及研究	大庆金桥信息技术工程有限公司	张弘旻、范宝、李洪宇、宗喜军、董秀岩、迟宏斌	三等奖
84	水下生产设施基础设计技术与工程应用研究	海洋石油工程股份有限公司	周美珍、尹汉军、王长涛、王凤云、顾永维、姜瑛	三等奖
85	VFRM 灰水调节阀	吴忠仪表有限责任公司	常占东、苏海霞、刘少波、吴巧梅、侯润海、秦新文	三等奖
86	乍得项目社会安全管理体系文件开发	中国石油集团安全环保技术研究院	潘红磊、王劲松、熊中浩、陈默、彭其勇、崔少朴	三等奖
87	KLY（CP）-E 型防爆交流电压表	上海康比利仪表有限公司	刘复若、李荣平、江厚发、李凯、林旭明、李征帆	三等奖
88	英台气田致密火山岩气藏富集区优选及有效开发技术研究与应用	中国石油天然气股份有限公司吉林油田分公司勘探开发研究院	魏兆胜、李忠诚、刘宇、于孝玉、阮宝涛、陈振龙	三等奖
89	油气管网财务管理运营模式研究	中国石油天然气股份有限公司管道分公司	张晶晶、赵强、徐强、李晓宇、金静、蔡德宇	三等奖
90	富油气凹陷烃源岩综合评价	中国石油大港油田勘探开发研究院、中国石油大港油田勘探事业部	于学敏、王振升、滑双君、姜文亚、谭振华、孙义新	三等奖
91	光纤光栅监测技术在海上油田的应用	中海石油（中国）有限公司天津分公司	李毅、詹燕民、白文柱、林杨、张凤山、高书鹏	三等奖
92	塔里木油田超深砂岩油藏井震结合砂体精细雕刻技术研究与应用	塔里木油田分公司勘探开发研究院、中国石油大学（北京）	江同文、黄捍东、昌伦杰、成锁、王超、张银涛	三等奖
93	HBAPF 系列低压有源滤波装置	天津市天变航博电气发展有限公司	刘勇、许建锋	三等奖
94	海上复杂气井勘探技术在渤中深层潜山气田的创新与应用	中海石油（中国）有限公司天津分公司	冯卫华、夏庆龙、薛永安、谭忠健、许兵、周宝锁	三等奖
95	烟气扩散分析技术在海洋油气平台上的应用研究	海洋石油工程股份有限公司	陈欣、周美珍、沈志恒、李东芳、张慧芳、张艳春	三等奖
96	马西洼槽油气成藏特征研究与勘探新发现	中国石油天然气股份有限公司华北油田分公司勘探开发研究院	刘井旺、侯凤香、刘辰、吴晨林、吴立军、路璐	三等奖
97	加工高硫高酸原油关键装置腐蚀监测技术研究与应用	中国石油集团安全环保技术研究院	赵永涛、孙文勇、刘文才、胡家顺、彭其勇、罗方伟	三等奖

（续）

序号	获奖项目	获奖单位	获奖人员	获奖等级
98	三重介质煤层气藏不稳定渗流规律研究	成都理工大学、西南石油大学、四川川庆石油钻采科技有限公司、西南油气田分公司重庆气矿大竹采输气作业区、西南油气田分公司重庆气矿垫江采输气作业区	肖阳、苏俊霖、侯大力、邓元洲、龚伟、曹海涛	三等奖
99	组合式波反射有源滤波装置研究及应用	中海石油（中国）有限公司上海分公司平湖作业公司、上海双电电气有限公司	官耀华、王鸿雁、朱新宇、李钢、陶军、丁元峰	三等奖
100	塔里木盆地超深碳酸盐岩凝析气藏高效开发技术	塔里木油田分公司勘探开发研究院、西南石油大学、塔里木油田分公司塔中勘探开发项目经理部	邓兴梁、韩剑发、张正红、李世银、于红枫、王彭	三等奖
101	溅射薄膜式压力变送器在油气田的研究与应用	中国石油天然气股份有限公司长庆油田分公司、低渗透油气田勘探开发国家工程实验室、中国航天科技集团公司第四研究院	白晓弘、盖广洪、付钢旦、张书平、陈勇、贾友亮	三等奖
102	油井井筒结蜡机理及清防蜡关键技术研究	重庆科技学院、重庆大学、中国石油化工股份有限公司西北油田分公司工程技术研究院、西南石油大学、中国石油化工股份有限公司河南油田分公司第一采油厂	刘竟成、王宏图、欧阳冬、关小旭、刘菊梅、程仲富	三等奖
103	高压脉冲试验技术在电子设备安全性能检测中应用研究	上海仪器仪表研究所、上海大学	滕华强、楼志斌、吴维华、王海宽、余子健、韩祥华	三等奖
104	注水系统冲洗水处理技术研究	大庆油田有限责任公司油田建设设计研究院	王庆吉、韩凤臣、陈忠喜、国胜娟、冯英明、舒志明	三等奖
105	绥中36-1油田群海上电力组网	中海石油（中国）有限公司天津分公司	李毅、倪先锋、白文柱、詹燕民、刘晓亮、唐浩	三等奖
106	油水井前磁曲线扫描及矢量化处理	东北石油大学、大庆油田有限责任公司第一采油厂	尚福华、杜睿山、曹茂俊、于顺安、解红涛、田枫	三等奖
107	致密砂岩气层测井解释与可动流体评价	吉林大学	潘保芝、张丽华、蒋必辞、段亚男、郭宇航、房春慧	三等奖
108	复杂地层岩石物理与钻井井壁稳定性研究及应用	中国科学院重庆绿色智能技术研究院、重庆科技学院、重庆矿产资源开发有限公司、重庆地质矿产研究院、西南石油大学	陈乔、朱洪林、王莉莎、刘竟成、姚光华、谭彦虎	三等奖
109	滨里海盆地盐下逆时偏移地震成像与碳酸盐岩勘探实践	中国石油天然气股份有限公司勘探开发研究院西北分院	卫平生、王天奇、王宇超、张静、刘文卿、张亚军	三等奖
110	含油污泥处理方法创新与示范	中国石油天然气股份有限公司华北油田分公司第五采油厂	付亚荣、严建奇、付茜、张长江、李春燕、伟娜	三等奖

（续）

序号	获奖项目	获奖单位	获奖人员	获奖等级
111	多谱饱和度及井间剩余油综合测试技术研究与应用	中国石油大港油田测试公司	徐建平、张德武、贾岩、蒋华、冀秀文、尤立忠	三等奖
112	古潜山油藏分支井钻完井技术集成与应用	中国石油集团长城钻探工程有限公司	喻晨、刘俊杰、朱忠伟、胡尔泰、邓旭、陈振刚	三等奖
113	风城油田油藏可视化研究与应用	中国石油新疆油田分公司风城油田作业区	霍进、蒋能记、杨开赞、李培俊、何周、陆兴	三等奖
114	英买力凝析气田稳产技术研究及应用	塔里木油田分公司勘探开发研究院	杨海军、朱忠谦、陈文龙、宋静波、成荣红、谢伟	三等奖
115	钻井储层污染损害精细评价方法	西南石油大学、石油工业出版社有限公司	范翔宇、夏宏泉、陈平、张千贵、杨天龙、李丰	三等奖
116	大位移深井钻井井筒复杂流动与传热耦合计算方法研究及应用	重庆科技学院、中国石油集团长城钻探工程有限公司工程技术研究院	郭晓乐、苏堪华、佟长海、龙芝辉、夏泊洢、王梦洲	三等奖

〔摘自中国石油新闻中心网站〕

国家重点节能技术推广目录（2014年本，节能部分）（节选）

序号	技术名称	适用范围	主要技术内容	典型项目					目前推广比例（%）	未来5年节能减碳潜力			
				适用的技术条件	建设规模	投资额（万元）	节能量（tce/a）	二氧化碳减排量（t/a）		该技术在行业内的推广潜力（%）	预计总投入（万元）	预计节能能力（万tce/a）	预计二氧化碳减排能力（万t/a）
1	油田机械用放空天然气回收液化工程	石油行业带伴生气的油田	用制冷设备将油田伴生天然气液化回收	大中型油田	回收天然气4 890 万m^3/a	10 250	65 000	171 600	50	60	102 500	65	172
2	变换气制碱及其清洗新工艺技术	化工行业联合制碱企业	开发了关键外冷碳化塔和清洗流程，制碱碳化与合成氨脱碳紧密结合，现行工艺废液零排放，节能高效制碱	联合制碱法	60万t/a	60 000	15 000（与浓汽制碱比较）	39 600	20	35	200 000	9	23

（续）

序号	技术名称	适用范围	主要技术内容	典型项目					目前推广比例（%）	未来5年节能减碳潜力			
				适用的技术条件	建设规模	投资额（万元）	节能量（tce/a）	二氧化碳减排量（t/a）		该技术在行业内的推广潜力（%）	预计总投入（万元）	预计节能能力（万tce/a）	预计二氧化碳减排能力（万t/a）
3	先进煤气化节能技术—粉煤加压气化技术	化肥行业，煤制烯烃、煤制天然气、煤制油等现代煤化工行业，电力行业(IGCC)，城市煤气等	固体煤炭粉碎后，输送到气化炉内，粉煤与纯氧在高温、高压下发生反应，生产一氧化碳和氢气的混合	采用先进的HT-L粉煤加压煤气化技术改造原有的常压固定床煤气化装置	18万t/a合成氨或甲醇	21 500（气化）	75 000	198 000	15	60	1 600 000	390	1 030
4	先进煤气化节能技术—非熔渣—熔渣水煤浆分级气化技术	化工行业煤制合成气	制浆采用级配技术，使煤浆浓度比现有技术提高3%～5%；气化采用非熔渣－熔渣分级气化技术；洗气塔内件改造以减小系统压差；黑水闪蒸系统蒸汽综合利用	采用常压固定床间歇式气化技术、20万t总氨能力的化工企业	20万t/a甲醇气化装置	15 000	60 000	158 400	15	30	325 000	130	343
5	先进煤气化节能技术—多喷嘴对置式水煤浆气化技术	化工行业煤制合成气	水煤浆、氧气进入气化室后，相继进行雾化、传热、蒸发、脱挥发分、燃烧、气化6个物理和化学过程，煤浆颗粒在气化炉内经过湍流弥散、振荡运动、对流加热、辐射加热、煤浆蒸发与挥发份的析出和气相反应等，最终形成以CO、H_2为主的煤气及灰渣	采用常压固定床间歇式气化技术、20万t总氨能力的化工企业	1台日处理1 150t煤多喷嘴对置式气化炉	12 000	24 000	63 360	15	30	650 000	130	343

（续）

序号	技术名称	适用范围	主要技术内容	典型项目					目前推广比例（%）	未来5年节能减碳潜力			
				适用的技术条件	建设规模	投资额（万元）	节能量（tce/a）	二氧化碳减排量（t/a）		该技术在行业内的推广潜力（%）	预计总投入（万元）	预计节能能力（万tce/a）	预计二氧化碳减排能力（万t/a）
6	大型高参数板壳式换热技术	石化行业	在重整、芳烃、乙烯等装置中，高温反应出料与低温反应进料在进料换热器中换热，从而节能。与管壳式换热器相比具有传热效率高、占地面积小、污垢系数低等优点	设计压力≤32MPa；操作压差1.6MPa；操作温度≤550℃；单台面积50～10 000m^2	换热面积5 000m^2的板壳式换热器	1 150	2 900	7 656	40	80	300 000	75	198
7	纳米陶瓷多空微粒绝热节能材料涂层技术	石油石化、化工、建筑物等节能降耗、安全等领域	使用含有纳米材料及分散技术制成的高反射率涂料，涂覆与物体表面后，大大减少物体对太阳光能的吸收，从而达到节能、安全、环保的作用	受太阳光照射的储罐、建筑物等需要降温物体表面，均可涂覆	450m^2拱顶立式储罐	6	1 594	3 315	12	30	40 000	10	26
8	油田采油污水余热综合利用技术	油田采油污水余热回收，制取热水用于供暖和原油伴热	油田污水型吸收式热泵机组	油田采油污水的热量回收	日产原油3 000t	590	1 566	4 131	2	30	127 000	35	92
9	换热设备超声在线防/除垢技术	石油、化工、电力、冶金、煤炭、食品、造纸、建材、供暖供热等行业的换热设备	超声脉冲振荡波产生效应，破坏污垢的附着条件，防止换热设备在运行过程中结垢	500万t/a常减压装置	在52台脱前原油、脱后原油和初底油换热设备上应用超声波防垢技术	1 170	7 992	21 098	＜1	40	76 000	55	145

（续）

序号	技术名称	适用范围	主要技术内容	典型项目					目前推广比例（%）	未来5年节能减碳潜力			
				适用的技术条件	建设规模	投资额（万元）	节能量（tce/a）	二氧化碳减排量（t/a）		该技术在行业内的推广潜力（%）	预计总投入（万元）	预计节能能力（万tce/a）	预计二氧化碳减排能力（万t/a）
10	煤气化多联产燃气轮机发电技术	化工行业煤化工领域	回收甲醇生产过程排放的驰放气中的氢气，作为燃气轮机的燃料进行发电，燃烧后排出的高温废气进入余热锅炉产生中低压蒸汽，用于生产工艺，实现节能	采用燃料为煤气和放空尾气（热值2 400kcal，属于中低热值）进行发电	燃气轮机装机规模76MW	120 000	138 200	317 860	＜5	20	120 000	140	322

国家重点节能技术介绍：

一、油田机械用放空天然气回收液化工程

（一）技术名称

油田机械用放空天然气回收液化工程。

（二）技术所属领域及适用范围

该技术适用于石油行业大中型油田。

（三）与该技术相关的能耗及碳排放现状

目前，该技术可实现节能量54万tce/a，CO_2减排约143万t/a。

（四）技术内容

1. 技术原理

采用制冷设备将油田放空天然气井的伴生放空天然气液化，供油田机械使用。

2. 关键技术

（1）采用俄罗斯深冷机械制造股份公司的设备和技术——高压节流LNG生产装置。

（2）柴油机改烧天然气技术。

（五）主要技术指标

日产液化天然气（LNG）11.4万m^3，年生产天数＞350天。

（六）技术鉴定、获奖情况及应用现状

高压节流LNG生产装置，是新捷燃气公司研发中心根据俄罗斯在圣彼得堡高压节流LNG生产装置进行的联合实验装置提出的设计，在部分液化的基础上进行完善，是一种天然气循环液化生产装置，液化率接近100%，该工艺得到俄罗斯深冷公司的认可。所使用的设备为俄罗斯深冷机械制造股份公司的小型撬装LNG生产装置，该装置为模块化设备，灵活易拆迁，适合放空天然气回收项目地点多变的特点。

（七）典型应用案例

新疆油田投资10 250万元，可回收天然气4 890万m^3/a，其中，3 990万m^3/a用于油田机械燃料改装，其余900万m^3/a用于生产发电。可节约能源65 000t标煤/a。

（八）推广前景及节能减排潜力

凡有伴生气的油田都可采用此项技术，俄罗斯深冷机械制造股份公司生产的小型橇装LNG生产装置，灵活易拆迁，适用于野外油田地点多变的特点，各地油田都可使用。预计未来5年，该技术在行业内的推广潜力可达到60%，投资总额10亿元，节能能力65万tce/a，减排CO_2能力172万t/a。

二、变换气制碱及其清洗新工艺技术

（一）技术名称

变换气制碱及其清洗新工艺技术。

（二）技术所属领域及适用范围

该技术适用于化工行业联合法制碱企业

（三）与该技术相关的能耗及碳排放现状

目前，国内采用联碱法生产纯碱的生产企业有 30 家，总产量已超过 1 000 万 t，其中采用变换气制碱技术的企业 12 家，总产量达 240 万 t。与目前的浓气联合制碱技术比较，变换气制碱技术单位产品节能 25kg 标煤。按照上述浓气制碱产量，若采用变换气制碱法制碱，全国年耗能可减少 21.5 万 t 标煤。目前该技术可实现节能量 5 万 tce/a，减排 CO_2 约 13 万 t/a。

（四）技术内容

1. 技术原理

变换气制碱技术将合成氨生产中的变换气直接送入联碱碳化塔，在脱除变换气中二氧化碳的同时，又生成碳酸氢钠。这是我国继侯德榜发明联合制碱法后又一次在世界上首创新的纯碱生产工艺。变换气制碱将纯碱生产与合成氨生产进一步联合起来，纯碱的碳化工序同时又是合成氨的脱碳工序，它省掉了合成氨生产中的脱碳工序、联碱生产的 CO_2 压缩工序，同时还节省了合成氨脱 CO_2 溶液再生需要消耗的能量，节能效果和经济效益均十分显著。

变换气制碱清洗新工艺采用对 $NaHCO_3$ 不饱和的母液和部分出塔尾气进行加压后，使其进入清洗作业的碳化塔以增大塔内物料的搅动、加快塔内溶疤速度的清洗方法，实现了碳化塔和外冷器同时清洗，不但避免了洗水排放造成污染，而且使碱疤溶入母液、回到生产系统中，减少了物料损失，降低了消耗。

2. 关键技术

低温变换气制碱技术；变换气制碱清洗流程；高效外冷碳化塔。

（五）主要技术指标

出碳化塔尾气 $CO_2 < 0.2\%$vol；碳化塔系统压降 0.32 ～ 0.35MPa；碳化塔进出母液 CNH_3 增量 42 ～ 50tt；结晶平均粒径＞ 120μm；碳化塔作业周期一年。

（六）技术鉴定、获奖情况及应用现状

1999 年该技术通过国家石油和化学工业局技术鉴定，高效自然循环外冷式碳化塔取得实用新型专利，2000 年和 2007 年取得 2 项发明专利证书。截至目前，采用该技术的制碱量已超过 200 万 t，技术成熟可靠。

与目前的浓气联合制碱技术比较，变换气制碱技术单位产品节电约 75kW·h，折算单位产品节能 25tce。

（七）典型应用案例

应用单位：江苏华昌化工股份有限公司联碱项目。

技术提供单位：中国成达化学工业公司。

节能改造情况：江苏华昌化工股份有限公司 20 万 t/a 联碱项目，建设周期约一年， 主要是取消了原有流程中的角阀，既节省设备投资，又免除了角阀的日常操作和维修工作量，同时也排除了此项维修对生产的影响；改变了碳化塔清洗方式：由只是定时轮洗外冷器、定期煮洗碳化塔，改为同时定时轮洗整个碳化塔组（碳化塔与附属的外冷器同时轮洗）。

节能效果：由于碳化塔不再定期停塔煮洗，多台塔组的装置实现了真正的全年连续运行，提高了装置的有效生产率，年节约标准煤 5 000t。

经济效益：①外冷碳化塔系统工艺清洗液零排放。②煮塔洗水零补充。③根治联碱废水排放，真正实现废水零排放。④以 20 万 t/a 联碱生产规模为例，每年节约运行费用 1 100 万元；节省设备投资费约 934 万元；节省占地面积 560m^2。

（八）推广前景及节能减排潜力

预计未来 5 年，该技术在行业内的推广比例可达到 35%，总投入 20 亿元，节能能力 9 万 tce/a，减排 CO_2 能力 23t/a。

三、先进煤气化节能技术—粉煤加压气化技术

（一）技术名称

粉煤加压气化技术。

（二）技术所属领域及适用范围

该技术适用于化肥行业、电力行业（IGCC）、城市煤气等。

（三）与该技术相关的能耗及碳排放现状

同等产量条件下常压固定床技术：比氧耗 380 $Nm^3O_2/kNm^3(CO+H_2)$；有效气成分 $CO+H_2$，含量 60% ～ 70%；碳转化率 78%；年消耗 71 万 tce。目前该技术可实现节能量 98 万 tce/a，减排 CO^2 约 259 万 t/a。

（四）技术内容

1. 技术原理

粉煤加压气化技术通过将煤炭磨制成干燥的煤粉，用惰性气体连续送入带有水冷壁的气化炉，在 4 ～ 6.5MPa 压力和适当的温度条件下，通过精确控制煤、氧和水蒸气等原料的比例、分布等参数，经过一系列的物理化学反应生成以氢气和一氧化碳为主要成分的高温合成气及灰分熔渣，然后，经过激冷、分离、洗涤等工艺过程，分离出熔渣，得到纯净的饱和态合成气体。

2. 关键技术

干煤粉水冷壁气化加水激冷工艺技术，粉煤浓相加压输送技术，多路煤粉进料、多层冷却结构的单烧嘴顶烧组合燃烧器技术，气化炉设计技术，炉壁测温技术，气化炉炉膛火焰监测系统，控制及安保软件系统。

（五）主要技术指标

比氧耗：300 ～ 360 $Nm^3O_2/kNm^3(CO+H_2)$；有效气成分 $CO+H_2$ 含量：89% ～ 91%；碳转化率：>99%；冷煤气效率：80% ～ 83%；煤气化热效率：95%。

（六）技术鉴定、获奖情况及应用现状

该技术获国家发明专利，已在河南濮阳龙宇化工 20 万 t/a 甲醇工业示范项目、安徽临泉化工 20 万 t/a 甲醇工业示范项目开车成功，正在实施山东瑞星化工 90 万 t/a 合成氨原料路线技改等项目。

（七）典型应用案例

典型用户：山东瑞星化工、河南濮阳龙宇化工、安徽临泉化工。

技术提供单位：航天长征化学工程股份有限公司。

典型案例 1：山东瑞星化工有限公司。

建设规模：90 万 t/a 合成氨一期 30 万 t/a 项目。主要改造内容：采用先进的粉煤加压气化技术改造原有的常压固定床煤气化装置。节能技改投资额 1.6 亿元，建设期 3 年。年节能 6.5 万 tce，取得节能效益 7 800 万元，投资回收期 2 年。

典型案例 2：河南濮阳龙宇化工有限公司。

建设规模：20 万 t/a 甲醇工业示范项目。主要改造内容：采用先进的粉煤加压气化技术改造原常压固定床煤气化装置。节能技改投资额 1.6 亿元，建设期 2 年。年节能 4.2 万 tce，取得节能效益 6 000 万元，投资回收期 3 年。

（八）推广前景及节能减排潜力

预计未来 5 年，该技术在行业内的推广潜力可达到 60%，预计投资总额 160 亿元，节能能力 390 万 tce/a，减排 CO_2 能力 21 030 万 t/a。

四、非熔渣 - 熔渣水煤浆分级气化技术

（一）技术名称

非熔渣 - 熔渣水煤浆分级气化技术。

（二）技术所属领域及适用范围：

该技术适用于化工行业煤制合成气。

（三）与该技术相关的能耗及碳排放现状

同等产量条件下常压固定床技术：比氧耗 380 $Nm^3O_2/kNm^3(CO+H_2)$；有效气成分 $CO+H_2$，含量 60% ～ 70%；碳转化率 78%；年耗能 71 万 tce。

（四）技术内容

1. 技术原理

制浆采用级配技术，使煤浆浓度比现有技术提高 3% ～ 5%；气化采用非熔渣 - 熔渣分级气化技术；洗气塔内件改造以减小系统压差；黑水闪蒸系统蒸汽综合利用。

2. 关键技术

把一次给氧的连续气化过程分解为两次或多次给氧的气化过程，可改善炉内温度场分布和气化反应条件，提高煤种的适应性；进行全系统技术优化集成，在操作稳定性和装置投资经济性上都具有明显竞争优势。

3. 工艺流程

原料通过给料机和燃料喷嘴进入气化炉的第一段，采用纯氧作为气化剂，采用其他气体（如与氧气以任意比混合的二氧化碳，氮气，水蒸汽等）作为预混气体，调节控制第一段氧气的加入比例，使第一段的温度保证在灰熔点以下；在第二段再补充部分氧气，使第二段的温度达到煤的灰熔点以上，并完成全部气化过程。

该技术的要点是：①氧气的分级供给，气化炉主烧嘴和侧壁氧气喷嘴分别加氧，使气化炉主烧嘴的氧气量可脱离炉内部分氧化反应所需的炭和氧的化学当量比约束；②由于氧气分级供给，可以采用氧含量从 0 ～ 100% 的不同气体作为主烧嘴预混气体，调整火焰中心的温度和火焰中心的距离，降低气化炉主烧嘴端部的温度。

(五) 主要技术指标

比氧耗：361 Nm^3O_2/kNm^3（$CO+H_2$）；比煤耗：548 Nm^3 煤 /kNm^3（$CO+H_2$）；碳转化率≥ 97.5%；1Nm^3（$CO+H_2$）能耗降至 13MJ 以下。

(六) 技术鉴定、获奖情况及应用现状

2007 年 12 月，该技术通过中国石油和化学工业协会组织的技术鉴定，已在山西喜丰肥业集团公司 10 万 t/a 甲醇生产线上应用，取得良好节能效果。

(七) 典型应用案例

典型用户：山西阳煤丰喜肥业（集团）股份有限公司

典型案例 1：20 万 t/a 甲醇气化装置。主要改造内容：采用级配磨煤技术、水煤浆分级气化和高压闪蒸蒸汽综合利用。节能技改投资额 1.5 亿元，建设期 2 年。年节能 6 万 tce，与固定床煤气化技术相比年节能效益 6 000 万元，投资回收期 3 年。

典型案例 2：18 万 t/a 合成氨装置。主要改造内容：采用级配磨煤技术、水煤浆分级气化和高压闪蒸蒸汽综合利用。节能技改投资额 1.5 亿元，建设期 2 年。年节能 5.7 万 tce，与固定床煤气化技术相比，年节能效益 5 400 万元，投资回收期 3.5 年。

（八）推广前景及节能减排潜力

2008 年，我国合成氨产量约 5 000 万 t，甲醇产量约 1 100 万 t，两者折合总氨产品产量已超过 6 000 万 t，消耗能源 1.1 ～ 1.2 亿 tce。在这些总氨产品产量中，约 75% 的产量以煤气化为源头，其中约 50% 采用常压固定床煤气化技术。预计未来 5 年可通过技术改造，使先进煤气化技术推广率达到本行业的 30%（共推广 1 800 万 t/a 总氨能力规模）。如果其中 1/3 采用非熔渣—熔渣水煤浆分级气化技术，则届时可形成 130 万 tce/a 的节能能力，减排 CO_2 量 343 万 t/a。

五、多喷嘴对置式水煤浆气化技术

（一）技术名称

多喷嘴对置式水煤浆气化技术。

（二）技术所属领域及适用范围

该技术适用于化工行业煤制合成气。

（三）与该技术相关的能耗及碳排放现状

同等产量条件下常压固定床技术：比氧耗 380 $Nm^3O_2/kNm^3(CO+H_2)$；有效气成分 $CO+H_2$，含量 60% ～ 70%；碳转化率 78%；年耗能 71 万 tce。

（四）技术内容

1. 技术原理

水煤浆、氧气进入气化室后，相继进行雾化、传热、蒸发、脱挥发分、燃烧、气化 6 个物理和化学过程，煤浆颗粒在气化炉内经过湍流弥散、振荡运动、对流加热、辐射加热、煤浆蒸发与挥发分的析出和气相反应等，最终形成以 CO、H_2 为主的煤气及灰渣。产生的合成气经分级净化达到后序工段的要求，同时采用直接换热式渣水处理系统。

2. 关键技术

多喷嘴对置式水煤浆气化技术采用四喷嘴撞击流、预膜式喷嘴，加强混合，强化热质传递。关键技术设备包括：

（1）由喷淋床与鼓泡床组成的复合床高温煤气洗涤冷却设备。

（2）合成气“分级”净化设备。由混合器、分离器、水洗塔组成的高效节能型煤气初步净化系统。

（3）直接换热式含渣水处理系统。

（4）预膜式长寿命高效气化喷嘴。

（5）结构新颖的交叉流式洗涤水分布器。

（6）国内首次成功实施停运气化烧嘴在线带压投料的操作技术。

3. 工艺流程

通过喷嘴对置、优化炉型结构及尺寸，在炉内形成撞击流，以强化混合和热质传递过程，并形成炉内合理的流场结构。主要包括煤浆制备、输送单元，多喷嘴对置式水煤浆气化单元，煤气初步净化单元和含渣水处理单元，其中关键单元为气化、煤气初步净化和含渣水热回收。

（五）主要技术指标

与引进的水煤浆气化技术相比，采用该技术可使比氧耗降低 7.9%，比煤耗降低 2.2%。

以北宿煤为原料，合成气有效气成分 ($CO+H_2$) 含量 84.9%，比氧耗 $309Nm^3O_2/ kNm^3(CO+H_2)$，降低 7.9%；比煤耗 $535kg/kNm^3 (CO+H_2)$，降低 2.2%；碳转化率 98.8%，提高 2 ～ 3 个百分点；产气率 2.20 Nm^3/kg；有效气成分提高 2% ～ 3%；CO_2 含量降低 2% ～ 3%。

（六）技术鉴定、获奖情况及应用现状

该技术 2005 年通过中国石油和化学工业协会组织的工业示范装置现场 168h 连续满负荷运行考核，2007 年获国家科技进步二等奖，并拥有多项专利，具有完全自主知识产权。目前已推广至国内 13 家企业，共 35 台气化炉。与引进的气化技术相比，氧耗节约 7%，煤耗节约 2.2%，有效气成分提高 2% ～ 3%。2008 年 7 月与美国 Valero 公司签订技术许可合同，实现了国产化煤气化技术的首次技术输出。

（七）典型应用案例

典型用户：兖矿国泰、兖矿鲁化、华鲁恒升、神华宁煤、江苏索普、江苏灵谷、安徽华谊、滕州凤凰等。

典型案例：兖矿国泰化工有限公司。

建设规模：两台日处理 1 150t 煤多喷嘴对置式水煤浆气化炉。主要改造内容：配套新建 24 万 t/a 甲醇的煤气制备，节能技改投资额 25 000 万元，建设期 2 年。年节能 5.3 万 tce，年节氧、节煤经济效益约 5 900 万元，投资回收期 4 年。

六、大型高参数板壳式换热技术

（一）技术名称

大型高参数板壳式换热技术。

（二）技术所属领域及适用范围：

该技术适用于石化行业。

（三）与该技术相关的能耗及碳排放现状

目前，以波纹板片作为传热元件的热交换设备代表了换热设备的发展主流方向，愈来愈多的管壳式换热器将被板式换热器或板壳式换热器所替代。现有的板壳式换热器，其板束中截面较大的结构件与较薄的波纹板片传热件之间存在较大的热容差，温度响应速度不一致，由于温度波动大将产生较大的热膨胀差，因此，在操作时升降温速度必须严格限制。如果非正常开停车，极容易造成设备损坏，这种缺陷影响了热交换与热回收设备运行的可靠性，限制了板壳式换热器的使用范围。以 80 万 t/a 连续重整装置进料换热器为例：单台设备回收热负荷达 3.29×107kcal/h，传统管壳式换热技术已无法胜任。目前该技术可实现节能量 38 万 tce/a，减排 CO_2 约 100 万 t/a。

（四）技术内容

1. 技术原理

采用波纹板片作为传热元件，全焊接式板束装于压力壳内。波纹板片能在较低的雷诺数下形成湍流，且污垢系数低，传热效率为管壳式换热器的 2 ～ 3 倍。

2. 关键技术

关键技术包括：专用板型；板束进料分配器；大尺寸板片成型；板束焊接；热膨胀结构。

3. 工艺流程

在重整、芳烃、乙烯等装置中，高温反应出料与低温反应进料在进料换热器中换热，从而达到回收大量反应热及节能的目的。

（五）主要技术指标

操作压差≤ 1.6MPa，设备总压降≤ 71kPa；操作温度≤ 550℃；单台面积 50 ～ 10 000m^2。

（六）技术鉴定、获奖情况及应用现状

3 000m^2 大型板壳式换热器于 2003 年通过专家技术鉴定，鉴定结论为达到国际先进水平。5 000m^2 以上级的超大型板壳式换热器于 2009 年通过鉴定。板壳式换热器已应用于乌鲁木齐石化、华北石化、抚顺石化、锦西石化、金陵石化、福建炼化、上海石化、和邦化学有限责任公司等多家石化企业，并外销国际市场。目前已累计实现产量 15 万 m^2。

（七）典型应用案例

典型案例 1：乌鲁木齐石化公司。

建设规模：40 万 t/a 催化重整装置。主要改造内容：以大型板壳式换热器替代原管壳式换热器。节能技改投资 440 万元，建设期 3 个月。按换热器热负荷 1.85×107kcal/h 计算，每年可节能 21 208tce。与同工位管壳式换热器相比，年均可节约燃料油 688t、加热炉操作费用 34 万元、后端空冷器用电量 52.6MW·h，折合 1 000tce，投资回收期约 2.5 年。

典型案例 2：上海高桥石化公司。

建设规模：80 万 t/a 连续重整装置。主要改造内容：以超大型板壳式换热器替代原管壳式换热器。节能技改投资额 1 150 万元，建设期 3 个月。与同工况管壳式换热器相比，年均可节约燃料油 2 036t，折合 2 900tce，投资回收期约 2 年。

（八）推广前景及节能减排潜力

近年来，随着国家节能减排政策的日趋严格，迫切需要推出新型高效换热器以满足节能增效及装置大型化的要求。在炼油化工中乙烯、重整、芳烃等装置上，传统管式换热器已无法满足要求，须全部采用板式进出料换热器。与管壳式换热器相比，该技术可将传热效率提高 2 ～ 3 倍，多回收 3% ～ 5% 的热量，节省操作费用 30% ～ 50%。应用该技术生产的国产板壳式换热器可摆脱同工位换热器对进口的依赖。板壳式换热器还可广泛应用于冶金、电力、航天、轻工食品、交通运输、城市建设等领域的热交换场合，市场前景巨大。预计未来 5 年，该技术在行业内的推广率可达到 80%，预计投资总额 30 亿元，年节能能力 75 万 tce/a，减排 CO_2 能力 198 万 t/a。

七、纳米陶瓷多空微粒绝热节能材料涂层技术

（一）技术名称

纳米陶瓷多空微粒绝热节能材料涂层技术。

（二）技术所属领域及适用范围

该技术通用于油气储存设备、运输设备、生产设备等。

（三）与该技术相关的能耗及碳排放现状

油品储存温度愈高，且罐内温差愈大时，油料蒸发愈严重。在相同温度和密封条件下储存同一种汽油，装油量为油罐容积 20% 时的蒸发损失比装油量为油罐容积 95% 时大 8 倍；油罐的密封程度对蒸发损耗也有影响，一座容积 5 000m^3 油罐，因孔盖不严密引起自然通风，一个月内可损失汽油 53t，损失原油 28t；储油罐大小呼吸损耗情况：大呼吸次数愈多，油料蒸发损耗愈大。在蒸发损耗中，小呼吸损失约占 10%。有关资料表明：采用一座容积 10 000m^3 的地上金属罐储存汽油，每年小呼吸损失可达 117t，损失率为 1.7%。目前该技术可实现节能量 4 万 tce/a，减排 CO_2 约 11 万 t/a。

（四）技术内容

1. 技术原理

采用纳米级的多空陶瓷微粒为主要原料，该产品具有低导热系数及高辐射率、高反射率等特点。将该产品喷涂到设备表面，使设备表面热辐射及红外温度迅速反射及辐射掉，不会或减低形成温度场。

2. 关键技术

纳米陶瓷多空微粒绝热技术、附加复合防腐性能设计、水性环保涂料工艺、超长耐老化及使用年限、具有耐高温性能及防静电设计等。

3. 工艺流程

设备表面处理清洁后，直接将该产品按 0.25mm

厚度用无空气喷涂机按序喷涂，喷涂两遍后喷涂保护面漆，使得设备表面长时间洁净，降低表面温度。

（五）主要技术指标

导热系数：0.110W/mk；耐酸性（53%HCl 溶液）：168h 无异常；耐碱性（20%NaOH）：300h 无异常；防水性：在 0.3MPa 压力下，经过 0.5h 不透水；环保：不含可溶性铅、镉、铬、汞等重金属，不含苯，游离甲醛含量低于指标要求；抗老化：有超常使用年限。

（六）技术鉴定、获奖情况及应用现状

该技术通过国家建筑科学院建筑材料鉴定中心的全项检测，已在我国塔里木油田、吐哈油田野营房和储油罐、中东地区 80% 的油罐及相关油田设备上得到推广应用。

（七）典型应用案例

典型用户：塔里木油田、吐哈油田。

典型案例：油气储罐改造。

建设规模：超过 8 万 m^3 储罐及设施绝热改造。

主要改造内容：95 套原油、成品油等储罐及设施采用 0.6mm 厚的涂料涂层，将环境中的大部分日照热量反射或辐射出去，降低罐体表面温度，减少“呼吸”现象所逸出的油气。节能技改投资额 1 865 万元，建设期 4 个月。节能量：1 万 m^3 原油储罐（环境温度 31.5℃时）减少损耗 0.113t/d，500 m^3 溶剂油储罐（环境温度 21℃时）减少损耗 0.015t/d，2 000 m^3 石脑油储罐（环境温度 20.7℃时）减少损耗 0.15t/d，250 m^3 柴油储罐（环境温度 21℃时）减少损耗 0.000 5t/d。每年总计可减少 2 596t 原油、52t 凝析油、434t 汽油和 46t 溶剂油的损耗，折合 4 484tce，取得节能经济效益 708 万元，投资回收期 2.5 年。

（八）推广前景及节能减排潜力

该技术在石油石化工业及海上采油设备的绝热、防腐、防盐雾等方面的应用可取得显著节能效果，油田装备、野营房、石油 / 天然气管道、铁路 / 公路油料运输车，采油场温度敏感设备器材等均是该产品的潜在市场，应用领域广泛。预计未来 5 年，该技术在行业内的推广潜力可达到 30%，投资总额 4 亿元，节能能力 10 万 tce/a，减排 CO_2 能力 26 万 t/a。

八、油田采油污水余热综合利用技术

（一）技术名称

油田采油污水余热综合利用技术。

（二）技术所属领域及适用范围

该技术适用于油田、化工等行业。

（三）与该技术相关的能耗及碳排放现状

原油中含有约 85% 的污水需降温后回灌，而在生产和生活中需要的中温热水主要依靠直接燃烧油气获得，能耗大，能效低。国内原油产量近 2 亿 t，如果陆上生产的原油按 1.5 亿 t 计算，采油过程中将产生 8.5 亿 t 温度约为 50℃的采油污水。目前该技术可实现节能量 2 万 tce/a，减排 CO_2 约 5 万 t/a。

（四）技术内容

1. 技术原理

利用油田伴生气或者原油作为驱动热源，采用直燃式热泵技术，回收污水中的热量制取中温热水，用于外输原油加热器和油管道伴热，或者采油区的生活供暖。

2. 关键技术

（1）系统优化设计技术。

（2）低温热水余热回收技术。

（3）高效传热传质技术。

（4）高真空技术。

（5）发生器结构技术。

（6）屏蔽泵变频技术。

（7）智能控制技术。

(五) 主要技术指标

采油废水余热利用率达到 30%，直燃式热泵的 COP 为 1.7。

(六) 技术鉴定、获奖情况及应用现状

2010 年 5 月通过江苏省经济和信息化委员会和无锡市科技局联合组织的新产品和科技成果鉴定，鉴定结论为主要性能指标达到国际先进水平。拥有全部自主知识产权，已在华北油田采油厂成

功实施，节能效果显著。

(七) 典型应用案例

典型用户：华北油田公司第一采油厂。

技术提供单位：双良节能系统股份有限公司。

建设规模：2×2 910kW 油田污水余热综合利用系统。主要技改内容：增设采油污水余热利用系统及相关优化控制设备。节能技改投资额 800 万元，建设期 9 个月。每年可节能 2 257tce，年节能经济效益 230 万元，投资回收期 3.5 年。

（八）推广前景及节能减排潜力

该技术节能效果明显，如果在油田开采、化工等行业广泛应用，可大幅降低能耗水平。预计未来 5 年，该技术在行业内的推广率可达到 30%，投资总额 13 亿元，节能能力 35 万 tce/a，减排 CO_2 能力 92 万 t/a。

九、 换热设备超声在线防、除垢技术

（一）技术名称

换热设备超声在线防、除垢技术。

（二）技术所属领域及适用范围

该技术适用于石化行业换热设备。

（三）与该技术相关的能耗及碳排放现状

我国石化行业现存的换热设备超过 30 万台，长期以来这些设备的防垢、除垢问题一直没有很好的解决办法，换热设备普遍在带垢 0.2 ~ 10mm 厚度之间的状态下运行。垢的导热系数仅为换热器金属管壁的几十分之一。据行业统计，垢质每年在换热设备和管道中的沉积厚度约为 4mm，换热设备积垢每增加 1mm，传热系数下降 9% ~ 9.6%，能耗和排放将增加 10% 以上，同时带来生产效率下降、垢下腐蚀缩短设备寿命、安全隐患等一系列问题。目前该技术可实现节能量 1 万 tce/a，减排 CO_2 约 3 万 t/a。

（四）技术内容

1. 技术原理

超声脉冲振荡波在换热器管、板壁传播，在金属管、板壁和附近的液态介质之间产生效应，破坏污垢的附着条件，防止换热设备在运行过程中结垢，提高换热设备传热能力，降低达到同样工艺要求所需的能耗量，实现节能目的。

2. 关键技术

（1）强磁致伸缩新型换能器技术。

（2）超声波声学参数调测和数字控制技术。

（3）不同应用环境超声波声学参数定向设计技术。

(五) 主要技术指标

该技术平均提高换热设备传热系数 21%，降低换热设备污垢热阻 55%；石化行业换热设备平均降低能耗 9.1%。

（六）技术鉴定、获奖情况及应用现状

该技术于 2010 年通过中国石油化工集团公司科学技术成果鉴定，目前已在石油、石化、化工行业众多企业应用。该技术在不同应用环境声学参数定向设计、减少超声波衰减和抗畸变方面具有新颖性，整体技术达到国际先进水平，具有显著的节能效益。

（七）典型应用案例

典型案例 1：中石化上海高桥分公司。

技术提供单位：北京中环信科科技股份有限公司。

建设规模：在炼油 3 部 3# 800 万 t 常减压蒸馏装置换热网络超声波防垢、除垢技术改造。主要技改内容：炼油 3 部 3# 常减压蒸馏装置换热网络 21 台换热器上安装超声波防垢、除垢装置。节能技改投资额 985 万元，建设期 2 个月，年节能量 7 272tce，年节能效益为 582 万元，投资回收期 20 个月。

典型案例 2：中石化四川维尼纶厂。

技术提供单位：北京中环信科科技股份有限公司。

建设规模：在四川维尼纶厂发电车间、乙炔车间、PVA 车间的 14 台换热设备上应用超声波防垢技术。主要技改内容：在乙炔车间提浓装置 E0401、E0442、E451\A\B\C、E455\A\B、V0601 共 8 台换热器，聚乙烯醇车间 E598、E590、E622、2H443、2H445 共 5 台换热器，发电车间 1# 机组凝汽器，合计 14 台换热器上安装超声波防、除垢装置。节能技改投资额210万元，建设期1个月，年节能2 396tce，年节能效益为192万元，投资回收期13个月。

八、推广前景及节能减排潜力

石化行业的换热设备数量超过30万台，如果采用超声波防垢技术解决污垢问题，可降低全行业换热设备能耗约9%。预计未来5年，该技术在行业内的推广潜力可达到40%，预计投资总额8亿元，节能能力55万tce/a，减排CO_2能力145万t/a。

十、煤气化多联产燃气轮机发电技术

（一）技术名称

煤气化多联产燃气轮机发电技术。

（二）技术所属领域及适用范围

该技术适用于化工行业煤化工领域。

（二）与该技术相关的能耗及碳排放现状

目前，我国60万t/a以上的大型甲醇装置一般都配套建设H_2回收装置，回收生产甲醇过程中排放的弛放气中的H_2。根据回收装置的实际运行状况，整体能量回收率只有50%左右，而且实际甲醇生产过程中H_2回收装置的运转率一般都较低。目前该技术可实现节能量35万tce/a，减排CO_2约92万t/a。

（四）技术内容

1.技术原理

将空气通过前置的过滤系统进入17级压气机压缩到压力1.3MPa，同燃料气一起进入燃烧室混合燃烧，燃烧后的高温气体进入三级透平膨胀做功，推动叶轮旋转，转速为5 163r/min，经负荷变速器减速为3 000r/min，带动发电机发电。燃烧效率可达到99.85%，机组热效率达32%以上，机组平均负荷率为85%。燃烧后排出的高温废气进入余热锅炉换热副产中低压蒸汽用于生产工艺，剩余约130℃的废气排入大气。

2.关键技术

（1）多联产系统中低热值燃料燃气轮机技术。

（2）煤制气+弛放气燃气轮机燃烧室技术和控制系统技术。

(五)主要技术指标

燃烧效率可达到99.85%；机组热效率达32%以上；机组平均负荷率为85%。

(六)技术鉴定、获奖情况及应用现状

该技术已通过中国石油和化学工业协会组织的鉴定。2008年10月，以“煤气化多联产燃气轮机发电技术”为核心的兖矿集团“煤气化发电与甲醇联产系统关键技术的研发与示范”获山东省科技进步奖一等奖。2009年7月，以该技术为核心内容的“高效洁净煤制甲醇与联合循环集成系统的研发和示范”项目荣获国家科学技术进步奖二等奖。

该技术通过对多联产系统中低热值燃料燃气轮机技术的研发，突破了40MW级煤制气重型燃气轮机4大核心设计技术中的“煤制气+弛放气燃气轮机燃烧室技术”和“控制系统”2项技术，建成了适用于联产系统的40MW级燃气轮机工业示范装置。同时，燃料供应系统匹配与调节、燃气轮机现场测试调节及检测技术等煤制气燃气轮机技术又使装置具有燃料适应性广、节能效果显著、环保效果明显等优势。目前，该技术及其工业化示范装置已在兖矿国泰化工有限公司得到成功应用。

（七）典型应用案例

典型用户：兖矿集团有限公司。

建设规模：燃气轮机装机容量76MW。主要技改内容：年产24万t甲醇生产线配套建设76MW燃气轮机发电。主要技改设备包括压气机、燃烧室、透平、负荷变速器、发电机和辅机系统。节能技改投资额12亿元，建设期2年。每年可节能138 229tce，实现销售收入13 000万元，投资回收期约10年。

（八）推广前景及节能减排潜力

煤气化多联产燃气轮机发电技术是国家“十五”“863”攻关课题，具有我国自主知识产权的专利技术，是我国第一座联产系统示范工程，实现了我国IGCC和联产系统“零”的突破，为我国煤炭联产系统的深入科学研究和广泛的工程应用打下了基础。

我国大型甲醇生产线中一般配备 H_2 回收装置，约占国内甲醇产能的60%。预计未来5年，该技术在行业内的推广潜力可达到20%，投资总额12亿元，节能能力140万tce/a，减排 CO_2 能力322万t/a。

2014年我国石油和石油化工设备行业获“国家科学技术进步奖”项目

序号	编号	项目名称	主要完成人	主要完成单位
特等奖				
1	J-210-0-01	超深水半潜式钻井平台研发与应用		中海石油（中国）有限公司、中海油研究总院、上海外高桥造船有限公司、中国船舶工业集团公司708研究所、西南石油大学、上海交通大学、中海油田服务股份有限公司、海洋石油工程股份有限公司、中海石油深海开发有限公司、中国科学院力学研究所、中国船级社、大连理工大学、哈尔滨工程大学、江苏亚星锚链股份有限公司、山东悦龙橡塑科技有限公司、无锡市东舟船舶附件有限公司、江苏科技大学、重庆科技学院
一等奖				
2	J-210-1-01	我国油气战略通道建设与运行关键技术	廖永远、黄维和、吴宏、黄泽俊、高泽涛、艾慕阳、冯庆善、冯耀荣、张劲军、杨忠文、王旭、王国丽、高顺华、伍奕	中石油管道建设项目经理部、中国石油天然气管道局、中国石油集团石油管工程技术研究院、中石油管道技术研究中心、中石油西气东输管道分公司、中石油西部管道分公司、中石油管道分公司、中石油中亚天然气管道有限公司、中石油北京油气调控中心、中国石油大学（北京）
3	J-216-1-01	极端条件下重要压力容器的设计、制造与维护	陈学东、涂善东、郑津洋、范志超、轩福贞、寿比南、陈永东、谷文、王冰、陈志平、韩冰、杨国义、崔军、章小浒、李秀杰	合肥通用机械研究院、华东理工大学、浙江大学、中国特种设备检测研究院、中国第一重型机械集团大连加氢反应器制造有限公司、中国石化集团南京化学工业有限公司、浙江工业大学、中石化洛阳工程有限公司、中国石化工程建设有限公司、中国寰球工程公司
4	J-210-1-02	元坝超深层生物礁大气田高效勘探及关键技术	郭旭升、郭彤楼、蔡希源、王志刚、马永生、李真祥、蔡勋育、胡东风、陈祖庆、瞿佳、唐瑞江、丁士东、凡睿、雷鸣、黄仁春	中石化勘探南方分公司、中石化石油工程技术研究院
5	J-213-1-01	超深井、超稠油高效化学降黏技术研发与工业应用	刘中云、秦冰、林涛、王世洁、郭继香、梁尚斌、韩革华、罗咏涛、肖贤明、李本高、赵海洋、李子甲、任波、杨祖国、雷斌	中石化西北油田分公司、中石化石油化工科学研究院、中国石油大学（北京）、中国科学院广州地球化学研究所

2014 年我国石油和石油化工设备行业获“国家技术发明奖”项目

序号	编号	项目名称	主要完成人及单位
一等奖			
1	F-306-1-01	甲醇制取低碳烯烃（DMTO）技术	刘中民（中国科学院大连化学物理研究所）、刘昱（中石化洛阳工程有限公司）、吕志辉（中国科学院大连化学物理研究所）、陈俊武（中石化洛阳工程有限公司）、袁知中（新兴能源科技有限公司）、齐越（中国科学院大连化学物理研究所）
二等奖			
2	F-303-2-02	低渗透煤层高压水力割缝强化瓦斯抽采成套技术与装备	赵阳升（太原理工大学）、冯增朝（太原理工大学）、肖亚宁（山西潞安矿业（集团）有限责任公司）、常宗旭（太原理工大学）、秦清平（山西潞安矿业（集团）有限责任公司）、吕兆兴（太原理工大学）
3	F-303-2-03	海洋钻井隔水导管关键技术及工业化应用	姜伟（中国海洋石油总公司）、杨进（中国石油大学（北京））、刘书杰（中海油研究总院）、周建良（中海油研究总院）、谢梅波（中国海洋石油总公司）、邓建明（中海石油（中国）有限公司天津分公司）
4	F-303-2-04	基于巨磁阻效应的油井管损伤磁记忆检测诊断技术及工业化应用	张来斌（中国石油大学（北京））、樊建春（中国石油大学（北京））、宋周成（中石油塔里木油田分公司）、温东（中国石油大学（北京））、谢永金（中石化石油工程技术服务有限公司）、苏建文（中石油塔里木油田分公司）
5	F-304-2-01	可控结构吸附材料构建及控制油类污染物的关键技术	路建美（苏州大学）、徐庆锋（苏州大学）、蒋军（苏州天立蓝环保科技有限公司）、李华（苏州大学）、陈冬赟（苏州大学）、李娜君（苏州大学）
6	F-304-2-03	重大化工装置中细颗粒污染物过程减排新技术研发与应用	汪华林（华东理工大学）、杨强（华东理工大学）、李立权（中石化洛阳工程有限公司）、施磊（中石化洛阳工程有限公司）、黄朝晖（中石化镇海炼化分公司）、施俊林（中石化镇海炼化分公司）
7	F-304-2-04	黄磷尾气催化净化技术与应用	宁平（昆明理工大学）、田森林（昆明理工大学）、彭金辉（昆明理工大学）、王学谦（昆明理工大学）、侯永胜（四川省川投化学工业集团有限公司）、王先厚（华烁科技股份有限公司）

政策法规

解读国家2014—2015年度发布的与石油和石油化工设备相关的政策、法规，为行业、企业的发展指明方向

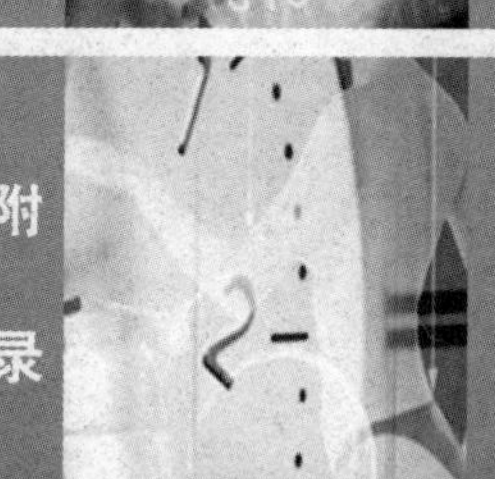

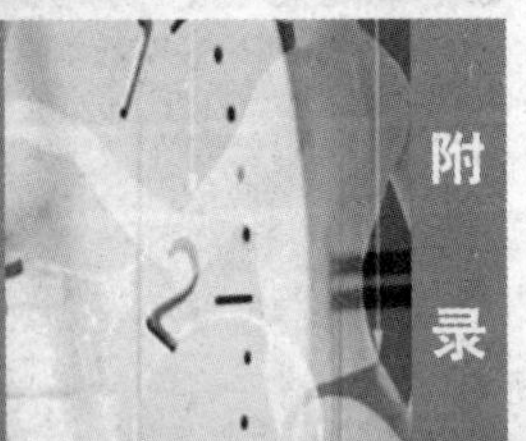

政策法规

国家能源局关于印发《煤层气勘探开发行动计划》的通知

国能煤炭〔2015〕34号

有关省（区、市）及新疆生产建设兵团发展改革委（能源局）、煤炭行业管理部门、煤矿瓦斯防治（集中整治）领导小组办公室，有关中央企业：

为贯彻中央财经领导小组第六次会议和新一届国家能源委员会首次会议精神，落实《能源发展战略行动计划（2014-2020年）》要求，加快培育和发展煤层气产业，推动能源生产和消费革命，国家能源局组织编制了《煤层气勘探开发行动计划》。现印发给你们，请认真贯彻执行。

国家能源局

2015年2月3日

煤层气勘探开发行动计划

煤层气也称煤矿瓦斯，热值与常规天然气相当，是优质清洁能源。加快煤层气勘探开发，对保障煤矿安全生产、增加清洁能源供应、促进节能减排、减少温室气体排放具有重要意义。近年来，国家制定了一系列政策措施，强力推进煤层气（煤矿瓦斯）开发利用，煤层气地面开发取得重大进展，煤矿瓦斯抽采利用规模逐年快速增长，为产业进一步加快发展奠定了较好的基础。但煤层气产业总体上处于起步阶段，规模小、利用率低，部分关键技术尚未取得突破。为科学高效开发利用煤层气资源，加快培育和发展煤层气产业，推动能源生产和消费革命，制定本行动计划。

一、指导思想

以邓小平理论、“三个代表”重要思想和科学发展观为指导，深入贯彻党的十八大和十八届三中、四中全会精神，全面落实《能源发展战略行动计划（2014—2020年）》，坚持煤层气地面开发与煤矿瓦斯抽采并举，以煤层气产业化基地和煤矿瓦斯规模化矿区建设为重点，统筹规划布局，强化政策扶持，加大科技攻关，创新体制机制，着力突破发展瓶颈，推动煤层气产业跨越式发展，为构建清洁、高效、安全、可持续的现代能源体系作出重要贡献。

二、发展目标

“十二五”期间，建成沁水盆地和鄂尔多斯盆地东缘煤层气产业化基地，初步形成勘探开发、生产加工、输送利用一体化发展的产业体系；建成36个年抽采量超过1亿m^3的规模化矿区，煤矿瓦斯抽采利用水平明显提高。

“十三五”期间，煤层气勘探开发步伐进一步加快，产业布局更趋优化，关键技术取得突破，产量大幅提升，重点煤矿区采煤采气一体化、煤层气与煤矿瓦斯共采格局基本形成，煤层气（煤矿瓦斯）利用率普遍提高，煤层气产业发展成为重要的新兴能源产业。到2020年，建成3～4个煤层气产业化基地，新增探明煤层气地质储量1万亿m^3；煤层气（煤矿瓦斯）抽采量力争达到400亿m^3，其中地面开发200亿m^3，基本全部利用；煤矿瓦斯抽采200亿m^3，利用率达到60%；煤矿瓦斯发电装机容量超过400万kW，民用超过600万户。

三、主要任务

（一）煤层气勘查

以沁水盆地和鄂尔多斯盆地东缘为重点，继续实施山西古交、延川南和陕西韩城等勘探项目，扩大储量探明区域；加快山西沁源、安泽、临兴、石楼、陕西彬长等区块勘探，增加探明地质储量。到 2020 年，提交探明地质储量 7 000 亿 m^3，为煤层气产业化基地建设提供资源保障。

加快新疆、内蒙古、贵州、云南、甘肃等地区煤层气资源调查和潜力评价，实施一批煤层气勘查项目，力争在新疆、内蒙古等西北地区低煤阶煤层气勘探取得突破，探索黔西滇东高应力区煤层气资源勘探有效途径。到 2020 年，提交探明地质储量 1 500 亿 m^3。

在辽宁、黑龙江、安徽、河南、湖南、四川等省高瓦斯和煤与瓦斯突出矿区，加强煤层气与煤炭资源综合勘查、评价，开展煤层气井组抽采试验，增加煤矿区煤层气探明地质储量。到 2020 年，新增探明地质储量 1 500 亿 m^3。

（二）煤层气开发

加快建设沁水盆地和鄂尔多斯盆地东缘产业化基地，加强潘庄、柿庄南、韩城等项目生产管理，实现煤层气井稳产增产；新建古交、延川南、保德南、彬长等项目，实现产量快速增长。到 2020 年，煤层气产量力争达到 140 亿 m^3。

在新疆、鄂尔多斯盆地、二连盆地、黔西滇东等地区，建设一批煤层气开发利用示范工程，突破低煤阶、深部煤层等复杂地质条件煤层气开发，启动建设煤层气产业化基地。到 2020 年，煤层气产量达到 30 亿 m^3。

在山西晋城、辽宁铁法、黑龙江鹤岗、安徽两淮、河南平顶山、湖南湘中、四川川南、贵州六盘水、陕西韩城、新疆阜康等矿区，加大煤矿区煤层气资源回收利用力度，开展煤层气地面预抽，推进煤矿采动区、采空区瓦斯地面抽采。到 2020 年，煤矿区煤层气产量达到 30 亿 m^3。

（三）煤矿瓦斯抽采利用

全面推进煤矿瓦斯先抽后采、抽采达标，重点实施煤矿瓦斯抽采利用规模化矿区和瓦斯治理示范矿井建设，提高煤矿瓦斯抽采利用水平，保障煤矿安全生产。在河北峰峰、山西晋城等重点煤矿企业和产煤地市开展煤矿瓦斯抽采利用规模化矿区建设，完善矿井瓦斯抽采系统，增加抽采管道、专用抽采巷道和钻孔工程量，配套建设瓦斯利用工程。建成安徽张集矿、陕西大佛寺矿等瓦斯治理示范矿井，分区域选择瓦斯灾害严重、有一定发展潜力的煤矿，再建设一批瓦斯治理示范矿井，推进瓦斯防治理念、技术、管理、装备集成创新，探索形成不同地质条件下瓦斯防治模式。到 2020 年，煤矿瓦斯抽采量达到 200 亿 m^3，利用率达到 60%。

（四）煤层气、煤矿瓦斯输送利用

煤层气以管道输送为主，就近利用，余气外输。依据资源分布、市场需求和天然气输气管网建设情况，统筹建设煤层气输气管网，在沁水盆地、鄂尔多斯盆地东缘及豫北等地区形成较完善的输气管网，在新疆准噶尔、滇东黔西等地区规划建设区域性输气管道。实施煤层气分布式能源示范项目，因地制宜建设一批煤层气液化厂、压缩站、加气站。

煤矿瓦斯以就地发电和民用为主，高浓度瓦斯力争全部利用，推广低浓度瓦斯发电，加快实施低浓度瓦斯液化浓缩和风排瓦斯利用示范项目。鼓励大型矿区瓦斯输配系统区域联网，集中规模化利用；鼓励中小煤矿建设分散式小型发电站或联合建设集配管网、集中发电，提高利用率。到 2020 年，煤矿瓦斯发电装机容量超过 400 万 kW，民用超过 600 万户。

（五）科技创新

继续实施“大型油气田及煤层气开发”国家科技重大专项及相关科技计划，深化煤层气成藏规律、煤与瓦斯突出机理等基础理论研究，加强低煤阶、深部煤层气开发和低透气性煤层瓦斯抽采、井上下联合抽采等技术研发，提高连续油管作业设备、高性能空气钻机等装备国产化水平，突破煤层气（煤矿瓦斯）开发利用技术装备瓶颈。

加强煤层气工程（技术）研究中心、重点实验室等创新平台建设，发展技术咨询服务，提升煤层气科技创新能力。加强国际合作和交流，积极引进煤层气开发利用先进技术。加快科技成果转化，推广大排量高效压裂、低浓度瓦斯利用等先进技术和装备。建立健全煤层气标准体系，加快制订一批勘探开发、输送利用和安全质量等方面的标准规范。

四、保障措施

（一）强化行业指导和管理

煤矿瓦斯防治部际协调领导小组发挥组织协调、综合管理职能作用，统筹煤层气产业发展规划，推动落实行业重大政策措施。加强省级煤矿瓦斯防治领导小组办公室标准化建设，落实专职人员和专门经费，不断完善工作机制。健全法律法规体系，制定煤层气开发利用管理办法，规范指导煤层气产业发展。深化行政审批制度改革，减少煤层气项目审批事项，简化项目审核手续，强化事中事后监管。加强支撑体系建设，充分发挥行业协会作用，为政府决策和行业发展提供研究咨询服务。培育大型煤层气骨干企业，鼓励成立专业化瓦斯抽采利用公司，推动产业化开发、规模化利用。依法开展环境影响评价和节能评估，加强煤层气勘探开发过程中生态环境保护和资源集约节约利用。

（二）落实完善扶持政策

贯彻落实《国务院办公厅关于进一步加快煤层气（煤矿瓦斯）抽采利用的意见》（国办发〔2013〕93号），加快出台配套政策措施，确保落实到位。综合考虑抽采利用成本和市场销售价格等因素，提高煤层气（煤矿瓦斯）开发利用中央财政补贴标准，进一步调动企业积极性。严格落实煤层气市场定价机制，定期组织开展价格专项督查，严肃查处地方政府不当干预价格行为。按照合理成本加合理利润的原则，适时提高煤矿瓦斯发电上网标杆电价。进一步严格煤矿瓦斯排放标准，制定低浓度瓦斯和风排瓦斯利用鼓励政策，提高利用率。优先安排煤层气（煤矿瓦斯）开发利用项目建设用地。完善煤层气（煤矿瓦斯）输送利用基础设施，督促天然气基础设施运营企业为煤层气输送提供公平、开放的服务。

（三）加大勘探开发投入

完善以社会投资为主、政府适当支持的多元化投融资体系。继续安排中央预算内投资，支持煤层气（煤矿瓦斯）开发利用、煤矿安全改造和瓦斯治理示范矿井建设。研究提高煤层气最低勘查投入标准，限定勘查和产能建设时限，督促煤层气企业加快重点区块勘探开发。完善对外合作准入和退出机制，定期调整对外合作区块，吸引有实力的境外投资者参与勘探开发。鼓励民间资本参与煤层气勘探开发、储配及输气管道等基础设施建设。在山西、新疆、贵州等地区新设一批煤层气矿业权，采用竞争方式择优确定勘查开发主体。拓宽企业融资渠道，鼓励金融机构为煤层气项目提供授信支持和金融服务，支持煤层气企业发行债券、上市融资。

（四）完善资源协调开发机制

统筹煤层气、煤炭资源勘查开发布局和时序，合理确定煤层气勘探开发区块。新设煤层气或煤炭探矿权，必须对煤层气、煤炭资源进行综合勘查、评价和储量评审备案。推进山西省煤层气和煤炭资源管理试点工作。督促指导煤层气和煤炭企业加强合作，建立开发方案互审、项目进展通报、地质资料共享的协调开发机制。对煤炭规划5年内开始建井开采煤炭的区域，按照煤层气开发服务于煤炭开发的原则，采取合作或调整煤层气矿业权范围等方式，优先保证煤炭资源开发需要，并有效开发利用煤层气资源；对煤炭规划5年后开始建井开采煤炭的区域，应坚持“先采气、后采煤”，做好采气采煤施工衔接。

五、组织实施

有关产煤省（区、市）和重点煤层气企业要根据本行动计划，结合本地区（企业）实际，研究制定具体实施方案，明确任务分工和进度安排，强化绩效考核，精心组织实施，确保完成行动计划发展目标和各项工作任务。煤矿瓦斯防治部际协调领导小组各成员单位和有关部门要按照职责分工，加强协调配合，形成工作合力，抓紧研究出台行动计划各项保障措施。煤矿瓦斯防治部际协调领导小组办公室要加强督促检查，定期通报工作进展情况，及时协调解决重大问题，保障行动计划顺利实施。

关于页岩气开发利用财政补贴政策的通知

财建〔2015〕112 号

各省、自治区、直辖市、计划单列市财政厅（局）、发展改革委（能源局），新疆生产建设兵团财务局、发展改革委：

为加快推动我国页岩气产业发展，提升我国能源安全保障能力，调整能源结构，促进节能减排，“十三五”期间，中央财政将继续实施页岩气财政补贴政策。现将有关事项通知如下：

一、补贴标准

2016—2020 年，中央财政对页岩气开采企业给予补贴，其中：2016—2018 年的补贴标准为 0.3 元 /m^3；2019—2020 年补贴标准为 0.2 元 /m^3。财政部、国家能源局将根据产业发展、技术进步、成本变化等因素适时调整补贴政策。

二、资金申请与拨付

补贴资金按照先预拨，后清算的方式拨付。每年 3 月底前，页岩气开发利用企业向项目所在地财政部门和能源主管部门提出本年度页岩气开采计划和开发利用数量，并提供上年度资金清算报告以及录井、岩心分析数据、测井、压裂施工数据、压后监测数据和试采数据等勘探资料；项目所在地财政部门和能源部门审核后逐级上报至财政部和国家能源局。

国家能源局和财政部对地方上报的材料进行复审。财政部根据复审结果拨付上年度清算资金和本年度预拨资金。

三、其他事项

其他有关情况继续按《财政部国家能源局关于出台页岩气开发利用补贴政策的通知》（财建〔2012〕847 号）执行。

财政部　国家能源局

2015 年 4 月 17 日

国务院关于发布《政府核准的投资项目目录（2014 年本）》的通知

国发〔2014〕53 号

各省、自治区、直辖市人民政府，国务院各部委、各直属机构：

为进一步深化投资体制改革和行政审批制度改革，加大简政放权力度，切实转变政府投资管理职能，使市场在资源配置中起决定性作用，确立企业投资主体地位，更好发挥政府作用，加强和改进宏观调控，现发布《政府核准的投资项目目录（2014 年本）》，并就有关事项通知如下：

一、企业投资建设本目录内的固定资产投资项目，须按照规定报送有关项目核准机关核准。企业投资建设本目录外的项目，实行备案管理。事业单位、社会团体等投资建设的项目，按照本目录执行。

原油、天然气开发项目由具有开采权的企业自行决定，并报国务院行业管理部门备案。具有开采权的相关企业应依据相关法律法规，坚持统筹规划，合理开发利用资源，避免资源无序开采。

二、法律、行政法规和国家制定的发展规划、产业政策、总量控制目标、技术政策、准入标准、用地政策、环保政策、信贷政策等是企业开展项目前期工作的重要依据，是项目核准机关和国土资源、环境保护、城乡规划、行业管理等部门以及金融机构对项目进行审查的依据。环境保护部门应根据项目对环境的影响程度实行分级分类管理，对环境影响大、环境风险高的项目严格环评审批，并强化事中事后监管。

三、对于钢铁、电解铝、水泥、平板玻璃、船舶等产能严重过剩行业的项目，要严格执行《国务院关于化解产能严重过剩矛盾的指导意见》（国发〔2013〕41号），各地方、各部门不得以其他任何名义、任何方式备案新增产能项目，各相关部门和机构不得办理土地（海域）供应、能评、环评审批和新增授信支持等相关业务，并合力推进化解产能严重过剩矛盾各项工作。

四、项目核准机关要改进完善管理办法，切实提高行政效能，认真履行核准职责，严格按照规定权限、程序和时限等要求进行审查。监管重心要与核准、备案权限同步下移，地方政府要切实履行监管职责。有关部门要密切配合，按照职责分工，相应改进管理办法，依法加强对投资活动的监管。对不符合法律法规规定以及未按规定权限和程序核准或者备案的项目，有关部门不得办理相关手续，金融机构不得提供信贷支持。

五、按照规定由国务院核准的项目，由发展改革委审核后报国务院核准。按照规定报国务院备案的项目，由发展改革委核准后报国务院备案。核报国务院核准的项目、国务院投资主管部门核准的项目，事前须征求国务院行业管理部门的意见。由地方政府核准的项目，省级政府可以根据本地实际情况具体划分地方各级政府的核准权限。由省级政府核准的项目，核准权限不得下放。

六、法律、行政法规和国家有专门规定的，按照有关规定执行。商务主管部门按国家有关规定对外商投资企业的设立和变更、国内企业在境外投资开办企业（金融企业除外）进行审核或备案管理。

七、本目录自发布之日起执行，《政府核准的投资项目目录（2013年本）》即行废止。

2014年10月31日

（此件公开发布）

政府核准的投资项目目录（2014年本）

一、农业水利

农业：涉及开荒的项目由省级政府核准。

水库：在跨界河流、跨省（区、市）河流上建设的项目由国务院投资主管部门核准，其中库容10亿m^3及以上或者涉及移民1万人及以上的项目由国务院核准。其余项目由地方政府核准。

其他水事工程：涉及跨界河流、跨省（区、市）水资源配置调整的项目由国务院投资主管部门核准，其余项目由地方政府核准。

二、能源

水电站：在跨界河流、跨省（区、市）河流上建设的单站总装机容量50万kW及以上项目由国务院投资主管部门核准，其中单站总装机容量300万kW及以上或者涉及移民1万人及以上的项目由国务院核准。其余项目由地方政府核准。

抽水蓄能电站：由省级政府核准。

火电站：由省级政府核准，其中燃煤火电项目应在国家依据总量控制制定的建设规划内核准。

热电站：由地方政府核准，其中抽凝式燃煤热电项目由省级政府在国家依据总量控制制定的建设规划内核准。

风电站：由地方政府在国家依据总量控制制定的建设规划及年度开发指导规模内核准。

核电站：由国务院核准。

电网工程：跨境、跨省（区、市）±500kV及以上直流项目，跨境、跨省（区、市）500kV、750kV、1 000kV交流项目，由国务院投资主管部门核准，其中±800kV及以上直流项目和1 000kV

交流项目报国务院备案；其余项目由地方政府核准，其中 ±800 千伏及以上直流项目和 1 000kV 交流项目应按照国家制定的规划核准。

煤矿：国家规划矿区内新增年生产能力 120 万 t 及以上煤炭开发项目由国务院行业管理部门核准，其中新增年生产能力为 500 万 t 及以上的项目报国务院备案，国家规划矿区内的其余煤炭开发项目由省级政府核准；其余一般煤炭开发项目由地方政府核准。国家规定禁止新建的煤与瓦斯突出、高瓦斯和中小型煤炭开发项目，不得核准。

煤制燃料：年产超过 20 亿 m^3 的煤制天然气项目，年产超过 100 万 t 的煤制油项目由国务院投资主管部门核准。

液化石油气接收、存储设施（不含油气田、炼油厂的配套项目）：由省级政府核准。

进口液化天然气接收、储运设施：新建（含异地扩建）项目由国务院行业管理部门核准，其中新建接收储运能力 300 万 t 及以上的项目报国务院备案。其余项目由省级政府核准。

输油管网（不含油田集输管网）：跨境、跨省（区、市）干线管网项目由国务院投资主管部门核准，其中跨境项目报国务院备案。其余项目由省级政府核准。

输气管网（不含油气田集输管网）：跨境、跨省（区、市）干线管网项目由国务院投资主管部门核准，其中跨境项目报国务院备案。其余项目由省级政府核准。

炼油：新建炼油及扩建一次炼油项目由国务院投资主管部门核准，其中列入国务院批准的国家能源发展规划、石化产业规划布局方案的扩建项目由省级政府核准。

变性燃料乙醇：由省级政府核准。

三、交通运输

新建（含增建）铁路：跨省（区、市）项目和国家铁路网中的干线项目由国务院投资主管部门核准，国家铁路网中的其余项目由中国铁路总公司自行决定并报国务院投资主管部门备案；其余地方铁路项目由省级政府按照国家批准的规划核准。

公路：国家高速公路网项目由国务院投资主管部门核准，普通国道网项目由省级政府核准；地方高速公路项目由省级政府按照规划核准，其余项目由地方政府核准。

独立公（铁）路桥梁、隧道：跨境、跨 10 万吨级及以上航道海域、跨大江大河（现状或规划为一级及以上通航段）的项目由国务院投资主管部门核准，其中跨境项目报国务院备案；国家铁路网中的其余项目由中国铁路总公司自行决定并报国务院投资主管部门备案；其余项目由地方政府核准。

煤炭、矿石、油气专用泊位：在沿海（含长江南京及以下）新建年吞吐能力 1 000 万 t 及以上项目由国务院投资主管部门核准，其余项目由省级政府核准。

集装箱专用码头：在沿海（含长江南京及以下）建设的年吞吐能力 100 万标准箱及以上项目由国务院投资主管部门核准，其余项目由省级政府核准。

内河航运：跨省（区、市）高等级航道的千吨级及以上航电枢纽项目由国务院投资主管部门核准，其余项目由地方政府核准。

民航：新建运输机场项目由国务院核准，新建通用机场项目、扩建军民合用机场项目由省级政府核准。

四、信息产业

电信：国际通信基础设施项目由国务院投资主管部门核准；国内干线传输网（含广播电视网）以及其他涉及信息安全的电信基础设施项目，由国务院行业管理部门核准。

五、原材料

稀土、铁矿、有色矿山开发：稀土矿山开发项目，由国务院行业管理部门核准；其余项目由省级政府核准。

石化：新建乙烯项目由省级政府按照国务院批准的石化产业规划布局方案核准。

化工：年产超过 50 万 t 的煤经甲醇制烯烃项

目、年产超过100万t的煤制甲醇项目，由国务院投资主管部门核准；新建对二甲苯（PX）项目、新建二苯基甲烷二异氰酸酯（MDI）项目由省级政府按照国务院批准的石化产业规划布局方案核准。

稀土：冶炼分离项目由国务院行业管理部门核准，稀土深加工项目由省级政府核准。

黄金：采选矿项目由省级政府核准。

六、机械制造

汽车：按照国务院批准的《汽车产业发展政策》执行。

七、轻工

烟草：卷烟、烟用二醋酸纤维素及丝束项目由国务院行业管理部门核准。

八、高新技术

民用航空航天：干线支线飞机、6t/9座及以上通用飞机和3t及以上直升机制造、民用卫星制造、民用遥感卫星地面站建设项目，由国务院投资主管部门核准；6t/9座以下通用飞机和3t以下直升机制造项目由省级政府核准。

九、城建

城市快速轨道交通项目：由省级政府按照国家批准的规划核准。

城市道路桥梁、隧道：跨10万吨级及以上航道海域、跨大江大河（现状或规划为一级及以上通航段）的项目由国务院投资主管部门核准。

其他城建项目：由地方政府自行确定实行核准或者备案。

十、社会事业

主题公园：特大型项目由国务院核准，大型项目由国务院投资主管部门核准，中小型项目由省级政府核准。

旅游：国家级风景名胜区、国家自然保护区、全国重点文物保护单位区域内总投资5 000万元及以上旅游开发和资源保护项目，世界自然和文化遗产保护区内总投资3 000万元及以上项目，由省级政府核准。

其他社会事业项目：除国务院已明确改为备案管理的项目外，按照隶属关系由国务院行业管理部门、地方政府自行确定实行核准或者备案。

十一、外商投资

《外商投资产业指导目录》中有中方控股（含相对控股）要求的总投资（含增资）10亿美元及以上鼓励类项目，总投资（含增资）1亿美元及以上限制类（不含房地产）项目，由国务院投资主管部门核准，其中总投资（含增资）20亿美元及以上项目报国务院备案。《外商投资产业指导目录》限制类中的房地产项目和总投资（含增资）小于1亿美元的其他限制类项目，由省级政府核准。《外商投资产业指导目录》中有中方控股（含相对控股）要求的总投资（含增资）小于10亿美元的鼓励类项目，由地方政府核准。

前款规定之外的属于本目录第一至十条所列项目，按照本目录第一至十条的规定核准。

十二、境外投资

涉及敏感国家和地区、敏感行业的项目，由国务院投资主管部门核准。

前款规定之外的中央管理企业投资项目和地方企业投资3亿美元及以上项目报国务院投资主管部门备案。

关于开展首台（套）重大技术装备保险补偿机制试点工作的通知

财建〔2015〕19号

各省、自治区、直辖市、计划单列市财政厅（局）、工业和信息化主管部门、保监局，有关中央企业：

根据十八届三中全会关于全面深化改革、加

快完善现代市场体系的总体要求，为推动重大技术装备创新应用，财政部、工业和信息化部、中国保险监督管理委员会决定开展首台（套）重大技术装备保险补偿机制试点工作。现将有关问题通知如下：

一、重大技术装备是关系国家安全和国民经济命脉的战略产品，是国家核心竞争力的重要标志。由于其技术复杂，价值量大，且直接关系用户企业生产经营，在创新成果转化过程中存在一定风险，面临市场初期应用瓶颈。建立首台（套）重大技术装备保险补偿机制，在用户订购和使用此类装备的风险控制和分担上做出制度性安排，是发挥市场机制决定性作用、加快重大技术装备发展的重要举措，对于促进装备制造业高端转型、打造中国制造升级版具有重要意义。

二、首台（套）重大技术装备是指经过创新，其品种、规格或技术参数等有重大突破，具有知识产权但尚未取得市场业绩的首台（套）或首批次的装备、系统和核心部件。其中首台（套）装备是指在用户首次使用的前三台（套）装备产品；首批次装备是指用户首次使用的同品种、同技术规格参数、同批签订合同、同批生产的装备产品。

三、首台（套）重大技术装备保险补偿机制坚持“政府引导、市场化运作”原则。由保险公司针对重大技术装备特殊风险提供定制化的首台（套）重大技术装备综合险（以下简称“综合险”），承保质量风险和责任风险。装备制造企业投保，装备使用方受益，中央财政对符合条件的投保企业保费适当补贴，利用财政资金杠杆作用，发挥保险风险保障功能，降低用户风险，加快首台（套）重大技术装备推广应用。同时，鼓励保险公司创新险种，扩大保险范围，为促进重大技术装备发展提供保险服务。

四、试点期间，鼓励保险公司自主组成共保体按照示范条款开展“综合险”承保业务，风险共担、收益共享。制造企业可与共保体中的保险公司签订投保合同，保险赔款由出单公司先行支付。符合要求的保险公司也可单独承保，但应统一使用“综合险”示范条款，示范条款另行发布。参加试点的保险公司信息在中国保险监督管理委员会、财政部、工业和信息化部门户网站上公布。开展首台（套）重大技术装备保险试点工作的指导意见由中国保险监督管理委员会另行发文。

五、“综合险”承保的质量风险，主要保障因产品质量缺陷导致用户要求修理、更换或退货的风险；承保的责任风险，主要保障因产品质量缺陷造成用户财产损失或发生人身伤亡风险。对于飞机、船舶及海工装备、核电装备等单价金额巨大的重大技术装备，由投保企业与保险公司双方自主协商，可以选择按国际通行保险产品条款进行承保。

六、试点期间重点支持列入《首台（套）重大技术装备推广应用指导目录》（以下简称《目录》）的装备产品保险工作，该《目录》由工业和信息化部另行制定，并根据重大技术装备发展情况适时进行调整。凡生产《目录》所列装备产品的制造企业均可自主投保首台（套）重大技术装备综合险。

七、对于制造《目录》内装备，且投保“综合险”或选择国际通行保险条款（需为本通知第五条列明的装备）投保的企业，中央财政给予保费补贴。实际投保费率按 3% 的费率上限及实际投保年度保费的 80% 给予补贴，补贴时间按保险期限据实核算，原则上不超过 3 年。

八、申请保费补贴的企业应为从事《目录》所列装备产品的制造企业，并应具备以下条件：

（一）中华人民共和国境内注册的独立法人；

（二）具有较强的设计研发和生产制造能力；

（三）具备专业比较齐全的技术人员队伍；

（四）具有申请保费补贴的装备产品的核心技术和知识产权；

（五）申请保费补贴的装备产品应符合《目录》规定的有关要求。

九、自本通知发布之日起至 2015 年 4 月 30 日期间投保的制造企业，于 2015 年 5 月 1 日至 5

月 15 日提交申请保费补贴文件(申请材料要求见附件 1、2)。其中，地方企业通过所在地方省级工业和信息化主管部门向工业和信息化部提交申请文件；中央企业通过集团公司向工业和信息化部提交申请文件。省级工业和信息化主管部门、中央企业集团公司对申请材料核实后，应于 2015 年 5 月底前向工业和信息化部报送核实意见和企业申请文件。

2015 年 4 月 30 日以后投保的制造企业，于每年 9 月 1 日至 9 月 15 日申请保费补贴，省级工业和信息化主管部门、中央企业集团公司于每年 9 月底前将核实意见连同企业申请文件一并报送工业和信息化部。

十、工业和信息化部会同财政部、中国保险监督管理委员会委托相关行业协会和专家对制造企业申请保费补贴的重大技术装备是否符合《目录》进行评定，并出具建议意见后，由工业和信息化部向财政部提出推荐建议。财政部按照预算管理规定安排并下达保费补贴资金。

十一、参与试点工作的各保险公司应认真贯彻执行有关文件要求，加强改进保险服务，建立由总公司直接领导的首台（套）重大技术装备保险专业团队，深入制造企业提供保险服务，建立理赔快速通道，积累有关保险数据，加强基础研究和分析，不断优化保险方案和服务。

十二、各级财政部门、工业和信息化主管部门、保险监管部门要高度重视，加强组织协调和政策宣传，积极鼓励重大技术装备制造企业投保，共同推进首台（套）重大技术装备保险试点工作的顺利开展。

附件：1. 首台(套)重大技术装备保费补贴资金申请材料要求

2. 首台(套)重大技术装备保费补贴资金申请表

财政部　工业和信息化部　保监会

2015 年 2 月 2 日

工业和信息化部发布《海洋工程装备（平台类）行业规范条件》

工信部〔2014〕87 号

为进一步加强海洋工程装备行业管理，大力培育战略性新兴产业，加快结构调整，促进转型升级，引导海洋工程装备生产企业持续健康发展，我们制定了《海洋工程装备（平台类）行业规范条件》，现予发布。

中华人民共和国工业和信息化部

2014 年 12 月 29 日

海洋工程装备（平台类）行业规范条件

一、总则

（一）为进一步加强海洋工程装备行业管理，大力培育战略性新兴产业，加快结构调整，促进转型升级，引导海洋工程装备生产企业持续健康发展，根据国家有关法律法规、产业政策和行业规划，制定本规范条件。

（二）国家鼓励企业做优做强，提高海洋工程装备设计制造能力、生产效率和产品质量，加强技术和管理创新，提升环境保护、安全生产和职业健康管理水平，提高资源利用率和降低能源消耗。

（三）国家对符合本规范条件的海洋工程装备（平台类）（以下简称海工平台）生产企业实行公告管理，企业按自愿原则进行申请。

（四）本规范条件中的海工平台是指海上移动式作业与生产装备与设施，主要包括自升式平台、柱稳式（半潜）式平台、坐底式平台、水面（船式/驳船）式平台等[具体定义等参见中国船级社《海上移动平台入级规范》(2012)]。

二、基本要求

（五）具有独立法人资格，取得工商行政管理部门核发的、经营范围涵盖海工平台建造的有效企业法人营业执照。

（六）具有生产场所用地合法土地使用权，同时具有专业、专属的海工平台生产设施。

（七）具备有关法律法规、国家标准或行业标准规定的安全生产条件。

（八）按照 ISO 9000 或 GB/T 19000 系列、ISO14000 或 GB/T24000 系列、OHSAS18000 或 GB/T28000 系列标准的要求，建立质量、环保、职业健康安全管理体系，并通过第三方认证。

（九）合法、诚信经营，依法纳税，用工制度符合《劳动合同法》的规定，并按国家有关规定交纳各项社会保险费。金融机构信用等级达到 AA 级及以上。

（十）符合国家产业政策要求，不生产国家明令淘汰的产品，不使用国家明令淘汰的设备、材料和生产工艺。

三、技术创新与质量控制

（十一）应具有自主研发和创新能力，具有省级及以上部门认定的企业技术中心、工程研究中心、工程实验室、重点实验室等各类研发机构，年度研发经费投入不低于主营业务收入的 2%，并具有与海工平台设计建造相关的专利或专有技术。

（十二）拥有设计团队，具备研发和设计能力，专业领域覆盖结构、舾装、计算、轮机、管系、通风、电气、钻井等，具有总体性能分析、结构分析、疲劳分析、风险评估、关键系统集成的能力，能够满足同时开展两型以上产品设计需求。

（十三）应具有满足海工平台设计需要的专业软件，以用于总体性能分析、结构强度计算、管路流体分析、生产设计建模等。

（十四）具有已建成海工平台的业绩，且所建造的海工平台应符合相关的标准、法规、规范和国际公约，以及国家有关法律法规和安全、环保、节能等方面的要求。

（十五）应建立海工平台焊接质量控制体系，包括焊接工艺、焊材管理、焊工管理、过程监控、无损检测等。

（十六）具有完整的海工平台重量控制管理程序，设计、采购、建造实施全过程重量控制。

（十七）具有海工平台精度控制管理体系，包括精度控制团队建设、控制程序和范围、软硬件等。

（十八）具有完整的海工平台调试管理体系，配备调试队伍、软硬件设施等，能够完成海工平台调试工作。

（十九）具有海工平台材料管理体系，涵盖材料（设备）采购、存储、加工、安装直至交船文件的移交整个过程，保证材料的可追溯性。

（二十）具有分包控制管理体系，有效管理分包（外协）的施工进度、质量、安全等。

（二十一）具备组织开展海工平台振动噪声分析和测试、潜在失效模式与后果分析、安全分析等能力。

（二十二）应建立与所建造海工平台相适应的质量检验部门，并配备具有任职能力的专职质检人员。归档保存海工平台建造过程中全部检验资料和全套完工图样，交付时应有相关检验机构颁发的检验合格证书，并建立质量追溯和责任追究体系。

四、项目管理

（二十三）具有海工平台项目管理体系，包括组织结构，文档、计划、设计、质量、安全、成本、商务和物流管理等。

（二十四）具备与海工平台建造技术相适应的信息化管理和信息集成能力，配备有专门的项目管理软件，建立海工平台建造基础数据管理体系和分析系统，企业资源计划（ERP）系统普及率应达到80%以上，数字化设计工具普及率应达到85%以上，关键工艺流程数控化率应达到70%以上。

（二十五）具有海工平台计划管理体系，包括项目的单项计划、生产资源与生产任务的量化平衡分析、日程计划等，建立企业标准作业周期。

（二十六）具有海工平台商务管理体系，执行合同管理、变更管理、成本预算管理。

（二十七）具有海工平台界面管理体系，企业内部部门/专业之间，企业与业主、船级社、基本设计方、关键设备供应商（钻井包、防喷器、升降系统、锁紧系统、动力系统、中控系统等）之间的协同管理状况良好。

（二十八）拥有3名以上项目经理，项目经理应具有相应类型海工平台建造工程项目经理任职经历，并具有3年及以上海洋工程项目管理资历。

（二十九）具有完整的售后服务管理体系和保修（包修）制度，配备专门的维保部门和专业人员，为用户提供相应的技术咨询、技术培训和维修服务。

（三十）应具备从设计、采办、建造、调试到完工交付的总承包能力。

五、设施与设备

（三十一）应具备与所建造海工平台相适应的场地和设施，包括海工平台建造用坞（台）、舾装码头、起重设施、涂装设施、厂房和仓库等，并应具有良好的交通环境及供电、供水、供气能力。

（三十二）具备与所建海工平台相适应的关键部件制造、组装、水下安装、试验、调试的条件和能力。配备与生产规模相适应的钢材加工设备、机加工设备、喷涂设备等。

（三十三）具备满足海工平台建造要求的检测手段和检测仪器设备，包括悬臂梁（自升式平台）、井架强度试验、密性试验用设备、倾斜试验用设备、无损检测设备、测厚仪等检测设备及各类计量器具。

（三十四）具有完备的海工平台设备防护体系，应包括相应的管理程序、仓储设施及装配后的防潮、防护、润滑等。

六、安全生产、节能环保、职业健康和社会责任

（三十五）企业应按照AQ/T 7008《造修船企业安全生产标准化基本要求》等相关规定的要求，开展安全生产标准化建设工作，并通过安全生产标准化达标评审，两年内未发生重大及以上生产安全事故。

（三十六）应按所建立的质量、环保、职业健康管理体系有效运行，并具有良好的产品质量信用记录。

（三十七）应按照环保要求建设相应的污染防治设施并确保正常运行，实现达标排放。

（三十八）按ISO 50001或GB/T 23331《能源管理体系要求》建立能源管理体系，实施节能减排措施，落实单位产品能耗限额标准和终端用能产品能效标准，选用达到1级能效或节能评价的产品和装备。

七、规范管理

（三十九）企业规范条件的申请、审核及公告：

1. 工业和信息化部负责海工平台生产企业规范管理工作。申请企业通过所在地省级海洋工程装备行业主管部门向工业和信息化部申请，其中中央企业（集团）总公司所属企业通过所在企业（集团）总公司向工业和信息化部申请，并抄送企业所在地省级海洋工程装备行业主管部门。

2. 各省、自治区、直辖市海洋工程装备行业主管部门负责对本地区海工平台生产企业的申请进行初审，中央企业（集团）总公司负责对所属海工平台生产企业的申请进行初审。初审须按规范条件要求对企业的相关情况进行核实，提出初审意见，附企业申请材料报送工业和信息化部。

3. 工业和信息化部委托相关专业机构依据规范条件制定相应的评审细则，并组织专家对申请企业进行评审。

4.工业和信息化部对通过评审的企业进行审查并公示，无异议后予以公告。

（四十）工业和信息化部对公告企业名单进行动态管理。地方各级海洋工程装备行业主管部门、中央企业（集团）总公司每年要对本地区或所属公告企业执行规范条件的情况进行监督检查。工业和信息化部对公告企业进行抽查。鼓励社会各界对公告企业规范情况进行监督。公告企业有下列情况的将撤销其公告资格：

1.填报相关资料有弄虚作假行为的；

2.拒绝接受监督检查的；

3.不能保持规范条件的；

4.发生重大责任事故、造成严重社会影响的。

撤销公告资格的，应当提前告知有关企业，听取企业的陈述和申辩。

（四十一）列入公告的企业名单将作为相关政策支持的基础性依据。

八、附则

（四十二）本规范条件所引用的标准均以适用的最新有效版本为准。

（四十三）本规范条件适用于中华人民共和国境内（台湾、香港、澳门地区除外）的海工平台生产企业。

（四十四）本规范条件由工业和信息化部负责解释，并根据行业发展情况适时进行修订。

（四十五）本规范条件自2015年2月1日起实施。

质检总局办公厅关于压力管道气瓶安全监察工作有关问题的通知

（质检办特〔2015〕675号）

各省、自治区、直辖市质量技术监督局（市场监督管理部门）：

为贯彻落实政府职能转变简政放权要求，进一步完善压力管道气瓶安全监察工作，结合新修订的《特种设备目录》（以下简称《目录》）和《气瓶安全技术监察规程》（TSG R0006-2014，以下简称《瓶规》），现就压力管道气瓶安全监察有关问题的意见通知如下：

一、关于压力管道安全监察工作有关问题

（一）关于新《目录》中压力管道介质范围

新《目录》的压力管道定义中“公称直径小于150mm，且其最高工作压力小于1.6MPa（表压）的输送无毒、不可燃、无腐蚀性气体的管道”所指的无毒、不可燃、无腐蚀性气体，不包括液化气体、蒸汽和氧气。

（二）关于新《目录》中压力管道元件类别和品种

列入新《目录》的压力管道元件公称直径均应大于等于50mm。

（1）新《目录》中的“球墨铸铁管”不包括该品种以外的其他铸铁管。

（2）新《目录》中增加“复合管”品种，具体包括金属与金属复合、金属与非金属复合、非金属与非金属复合三类。

（3）新《目录》中“金属阀门”品种中典型产品包括：调压阀、调节阀、闸阀、球阀、蝶阀、截止阀、止回阀、疏水阀、隔膜阀、节流阀、旋塞阀、柱塞阀、低温阀、减压阀（自力式）、眼镜阀（冶金工业用阀）、孔板阀（冶金工业用阀）、排污阀、减温阀、减压阀等。

（4）新《目录》中“旋转补偿器”品种不包括原《目录》中的“特种型式金属膨胀节”。

（5）新《目录》中不包括原《目录》中的“铸造管件”“汇管”“过滤器”“特种型式金属膨胀节”“金属波纹管”“紧固件”“阻火器”品种以及“压力管道支撑件”“压力管道材料”。

（三）关于压力管道元件制造许可

《压力管道元件制造许可规则》（TSG D2001-2006）许可项目及级别表中所列的铸铁管、有色金属及有色金属合金制管件、铸造管件、管接头、金属软管、弹簧支吊架、紧固件、汇管、汇流排、过滤器、阻火器、其他元件组合装置（除污器、混合器、缓冲器、凝气（水）缸、绝缘接头）、低温绝热管、直埋夹套管、阀门铸件、锻制法兰的锻坯、锻制管件的锻坯、阀体锻件的锻坯、压力管道制管专用钢板、聚乙烯管材原料、聚乙烯复合管材原料、聚乙烯管件原料、聚乙烯复合管件原料等未纳入新《目录》范围，制造上述压力管道元件不再需要取得特种设备制造许可。

新《目录》将紧急切断阀划入安全附件种类，由总局负责实施制造许可，不再划分级别，但应限定其产品参数范围，其许可条件暂按《压力管道元件制造许可规则》（TSG D2001-2006）中阀门的许可条件要求执行。

新《目录》范围内的压力管道元件制造许可级别品种见附件1。

（四）关于压力管道元件制造监督检验

按照《质检总局办公厅关于暂缓实施<压力管道元件制造监督检验规则>的通知》（质检办特函〔2013〕583号）要求，《压力管道元件制造监督检验规则》（TSG D7001-2013）暂缓实施。但埋弧焊钢管与聚乙烯管应按《压力管道元件制造监督检验规则（埋弧焊钢管与聚乙烯管）》（TSG D7001-2005）的规定继续实施制造过程监督检验。

（五）关于压力管道元件型式试验

压力管道元件制造企业换证时，原则上应重新进行型式试验。如果换证企业已按现行安全技术规范、标准规定完成了相关产品的型式试验，并且相关产品的参数、结构、工艺没有发生变化，按照安全技术规范规定需要监督检验，已经实施了制造过程监督检验的，换证时可免做型式试验。

（六）关于压力管道安装

持有压力管道安装许可证的单位在安装压力管道的同时可以安装与其连接的压力容器或整装锅炉，并由具备相应资质的安装监检机构一并实施安装监督检验。

锅炉与用热设备之间的连接管道总长小于等于1 000m时，该锅炉及其相连接的管道可由持有锅炉安装许可证的单位一并进行安装，由具备相应资质的安装监检机构一并实施安装监督检验，并可随锅炉一并办理使用登记。管道总长超过1 000m时，与锅炉连接的管道必须由持有压力管道安装许可证的单位进行安装，并单独办理压力管道使用登记。

（七）关于压力管道元件组合装置

新《目录》中“元件组合装置”品种是指将管子、阀门、管件、法兰等压力管道元件组焊在一起具备某种功能的装置。目前只对井口装置、采油树、节流压井管汇和燃气调压装置、减温减压装置颁发制造许可。

持有D级压力容器制造许可或燃气调压装置制造许可的单位可以组装撬装天然气加注装置中的压力管道。装置中的压力容器应当由持相应级别的压力容器制造单位制造。撬装天然气加注装置中包含压力容器且压力管道总长度小于等于10m的，可随压力容器一并办理使用登记；不包含压力容器或压力管道总长度超过10m的，应单独办理压力管道使用登记。

（八）关于压力管道使用登记

长输（油气）管道和公用管道使用登记已

列入行政许可改革范围，总局和各地质监部门暂停办理长输（油气）管道、公用管道的使用登记。工业管道仍须按《压力管道使用登记管理规则》（TSG D5001-2009）的规定办理使用登记。

（九）关于压力管道监督检验和定期检验

按照《特种设备安全法》的规定，对压力管道安装过程应当实施监督检验，对在用压力管道应当实施定期检验。经质检总局核准具有相应压力管道检验资质的检验机构，均可接受安装单位或使用单位的约请，对压力管道安装过程实施监督检验或对在用压力管道实施定期检验，出具检验报告并对检验结论负责。

具有压力管道定期检验资质的检验机构，均可承担其检验压力管道的合于使用评价工作，并对评价结论负责；具有 RBI 检验资质的检验机构，可以承担压力管道基于风险的检验（RBI）。

检验机构进行长输（油气）管道、公用管道定期检验时，可根据需要，按照《压力管道定期检验规则—长输（油气）管道》（TSG D7003-2010）、《压力管道定期检验规则—公用管道》（TSG D7004-2010）、《埋地钢质管道风险评估方法》（GB/T 27512-2011）等安全技术规范和标准的要求，对长输（油气）管道、公用管道开展风险评估和基于风险的检验（RBI）。

对使用未经检验或检验不合格的压力管道的违法行为，各级质监部门应当依法实施行政处罚。

（十）关于压力管道设计审批人员

压力管道设计鉴定评审机构按照《压力容器压力管道设计许可规则》（TSG R1001-2008）规定组织开展压力管道设计审批人员的考核发证工作时，相关考核计划和考核结果不再需要报送质检总局公布。

（十一）取消制造、安装单位注册资金要求

按照注册资本登记制度的改革要求，取消许可条件中对压力管道元件制造单位、压力管道安装单位注册资金的要求。

二、关于气瓶安全监察工作有关问题

（一）关于气瓶及气瓶阀门制造许可

根据新《目录》对气瓶品种分类的调整，按照减少许可数量、扩大许可覆盖范围的原则，依据《瓶规》附件 A 对气瓶制造许可级别品种进行相应调整。新《目录》范围内的气瓶许可级别品种划分见附件 2，气瓶阀门制造许可项目划分见附件 3，同时取消气瓶附件制造许可条件中有关注册资金的要求。

手提式干粉灭火器、手提式水基型灭火器按照《关于部分消防产品实施强制性产品认证的公告》（2014 年第 12 号）规定管理，制造其焊接结构的筒体不需要取得气瓶制造许可。制造其他消防灭火用气瓶仍需取得气瓶制造许可。

（二）关于焊接绝热气瓶的制造与检验

1. 外封头盛装介质符号标志要求

为吸取事故教训，防范焊接绝热气瓶的错装错用事故，焊接绝热气瓶制造企业应按照《瓶规》1.14.1.3 的规定，在盛装液氧、液化天然气、氧化亚氮介质的焊接绝热气瓶外胆上封头便于观察的部位，压制明显凸起的“O_2”“LNG”“N_2O”等介质符号。大容积气瓶的字体高度不应低于 60mm，中容积气瓶的字体高度不应低于 40mm。对库存的无法压制介质符号的成品封头，企业应采用其他有效方法在封头便于观察的部位刻印永久介质符号，库存封头应于 2015 年 12 月底前使用完毕。2016 年 1 月 1 日起，焊接绝热气瓶制造企业必须采用符合《瓶规》规定的封头产品。

2. 产品标签要求

焊接绝热气瓶瓶体上应根据充装介质粘贴相应的产品标签，标签样式由全国气瓶标准化技术机构负责明确。

3. 定期检验要求

焊接绝热气瓶的定期检验国家标准未颁布前，

检验机构可依据地方标准或企业标准进行焊接绝热气瓶定期检验，具体可按照《瓶规》1.5条规定执行。

（三）关于气瓶阀出气口连接形式及螺纹旋向

对于直接作为介质充、放接口的气瓶阀门出气口，其连接形式及尺寸应符合《瓶规》和相关标准的要求，并采用有利于防止气体错装、错用的结构形式。用螺纹连接的可燃气体气瓶的阀门出气口螺纹应为左旋，用于助燃和不可燃气体气瓶的阀门出气口螺纹应为右旋。

车用气瓶阀门出气口连接形式和尺寸可不按照上述要求执行。同时装设气相和液相阀门的液化石油气钢瓶阀门出气口，应采用不同的结构形式，液相阀门的出气口宜采用快装结构，气相阀门的出气口应为左旋螺纹结构。

（四）关于气瓶焊缝

焊接瓶体的纵、环焊缝以及瓶阀阀座与瓶体连接的承压焊缝，应按照《瓶规》4.4规定采用自动焊；采用全焊透或者双面焊的阀座（或塞座）角焊缝，以及焊接绝热气瓶上的接管与瓶体连接的焊缝可采用其他焊接方式。

（五）关于气瓶无损检测

《瓶规》4.4规定“钢质无缝气瓶的无损检测应当采用在线超声自动检测(相应标准另有规定的除外)，检测范围应当覆盖全部可检部位……”，其中“全部可检部位”是指相应标准规定的检测范围。

（六）关于气瓶水压试验

按照《瓶规》4.9条规定，无缝气瓶（小容积气瓶除外）应当采用外测法进行水压试验。目前采用内测法进行水压试验的无缝气瓶制造企业应积极整改，落实配备外测法实验装置，GB5099-1994《钢质无缝气瓶》修订以前，仍可以继续采用内测法进行水压试验。但新申请取证的无缝气瓶制造企业，必须符合《瓶规》4.9条的要求。

（七）关于气瓶标志

气瓶的钢印标记（包括铭牌标记、标签标记等），应按照《瓶规》附件B规定的内容和排列格式执行。如果确有困难的，可对排列格式做适当调整，但内容、项目应当符合《瓶规》要求。

气瓶制造企业应按照《瓶规》规定对现有气瓶标志及时调整。2016年1月1日起，气瓶制造企业应当使用符合《瓶规》规定的气瓶标志。

（八）关于气瓶产品合格证

产品合格证应当注明气瓶和所安装的气瓶阀门的制造单位名称和制造许可证编号，呼吸器用气瓶、消防灭火用气瓶以及出厂时未安装阀门的气瓶除外。

（九）关于液化石油气钢瓶的安全评定

按照GB5842-2006《液化石油气钢瓶》标准制造的气瓶，制造单位承诺的设计使用年限为8年，达到设计使用年限的液化石油气钢瓶，可以在通过安全评定合格后，继续使用最长不超过一个定期检验周期。安全评定由具有液化石油气瓶检验资质的检验机构按照GB8334《液化石油气钢瓶定期检验与评定》国家标准进行。检验机构应对评定结论负责，同时应出具安全评定报告并在瓶体上喷涂字高为60至80mm的“安全评定合格”字样。气瓶需要更换气瓶阀门时，检验机构应选用具有气瓶阀门制造许可证的企业制造的气瓶阀，并在检验报告或安全评定报告上注明气瓶阀的制造单位名称和制造许可证编号。

在GB5842-2006《液化石油气钢瓶》标准实施前制造的液化石油气钢瓶，依据钢印标记的出厂日期，使用年限达到15年的应当予以报废，并且采取可靠措施消除使用功能。

（十）关于对报废气瓶消除使用功能

当地质监部门应确定负责对报废气瓶进行消除使用功能处理的检验机构或专业单位并对其实施监督检查。当地质监部门暂未确定单位的，由实施气瓶定期检验的机构按照《瓶规》7.2条规定进行消除使用功能处理。气瓶产权单位应依法履行气瓶报废义务，将报废气瓶委托给当地质监部门确定的单位进行消除使用功能处理。

（十一）关于车用气瓶充装记录

车用气瓶充装单位已采用信息化手段对气瓶充装进行控制和记录，且信息系统能够自动记录并保存《车用气瓶安全技术监察规程》（TSG R0009-2009）第三十一条规定的充装记录相关内容，充装单位可不再进行人工书面记录和粘贴充装标签。

（十二）关于批量检验产品质量证明书和监督检验证书

鼓励气瓶制造企业将气瓶批量质量证明书和监检证书上网公示（应与气瓶瓶号钢印或在气瓶上装设的识别条码对应），并在产品外包装及合格证上印制识别二维码，为用户提供利用手机上网查询真伪功能。经气瓶用户（买方）同意，实施上述措施的气瓶制造企业可以不再向用户提供纸制批量检验产品质量证明书和监督检验证书。

质检总局办公厅

2015年6月19日

中国
石油
石化
设备
工业
年鉴
2015

记载2014年我国石油和石油化工设备行业重大事件

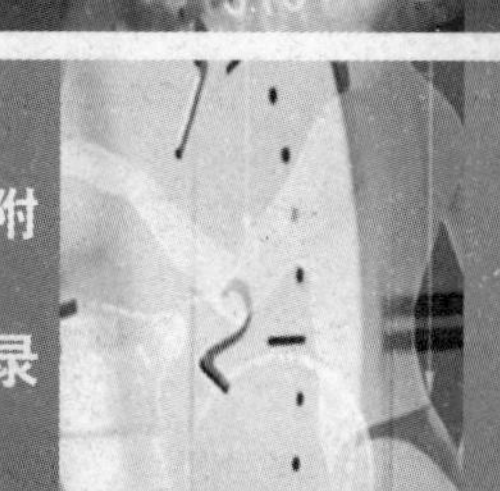

2014年中国石油和石油化工设备行业大事记

2014年中国石油和石油化工设备行业大事记

1月

6日 由宝鸡石油机械有限责任公司（以下简称宝石机械）主持研发的海洋立管共振弯曲疲劳试验装置完成了深水隔水管全尺寸疲劳试验，表明国家油气钻井装备工程技术研究中心首个试验平台调试完成。该平台为国内首台大直径钢管全尺寸高速疲劳试验设备。此次海洋立管共振弯曲疲劳试验装置调试成功，对提升我国深水钻井隔水管技术的整体水平具有重要意义。

8日 宝石机械研制的我国首套自动化集成控制钻机顺利起升。钻机自动化集成控制系统是该公司承担的国家“863”计划课题《深水钻机与钻柱自动化处理关键技术研究》的内容之一，在我国仍处于探索阶段。该自动化集成控制钻机由宝石机械自主研发，受到市场高度关注，虽然还在试验阶段，但已为宝石机械赢得了7套订单。

10日 宝石机械研制的国内首套钻机交叉滑移装置，在加载配重、承重超700多t的情况下，成功完成整体滑移试验。

该滑移装置可用于大型钻机的丛式井作业，与原来使用棘爪的平移方式相比，整体滑移更加简便快捷，可大大减少搬家频次和成本，具有广阔的市场前景和良好的经济效益。

11日 济柴成都压缩机厂自主研发的50MPa高速高压大排量压缩机组完成负荷试验，测定最高排气压力51MPa，主机振动值2～3mm/s(国家标准值18mm/s)，噪声等各项性能参数达到设计技术要求，机组运行平稳。

21日 四川宏华石油设备有限公司顺利完成“宏海号”起重机起升系统核心部件——卷扬机的所有场内试验，标志着“宏海号”起重机向成功又迈进了一步。宏海号起重机额定载荷2.2万t，是全球起重量最大的可移动式起重机，是该公司进军海洋石油工程装备行业的标志性项目。

23日 中石化茂名分公司油品质量升级改造工程的配套项目——20万m^3/h煤制氢装置成功生产出合格氢气，标志着目前国内单产能力最大的煤制氢装置一次投产成功。

该装置广泛使用新技术、新设备、新材料、新工艺，设备材料国产化率99%，高98m的吸收塔是目前国内同类装置中最大的设备，低温甲醇洗吸收塔塔体材料首次实现了国产化。

月内 宝石机械为主起草的3项行业标准，参与起草的10项行业标准由国家能源局批准正式发布。此次批量发布的行业标准中，由该公司主起草的标准分别为《低温石油钻机和修井机》《石油钻机和修井机出厂验收规范》《石油天然气工业用钢丝绳》，由该公司参与起草的行业标准有《石油钻机和修井机用转盘》《石油钻机和修井机用水龙头》《油田链条和链轮》《石油钻机用耦合器机组》等。

2月

17日 上海神开石油化工装备股份有限公司自主研发的国内首台口径最大（30in，1in=25.4mm）、承压能力最高(20.69MPa)的分流器顺利完成性能试验，所有技术指标均符合国际标准，并将于近期发往国外使用。该产品的研制成功打破了国外企业对此类产品的垄断，为该公司进一步打造“神开”品牌和占领市场奠定了坚实的基础。

18日 以打造西北一流石油热工装备生产基地为目标的宝石机械有限责任公司热工分公司正式成立。热工分公司由宝石机械原铸造厂、锻造厂、热处理厂和研究院工艺材料研究所热加工工艺室等单位人员、资产、业务整体划入后组成。热工分公司将按照“保障生产、开拓市场、创造效益、争创一流”的发展定位，努力建成西北一流的石油热工装备生产基地。

月内 我国首台具有完全自主知识产权的功率为 1 617kW（2 200 马力）的轻型高压泥浆泵在宝石机械顺利完成 100h 可靠性试验和各项功能性试验，达到设计要求。该泵在结构设计上有较大创新，体积更小、重量更轻、可靠性更高，尤其适用于海洋钻井平台、沙漠钻机、极地钻机等对设备重量要求较高的场合。同时，其独有的新型结构液压缸吸入性好、承压能力强、拆卸方便，属国内外首创，已获国家专利授权。

3月

2日 山东胜利石油装备产业技术研究院成立，并于当日在山东省东营市科瑞控股集团公司总部举行揭牌仪式。中国石油和石油化工设备工业协会（以下简称中石协）常务副理事长林钢、秘书长杨双全出席了揭牌仪式并致辞。

山东胜利石油装备产业技术研究院是为我国石油和石油化工设备行业的共性技术研发、成果转化和产业引领提供统筹、支撑、服务的平台。该院以“共建、共享、协作、服务”为理念，为行业提供信息服务；制定行业标准，并组织实施和监督标准的推广；整合产、学、研、用等各方面资源，通过联合研发转化成果。

5日 中国石油装备制造分公司总经理张晗亮到宝石机械调研，对该公司 2013 年取得的成绩给予充分肯定，并对做好 2014 年工作提出 6 点要求。

9日 中石协膨胀节分会第五届四次常务理事会在北京召开，中石协常务副理事长尤一平，中石协膨胀节分会会长孙鹤、秘书长何正，以及膨胀节分会的副理事单位代表等参加了会议。会上，何正秘书长做了膨胀节分会秘书处 2013 年的工作总结，并提出了 2014 年膨胀节分会的工作计划。

17日 由宝石机械研制的 40t 海洋平台吊机顺利完成了全部厂内试验项目。试验结果表明，其各项性能指标完全符合 API2C 和中国船级社的各项控制要求。该机是宝石机械继海洋钻井设备、海洋隔水管等海洋装备开发投用后，为进军海洋装备市场开发的又一新利器。

40t 海洋平台吊机是陕西省重大科技专项和中国石油装备制造分公司科技统筹项目，将配套于 91.4m（300ft）自升式海洋平台。

20日 宝鸡石油钢管有限责任公司生产的 X65MS 抗酸管顺利到达阿曼。这是该公司首次将高钢级抗酸油气管出口到中东地区。

该公司针对我国西南、西北、中原、华北等地区酸性油气勘探开发及集输要求，为减少及杜绝因管道腐蚀而发生泄漏等事故，共开发出 6 种集输和输送用抗酸管，分为抗硫化氢 X60MS、X65MS 和 X70MS 三种钢级，各项力学性能、耐腐蚀性能全部满足美国石油学会 API 标准，部分指标高于美国耐腐蚀工程师协会标准。

该公司研发的抗硫化氢 X70MS 焊管是当今世界最高钢级抗酸管，可满足高压大流量酸性油气输送需求，节约钢材和管道建设成本，标志着该公司抗酸管制造技术已达到国际先进水平。

25日 “全国石油天然气标准化技术委员会暨石油工业标准化技术委员会 2014 年年会”在北京召开。会议由中石化科技开发部副总经理张永刚主持，全国石油天然气标准化技术委员会主任委员、中石油副总经理喻宝才，中海油曾恒一院士及55名委员代表参加了会议。

25日 由大庆装备制造集团吉林分公司自主研发的JY5231TCYC20型采油车和与其配套的1台JY5250GGS15型运液车顺利完工下线，并运往雅加达。这是该系列采油车首次进入印尼市场。

26日 “第十五届中国国际石油石化技术装备展览会”在北京新国际博览中心举行。此次展览会展览面积超过9万m^2，参展企业2 000余家，专业观众突破7万人次。

由来自40多个国家和地区的200多名中石油海外项目经理组成的参观团作为重要买家现身本届展览会。他们在展览会上寻找适合项目所在国家和地区的新技术、新产品，对于各参展企业快速拓展海外市场提供了重要的机会。

4月

2日 宝石机械承担的国家“863”计划课题“9 000m海洋钻井包研制”在北京通过专家组验收。

验收专家认真听取了课题组的汇报，详细审阅了验收报告和相关材料，并结合技术难点、热点及实际应用中的问题，与课题组人员进行了广泛深入地质询与交流，一致同意“9 000m海洋钻井包研制”课题通过验收。该课题的研制成功对于我国开发近海石油，发展壮大海洋工程产业具有重要意义。

8日 宝石机械与德国海瑞克股份公司、四川京石工程技术有限公司在北京石油大厦举行了设立合资公司框架协议签约仪式。

中石油装备制造分公司总经理张晗亮、副总经理张永泽，宝石机械总经理郭孟齐、副总经理邹荣，德国海瑞克股份公司副主席雷曼·格博哈德、海瑞克垂直钻机有限公司总经理伊萨贝尔·缪素，四川京石工程技术有限公司董事长许斌、执行总裁冷真新等出席了签约仪式。

框架协议就合作形式、合作范围及注册资本等内容进行了约定。签约各方还就合资公司制造全系列液压钻机的合资合同、技术许可、制造业务分工、市场开拓等事项进行了充分沟通交流。

11日 中国寰球工程公司辽宁分公司总承包的世界规模最大的375万t/a柴油液相加氢装置实现投料一次开车成功，生产出符合国Ⅴ质量标准的柴油产品。

该装置是中化泉州石化公司炼油项目的重点装置之一，采用美国杜邦公司液相加氢技术。与传统加氢工艺相比，液相加氢工艺利用反应器底部循环泵加大液相物流的循环，保证反应的进行，取消高压氢气循环系统，有效节省了投资，降低能耗。该装置开车成功，提升了该公司在油品加氢领域的地位，标志着该公司液相加氢技术工程的设计水平居于行业前列，具备更高标准绿色清洁能源装置的生产能力。

18日 由中国石油企业协会主办，南阳二机石油装备（集团）有限公司（以下简称南阳二机）承办的“全国石油石化企业管理现代化创新优秀成果现场交流会”在南阳举行。

中国石油企业协会会长、中石油原副总经理李新华，副会长彭元正、张殿国、孙彦彬，河南石油勘探局副局长陶光辉、原常务副局长李清亮，南阳二机董事长杨汉立等领导，以及各有关油田、工程公司、装备及机械制造公司、石油销售公司等单位的相关代表共45人参加了会议。

此次会议推广了南阳二机在管理创新方面的经验和做法，推进了石油石化企业管理创新工作的深入开展，提升了企业运行发展质量。

19日 由国家油气钻井装备工程技术研究中心与西安石油大学共同研制的、我国首套具有自主知识产权的自动垂直钻井工具，完成全部厂内试验项目，取得阶段性成功。

该工具可用于陆地和海洋垂直钻井过程中对油井质量要

求较高的打井作业。与常规钻井工具比较，其性能和优越性十分明显，具有不受地层限制、钻压大、安全性能高、防(纠)斜效果好、机械钻速可提高50%以上等优点。

25日 烟台杰瑞石油服务集团股份有限公司成功中标中国海洋石油总公司（以下简称中海油）海洋平台压缩机组项目。这是杰瑞天然气设备首次进入海洋平台。

此次中标的6套压缩机组分别为高、中、低压工况各两套。在设计过程中，该公司专门针对海洋平台的构造，进行了全面深入的扭振和脉动分析，最终将压缩机振动及高压气体脉冲指标降到最低；各部件采用特殊材质，海水冷却器由价值不菲的钛合金制成，以满足永久的耐腐蚀需求。

29日 由上海卓制公司主办、日本产业训练协会协办的“第六届TWI年度大奖峰会”在苏州举行，中石化石油工程机械有限公司第四机械厂（以下简称四机厂）荣获“年度卓越发展奖”。该奖项是TWI峰会设立的最高奖项，四机厂是本届峰会上唯一获此殊荣的企业。四机厂于2013年3月正式导入精益管理至今，在全面开展精益化生产、精细化管理和合理化建议工作中，注重贴近实际，突出重点，分步实施，全面推进，着力抓好文化引领、理念导入、顶层设计和方案策划及措施落实工作。

★ 南阳二机承担的河南省重大科技专项“自升式海洋钻井平台钻机的研发及产业化”项目，在郑州市顺利通过河南省科技厅组织的验收，标志着该项目圆满完成。

验收会由河南省科技厅总工程师高拓主持，河南省科技厅副厅长马世民，南阳市科技局局长周建国、副局长崔云保，南阳二机领导杨汉立、尹永晶、张勇等参加了会议。

5月

5日 陕西省副省长李金柱到宝石机械调研，对该公司2013年在装备制造行业市场严峻的形势下取得的成绩给予肯定。

李金柱一行在宝石机械总经理郭孟齐、党委书记范瑞丰、副总经理马广蛇的陪同下，深入新区泵业设备厂、钻采设备厂、传动设备厂、钻机成套厂，边参观边听取郭孟齐对公司整体生产运行及各分厂主要产品、重点项目及生产运行情况的介绍。

就企业今后的发展，李金柱强调，国有大型企业要解放思想，充分发挥组织、资源、技术、市场等优势，加大科技创新力度，要通过细分市场，丰富产品种类，提高产品附加值，努力实现由生产型向制造服务型转变。

陕西省国资委主任刘阳及宝鸡市市长钱引安、副市长袁军晓等省市领导陪同调研。

7日 四机厂“钻机步进式移运装置”研制课题通过中期验收。在涪陵焦石坝工区，钻机步进式装置成功对ZJ50D钻机进行了第5次整体运移，钻机搬迁时间由6天缩短为3.5小时，实现“当天搬迁，当天开钻”目标。

15—18日 由商务部、重庆市政府主办的“2014第十七届中国(重庆)国际投资暨全球采购会”在重庆国际博览中心召开，中石化携页岩气勘探开发和应用项目参加此次展会。

开幕当天，中央政治局委员、重庆市委书记孙政才和重庆市市长黄奇帆在中石化总经济师雷典武的陪同下参观了中石化展位，并听取了中石化在重庆涪陵页岩气勘探开发及应用情况的介绍。

四机厂制作的“页岩气勘探开发装备一体化解决方案”模型沙盘成为展会的亮点，前来参观、咨询和了解情况的各界人士络绎不绝。

16日 南阳二机自主研制开发的国内首套自升式9 000m海洋模块钻机井架及提升系统顺利完成了载荷试验、应力测试等全部试验，各项主要性能指标均达到设计要求，并通过中国海洋石油总公司专家组验收。这是该公司在超深井海洋钻井装备领域的又一重大突破。

该套装置是为平湖油气田综合平台设施升级改造项目量身定制的。井架为K形结构，多节套装，占用平台面积小，钻台面利用率高，小模块设计满足用平台吊机安装的要求，液压起升安装，平稳安全，且井架底部开档较大，作业空间大。与9 000m海洋井架配套的游车、大钩、水龙头等提升系统，最大额定静载荷6 750kN，采用南洋二机自主研制的高强度材料制造，满足API规范要求。

18日 大庆油田装备制造集团成功中标壳牌公司4台456-305-144型抽油机供货项目，成为中石油唯一进入壳牌加拿大市场的抽油机生产厂家。此次成功进军壳牌市场，增强了大庆油田装备制造集团拓展高端市场的信心。

20日 胜利油田高原石油装备有限责任公司（简称高原公司）与中石化石油工程公司、威德福国际有限公司在北京签署合资协议，将在中国成立合资公司，业务范围主要包括油气井技术服务、工具仪器加工制造研发等。合资公司将融合各方所长，打造在钻完井、油气井建设方面的高端产品，为国内外油气公司提供先进的设备和技术服务。

21日 中石油渤海装备公司第一机械厂生产的165钢级钻杆管体，同已开发的高钢级钻杆接头摩擦焊接后，成功通过焊接评价，标志着165钢级超高强度钻杆研发成功。

自2015年年初以来，该公司不断加快高端产品研究步伐，在V150钢级高强度钻杆推向市场后，又将研发目标锁定在钢级为165的超高强度钻杆研发上。165钢级超高强度钻杆管体的研发成功，进一步奠定了该公司在国内高端钻杆领域的领军地位。

22日 宝石机械为巴基斯坦研制的8 000m电驱动钻机启程发运，首次走出国门。8 000m电驱动钻机是宝石机械针对特殊地理环境和地质构造，研制生产的一款新型超深井钻机，应用了多项自主创新技术，钻机安全性好、智能化程度高。

28日 由上海外高桥造船有限公司建造的第一座自升式钻井平台在其位于临港的海工基地命名交付。

这座为挪威船东设计和建造的JU-2000E型自升式钻井平台，当天被命名为“勘探5号”。它是继30万t海上浮式生产储油船(FPSO)“海洋石油117”和3 000m深水半潜式钻井平台“海洋石油981”之后，上海外高桥造船有限公司开发建造的又一高端海洋装备，标志着上海向世界海工装备建造中心迈出了里程碑式的一步。

该平台已被法国道达尔公司租用，于2015年6月初运送至英国北海投入钻探使用。

月内 中石化北海炼化公司新建50万t/a管式液相航煤加氢装置实现一次开车成功。该装置采用中石化长岭分公司与湖南长岭石化科技开发公司联合开发的管式液相加氢（CLTH）技术，是目前国内首套管式液相航煤加氢装置。该装置依托现有500万t/a原料预处理装置，不需要加热炉和压缩机，具有投资低、能耗底、建设周期短、投资回报高的优点。

6月

6日 宝石机械自主研制的首台1 837.5kW五缸压裂泵顺利完成型式试验和100h可靠性试验，各项性能指标均达到设计要求，标志着宝石机械在压裂泵设计、制造及试验技术等方面取得了突破性进展。

该泵采用了正偏置式曲柄连杆机构和超级组合螺母等创新设计。与常规的曲柄连杆机构相比，曲柄与连杆正偏置可使十字头与滑套间的摩擦力降低25%左右，从而大大提高泵的传动效率和可靠性；超级组合螺母操作简单、预紧可靠，大大降低了拆装螺母的难度和劳动强度。该泵的研制成功不仅丰富了宝石机械泵类产品的品种，也填补了该公司在大功率压裂泵研制方面的空白。

10日 金海重工股份有限公司研制的90m自升式海上作业平台正式进入该公司4号船坞进行搭载。这是目前国内第一座具有完全自主知识产权并带动力定位的海工作业平台。该平台是用于海上油田作业的自升助航式作业平台，可提供海上修井和海洋工程施工服务，并设有生活区等功能区域。其主要设备除了发电机采用进口设备以外，其他均采用国产设备，全船设备的国产化率在90%以上，达到了世界先进水平。

15日 为期5天的“第21届世界石油大会”在莫斯科闭幕。本届世界石油大会围绕“负责任地提供能源、强力支持发展中的世界”主题，共组织全体大会、专题会议、部长论坛和技术分会会议等百场研讨活动。大会期间，中石油代表共主持5场技术分会会议，宣读5篇论文，张贴11篇论文，是历届大会最多的。中石油展台运用展板、模型和多媒体等手段，全面展示公司形象、理念和发展情况，重点展示致密油开发、聚合物驱油提高采收率等技术，吸引了众多政府官员、石油公司高管和能源专家学者关注。

19日 以2 500kW级别为标志的大型输油泵机组在辽宁沈阳通过验收，各项指标均达到或超过设计指标，并通过国家工业泵监督检验中心开展的第三方测试。

中石油管道公司作为专项项目长单位，与沈鼓集团、辽宁恒星泵业有限公司、上海阿波罗机械股份有限公司和上海电机厂有限公司联合进行开发研制，比照国际先进标准，研制出首批3套大型输油泵机组。

这次大型输油泵机组研制成功是继压缩机组（电驱和燃驱）、大口径球阀国产化后，我国石化设备行业获得的又一个重大突破。

18日 中石化工程建设公司、沈鼓集团和中化泉州石化联合研发的国内首台150t活塞力往复式氢气压缩机组开车并平稳运行，各项参数均满足设计要求，标志着该机组研发成功，填补国内空白。

20日 大庆石化公司机械厂首次加工制造的4台长度9 998.5mm、直径1 200mm、重51t的螺纹锁紧环换热器出厂。

该厂技术人员通过上百次技术论证，完善工艺流程，不断测算数据，彻底解决了管箱螺纹、内部凸凹槽等加工制作难题。这4台换热器的成功出厂，标志着该厂掌握了换热器批量制造的关键技术，为高端炼化装备制造奠定了基础。

24日 兖州煤业鄂尔多斯能化有限公司180万t/a煤制甲醇及转化烯烃项目一期工程日处理煤3 000t的多喷嘴对置式水煤浆加压气化炉A炉一次投料成功，在煤浆浓度为59%的情况下，有效气体成分达到80%，装置运行平稳。这标志着我国自主超大型煤气化技术取得重要突破。

26日 由我国自主研发制造的121.9m海上自升式钻井平台在江苏南通中远船务船厂正式交付，并被命名为“凯旋一号”。“凯旋一号”作业水深129.1m，钻井深度10 640m，技术水平和建造质量处于全球领先水平。

7月

1日 中石油宣布，我国目前规模最大的液化天然气(LNG)工厂——湖北黄冈LNG工厂实现满负荷运行，标志着我国首座国产化百万吨级LNG工厂全面投入运行，打破了国外大型LNG技术与装备的长期垄断。这对国内方兴未艾的LNG产业无疑是一个巨大提振，对产业链相关公司也将带来正面影响。

作为国内首个规模化、国产化LNG项目，湖北黄冈LNG工厂建设采用“业主+PMC+EPC”的管理模式，并引入专家团队。其成功投运标志着中石油以自有专利技术和国产化装备为依托，实现了我国大型LNG装置建设从技术到设备的全面国产化，说明我国已拥有自主建设大型LNG工厂的技术、装备和能力，在打破国外大型LNG技术与装备长期垄断、确保国家能源安全、巩固中石油在天然气综合利用领域的地位等方面意义重大。

6日 内蒙古一机集团石油机械公司秦皇岛分公司抽油杆生产线竣工投产。为进一步发展壮大石油机械公司经营规模，满足市场需求，石油机械公司秦皇岛分公司抽油杆生产线经过一年多的建设，目前已具备生产能力。整条生产线采用先进的精益理念设计布局，为国内自动化程度最高的生产线。竣工投产后，可年产高端抽油杆40万支，收入超亿元。

17日 我国首套焦炉气制合成天然气装置成功投产，并网输气。该装置年产合成天然气1亿 m^3，可实现年减排二氧化碳20万t，开辟了我国重污染工业废气制备清洁能源的新途径。该装置可利用焦炉气净化等专利技术，将焦炉气转化为甲烷浓度大于88%的合成天然气，实现废弃物零排放。

23日 宝石机械成功推出国内首套集智能化、集成化、信息化为一体的idriller司钻控制系统。该系统可对钻机设备进行集成操控和信息统一管理。idriller司钻控制系统的研制成功，打破了国外公司的技术垄断，为国内企业进军国际高端钻井市场提供了技术支撑。

月内 中国工银金融租赁有限公司与巴西莎茵集团在中国—巴西企业家委员会2014年度会议上签署了合同金额为10.8亿美元的超深水钻井平台租赁项目。

该超深水钻井平台由中国中集集团烟台来福士船厂制造，最终使用方为巴西国家石油公司。工银租赁与莎茵集团此次合作项目的签署标志着中国与巴西在能源及海工金融合作领域进入了新的阶段，也是中资金融租赁公司首次进入巴西海洋工程装备市场。

月内 由胜利油田采油院设计研发的“曲柄无游梁抽油机”正式获得美国发明专利授权，标志着该产品在全球受到专利保护。

目前，该专利已经付诸实施，在国内累计应用8井次。与传统带式输送机相比，平均节电率高达71.2%，有效解决了丛式井举升系统效率低、能耗高的难题，符合国家提倡的绿色低碳、节能减排发展战略要求，为胜利油田乃至全国各大油田的丛式井或加密井开发提供了技术保障。

8月

1日 中国检验检疫协会公布了2014年度获得“中国质量诚信企业”名单，南阳二机榜上有名。在8月1日于北京召开的“全国进出口企业质量诚信经验交流会”上，南阳二机作为河南省选出的两家代表企业之一上台领奖，河南省此次共有12家企业获得该荣誉。

6日 “第十二届中国机械500强企业榜单”揭晓，宝石机械凭借雄厚的科研和制造实力，连续12年榜上有名。宝石机械在本届“中国机械500强”的排名为108位，较上年提升2位，是入选12年来排名最靠前的一年。连续12年获得中国机械500强，对于进一步提高宝石机械的知名度和竞争力，确立行业领军地位具有重要意义。

15日 具有世界先进水平的12缆深水物探船“海洋石油721”在上海船厂船舶有限公司交付。该船研制成功仅用时15个月，创下同类型物探船建造速度世界第一的纪录。“海洋石油721”将与先前投用的姊妹船“海洋石油720”一起，组成我国深水物探船队，探索南海等海域的油气资源。

21日 美国国民油井华高公司（NOV）副总裁道格拉斯一行3人到宝石机械参观访问，双方就今后建立战略合作伙伴关系进行了深入交流。

宝石机械副总经理忽宝民与道格拉斯一行进行了座谈。忽宝民向客人详细介绍了近年来宝石机械在技术开发、制造能力等方面的发展情况。道格拉斯对宝石机械的研发实力、生产能力表示赞叹，并认为双方具有进一步深化合作的基础，承诺在以后的钻机项目中，会一如既往地为宝石机械提供更好的服务和支持。双方还就今后在相关方面进行长期合作的可能性进行了探讨交流。

27 日 第十届全国人大常委会副委员长、两岸企业家峰会副理事长盛华仁召集两岸能源石化装备产业小组举行座谈会，推动两岸石化界进一步交流与合作。

福建省人大常委会副主任黄琪玉、副省长陈冬，中石化高级副总裁戴厚良，两岸企业家峰会台湾方面召集人施颜祥，台湾石化公会理事长陈武雄，以及两岸石化界企业家、专家学者等参加了座谈会。会上，两岸能源石化装备产业小组就下阶段工作安排进行了沟通，两岸石化业主分享了此次研讨会的成果，交流参观古雷石化基地的感受。

陈冬表示，此次研讨会在海峡两岸石化产业加快融合发展之际召开，具有里程碑式的意义，推动了古雷石化项目实现重大突破、取得显著成效。

29 日 中国船舶重工集团公司武汉船用机械有限责任公司在武汉成功进行了自主研制的船用货油泵透平驱动装置、大排量潜液泵的演示验证。

该产品研制成功对提升我国全系列液货装卸系统的研制能力，填补我国船舶和海洋工程装备专用设备空白，促进我国船舶和海洋工程装备产业由大变强具有重要意义。

★ 中石化炼化工程(集团)股份有限公司宣布与马来西亚国家石油公司的附属公司 PRPC 炼油公司就 RAPID 项目的一个合同包正式签署设计、采购、施工、试车总承包合同，合同总额 13.29 亿美元，约合人民币 81.92 亿元。

RAPID 项目是由马来西亚国家石油公司兴建的大型炼油和化工一体化项目，立足于满足东南亚地区不断增长的成品油和化工原料需求。中石化炼化工程（集团）股份有限公司承担的工作范围包括 1 500 万 t/a 常压蒸馏装置、880 万 t/a 渣油加氢装置、氢气收集与分布装置及燃料油系统，合同工期计划为 52 个月。这是该公司在马来西亚中标的首个大型工程总承包项目。

月内 CP 系列自升式钻井平台由渤海装备辽河重工有限公司自主研发、自主建造，拥有完全自主知识产权，该钻井平台适是用于海上石油和天然气勘探、开发工程作业的钢制非自行自升式钻井装置。

9 月

2 日 由中国企业联合会、中国企业家协会发布的“2014 中国 500 强企业”出炉。中石化连续十年位居榜首。榜单显示，前三强企业营业收入均超 2 000 亿元，其中，中石化 2 945 亿元，中石油 2 759 亿元。

3 日 宝石机械为中石化生产的首台 7 000m 直流拖挂钻机通过中石化用户验收组验收。在新区井场，验收组观看了钻机整体移运试验，对钻机的结构、技术、性能给予好评。在随后召开的验收会上，验收组听取了研究院相关人员对该钻机总体研制情况的汇报，并提出了整改意见。

4—6 日 “中国石油石化技术装备大会暨首届中国石油装备展销会”在河南濮阳举办。共有近 70 家国内外石油装备制造企业参展。

4 日上午，举办了展览会开幕式。国家发改委原副主任、中国中小企业家协会会长李子彬，国家工信部经济运行局局长景晓波，中石协常务副理事长林钢等领导出席开幕式并参观了展览会。在展览会开幕式上，林钢宣读了中石协关于授予华龙区“中国濮阳石油装备制造基地”的决定，并向华龙区授牌。

该展览会由中石协、河南省工信厅、濮阳市政府、中原油田联合主办，为国内石油石化设备生产企业搭建了一个展示我国石油石化技术装备最新成果，加强业界各方交流合作的重要平台。

6 日 伊拉克当地民众以阿拉伯传统礼仪隆重庆祝中石油

哈法亚油田二期（年产能1 000万t）建成投产。伊拉克石油部部长阿卜杜·克里木·卢艾比，米桑省省长阿里·达瓦艾·拉宰姆，米桑石油公司前总经理现国会议员阿里、总经理阿迪南，中石油副总裁吕功训出席庆典仪式，为哈法亚油田二期建成投产剪彩并致辞。

15日 中海油宣布："海洋石油981"钻井平台日前在南海北部深水区测试获得高产油气流。据测算，这是中国海域自营深水勘探的第一个重大油气发现。此次发现的陵水17—2气田距海南岛150km，其构造位于南海琼东南盆地深水区的陵水凹陷，平均作业水深1 500m，为超深水气田。

★ 宝石机械为阿联酋国家钻井公司（NDC）研制生产的首套5 000米沙漠快速移运钻机顺利完成直立状态下的移运试验。试验是将总重达700多吨的钻机井架及底座安装在由16个特制轮胎承载的鹅颈上，在井架直立状态下，由两辆动力车牵引移动。当天的试验，共完成了3次22米的移动距离。

19日 成都宝石公司广汉钻采设备厂研制的大通径、高压力（FF130—105）平板阀顺利通过了各项试验，样机试制成功。

大通径、高压力平板阀是页岩气采气井口装置的关键部件，是接通或截断压裂酸化的通道。大通径、高压力平板阀的研发在国内属于前沿技术研究。

23日 国家发改委正式下文核准兖矿榆林100万t/a煤间接制油项目。兖矿煤间接制油项目和国内外同类技术相比，具有"一高一低一大"的优势：柴油选择性高，比国内同类技术高30%以上；催化剂消耗低，仅为国内外同类催化剂消耗的30%左右；费托合成反应器生产强度大，是同类直径反应器产能的1.5倍。尤其在该项目中建成的煤制油费托合成反应器，直径9.8m，高56m，总重量2 506t，为全球最大的费托合成反应器，由此装置为核心构成的单体系统，年生产能力达到115万t油品及其他化工产品，是目前国内外已建成的最大单体系统。

25日 中石油海洋工程有限公司承建的俄罗斯亚马尔项目FWP5&MWP4工程包签约仪式在青岛举行。作为中石油承建的首个国际LNG模块建造合作项目，该项目的成功签约将有效推动中石油海工业务链向国际LNG模块建造业务延伸，将为其扩充业务范围，打开国际市场打下良好基础。

25—26日 为期2天的"第四届中国（盘锦）国际石油与天然气装备博览会"在辽宁盘锦国际会展中心隆重举行。该博览会是石油与天然气装备领域的国际盛会，每两年在辽宁盘锦举办一届，旨在推进国内石油及天然气装备与国际接轨，为石油及天然气装备产业搭建专业、开放和共赢的平台。

此次博览会由辽宁省人民政府和中石油联合主办。参展企业300多家，国内展商包括中石油直属装备制造企业等国内知名公司。

月内 由清华大学和山东玉皇化工有限公司合作研发建设的世界首套万吨级聚甲氧基二甲醚工业化装置，通过了中国石油和化学工业联合会组织的国家级专家鉴定委员会鉴定。鉴定组认为，该项科技成果已经形成了固体酸催化法制备聚甲氧基二甲醚系统完善的生产工艺技术条件，具有明显的环保效益，总体技术处于国际领先水平。

月内 我国最大规模二氧化碳无水蓄能压裂作业在吉林油田成功完成。此次作业由吉林油田与烟台杰瑞集团联合研发进行，是我国第一次应用自主研发的大容量密闭混砂车和液态二氧化碳压裂液体系进行规模加砂的压裂技术试验，同时也是目前国内加砂量最多的一次二氧化碳无水蓄能压裂作业。

月内 由中国科学院山西煤炭化学研究所与中国神华煤制油化工有限公司合作开展的千吨级合成气制低碳混合醇工业侧线试验技术取得阶段性进展，在年产5 000t混合醇的工业示范装置上一次性投料试车成功，合成并分离出工业级甲醇和高附加值低碳混合醇，实现工艺全流程贯通和平稳运行。此次工业侧线装置的试车运转成功初步推进了煤基合成气制低碳混合醇技术的产业化进程。目前，围绕该技术已申请国家发明专利 8 项。

10 月

8 日 内蒙古一机集团大地石油机械有限公司抽油杆生产线搬迁改造项目竣工，并全面投产使用。搬迁后，公司占地面积为 8 736m^2，达到年产 60 万支抽油杆的产能，主要用于满足国内用户市场需求。

13 日 由中俄国际贸易关系发展协会和俄罗斯能源经济研究院共同主办、中国能源报社协办的“首届中俄能源投资论坛”在莫斯科举行。俄罗斯国家杜马能源委员会主席伊万·格拉乔夫，俄罗斯总统电力国际合作特别代表、俄罗斯电网董事长什马特科，俄罗斯联邦政府能源部副部长雅诺夫斯基，俄罗斯远东发展部副部长奥斯特洛夫斯基及中国能源报总编辑解树江等出席论坛开幕式并致辞。来自中俄两国金融界、工商界、能源界的企业代表和新闻界人士共 200 多人参加了会议。

★ 我国首套年产 30 万 t 一体化联合站集成装置在长庆油田公司西安基地成功下线，标志着长庆油田一体化集成装置的研发水平、制造能力又迈上新台阶。该装置由长庆科技工程公司研制，机械制造总厂参与生产，是长庆油田一体化集成装置系列化研究的又一次飞跃，也是引领中国石油地面工程建设的又一次创新。

14 日 我国最大的石油与化工装备产业园——兰石集团兰州新区高端装备产业园项目建成投产。

产业园占地面积约 333.3 万 m^2（5 000 亩），总投资 180 亿元。园内有大型高端设备 3 000 余台（套），数显数控化率达 80% 以上。产业园拥有的重型全液压四辊卷板机、3 万 t 大型液压机等近百台（套）设备均达到了国际领先水平，是迄今为止我国规模最大、装备水平最高、建设速度最快、工业化与信息化融合最好的能源高端装备研发、设计、制造基地。

16 日 国家油气钻井装备工程技术研究中心 3 项技术成果在宝石机械通过了陕西省科技成果鉴定，标志着国家工程中心建设已取得阶段性成果。

此次通过鉴定的石油钻机自动化、智能化技术，海洋钻井立管设计及制造技术，自动化垂直导向钻井工具及检测技术 3 项技术成果，属于国家工程中心 5 项关键技术的内容，拥有自主知识产权。

由陕西省科学技术协会主席、中国工程院院士蒋庄德，中国石油勘探开发研究院专家室主任马家骥等 7 名专家组成的鉴定委员会，先后深入国家工程中心试验基地、钻采设备厂、钻机成套厂新区井场，实地察看了国家工程中心在建的相关试验平台及产品。

鉴定委员会认为，这 3 项技术成果有特色、有创新、亮点突出，均已达到了国内领先、国际先进水平，推广应用前景良好，为带动地区及相关行业的发展起到了引领和支撑作用。

17 日 “2014 中国化工装备百强企业发布会”在宁夏石嘴山市举行，中国第一重型机械股份公司、沈阳鼓风机集团有限公司、杭州制氧机集团有限公司位居百强榜前三名。

20—22 日 “中国石油和石油化工设备工业协会第七届五次理事（扩大）会”在宝鸡万福七星国际酒店隆重召开。中石协理事长周守为、常务副理事长林刚、副理事长尤一平、高级顾问赵志明、秘书长杨双全、副秘书长陈景昱、副秘书长于鸿立，宝石机械副总经理王进全，中石油钻井工程院副总工程师兼江汉机械所所长李雪辉，中石油装备制造分公司总经办主任韩忍之，兰石集团总经理张金明，宝石机械执行董事兼总经理郭孟齐，以及理事代表共计 130 余人参加了会议。

23—24日 “第六届中国对外投资合作洽谈会”在北京展览馆盛大举行。期间，山东科瑞石油装备有限公司（简称“科瑞”）与加拿大卡尔加里大学签署了在北京建立卡尔加里大学非常规油气技术中心的战略合作协议，并正式举行了技术中心的揭牌仪式。除此之外，在外洽会现场，科瑞召开了新闻发布会，介绍与加拿大卡尔加里大学的战略合作情况。

此次卡尔加里大学与科瑞共同在北京成立非常规油气研发中心，开启了北美高校与我国民营企业在我国成立研发中心的先河，科瑞成为国内第一家与北美高校联合成立研发中心的企业，也是北美高校在我国设立的第一家研发中心，对于推动北美先进油田勘探开发技术在我国落地发展具有划时代的意义。科瑞作为全球油田综合解决方案的提供商，将借力研发中心的资源优势，更好地将北美油田开发新技术应用于我国非常规油气田的勘探和开发中，推动我国能源勘探开发的二次革命。

24日 输油管道用国产化氮气式泄压阀在上海阿波罗机械制造有限公司泄压阀试验台顺利完成性能试验。

经过近一年的科技攻关，中石油管道工程有限公司与自贡新地佩尔阀门有限公司、重庆科特工业阀门有限公司联合研制的两套泄放量为3 100m^3/h的泄压阀，各项指标均达到设计要求，通过了第三方平台性能试验，并在庆铁四线进行工业性试验验证。此次泄压阀性能试验是国内首次泄压阀大流量动态响应试验，为国产化泄压阀现场应用提供了依据。

★ “江苏省石化装备行业年会”在常州召开，会议对江苏省石化装备行业存在的问题做了具体分析。针对目前石化装备行业高端产品总量不足、结构不优、创新不力、活力不够等问题，与会专家提出了应对措施，以期提升行业和企业综合竞争力和可持续发展能力。

江苏省石化装备制造业在企业数量和制造总量方面均列全国首位，已成为重要的石化装备制造基地，并形成了“大、专、特、新”的制造特色和格局，全省已取得三类制造许可证的企业有320多家，取得一、二类压力容器制造许可证的企业有450多家。

此次年会由江苏省石化装备行业协会和江苏省特种设备安全监督检验研究院主办，江苏武进不锈钢股份有限公司承办。共有来自国务院发展研究中心、国标委、江苏省质检部门、地方政府、专业协会、装备制造企业、配套企业等单位代表近200人参加会议。

28日 “2014中国油气钻采装备市场发展与需求预测分析高峰论坛”在上海新国际博览中心举办，共有石油石化设备行业专家、国内油田企业、工程服务公司、钻采装备制造企业、主机配套件企业的高级管理人员、采购部负责人及专业技术人员等80多人参加了此次论坛。论坛以2014年国内油田及非常规油气的发展现状、规划目标、装备需求、技术发展动态及其变化趋势等为主题，邀请了中石油规划院、勘探开发研究院、石油钻采装备研究所，国内油田企业及钻采装备制造领军企业的专家代表演讲，解读行业形势，与参会代表共同研讨钻采装备行业发展趋势。

月内 在巴西里约热内卢举行的“国际咨询工程师联合会2014年年会”上，“西气东输管道一线工程”项目喜获“菲迪克2014年工程项目优秀奖”。该奖项被称为世界工程咨询界的“诺贝尔奖”。

该项目由中石油管道工程有限公司、CPE西南分公司、中国石油规划总院、中国石油工程咨询有限责任公司和中国国际工程咨询公司共同提交。这是中国石油首次获得菲迪克奖。

★ 中石油山东泰安60万t/a液化天然气（LNG）装备国产化项目已开车近两个月，生产出大量合格产品。由沈鼓集团提供的国内首台60万t/a制冷机组平稳服役近两个月，标志着我国 LNG 装备国产化再下一城。

山东泰安 60 万 t/a LNG 装备国产化项目，是目前国家能源局唯一批准的 LNG 技术与装备的国产化工程，是中石油引领国内 LNG 产业国产化、高端化的战略性工程，也是目前国内规模最大的基于双循环混合冷剂液化（DMR）工艺的 LNG 国产化项目。60 万 t/a LNG 制冷机组平稳运转，并通过了国家级全方位性能验证，填补了国内空白，彻底打破了国外长期技术垄断，大幅降低了我国 LNG 项目建设成本，沈鼓集团也借此跻身于具有高端 LNG 冷剂离心压缩机组成套能力的企业行列。

★ 中海油惠州石油公司与沈鼓集团成功签订国内最大乙烯三机组成套国产化项目，打破了我国大型乙烯项目依赖进口成套工艺技术的局面。

乙烯成套工艺技术是石化产业技术含量最高、最为复杂的技术之一，此次惠炼二期项目的乙烯三机组配套 100 万 t/a 乙烯装置，是目前为止国内最大的三机组成套国产化项目，设计制造难度大，运行条件苛刻。为使乙烯三机组全部国产化取得成功，中石化、沈鼓集团分别组成专家团队，每月共同召开技术攻关会，先后解决了裂解气压缩机反转、高压缸试压泄漏及轴瓦温度高、乙烯制冷等技术难题。

11 月

8 日　国内首艘拥有全部知识产权的深海钻井船建成，并正式命名为“华彬 OPUS TIGER1”号（老虎一号）。该钻井船无论在性价比、使用效率、能耗以及可靠性方面都达到了世界先进水平，适用于南海和东海的石油及天然气勘探开发。

TIGER 系列钻井船设计排水量为 46 000t，能在水深为 1 700m 的海域进行作业，钻井深度可达 12 000m，配有目前世界上最先进的防喷器、水下和井控系统等设备，可用于勘探井和生产井施工。该船具有自航能力，可配备 150 名船员。

9 日　我国和俄罗斯签订第二轮天然气供应框架协议，我国将从西伯利亚西部进口天然气。这是 2015 年俄中两国之间达成的第二大天然气供应合同。签订本次协议的双方分别是，俄罗斯天然气工业股份公司 (Gazprom) 和中国石油天然气集团公司 (CNPC)。按照协议规定，俄方每年将再向我国出口 300 亿 m^3 天然气；同时，中石油将购买俄罗斯 Vankorneft 公司 10% 的股份。Vankorneft 公司是俄罗斯最大石油生产商 Rosneft 公司的子公司。

13 日　宝鸡石油钢管有限责任公司自主研制的我国首盘 CT100 钢级连续管，经国家石油管材质量监督检验中心全面检测，各项技术性能指标均达到 API Spec 5ST 标准要求。

该公司依托国家石油天然气管材工程技术研究中心，经过一年多攻关，先后在卷板开发、专用焊丝研制、形变热处理工艺、整管热处理等方面取得多项突破，于 2014 年 9 月成功试制出我国第一盘 CT100 钢级、直径 50.8mm、壁厚 4.44mm、全长 3 500m 的连续管，打破了外国技术垄断，填补了国内空白。CT100 钢级连续管是我国目前屈服强度最大、钢级最高的连续管。

16 日　中国对外经济贸易统计学会、海口市人民政府和中国对外贸易 500 强企业俱乐部共同举办了“第五届中国对外贸易 500 强企业论坛”，并在论坛上发布了 2014 年中国对外贸易 500 强企业和中国民营外贸 500 强企业的榜单。中石油位居中国对外贸易 500 强企业综合实力第一名。

18 日　兰州石化炼油厂第二套航煤加氢装置交付使用。

该项目主装置由中国石油工程建设公司华东设计分公司设计，外围配套工程由寰球工程公司兰州分公司设计，主要由兰州石化 40 万 t/a 航煤加氢装置隐患治理项目，40 万 t/a 航煤加氢装置容器、空冷器、机泵隐患治理项目，40 万 t/a 航煤加氢装置大修项目，成品油运输储存公用工程系统大修四部分组成。装置的建成投产将对兰州石化炼油厂优化炼油结构、油品质量升级、开拓新的效益增长点起到重要推动作用。

19 日 中集来福士为中海油田服务股份有限公司（简称中海油服）建造的第四座深水半潜式钻井平台在山东烟台交付。该平台采用全球最新的海工装备设计理念，满足全球最严格规范要求，能够在挪威北海恶劣环境下作业。

“中海油服兴旺号”型长 104.5m，型宽 70.5m，型高 37.55m，最大工作水深 1 500m，最大钻井深度 7 600m，额定居住人员 130 人，可变甲板载荷为 5 000t。设计环境温度为零下 20℃，入级挪威船级社和中国船级社，满足全球最严格的挪威石油管理局和挪威石油工业技术法规要求。该平台配有 10 000 多个控制点和报警点，自动化程度高，可以在驾驶室和机控室里实现远程监控。

与之前交付的中海油服系列深水半潜式钻井平台相比，此次交付的“中海油服兴旺号”增加了相关功能，使之达到冰级、环保和低温作业要求，适用于全球 90% 的海域。

22 日 “中国页岩气高效开发装备技术院士论坛”在四机厂举办。鲜学福、赵文智、罗平亚、李晓红四位中国工程院院士，分别就中国页岩气资源潜力与未来开发利用趋势预测、CO_2 与页岩气竞争吸附动力学研究、页岩气开发钻井液技术、无水压裂技术探索等内容作了专题报告。在院士论坛举办的同时，院士专家工作站也在四机厂揭牌成立。这是四机厂继湖北省海洋装备院士工作中心专用设备分站后，设立的第二个院士专家工作站。

25 日 “海洋深水石油工程标准化技术委员会”在北京成立，其将在海洋深水（水深 300m 以上）的石油勘探、开发、工程和装备等领域内，从事行业标准制修订、复审、宣贯等工作，负责海洋深水石油工程技行业标准的技术归口工作。

25 日 宝石机械与中建投租赁有限责任公司以及中国·香港美非能源公司签署了合作框架协议。

框架协议就合作形式、合作范围等内容进行了约定。签约各方还就合作业务进行了充分沟通交流。

此次合作框架协议的签订，对三方互惠共赢，促进我公司产品市场开发，加强国内外经贸合作具有重要意义。

公司总经理郭孟齐、副总经理忽宝民，中建投租赁有限责任公司总经理秦群、中国·香港美非能源公司总裁王东辉等出席了签约仪式。

26 日 国家发展改革委举行例行新闻发布会，解读国务院日前下发的《关于创新重点领域投融资机制鼓励社会投资的指导意见》。《意见》第二十条指出，鼓励社会资本参与油气管网、储存设施和煤炭储运建设运营；支持民营企业、地方国有企业等参股建设油气管网主干线、沿海液化天然气（LNG）接收站、地下储气库、城市配气管网和城市储气设施，控股建设油气管网支线、原油和成品油商业储备库；鼓励社会资本参与铁路运煤干线和煤炭储配体系建设；国家规划确定的石化基地炼化一体化项目向社会资本开放。

27 日 中石油宣布与中国林业集团在北京签署合作框架协议，并同意组建合资公司，标志着双方长期全面合作迈出实质性步伐。

中石油总经理廖永远表示，此次在国家林业局的支持下，中石油与中国林业集团达成合作框架协议，是双方互利共赢的战略之举，中石油将全面履行框架协议各项内容，促进双方合作再上新的台阶。

国家林业局副局长张永利表示，中石油是我国最大的原油、天然气生产商和供应商，在国民经济发展中发挥着重要作用。希望中石油和中国林业集团的合作能够在现有基础上继续深化和扩大，进一步拓展到生物能源等其他领域。

27日 宝石机械与德国海瑞克公司、四川京石工程技术有限公司，在成都宝石公司举行了设立合资公司的签字仪式。

宝石机械副总经理邹荣、副总经理兼成都宝石公司总经理张斌，德国海瑞克垂直钻机股份有限责任公司总经理伊萨贝尔·缦素，四川京石公司董事长许斌以及三方联合工作组的相关人员出席了此次签字仪式。

月内 由一机集团北方风雷公司与西安石油大学共同研发的全金属螺杆钻具马达，经过试验后取得成功。全金属螺杆钻具是螺杆钻具领域的高端产品，其制造技术属于世界领先水平。它的核心组件——全金属马达试验取得成功，标志着北方风雷公司螺杆钻具制造技术水平及核心竞争力又迈上一个新的台阶。

月内 普氏能源资讯日前揭晓了“2014普氏能源资讯全球能源企业250强排行榜”。中石油和中石化再次跻身全球十大能源企业，并比2013年排名各上升一位，分别位列全球第七位和第九位。中石化董事长傅成玉被评为普氏能源资讯250强的“亚洲年度首席执行官”。

月内 由胜利油田塔里木分公司胡杨创新工作室研制的“固井钻杆堵塞消除装置”实用新型专利获国家专利局授权。该装置具有极其广泛的推广前景，造价低廉，既环保又安全，而且能够满足石油钻井行业中各种规格型号的钻具进行水泥通径工作。

月内 “2014年河南100强企业名单”“2014年河南100强企业成长力十佳名单”和“2014年河南民营企业100强名单”发布，南阳二机均名列其中。这是南阳二机第二次入选河南省100强企业，南阳市也仅有两家企业享此殊荣，彰显了南阳二机近年来显著的经营成果和喜人的发展速度。

月内 全国石油钻采设备和工具标准化技术文员会正式下发《关于成立抽油杆国际标准化专项工作组的通知》，抽油杆国际标准化专项工作组秘书处正式落户高原公司，该公司总工程师吴苗法正式成为抽油杆国际标准化专项工作组专家委员。

12月

2日 “2014中国(北京)国际海洋石油天然气技术大会暨展览会（CIOTC 2014）”在北京国际会议中心举办。CIOTC 2014由一场主论坛、十二场专业技术分论坛，以及高端技术装备展览会构成。大会以“科技创新引领海洋油气产业发展”为主题，围绕海洋油气产业链发展需求，设置众多前沿和尖端议题。技术装备展览会包含四个主题展区，分别是：国际油公司/国家油公司展区、油气田服务展区、海工装备展区和石油设备及配套展区。大会为海洋油气产业提供了行业分析、政策指导、技术解决方案、新产品发布的全方位交流平台。

4日 “油气钻采装备技术中心”揭幕仪式在上海神开石油化工装备股份有限公司（简称神开）多功能厅正式举行。“油气钻采装备技术中心”落户神开，得到中国石油和石化工程研究会、石油化工技术装备专业委员会的支持和帮助，有助于推动油气钻采装备产业的经济联合和技术协作，打造产、学、研、用多赢的产业协作平台。

中国石油和石化工程研究会理事长刘均安先生、石油化工技术装备专业委员会秘书长丁武先生以及神开总经理等领导，共同参加了揭牌仪式，见证“油气钻采装备技术中心”的成立。

5日 “全球首套年产3万t PODE工业化示范装置投产新闻发布会”召开。这套装置成功生产出新型清洁燃油添加组分聚甲氧基二甲醚（简称PODE），成为全球首家工业化规模生产装置。标志着甲醇工业化制备PODE成套技术（MTCD技术）已成熟。

8日 受国家能源局委托，由西气东输管道公司牵头组织研制的国产20MW级高速直联变频调速电驱压缩机组，在西安通过中国机械工业联合会和中石油共同组织的新产品暨工业性应用鉴定。这标志着国产大功率压缩机组将正式投入工业生产，并在油气管道工程建设招投标中与国外产品同台竞技。

10日 由中石化工程建设公司（SEI）总承包，四建公司承担施工的坐落在天津南港工业区的中石化天津液化天然气（LNG）项目16万m^3LNG储罐罐顶气顶升实现一次成功，这也标志着首台国产化LNG储罐罐顶气顶升成功，并拉开了一期工程全部4台储罐罐顶气顶升的序幕，标志着天津南港LNG项目储罐施工进入内壁安装阶段。

★ 中国石油石化装备2014年度“五十强企业”和“名牌产品”评价推荐会在安徽合肥顺利召开，会议由中石协主办，包括评审专家、参评企业代表共计70余人参加会议。

会议由专家组评议会和参会代表座谈会两部分组成。参会代表座谈会由中石协副秘书长陈景昱主持，中石协秘书长杨双全就行业发展形势作专题发言，中海油集团采办部代表介绍了中海油集团采办管理情况，中石协副秘书长于鸿立就2015年重庆国际油气装备技术展览会作专题介绍，参会企业分别就企业发展、科技创新等方面进行了交流发言。通过专家评审、企业答辩等环节，最终宣布了“五十强企业”和“名牌产品”的初评结果。

11日 由广汉市政协、工商联联合主办的“广汉市油气产业发展座谈交流会”在成都宝石公司召开，会议围绕政企联合、打造广汉“油气田产业园”展开讨论。

广汉市政协副主席兼统战部部长许俊、工商联主席朱国华、采气工程研究院以及成都宝石公司等与油气产业相关的科研单位和生产企业负责人参加了会议。

与会代表提出了“以龙头企业带配套产业，加强信息共享，提供税收、土地和就业优惠政策”等建议。广汉市政协、工商联负责人表示，要为企业搭建起务实、高效、上规模、有特色的专业平台，为企业提供良好的发展空间，也为地方政府打造油气装备集群。

12日 宝石机械与斯伦贝谢公司签署合作协议，就合作形式、合作范围等内容进行了约定，双方将在压裂设备研发、制造、市场开发等方面充分发挥各自专长，形成发展合力，实现互惠共赢。

宝石机械总经理郭孟齐，副总经理王进全、张斌，斯伦贝谢公司中国区总裁许成祝出席了签约仪式。

★ 渤海装备华油钢管公司生产的材质为Q345B、直径1 200mm、壁厚18mm，钢管长度为18.5～21m的螺旋埋弧焊钢管，成功在现场组焊。这是该公司首次生产长度超过18m的螺旋埋弧焊钢管。

17日 由海洋石油工程股份有限公司研发的水下无潜连接系统首次实现在320m深水区域吊装下水，与事先安装在海底的PLET(管道终端）实现成功对接。海试结果显示各项性能指标都超出预期。这标志着水下连接器国产化进程将有望进入实际生产阶段，打破国外品牌长期占领我国深水海洋装备市场的格局。

23日 依托宝鸡石油钢管有限责任公司组建的国家石油天然气管材工程技术研究中心，经过3年多的不懈努力，圆满完成可行性论证报告和计划任务书要求的各项组建任务，以企业类第二名的优异成绩，顺利通过国家科技部验收，并予以正式命名。

国家工程技术研究中心是国家科技创新体系的重要组成部分，是技术集成创新和科技成果转化的重要基地，承载着培养人才、技术创新和引领产业发展的重要使命，具有排他性和唯一性。作为首个中石油独立建成的国家级工程技术研究中心，该中心自2011年年初组建以来，扎实高效推进各项工作，以骄人的业绩被科技部评为 2014 年度优秀国家工程技术研究中心。

28 日 中国海外首个大型液化天然气（LNG）生产基地柯蒂斯项目成功试产，这对我国转换经济发展方式，优化能源结构具有十分重要意义。柯蒂斯项目外输第一船液化天然气（LNG），是 2014 年 11 月习近平主席访问澳大利亚和参加 G20 峰会后中澳能源合作最重要进展，是全球非常规天然气(煤层气)液化行业的历史性突破，更重要的是对加快全球新的 LNG 产业发展具有重大里程碑意义。

柯蒂斯项目是世界上第一个以煤层气为气源的大型 LNG 项目，开创了全球煤层气制 LNG 大型项目先河。柯蒂斯项目上游的煤层气来自昆士兰州苏拉特盆地，经过长输管线输送至柯蒂斯岛 LNG 厂液化处理后，销往中国、日本等亚太市场。

★ 中石化科技部在北京组织召开了“3000 型成套压裂装备”成果鉴定会。由 7 名中国工程院院士和 6 名石油装备领域专家组成的鉴定委员会一致认为：四机厂研制的 3000 型成套压裂装备有重大创新，整体技术达到国际先进水平，其中 3000 型车载装备轻量化、高压管汇产品磁记忆安全检测等，达到国际同类技术产品领先水平。

月内 工业和信息化部 2014 年第 87 号公告发布《海洋工程装备（平台类）行业规范条件》，进一步加强海洋工程装备行业管理，大力培育战略性新兴产业，加快结构调整，促进转型升级，引导海洋工程装备生产企业持续健康发展。

〔撰稿人：机械工业信息研究院产业与市场研究所任智惠、魏素芳〕

附录

介绍首台（套）重大技术装备推广应用指导目录、压力管道元件制造许可品种级别及气瓶制造许可品种级别等

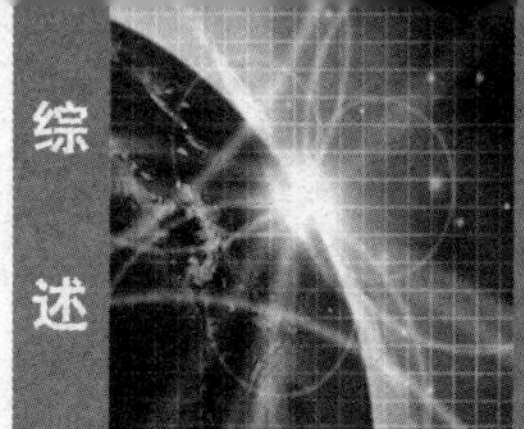

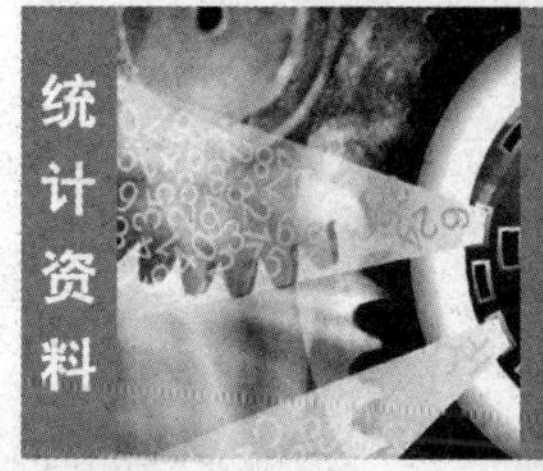

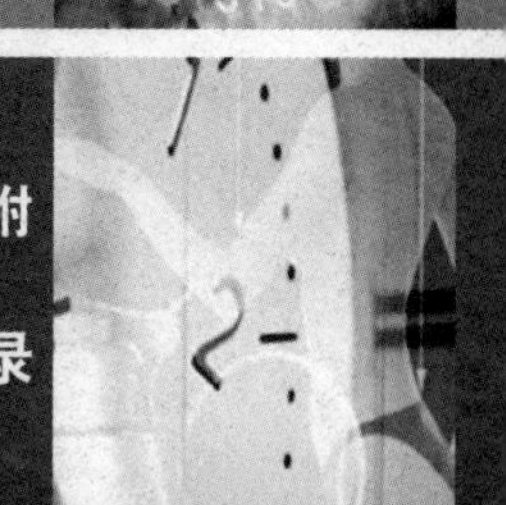

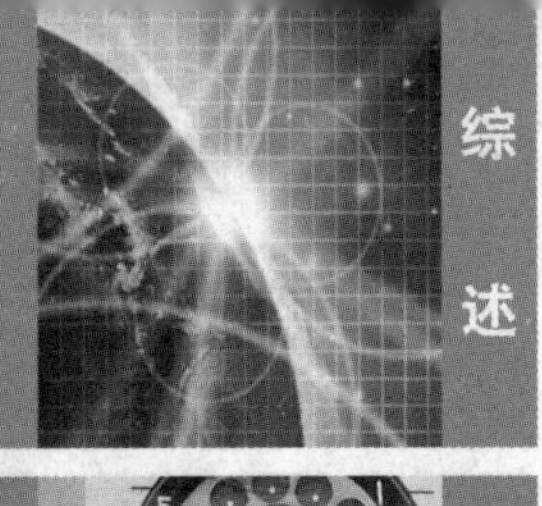

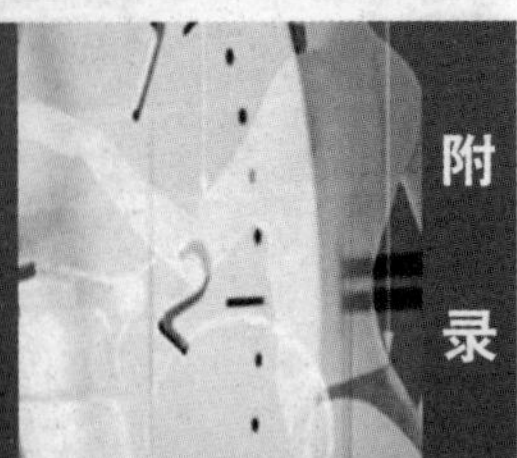

附录

首台(套)重大技术装备推广应用指导目录（2015年版）（节选）

编号	产品名称	单位	主要技术指标
1 百万吨级乙烯装置			
1.1	聚乙烯、聚丙烯装置混炼挤压造粒机组	套	年产量≥30万t；主电动机功率≥10MW
1.2	大型裂解炉	套	单炉年产量≥30万t；热效率≥93%
1.3	百万吨级乙烯工艺螺杆压缩机	套	排气量≥1 000m^3/min；功率≥5 500kW
1.4	驱动往复式压缩机用大型防爆同步电动机	套	电动机功率≥9 600kW
1.5	仪表自动化集散控制系统	套	系统响应时间≤30ms
1.6	大型往复式迷宫压缩机	套	流量≥11 000Nm^3/h；活塞力≥300kN；压力≥20MPa
1.7	百万吨级乙烯装置配套的裂解气压缩机组(含驱动汽轮机)	套	驱动功率≥56 000kW
1.8	百万吨级乙烯装置配套的丙烯压缩机组(含驱动汽轮机)	套	驱动功率≥33 000kW
1.9	百万吨级乙烯装置配套的乙烯压缩机组(含驱动汽轮机)	套	驱动功率≥14 000kW
1.10	百万吨级乙烯成套装置管控一体化系统	套	系统规模≥2万控制点（I/O），实现工艺过程管理和控制一体化系统平台
2 百万吨级精对苯二甲酸装置(PTA)			
2.1	大型多轴工艺空气压缩机组（含压缩机、汽轮机、尾气透平、电动机及齿轮箱）	套	功率≥20 000kW
3 油气长输管道装备			
3.1	天然气长输管道离心压缩机组	套	流量≥100万Nm^3/h；入口压力≥6MPa；出口压力≥10MPa
3.2	驱动用工业燃气轮机	套	功率≥30MW
3.3	长输管线高压大口径紧急切断球阀	台	公称通径≥1m；公称压力：符合Class600、900等级
3.4	大容量高转速变频调速无刷励磁同步电动机	套	额定转速≥4 800r/min；功率≥20MW
4 大型天然气液化装备			
4.1	预冷压缩机组	套	功率≥10 000kW；多变效率≥83%
4.2	深冷混合冷剂离心压缩机组	套	功率≥15 000kW；多变效率≥83%
4.3	大型高速变频电动机	台	功率≥40MW
4.4	大型高效板翅式换热器冷箱	套	满足混合冷剂LNG工艺技术要求；单个模块能力：天然气流量≥400万Nm^3/d；压力≤8MPa；换热器夹点温差≤3.5℃
4.5	大型缠绕管换热器	套	满足混合冷剂LNG工艺技术要求；天然气流量≥800万Nm^3/d；压力≤8MPa；换热器夹点温差≤5℃
4.6	大型天然气液化储罐	套	容积≥18万m^3

（续）

编号	产品名称	单位	主要技术指标
4.7	液化天然气（LNG）冷能回收空分装备	套	能力：液 O_2+ 液 N_2 ≥ 10 000Nm^3/h；LNG 压力≥ 8MPa
4.8	大型天然气液化自动化控制系统成套装备	套	系统规模≥ 5 万控制点（I/O）
4.9	丙烷制冷压缩机组	台	流量≥ 80 000kg/h；轴功率≥ 5 800kW；工作转速≥ 7 000r/min
4.10	液化天然气（LNG）大口径低温高压铸造球阀	套	温度≤ -196℃
4.11	液化天然气（LNG）用大型开架式气化器	套	气化能力≥ 150t/h；-196℃≤温度≤ 20℃；耐压力≥ 9.0MPa
5 陆地油气钻采装备			
5.1	特种陆地钻机	套	钻井深度≥ 12 000m（特深井）；钻井深度≥ 7 000m（极地）；钻井深度≥ 7 000m（全拖挂钻机）；钻井深度≥ 3 000m（斜井钻机）；钻井深度≥ 5 000m（智能钻机）
5.2	连续油管作业装备（连续管钻机、连续管作业机）	套	注入头最大额定拉力≥ 380kN，最大强行下入能力≥ 190kN
5.3	大型压裂成套装备	套	压裂泵车单机最大输出功率≥ 2 205kW，工作压力≥ 140MPa
5.4	大型防喷器及其远程控制系统	套	公称压力：14 ～ 70MPa；调压范围：0 ～ 14MPa；压力控制器调定范围：18 ～ 21MPa
5.5	不压井作业装备（带压作业修井机）	套	提升能力（钩载）≥ 900kN；下压力≥ 300kN；动密封压力≥ 14MPa
5.6	液氮泵车（氮气泡沫压裂泵车）	套	最大压力时氮气排量≥ 500Nm^3/min；蒸发器最高工作压力≥ 70MPa；蒸发率≤ 0.8 %
5.7	特深井测井装备	套	深度≥ 10 000m；提升力≥ 85kN；提升速度≥ 20m/h
6 煤化工成套设备			
6.1	高压油煤浆进料隔膜泵组	套	出口压力≥ 20MPa；工作温度≥ 290℃
6.2	液化反应器离心循环泵组	套	出口压力≥ 20MPa；工作温度≥ 480℃
6.3	大型气流床气化炉成套装备（煤制化肥）	套	投煤量≥ 1 000t/d；燃烧嘴使用寿命≥ 8 000h
6.4	大型内压缩流程空气分离成套装备（含空气压缩机组）	套	装备容量≥ 10 万 Nm^3/h
6.5	大型水冷壁气化炉成套装备（煤制油）	套	投煤量≥ 2 000t/d；煤烧嘴使用寿命≥ 10 年
6.6	大型单层壁尿素合成塔（以煤为原料）	套	年产能百万吨等级
6.7	大型煤化工智能控制系统及成套装备	套	系统规模≥ 1 万控制点（I/O）
6.8	大型乙二醇合成塔成套装备	套	年产量≥ 30 万 t；工作压力≥ 3.0MPa
6.9	大型水煤浆气化炉成套装备	套	单台气化炉日投煤量≥ 1 500t；工作压力≥ 6.5MPa
6.10	大型固定床气化炉成套装备	套	年产天然气≥ 40 亿 m^3；工作压力≥ 4.0MPa
7 高技术船舶			
7.1	液化天然气（LNG）运输船	艘	LNG 载货量≥ 30 000m^3
7.2	超大型全冷式液化气船	艘	货舱容积≥ 8 万 m^3；能够同时装载丙烷、丁烷、丙烯、丁烯及二甲醚等货品中的两种
7.3	32 万 t 级节能环保超大型油船（VLCC）	艘	EEDI：比基线值低 15% 以上

（续）

编号	产品名称	单位	主要技术指标
7.4	5 万 t 级节能环保大灵便型成品油船	艘	EEDI：比基线值低 26% 以上
7.5	11 万 t 级节能环保阿芙拉型成品油船	艘	EEDI：比基线值低 20% 以上
7.6	16 万 t 级节能环保苏伊士原油船	艘	EEDI：比基线值低 20% 以上
8 海洋工程装备			
8.1	自升式钻井平台	座	作业水深≥ 100m；钻井能力≥ 10 000m；悬臂梁最大外伸距离：纵向≥ 22m，横向：4m
8.2	自升式支持平台	座	作业工况最大可变载荷≥ 20 000kN；主吊工作载荷≥ 2 000kN；自存工况最大可变载荷≥ 25 000kN
8.3	500m 水深油田生产装备（TLP）	座	4 立柱传统型张力腿平台（TLP）；8 根张力筋腱；16 口井槽；钻井深度≥ 5 000m；100% 油水处理合格能力；在位水深 500m 左右
8.4	深水钻井船	艘	可进行 1 500m 以上水深的勘探、钻井和生产井施工作业；最大钻深可达 10 000m 以上
8.5	半潜式起重生活平台	座	最大起重力≥ 2×18 000kN；可联合起重≥ 36 000kN；自存有义波高≥ 12m
8.6	自升式增产作业平台	座	最大出口压力≥ 80MPa；日处理气量≥ 560 万 m^3，自存有义波高≥ 16.5m
8.7	半潜式钻井平台	座	作业水深≥ 500m
8.8	圆筒形浮式生产储油装置	座	日处理原油 44 000 桶；日处理油气 112 万 m^3；原油储存能力 40 万桶。
8.9	浮式储油再气化装置	座	具有 LNG 的存储、气化、运输功能；满足冰区加强及零下 30℃要求。
8.10	12 缆高性能物探船	艘	尾部电缆甲板宽≤ 28m；设计型深≥ 9.6m；设计吃水深≥ 7.5m
8.11	10 万 t 级半潜工程船	艘	采用 DP2 动力定位；下潜时间（干舷 1m 至最大潜深）≥ 6h；下潜起浮装货能力≥ 600 000kN
8.12	3 000m 深潜水作业支持船	艘	具备≥ 3 000m 水下多种工程作业和装备安装作业支持功能；具备≥ 500m 饱和超深潜水作业；3 000m 以上深水遥控潜水器 (ROV) 水下作业；S 型、J 型、flex 型和 reel 型水下铺管作业
8.13	重型钻井支持驳船	艘	作业水深≥ 1 000m；有效可变载荷 60 000kN
9 关键系统和设备			
9.1	液化天然气（LNG）船超大锚绞机	台 / 套	电动—液压驱动
9.2	自升式平台液压齿轮齿条式升降系统	台 / 套	单桩额定载荷≥ 80 000kN；单桩预压载≥ 100 000kN；单桩风暴载荷≥ 100 000kN
9.3	海洋平台吊机	台 / 套	柴油机—液压驱动；工作回转半径 ：9.5 ～ 40m；额定起升速度≥ 4m/min
9.4	动力定位系统	台 / 套	4 级海况及以下定点控位精度标准偏差≤ 2m；艏向保持精度标准偏差≤ 1.5°；回转速度≥ 2r/min（转 180° 不超过 15s）
9.5	深水铺管船起重机	台 / 套	基座起重机最大额定载荷≥ 400kN；工作半径 10 ～ 32m；吊管行车额定载荷≥ 400kN

（续）

编号	产品名称	单位	主要技术指标
9.6	钻井船定位绞车	台/套	额定拉力×速度≥1 800kN×15m/min（中间层）；轻载拉力×速度≥900kN×30m/min（中间层）；停车拉力≥2 700kN；支持负载≥3 600kN
9.7	大型浮式LNG再气化系统装置	台/套	天然气输出能力≥270×104 Nm^3/d（约95t/h或196m^3/h)；工作压力：最小输出压力5.0MPa，正常输出压力5.5MPa，最大输出压力9.0MPa
9.8	海底管道高清晰度漏磁内检测器	台/套	适用介质：油、气；检测距离≥350km；通过弯头的曲率半径≥3D（D为管道外径）；检测深度精度≤±0.10t(t为管道壁厚)；检测长度精度≤±25mm
9.9	海底电缆石油地震勘探系统	台/套	传感器：三分量检波器及水听器；最大承压力≥10MPa；单根海缆长度≥15 000m；数据采集能力：单缆带站≥600个，最多可带10条海缆；数据同步误差≤20μs
9.10	海洋钻机	套	绞车功率≥4 470kW；钻井深度≥12 000m；适应水深300～1 500m
9.11	海洋水下防喷器	套	额定工作压力≥68.95MPa；最大适应水深1 500m；额定液压操作压力≥20.69MPa
9.12	海洋水下井口及采油树研制	套	工作水深≥500m；工作压力≥68.95MPa；控制方式：远程液压
9.13	水下控制系统	套	工作水深≥500m；包括水上主控系统MCS、水上动力单元HPU、水下电控模块SEM、水下控制模块SCM、水下分配单元SDU、接插装置等
9.14	海洋钻井隔水管系统	套	额定级别：E级和H级；额定长度：15.24/22.86m（E/H级）；额定工作压力：13.79/31.03MPa（E/H级）
9.15	海洋水下管汇连接器	套	工作水深≤1 500m；工作压力≥34.48MPa；采用复合密封、机械锁紧；结构：水平套装/垂直套装
9.16	3 500kW级别大功率全回转舵桨装置	台/套	螺旋桨转速≥210 r/min
9.17	高效轻量化海工吊机	台/套	完全满足API-2C规范要求；驱动形式：电动—液压；主钩安全工作载荷≥500kN；主钩起升高度≥40m；辅钩安全工作载荷≥120kN；主钩满载起升速度0～24m/min
9.18	透平驱动装置	台/套	主蒸汽压力≥1.5MPa；排汽压力≥0.035 3MPa；额定转速（透平/输出轴）≥8 897/1 910r/min；耗汽量≤8t/h
9.19	2 000m^3/h级泵舱式货油泵系统	台/套	额定流量≥2 000m^3/h
9.20	1 000m^3/h级潜液泵系统	台/套	潜液泵结构形式：立式、单级、单吸、双出口；输送介质：原油；流量：800～1 300m^3/h；扬程：130～170 m；水力元件效率≥78%；驱动方式：液压驱动；液压系统：压力≥26MPa，流量≥2 250 L/min
10重大技术装备关键配套基础件			
10.1	大型石化及煤化工用压缩机干气式机械密封装置	套	工作压力≥10MPa；静态及动态泄漏量≤0.6Nm^3/h和1.6Nm^3/h；密封轴颈≤300mm.
10.2	大型船舶及海工装备液压成套装置及系统	套	系统工作压力≥31.5MPa；流量≥125L/min
10.3	大型矿山装备液压系统	套	系统工作压力≥31.5MPa；流量≥80L/min；电液控制
10.4	大型石油及石化装置用自动化成套控制系统	套	百万吨乙烯装置联合控制系统：IO设计容量≥10万点；高可靠性，平均故障间隔时间（MTBF）＞40万h

压力管道元件制造许可品种级别

序号	类 别	品 种	典型产品	级别代号
1	压力管道管子	无缝钢管		A1、A2（1）（2）（3）、（1）（2）（3）
		焊接钢管	螺旋缝埋弧焊钢管	A1、A2、B（1）（2）
			直缝埋弧焊钢管	A1、A2
			直缝高频焊管	A1（1）（2）、A2、B
			其他焊接钢管	B
		有色金属管	铝、铜、钛、铅、镍、锆等有色金属管及其合金管。	A
		球磨铸件管		B
		复合管	金属与金属复合管	
			金属与非金属复合管	
			非金属与非金属复合管	A
		非金属材料管	聚乙烯管材	A1、A2、A3
			带金属骨架的聚乙烯管材	A
			其他非金属材料管	A
2	压力管道管件	非焊接管件（无缝管件）	钢制无缝管件（包括工厂预制弯管、有缝管坯制管件）	A（1）（2）（3）、B
		焊接管件（有缝管件）	钢制有缝管件（钢板制对焊管件）	B1（1）（2）、B2
		锻制管件	锻制管件	B
		复合管件	金属与金属复合管件	
			金属与非金属复合管件	
			非金属与非金属复合管件	A
		非金属管件	聚乙烯管件	A1（1）（2）、A2
			带金属骨架的聚烯管件	A
			其他非金属管件	A
3	压力管道阀门	金属阀门	闸阀、截止阀、节流阀、球阀、止回阀、蝶阀、隔膜阀、旋塞阀、柱塞阀、疏水阀、低温阀、减压阀（自力式）、调节阀（控制阀）、眼镜阀（冶金工业用阀）、孔板阀（冶金工业用阀）、排污阀、减温阀、减压阀等	A1（1）（2）、A2（1）（2）、B1、B2
		非金属阀门	聚乙烯阀门	A
			其他非金属阀门	A
		特种阀门		

（续）

序号	类别	品种	典型产品	级别代号
4	压力管道法兰	钢制锻造法兰	锻制法兰	B
		非金属法兰		
5	补偿器	金属波纹膨胀节		A（1）（2）、B
		旋转补偿器		B
		非金属波纹膨胀节	织物补偿器、聚四氟乙烯波纹膨胀节、特种补偿器	B
6	压力管道密封元件	金属密封元件	金属垫片、基本型金属缠绕垫片、带加强环形金属缠绕垫片	AX
		非金属密封元件	非金属垫片、复合增强垫片、柔性石墨垫（板）、模压填料、编织填料	AX
7	压力管道特种元件	防腐蚀管道元件	防腐蚀压力管道用管子、管件、阀门、法兰	AX
		元件组合装置	井口装置和采油树、节流压井管汇	A、B
			燃气调压装置、减温减压装置	A、B

注：1. 具体产品限制范围见备注或型式试验证书。

2. 金属与金属复合管、金属与非金属复合管、金属与金属复合管件、金属与非金属复合管件、特种阀门、非金属法兰在《压力管道元件制造许可规则》（TSG D2001-2006）中无相应的许可项目和许可条件，暂不实施许可。

3. 级别代号参照《压力管道元件制造许可规则》

气瓶制造许可品种级别

品种		级别代号		典型产品
无缝气瓶		B1	B1	中小容积钢质无缝气瓶、车用钢质无缝气瓶
			B1（2）	铝合金无缝气瓶
			B1（3）	不锈钢无缝气瓶
			B1（4）	大容积钢质无缝气瓶、长管拖车用钢质无缝气瓶
焊接气瓶		B2	B2（1）	中小容积钢质焊接气瓶、大容积钢质焊接气瓶、铝合金焊接气瓶、不锈钢焊接气瓶
			B2（2）	非重复充装焊接钢瓶
			B2（3）	液化石油气钢瓶、车用液化石油气钢瓶、液化二甲醚钢瓶、车用液化二甲醚钢瓶
特种气瓶	纤维缠绕气瓶	B3	B3（1）	小容积金属内胆纤维缠绕气瓶、低压纤维缠绕气瓶
			B3（2）	中容积金属内胆纤维环缠绕气瓶、车用金属内胆纤维环缠绕气瓶
			B3（3）	中容积金属内胆纤维全缠绕气瓶、车用金属内胆纤维全缠绕气瓶
			B3（4）	大容积金属内胆纤维缠绕气瓶、长管拖车用金属内胆纤维缠绕气瓶
	低温绝热气瓶	B4	B4（1）	焊接绝热气瓶
			B4（2）	车用焊接绝热气瓶
	内装填料气瓶	B5	B5（1）	溶解乙炔气瓶
			B5（2）	吸附气体气瓶

注：具体产品限制范围见备注或型式试验证书。